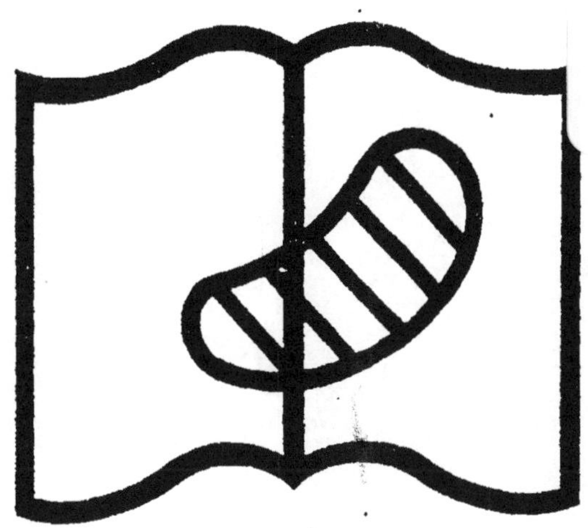

Original illisible

NF Z 43-120-10

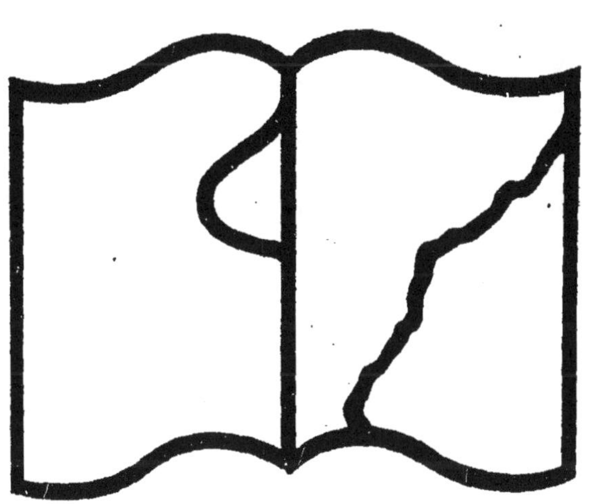

Texte détérioré — reliure défectueuse

NF Z 43-120-11

"VALABLE POUR TOUT OU PARTIE
DU DOCUMENT REPRODUIT".

LA VIE AU DESERT

CINQ ANS DE CHASSE

DANS L'INTÉRIEUR DE L'AFRIQUE MÉRIDIONALE

PAR GORDON CUMMING

PUBLIÉ PAR

ALEXANDRE DUMAS

AVANT-PROPOS

Le désir de voir les élections de Londres m'avait amené, il y a deux ans, dans la capitale de la Grande-Bretagne. Un beau matin, en compagnie d'Alexandre et d'un de nos amis communs, nous entrions dans la Tamise par Gravesend, et, une fois débarqués sur le quai, nous nous faisions transporter tous les trois, dans un cab, à Leicester-Square.

Une des considérations qui m'avaient déterminé à loger à Leicester-Square, c'est que Leicester-Square était dans le voisinage de Coventry-street, et qu'à Coventry-street Gordon Cumming faisait son *exhibition*.

Maintenant, qu'est-ce que Gordon Cumming?

Je vais vous dire cela, chers lecteurs.

1

Il faut vous avouer que je suis grand amateur de voyages, non-seulement des voyages que je fais, mais de ceux que je lis. — On ne peut pas aller partout *de sa personne*, comme disent les généraux en chef dans leurs bulletins, mais le livre à la main on peut suivre le capitaine Cook en Océanie, Levaillant en Afrique et le Père Huc en Chine.

Tout enfant j'ai été bercé par des voyages.

J'avoue encore une faiblesse : — c'est qu'étant chasseur, les voyages qui m'amusent le plus sont ceux qui contiennent des récits de chasse.

Or, il y a deux ans à peu près, à la suite d'une expérience de balles explosibles, à Montfaucon, dont le public a été entretenu, dans un journal très-savamment rédigé, *la Science contre le Préjugé*, par mon savant ami, le docteur Meynard, — expérience qui avait parfaitement réussi, nous dînâmes en compagnie de médecins, de savants, de chasseurs et d'artistes.

Jules Gérard assistait à ce dîner : Jules Gérard, le tueur de lions, vous savez, et qui en est à son vingt-neuvième lion.

Il y avait encore là un Anglais, pardon, je me trompe, un Écossais, grand chasseur, grand voyageur, arrivant de l'Inde, où il était resté neuf ans, où il est retourné depuis, et où il avait chassé le tigre, comme tout Anglais ou Écossais qui a visité l'Inde.

On parla des lapins de Bondy, des chevreuils de Villers-Coterets, des daims de Compiègne, des cerfs de Fontainebleau, des sangliers de Montargis, et, en montant toujours, on en arriva aux tigres du Pundjab et aux lions de l'Atlas.

— Connaissez-vous Gordon Cumming? demanda mon Écossais à Gérard.

— Oui, de nom seulement.

— C'est après vous l'homme qui a tué le plus de lions.

— C'est vrai, il en a tué vingt-deux.

Sans compter cinquante éléphants, soixante rhinocéros, et cinq ou six cents antilopes de toutes espèces.

— Je sais cela, dit Jules Gérard, et je compte aller à Londres tout exprès pour faire à Cumming une visite de confrère.

J'étais profondément humilié; il y avait à Londres un homme qui avait tué vingt-deux lions, cinquante éléphants, soixante rhinocéros, et cinq ou six cents antilopes de toutes espèces, et je ne connaissais pas cet homme!

— Quand allez-vous à Londres? demandai-je à Gérard.

— Oh! je ne sais précisément pas, répondit-il.

— Moi, j'y vais dans quelques jours; le premier de nous deux qui fera le voyage annoncera à l'autre où l'on trouve Gordon Cumming. Où demeure-t-il? demandai-je à Mackenzie. — C'était le nom de mon Écossais.

— Où il demeure? je n'en sais rien. Mais son théâtre est situé *Conventry-street*.

— Comment, son théâtre! Il est directeur de théâtre?

— J'aurais dû dire son *exhibition*.

— Cher ami, qu'est-ce que son *théâtre?* qu'est-ce que son *exhibition?* Je suis profondément ignorant. Renseignez-moi.

— C'est-à-dire que dans une grande galerie tapissée de peaux de lions, de peaux de tigres, de peaux de serpents empaillés, de cornes de springboks, de gemsboks, de hartlebeests, de wildbeasts, de défenses d'éléphants et de cornes de rhinocéros; il raconte lui-même ses chasses, faisant passer sous les yeux de ses auditeurs, au fur et à mesure qu'il parle, les différents tableaux représentant les scènes les plus émouvantes de ses travaux herculéens.

— Nous irons voir cela, Mackensie.

— Quand vous voudrez.

« Quand vous voudrez » était bien facile à dire. Moi aussi, comme Gérard, j'avais des empêchements pour aller directement à Londres; d'ailleurs, pour aller à Londres, je m'étais donné un prétexte, et ce prétexte me fixait une époque.

J'avais prétendu, vis-à-vis de moi-même, que j'avais besoin de voir les élections anglaises.

Vous comprenez bien que ce n'était pas vrai, et qu'à moins d'être atteint de dépravation politique, on n'éprouve pas de pareils besoins.

Mais quand je désire une chose, l'argent me manque parfois, les prétextes jamais.

Il en résultait que tous les jours je parlais à Mackenzie de Gordon Cumming, lui faisant question sur questions.

— Écoutez, me dit-il un jour, il y a une chose bien simple à faire en attendant que vous le voyiez, lui.

— Laquelle?

— Lire son voyage.

— Il l'a donc écrit?

— Oui, et le volume vient de paraître sous le titre du *Lion hunter in south Africa*. C'est fort intéressant.

Révoil, un de mes amis, grand amateur de chasse et habile chasseur, se trouvait là et corrobora le dire de Mackenzie; il connaissait l'ouvrage et savait où le trouver.

— Obligez-moi, mon cher, lui dis-je, de m'aller quérir ce volume. Vous savez où, sans doute?

— Mais, chez Fowlez, libraire au Palais-Royal.

— Parfaitement.

— Dans un quart d'heure, mon livre.

— Je ne peux pas aller à pied au Palais-Royal et être revenu dans un quart d'heure.

— Prenez une voiture alors.

Pour mon biographe, il y aura tout un monde de réflexions philosophiques, physiologiques et morales, dans ces mots : — *Prenez une voiture.*

Que de fois, pour une chose qui valait vingt sous, mais que je voulais avoir tout de suite, ai-je fait prendre une voiture qui coûtait deux francs!

Je ne sais pas si Revoil prit ou ne prit pas la voiture, mais, ce qu'il y a de certain, c'est qu'un quart d'heure après, il rentrait triomphalement, le livre de Gordon Cumming à la main.

Je me jetai sur le livre, et, comme fait un enfant, je courus aux gravures.

Les gravures étaient dignes du sujet.

C'étaient des éléphants faisant sauter, arbre par arbre, des forêts en l'air; c'étaient des rhinocéros donnant la chasse au chasseur, au lieu de la recevoir de lui; c'étaient des myriades de chiens sauvages, la gueule ouverte et la queue roide, entourant le narrateur dans l'intention bien visible de le dévorer; c'était Gordon Cumming, aidé de son petit Boschisman, tirant par la queue un boa de vingt-cinq pieds de long, ou assassinant, à coups de couteau, un hippopotame dans une mare; c'étaient, enfin, fixés sur le papier, les rêves les plus fantastiques que puisse faire un chasseur, soit pour son compte, soit pour le compte des autres.

En une nuit et une journée je déchiffrai le volume compact de Gordon Cumming, contenant à peu près trois de nos volumes ordinaires.

Je n'en fus que plus avide de voir Gordon Cumming et de causer avec lui.

Voilà pourquoi je vous disais, chers lecteurs, que je m'étais tout particulièrement logé à Leicester-Square, pour être dans le voisinage de l'exhibition de Gordon Cumming.

J'y étais.

Je courus aux affiches.

Tous les jours, Gordon Cumming avait séance de sept heures à dix heures du soir.

Les samedis seulement la séance était de jour, de trois à six heures de l'après-midi.

Nous étions justement arrivés un samedi.

J'allai d'abord assister à mon élection à Southwark, — mais les élections n'étaient devenues qu'une chose secondaire.

C'était Gordon Cumming que je voulais voir.

Par bonheur les meetings étaient finis à deux heures, de sorte qu'à trois heures précises j'étais à l'ouverture du théâtre; j'entrai un des premiers et allai me placer sur une des banquettes les plus rapprochées de l'avant-scène.

De là je regardai tout autour de moi.

Les souvenirs de Mackenzie lui avaient été fidèles; la salle était bien telle qu'il me l'avait décrite : ce n'était le long des murailles que peaux de lions, peaux de tigres, peaux de panthères.

Il y avait la fameuse peau du boa de vingt-quatre pieds de long, que, dans la gravure, Cumming et son Hottentot tiraient par la queue.

Il y avait des cornes de toutes les espèces, — par milliers; — les cornes, on ne les comptait plus.

Il y en avait de courbes, de droites, de tordues, d'embranchées, de pointues, d'obtuses, de fourchues, de mates, de luisantes, de rugueuses.

C'était, comme eût dit un gamin de Paris, ou Molière, s'il eût vécu de nos jours, c'était le désarmement complet de la garde nationale.

L'abord du théâtre était défendu par une haie de cornes de rhinocéros et de défenses d'éléphants pesant de cinquante à trois cents livres.

L'avant-scène était pavée d'écailles de tortues grandes comme des capotes de cabriolet.

Le spectacle était dans la salle avant d'être sur le théâtre.

Un piano placé à ma droite se fit entendre.

Au milieu de toute cette décoration cornue, ce piano, jouant des polkas, faisait le plus drôle d'effet qui se pût voir.

Le piano annonçait l'apparition de Gordon Cumming.

Gordon Cumming, leste et vigoureux Écossais de cinq pieds six pouces, âgé de quarante-cinq ans à peu près et vêtu de son costume national, se glissa entre le rideau et l'encadrement, puis s'avança sur le proscénium.

Il fut salué par de nombreux bravos : il était évident que les spectateurs étaient en partie des gens qui venaient, mais surtout des gens qui revenaient.

J'applaudis, comme les autres, et même plus fort que les autres. Cumming me remarqua et, sans savoir qui j'étais, me fit un salut particulier.

Puis il commença son speech.

Ceci c'était autre chose. Je comprends parfaitement l'anglais, lorsque je le lis, pourvu que ce ne soit pas un poëme de Burne ou de Byron, mais je n'entends pas un mot de l'anglais quand on le parle.

A plus forte raison quand celui qui le parle est un Écossais.

Par bonheur, je savais mon Gordon Cumming par cœur.

Ce qu'il disait, au reste, n'était qu'une espèce de discours préparatoire sur son enfance vagabonde, au milieu des lacs, des torrents, des rochers et des précipices.

La toile se leva, et l'on vit, en peinture bien entendu, un enfant de quinze ans suspendu à une longue corde et essayant d'effaroucher deux énormes oiseaux.

C'était Gordon Cumming dénichant des aigles.

A partir de ce moment, toute la vie de l'Écossais passa sous les yeux du lecteur : chasse aux springbocks, chasse aux gemsbocks, chasse aux hartlebeasts, chasse aux wildbeasts, chasse aux girafes, chasse aux rhinocéros, chasse aux éléphants, chasse aux lions.

A partir de ce moment je compris parfaitement, et je pris, je l'avoue, un énorme intérêt aux aventures de ce voyageur, racontées et expliquées par lui-même.

Nous n'avons aucune idée de cette sorte de spectacle en France.

Chez les Anglais, peuple pratique, ils sont familiers.

Si vous allez à Londres, chers lecteurs, allez voir Gordon Cumming, s'il s'y trouve encore.

Il va sans dire que je fis passer mon nom au chasseur et que je restai après le départ des autres auditeurs. Nous causâmes une heure ensemble.

Gordon Cumming parle assez facilement le français. Ce fut une seconde représentation, mais cette fois pour moi tout seul.

Le livre de Roaleyn Gordon Cumming d'Alltyre, dont la traduction, faite sous mes yeux par Révoil, a été revue et corrigée avec le plus grand soin par moi, se recommande de lui-même, et prendra sa place, pour la garder, à côté des ouvrages de Delegorgue et de Gérard.

Roaleyn Gordon Cumming, né en Écosse en 1822, passa les premières années de son enfance dans le comté de Moray. C'est là que lui vint la passion de la chasse et de l'histoire naturelle.

La pêche aux poissons des grands fleuves fut, dès l'âge le plus tendre, son jeu favori, et c'est aux bords des rivières, aux sommets des montagnes et dans les fourrés les plus sombres des forêts de son pays natal, que Cumming, recherchant la solitude, contemplait la grandeur et la magnificence de la nature.

Avant son entrée au collége d'Éton il était déjà possesseur de nombreux trophées, fruits de ses exploits ; il les regardait avec fierté et enthousiasme, et se comparait au vainqueur du lion de Némée.

En 1839 il partit pour les Indes et s'engagea dans la cavalerie légère de Madras. Au cap de Bonne-Espérance il eut l'occasion de chasser les bêtes féroces. Dans son séjour aux Indes il fit collection de spécimens d'histoire naturelle, et acquit une commission dans le Royal-Vétéran ; mais, voyant qu'il n'y avait rien à gagner, il changea une troisième fois de corps, et s'engagea dans les Cap-Riflemen en 1844.

Tous ses rêves étaient pour les chasses les plus extraordinaires que son imagination pouvait lui suggérer ; aussi, voyant que la discipline militaire serait toujours un obstacle à sa passion exclusive, il donna sa démission afin de recouvrer son entière liberté d'action, et se mit à suivre la noble carrière qu'il s'était tracée dès son jeune âge.

Dans ses chasses il avait adopté un costume caractéristique.

Les bras nus et des vêtements de plusieurs couleurs lui donnaient l'air d'un Gaulois oublié par mégarde dans les grandes forêts de l'Inde. En Écosse, sa fortune personnelle avait pu lui procurer de bons morceaux de venaison et de riches vêtements ; mais, dans l'Inde, il préférait une tranche d'éléphant ou quelque peau de lion due à la force et à l'adresse dont il se sentait capable. C'est en 1842 qu'il résolut de faire une expédition dans le sud de l'Afrique.

Pour cette expédition il se mit en quête de personnes expérimentées, s'informant de tout ce qui pouvait être nécessaire à ce voyage et de tout l'équipement en général. Il s'adjoignit un individu du nom de Murphy (commerçant de l'intérieur, qui avait plus que personne les connaissances nécessaires sur les frontières et adjoints des territoires de la Gricqua, situés au-dessus de la rivière du Grand-Orange). Ce Murphy lui présenta un autre commerçant réputé pour ses hautes connaissances des parties du pays que Cumming désirait explorer. Les wagons (voitures) de ces deux personnes étaient construits de manière à renfermer tout ce qui était nécessaire à la vie de l'homme et tout ce qu'il pouvait désirer dans une pareille contrée.

Gordon Cumming, sur un de ces modèles, fit construire deux voitures qui lui rendirent de grands services ; car non-seulement il avait à penser aux besoins de chaque jour, mais il collectionnait sur son passage tout ce qui lui paraissait offrir une certaine curiosité.

Il prit à son service quatre domestiques : le premier, qui était un Anglais nommé Long, devait remplir les fonctions d'intendant.

Ce Long était un ancien cokney ou badaud de Londres, qu'il prit encore sur la recommandation de Murphy.

Mais, une fois en route, cet intendant le laissa de côté en abandonnant la petite caravane pour suivre une certaine fille aux yeux noirs qui avait été engagée comme laveuse pour toute la durée du voyage.

Les deux autres domestiques étaient des natifs de Grahaurstown.

Le cocher, du nom de Kleinboy, était un Hottentot fort et actif, de la race des Mozambiques, avec les joues osseuses et la tête lainée.

Puis un nommé Cobus, de la même race, et deux Européens, nommés Stofulus et Hendrick.

Ils se mirent en marche le 28 octobre 1843, favorisés par un fort beau temps.

Gordon Cumming commença alors les chasses hardies de l'éléphant, du lion, du rhinocéros et autres animaux dangereux.

Cinq ou plutôt six années se passèrent de la sorte, et enfin Gordon Cumming retourna en Angleterre, où il parvint, il y a deux ans, sain et sauf, rapportant ces trophées qu'il montre aujourd'hui avec fierté, ainsi que des dessins panoramiques des principales vues d'un brillant et long voyage.

Alexandre DUMAS.

PRÉFACE

En 1839, je m'embarquai pour les Grandes-Indes. J'allais rejoindre à Madras mon régiment, le 4ᵉ léger. Nous touchâmes en passant au cap de Bonne-Espérance, et là j'eus occasion de chasser quelques antilopes de la petite espèce, ce qui me donna un avant-goût des chasses splendides que quelques années après je devais faire tout à mon loisir ; pendant mon séjour aux Indes, je recommençai mes excursions et rassemblai une immense quantité d'échantillons d'histoire naturelle : je commençai ainsi cette collection qui a pris depuis des proportions énormes. Par malheur le climat des Indes m'était contraire. Un beau jour, je quittai le service et rentrai dans ma patrie où je repris mes habitudes vagabondes. Bientôt, grâce à l'aide de mes nombreux amis, il me fut permis de me livrer avec succès à ma chasse favorite, celle des bêtes fauves dans les forêts de l'Écosse.

A la longue, cependant, ennuyé d'explorer un pays en la présence continuelle des gardes et des forestiers, me sentant tourmenté du désir de visiter en toute liberté les contrées sauvages, où l'existence du vrai chasseur est tout à la fois un plaisir, une lutte et un orgueil, je pris la résolution de visiter les immenses prairies et les montagnes Rocheuses du Nouveau-

Monde. Je sollicitai et j'obtins une commission dans le *Royal-Veteran New found Land Company*, mais je ne tardai point à comprendre que j'aurais peu de chance de pouvoir m'éloigner des casernes et de vivre à la façon de Nemrod tant que je serais attaché à un régiment. Cela me décida à demander ma mutation pour le cap de Bonne-Espérance où se trouvait le régiment des *Cap Riflemen*. En 1843 je pris terre sur ce sol tant désiré.

Immédiatement après mon débarquement au Cap je fis partie de l'armée d'occupation et j'entrai avec ma division sous les ordres du général Somerset, dans le pays des Caffres-Amapouda, où nous demeurâmes quelque temps en campagne, ayant pour seule distraction celle de tirer des cailles et autres menus oiseaux.

Je me trouvai donc encore trompé dans mon attente, et, ne voyant aucune chance d'arriver à mon but tant que je n'aurais point ma liberté tout entière, je me décidai enfin à donner ma démission et à pénétrer dans l'intérieur des terres, et, s'il était possible, là où nul Européen n'avait encore mis le pied avant moi.

En effet, ces vastes régions devaient offrir de nombreuses émotions à mon ardente jeunesse, et j'étais persuadé qu'il me serait facile, grâce à ma persévérance et à mon adresse, de réunir de magnifiques trophées de chasse et de colliger une foule de sujets intéressants pour la science et l'histoire naturelle. J'avais prévu juste, et, si vaste que fût sur ce point mon ambition, je réussis au delà de mes désirs.

Et maintenant ce que je vous offre ici, cher lecteur, c'est le récit des aventures qui me sont arrivées en Afrique ; je ferai seulement observer que je suis le premier qui ait pénétré dans le pays des Bamangwato ; où, grâce à ma hache et à ma pioche, je me suis tracé une route que d'autres ont suivie par la suite. J'espérais marcher toujours en avant et pénétrer plus loin encore ; mais la perte de mon bétail et de mes chevaux m'arrêta court, à mon inexprimable regret.

Pendant les longues années que j'ai passées dans le désert, je n'ai jamais eu d'autre demeure que mon chariot ; encore l'abandonnais-je souvent pour faire seul, ou accompagné de sauvages seulement, de lointaines expéditions de chasse, laissant les quelques compagnons attachés à ma fortune campés autour de mes bagages. Dans ces circonstances, j'ai passé bien des jours et bien des nuits au fond d'un trou isolé, creusé près de quelque source, guettant la démarche majestueuse du lion, les évolutions sagaces des éléphants, les bonds capricieux de la panthère et l'allure de ces nombreuses espèces d'animaux qui souvent passaient à quelques pas de moi sans se douter du voisinage de l'homme et de la mort ; dans ces sortes d'occasions, tout ce que j'ai jugé digne de remarque, je l'ai consigné dans mon journal.

C'est à l'aide de ce journal que l'ouvrage que l'on va lire a été écrit presque littéralement, je l'avoue : le lecteur ne doit donc point s'attendre à trouver un style fleuri et travaillé dans un récit rédigé en de telles conditions. Lorsque la main s'est fatiguée toute la journée à manier la carabine, on est inhabile le soir à tenir une plume. Mais, si mon langage sans apprêt cause aux vrais chasseurs quelques sensations de plaisir, si mes descriptions ajoutent une page de plus à l'histoire naturelle du Sud de l'Afrique ou aux notions déjà connues sur les peuplades de ce pays, je m'estimerai amplement récompensé de mes veilles, de mes explorations et de mes fatigues sur le sol aride, sauvage et dangereux du pays des Boschimens.

R. GORDON CUMMING.

I

Commerce au Cap. — Préparatifs de chasse. — Commerçants du Cap. — Wagons du Cap. — Préliminaires des marchés. — Vie d'un commerçant. — Commerce avec les Bechuannas. — Préparatifs et obstacles. — Mes serviteurs. — Mes ustensiles. — Chasse au *kheebock*. — Flore de l'Afrique méridionale.

Une fois cette résolution prise de faire une expédition de chasse dans l'intérieur de l'Afrique du sud, mon premier soin devait être de chercher quelque personne expérimentée qui pût m'indiquer les emplettes à faire, tant en chariots et en bœufs que pour mon équipement en général. A cet effet je m'adressai à un nommé Murphy, trafiquant à l'intérieur, et plus à même que tout autre, à Graham's-Town, pour me donner les renseignements dont j'avais besoin. Sur les frontières de la colonie, et sur les territoires limitrophes des tribus de la Griqua et de Béchuana, situées au delà de la grande rivière Orange, j'avais déjà eu l'occasion de faire connaissance avec ce personnage pendant le peu de temps que j'avais passé en cantonnement à Graham's-Town au mois de juillet 1843. Je lui avais été présenté par un autre marchand, mon compatriote, comme moi né dans le canton de Morcy et qui était renommé parmi les *Boers* [1] hollandais qui habitaient sur la frontière. Ce dernier dont le nom André Thomson, avait deux frères. Tous trois menaient la même vie aventureuse et l'on ne connaissait pas dans toute la colonie de jeunes gens plus laborieux et plus déterminés qu'eux.

Comme j'aurai souvent occasion de parler des marchands dans le cours de mon récit, je crois à propos de donner ici une courte esquisse de leurs occupations, de leurs mœurs et de leurs habitudes. Chaque marchand est censé posséder un ou deux chariots à bœufs, pour les charger de toutes sortes de marchandises qu'ils jugent nécessaires aux boers hollandais, lointains et isolés. Ils puisent dans les grands dépôts de Graham's-Town et du port Elisabeth, puis ils partent pour leur grand voyage, qui dure ordinairement six ou huit mois.

Au bout de ce temps ils reviennent à la colonie, enrichis d'énormes troupeaux de bœufs et de béliers distraits des troupeaux bien autrement considérables des habitants de l'intérieur, presque tous fermiers et éleveurs de bestiaux. Les chariots d'un de ces trafiquants nomades qui font en grand le commerce de nos colporteurs d'Europe, contiennent en général de l'épicerie, de la quincaillerie, des pièces de toiles et de canevas, de la mercerie, de la sellerie, de la faïence, de tout, depuis des alènes, pour que le boer puisse raccommoder ses souliers de campagne jusqu'aux rouleaux de rubans roses ou bleus qui doivent retenir les boucles brunes de ses charmantes filles, dont la beauté dans plus d'un cas consiste, comme celle de Skycterrein, dans leur laideur.

A mesure que le marchand pénètre dans les terres et fait des échanges, il laisse le bétail qu'il a troqué contre ses marchandises à la garde du boer, son ancien maître, et le reprend à son retour. Quand il s'est débarrassé de toute sa pacotille, il termine en général son trafic par la vente du ou des chariots mêmes qui ont servi au transport, et achète alors un cheval avec lequel il revient à la colonie, ralliant sur sa route tous les animaux qu'il a reçus en échange, et sur lesquels, de retour au Cap, il fait un bénéfice non moins grand que celui qu'il a fait sur ses marchandises.

Lorsqu'un marchand arrive à une ferme et que son intention est d'y passer la nuit, il arrête son chariot, s'approche de la porte et demande où il doit *oustpan*, c'est-à-dire dételer ses bœufs, et en même temps de quel côté il lui sera permis de les faire paître. Le maître le reçoit au seuil, la pipe à la bouche, et, le-

vant son chapeau de la main gauche, lui tend cordialement la main droite : les fermiers attachent beaucoup d'importance à cette étiquette à laquelle, à l'exemple du chef, se conforme une ribambelle de jeunes boers qui arrivent à la file, chacun à moitié enseveli dans une paire de pantalons d'une largeur démesurée et coiffé d'un immense chapeau à larges bords dont la forme a généralement plus de la moitié de la hauteur de celui qui le porte.

Lorsque la permission de dételer est obtenue et que l'on a échangé quelques compliments, le marchand demande au boer s'il a des bœufs gras à troquer. Souvent à cette demande le fermier répond tout d'abord par une négation absolue; plus généralement encore il dit avec une prétendue insouciance : — Je n'en sais rien. Puis avec une indifférence affectée il ajoute : — Qu'avez-vous dans votre chariot? — Un peu de tout, répond le marchand, et en qualité supérieure. Je vous laisserai les objets qui vous conviendront au plus bas prix qu'il soit possible à un marchand de le faire; d'ailleurs dans un instant je vais déballer et vous montrer cela. — Ce[à] quoi le boer répond poliment : — N'en faites rien, meinherr; je serais affligé que pour moi et inutilement vous prissiez tant de peine. — Oh! mon Dieu, réplique le marchand, c'est notre état. — Le boer vaincu par cette courtoisie fait un signe d'assentiment.

Alors le marchand se retourne vers son *knecht* ou domestique principal, lui ordonne de faire l'étalage des marchandises et accompagne le boer dans l'intérieur de la maison.

Le dîner paraît bientôt, et le fermier ne manque jamais d'inviter son hôte à prendre place à table.

Si le marchand est habile, c'est le moment de le montrer; il aura pendant le dîner mille petits soins, mille attentions délicates pour la femme de son hôte. Aucun marché ne peut être conclu avec un Hollandais sans l'approbation de sa femme; on dîne copieusement chez ces dignes boers. Ils possèdent des notions très-recherchées dans l'art culinaire; leurs tables sont chargées de mets excellents et substantiels. Or, après une journée de fatigue, tout voyageur apprécie un bon dîner.

Le repas fini, tout le monde court au chariot pour examiner les marchandises, et il y a fort à parier que l'hôtesse, si elle a été satisfaite de la politesse du voyageur, trouvera cinquante articles indispensables dont elle saura persuader à son mari de faire l'emplette.

Le trafiquant, après avoir vendu sa marchandise, rassemble son bétail et le ramène à marches calculées de trente milles à peu près dans les vingt-quatre heures. Ces marches ont lieu principalement pendant la nuit.

Il est forcé d'être sans cesse sur le qui-vive, de se coucher tout habillé afin d'être prêt à la première

[1] Fermiers.

alerte et de dormir à la façon des officiers de marine, qui volent dix minutes de soleil, lorsqu'il fait gros temps, en s'appuyant au mât de leur vaisseau. Comme exemple des terribles pertes supportées par un de ces voyageurs, je rappellerai que mon ami Pierre Thompson, pendant la guerre qui de 1846 à 1847 ravagea la colonie, revenant à Graham's-Town avec un énorme troupeau de plusieurs centaines de bœufs superbes, fut attaqué à un jour de marche de sa destination par une bande de maraudeurs caffres-amapoada armés de fusils et de sagaies, qui lui enleva tout son troupeau; il sauva sa vie en fuyant et en abandonant un butin qui était toute une fortune.

Revenons à mon voyage.

A peine espérais-je trouver encore André Thompson et Murphy à Graham's-Town, où je les avais laissés trois mois auparavant, lorsque je partis à la suite de mon régiment pour le pays dès Caffres. Le dernier, qui était un ivrogne de premier ordre, me donna dans ses moments lucides de précieux renseignements relativement aux préparatifs que je devais faire en achetant des bœufs et des chariots et en arrêtant des domestiques; je lui dus aussi quelques conseils sur la manière de conduire mon entourage, sur les heures convenables à la marche et sur les chemins à suivre dans la contrée que j'avais désignée pour ma première excursion.

Pauvre Murphy! à part son amour exagéré pour le vin, c'était bien la meilleure créature qui existât!

Depuis le 1er jusqu'au 22 octobre je fus très-activement occupé à faire les emplettes et les arrangements nécessaires à mon voyage, ainsi qu'à expédier mes autres affaires. Pendant les courts instants où il était à jeun, Murphy m'y aidait fort obligeamment. Je ne savais d'ailleurs à quelles sortes de chasses je m'adonnerais et quels obstacles j'allais rencontrer dans mon excursion.

L'avis universel parmi mes amis du régiment était que tout gibier existant encore dans l'intérieur des terres avait dû se retirer dans des solitudes écartées et sur les territoires des tribus sauvages, de manière à se croire complètement hors des atteintes du chasseur, quelque téméraire qu'il fût; et, lorsqu'ils me voyaient tout affairé de mes emplettes, ils me disaient :

— C'est une folie, Gordon, de dépenser ainsi votre argent. Vous reviendrez ici dans un ou deux mois, comme ceux qui, l'année dernière, sont partis pour une chasse semblable.

Cette partie de chasse à laquelle on faisait allusion était composée d'un officier du 7e de dragons, de deux officiers du 27e et de quelques autres qui avaient obtenu un congé de plusieurs semaines, et qui, brûlant de se distinguer dans une campagne contre les bêtes féroces de l'Afrique du sud, avaient loué un chariot et pénétré jusqu'à Thébus-Mountain, où pendant quelques jours ils se donnèrent le plaisir de chasser le springbok,

bouc sauteur, et le black wildbeast, littéralement la bête sauvage noire, qui abondaient dans les plaines environnantes. Mais, ayant brisé la crosse de leurs carabines dans une chute de cheval en poursuivant trop impétueusement leur gibier, ils revinrent à la garnison, l'un affligé d'un coup de soleil, les autres souffrant d'une dyssenterie gagnée à boire de la mauvaise eau, car le camp avait été mal choisi.

En dépit des efforts bienveillants de mes amis, je continuai à poursuivre mes préparatifs sans relâche; tout fut fini le 22. Excédé des retards inévitables que j'avais subis, je croyais que l'heure de mon départ n'arriverait jamais. Ces retards provenaient principalement du temps : de fortes pluies tombaient sans cesse depuis quatorze jours, accompagnées d'un vent très-froid. Le pays était redevenu impraticable ; les routes en plusieurs endroits étaient coupées par des espèces de torrents, tandis que les bas-fonds étaient convertis en ravins boueux ou hérissés de rochers.

Outre deux chariots couverts attelés de bœufs dont se composait mon équipage, j'avais mes deux chevaux de selle du régiment ; ils se nommaient, l'un *Sinon :* c'était un étalon que j'avais acheté au major Goodman du 27e ; l'autre *la Vache*, excellente bête baibrun qui me venait du colonel Somerset. Pour le moment je ne jugeai pas prudent de faire de nouvelles dépenses de chevaux à Graham's-Town puisque j'allais incessamment traverser le Hantam, où la plupart des boers élèvent des multitudes de chevaux qui sont renommés par toute la colonie pour être tout à la fois ardents et endurcis à la fatigue. J'arrêtai quatre domestiques, dont un Anglais, nommé Long, en qualité de principal serviteur; celui-là était une acquisition précieuse : j'appris qu'il avait été autrefois cocher de cabriolet de louage à Londres; je l'avais pris à mon service sur la recommandation de Murphy, car ce Long était considéré comme un homme assez expérimenté, puisqu'il avait déjà pénétré jusqu'au bord d'Orange-River pour une opération commerciale.

Mais les événements démontrèrent que son naturel le portait d'une façon plus positive aux rêveries amoureuses qu'aux prouesses cynégétiques. Certaine petite demoiselle aux yeux noirs, qui était blanchisseuse de la troupe et qui tournait la calandre toute la journée, absorbait ses pensées. Long disait vingt fois par jour :

— Il y a là une jolie créature qui est contrainte de tourner la calandre, tandis qu'elle devrait être assise devant un prince, ah!

Mes trois autres domestiques étaient des indigènes, un cocher nommé Kleinbury, Hottentot actif et vigoureux, avec les pommettes saillantes et la tête crépue de ses pareils. Il était fort au fait du service qui lui était dévolu en partage. Comme beaucoup de ses compatriotes, il était sujet à des accès de tristesse, et, dans ces cas-là, il restait couché des heures entières sous les chariots, ou jouait du violon à l'ombre de quelque buisson au lieu de faire le service de son maître.

Mon guide, qui répondait au nom de Carollus, était grand, bien bâti, vigoureux, et descendait de la race mozambique. C'était le troisième que j'engageais pour cet emploi, les deux premiers ayant pris la fuite. Il arriva chez moi, protégé par la nuit, s'étant enfui de chez Kingsbey, officier de notre régiment, ce gentleman, disait-il, ayant l'habitude de lui administrer pour sa santé, et cela deux fois par semaine, une correction avec le *jambok*. Je fus obligé de convenir qu'il ne la volait pas, lorsque j'eus fait plus ample connaissance avec lui.

Enfin mon troisième serviteur, Cobus, était un Hottentot, fils d'un vétéran de mon régiment. Il s'était engagé en qualité de sous-écuyer et se trouva être un sujet de premier ordre dans sa partie, étant le meilleur cavalier que j'aie rencontré dans l'Afrique méridionale. De même que Kleinbury, il avait ses accès de bouderie.

Voici quels étaient les bagages, provisions et ustensiles que j'emportais avec moi : deux sacs contenant 300 kil. de café, 4 caisses de thé, 300 kil. de sucre, 300 kil. de sel, une outre de vinaigre, plusieurs grandes cruches de conserves, une demi-douzaine de jambons et de fromages, deux caisses de gin, une autre d'eau-de-vie, une demie d'eau-de-vie du Cap, des ustensiles de toute espèce, des pièces de drap, de la cotonnade, de la sellerie, des médicaments.

Quant aux armes, j'avais trois carabines à deux coups, de *Purdey Williams Moore et Dickson*, d'Édimbourg. La dernière était l'arme la plus parfaite dont j'aie jamais eu la chance de me servir, une lourde carabine allemande à un seul coup portant 12 pour 16 ; celle-ci était mon ancienne compagne ; elle m'avait été donnée, lorsque j'étais jeune garçon, par mon cher et regretté ami et confrère chasseur feu James Duff, d'Inneshause. Avec cette carabine j'avais, dix ans auparavant, abattu mon premier cerf sur un mamelon du Jura, et depuis conquis plus d'un dix-cors majestueux et plus d'une gracieuse femelle dans les forêts et dans les vallées de mon pays natal.

La carabine de Purdey était aussi une vieille amie ; elle et la lourde allemande m'avaient accompagné dans plusieurs expéditions dans les plaines et dans les bois de l'Hindoustan.

Outre cela, j'avais trois solides fusils à deux coups pour la grosse besogne, lorsque la circonstance exigeait une course rapide et de la promptitude à recharger les armes.

Avec ces éléments, je me crus en état d'entreprendre un voyage d'au moins un an parmi les boers et les Béchuanas sans être sous la dépendance d'aucun d'eux. Tandis que je m'occupais de rassembler ces divers objets, je m'amusai une ou deux fois à me mettre en quête du Kheebok dans les terrains arides et bordés de précipices qui se trouvent immédiatement

au sud de Graham's-Town. J'étais accompagné une de ces fois-là par mon cousin le colonel Campbell du 91ᵉ (un des officiers les plus braves et les plus distingués de la dernière guerre avec les Caffres, et pardessus tout un des meilleurs tireurs et des plus fins chasseurs de la colonie ; le Kheebok est une espèce d'antilope qui se rencontre en général dans tous les pays montagneux du sud de l'Afrique, depuis Table-Mountain jusqu'à la latitude de Kuruman ou de New-Lisahow.

Au travers des verdoyantes montagnes que le chasseur doit traverser en poursuivant les antilopes, ses regards sont souvent réjouis par l'aspect de vallées dont la délicieuse fraîcheur forme un agréable et frappant contraste avec les cimes rocheuses et arides qui les entourent. La verdure qui orne les bords d'une foule de petites sources et les accidents du terrain sont parsemés d'innombrables plantes de toutes sortes et d'une profusion d'arbustes fleuris, aux couleurs brillantes et variées, qui croissent dans un pittoresque désordre. La plus éclatante, entre toutes, était cette ravissante bruyère qui a rendu le Cap si célèbre ; isolée ou par touffes, cette merveilleuse plante pare le désert avec une abondance qui désespérerait un jardinier anglais, car la nature surpasse en magnificence, dans ce climat privilégié, les résultats de ses soins artificiels les plus assidus.

Je ne suis qu'un médiocre botaniste ; cependant, au milieu de l'ardeur de la chasse, je m'arrêtais souvent fasciné pour admirer cette splendide beauté. Avec leurs tiges veloutées, leurs fleurs de cire, des nuances éclatantes de vert, de lilas lisérés bruns, croissaient avec une égale magnificence même dans les fissures des rochers ou sur les falaises arides, presque égales en beauté aux bruyères charmantes et les surpassant même par l'attrait de leurs feuilles odoriférantes. Des touffes de géraniums embaumaient l'air de leur parfum délicat. Ces plantes sont trop connues pour qu'on puisse rien dire de neuf en les décrivant, si ce n'est qu'elles atteignent dans ces solitudes une hauteur surprenante. De petits groupes de la fière et vaniteuse iris y montrent leurs têtes gracieuses, le long des haies qui bordent les ruisseaux, et leur ombre élancée se réfléchissant dans l'onde semble jouer le rôle des naïades protectrices des eaux. Des espèces variées de fougères et de ronceraies me rappelaient les vallées sauvages de ma terre natale.

Outre les plantes que je viens de nommer, mille autres fleurs riantes couvrent les collines et les plaines. Des essaims d'insectes butinent sans cesse dans les ravins profonds et ombreux. On admire des festons entrelacés de plantes rampantes, parmi lesquelles brille au premier rang le jasmin sauvage, qui pend en guirlandes odorantes, pêle-mêle avec le lichen raboteux, et des touffes des mistletoé qui ornent les forêts africaines voisines des côtes. Puisque je parle des beautés floréales des collines voisines de la mer, j'ajouterai que c'est seulement dans ces parages qu'on rencontre les bruyères et les géraniums. A mesure que le voyageur pénètre dans les terres, ces plantes disparaissent peu à peu, et le règne animal aussi bien que le monde végétal prend un autre aspect. Les arbres et les arbustes coloniaux, les herbes et les plantes sont remplacés par des déserts sans fin. Personne ne les voit, ni ne les foule, ni ne les soupçonne, excepté des multitudes, de magnifiques, de rares, de prodigieux quadrupèdes, dont les ancêtres, depuis les siècles primitifs, ont habité ces majestueuses solitudes qui m'étaient alors inconnues, et qui me devinrent si familières par la suite.

II

Commencement de mes voyages. — Le wagon du Cap. — L'attelage. — Le furet. — Le jambok. — Un bœuf réfractaire. — Sagacité des bœufs. — Le chariot embourbé. — Grand embarras. — Changement de route. — The honey-bird. — L'oiseau mangeur de miel.

Le 23 octobre 1843, j'avais terminé mes arrangements, et réglé mes autres affaires : le temps, qui avait été pluvieux et orageux pendant bien des jours, commença à se remettre, je résolus donc d'atteler et de partir.

Après m'être assuré de mes bœufs, il s'agissait de trouver mes domestiques, qui tous avaient disparu. Long était à la calandre, courtisant galamment l'héroïne aux yeux noirs. On découvrit Kingsboy et Cobus ivres morts et tous deux étendus sur la pelouse devant une des cantines, en compagnie d'autres cochers et de plusieurs Vénus hottentotes dans le même état qu'eux. Ils avaient dépensé en liqueurs l'avance de salaire qu'ils m'avaient extorquée sous prétexte de faire des emplettes indispensables. Carollus, qui était sobre, parvint à les amener jusqu'aux chariots ; puis, grâce à Long, les préparatifs commencèrent.

Le cap-wagon est un véhicule long de dix-huit pieds, large de quatre environ, grossièrement construit, mais très-grand et très-solide ; car il repose sur quatre roues. La tente qui règne au-dessus du chariot a d'ordinaire cinq pieds de haut, avec une couverture de nattes caffres et un second couvercle de fort canevas par-dessus le tout. Sur le devant on trouve un grand coffre qui occupe toute la largeur du chariot, sur lequel le cocher et deux individus peuvent être assis. Un coffre pareil est attaché derrière le chariot. Des deux côtés, mais en dehors, sont deux coffres plus larges et plus étroits, destinés à recevoir les outils. Les coffres de devant et de derrière servent à

serrer les vêtements, les munitions et mille petits articles d'usage journalier.

Le voyageur couche sur une espèce de lit volant appelé *cardell*, cadre oblong, léger, mais solide, qui occupe toute la largeur du wagon. Il a environ huit pieds de long, et il est bordé de petits trous au travers desquels des lanières de cuir sont passées et entrelacées de manière à former une espèce de fond sanglé, sur lequel repose le matelas. Ce lit volant, jeté en travers du chariot, est suspendu à l'aide de courroies aux cerceaux de la tente. Le chariot est tiré par un attelage de douze bœufs, qui manœuvrent le chariot à l'aide de jougs assujettis à distances égales par des lanières de cuir brut.

Le fouet est un long bambou de vingt pieds, avec une lanière de cuir au bout de laquelle est cousue une fine mèche semblable à celle que les cochers anglais mettent au bout des leurs. Cette mèche a environ une aune de longueur ; elle est faite avec une mince découpure de la peau très-souple d'une espèce particulière d'antilopes. Le cocher des colonies manie cet énorme fouet avec beaucoup de dextérité et de grâce ; il le fait claquer et cela produit une détonation pareille à celle d'un fusil.

Le jambok est un instrument de persuasion indispensable dans l'équipement d'un chariot du Cap. Il est fait avec le cuir rude et épais du rhinocéros ou de l'hippopotame. Il est long de six à sept pieds ; son épaisseur à l'endroit du manche est d'environ un pouce et demi ; à partir de là il diminue graduellement jusqu'au bout. Le jambok est infiniment souple et flexible, et peut infliger un châtiment douloureux sur le cuir épais des bœufs réfractaires et opiniâtres. Un jambok convenablement préparé peut durer dix ans, vingt ans, ou plutôt il n'a pas de fin. De plus petits jamboks confectionnés pour les chevaux sont d'un usage fréquent chez tous les écuyers de la colonie.

Tout était prêt, enfin. L'illustre Kleinbury, mon cocher, brandit son grand fouet, et, la mèche claqua avec un bruit qui retentit de toute part, ce qui fit trembler les murs. L'effet fut immédiat : le lourd chariot dès lors ébranlé, roula légèrement à la suite des bœufs robustes qui, quand le terrain est uni, semblent à peine sentir le joug qui repose sur leur col.

Comme nous avions de gros paquets à prendre chez différents marchands de la ville, nous enfilâmes la grande rue de Graham's-Town, et, en passant devant les boutiques des bouchers et des boulangers, nous achetâmes une énorme provision de pain et de viande fraîche pour notre usage immédiat. Nous avions à peine fait un peu de chemin lorsque quelques Hottentots, à la vue perçante et à l'odorat subtil, coururent après nous, en nous criant qu'à l'arrière du chariot coulait une fontaine de *lait de tigre* : c'est ainsi que dans leur langage expressif ils appellent le gin.

Nous fîmes halte et découvrîmes en effet que plusieurs bocaux de cette liqueur que j'avais achetés pour être consommés sur le champ avaient été mal arrimés et perdaient leur contenu. C'était un grand chagrin pour les Hottentots que de voir se perdre ainsi ce bon lait de tigre dont ils sont si friands : aussi s'efforçaient-ils de l'intercepter au passage avec leurs mains. Grâce aux divers retards que nous avions subis depuis le matin, nous étions à peine à un mille de Graham's-Town lorsque cet accident arriva. Le soleil était sur le point de se coucher, et, comme il n'y avait point de lune, nous nous arrêtâmes et j'ordonnai qu'on dételât. Les Hottentots attachèrent les bœufs au joug et mes deux chevaux aux roues ; après quoi ils me demandèrent la permission de retourner à la ville pour prendre encore une fois congé de leurs femmes et de leurs maîtresses. Je compris parfaitement qu'il était fort imprudent de leur accorder leur demande ; mais, comme en même temps je compris que, si je leur refusais mon consentement, ils s'en passeraient, je me dis qu'il valait mieux y mettre de la bonne grâce, et je donnai congé général, me chargeant de veiller seul sur le chariot qui devait être mon unique habitation pendant cinq ans.

C'était un apprentissage.

Les Hottentots, chose étrange à constater, fidèles à leur promesse, vinrent tous au chariot vers le milieu de la nuit, à l'exception de Long ; à l'aurore je les réveillai, et chacun se mit à la besogne. Lorsque l'opération de l'attelage fut terminé, Long ne paraissant pas, nous nous mîmes en marche. A peine avions-nous fait trois milles que je vis un homme qui courait après nous en faisant des signes télégraphiques : c'était Long. Comme la route était escarpée et boueuse, par suite des pluies, il nous rattrapa facilement ; mais à peine nous eut-il rejoint que, tout en reprenant haleine, il exprima son mécontentement de ce que j'étais parti sans lui. Je pris la liberté de lui déclarer que je prétendais que mes domestiques m'attendissent, mais que pour moi je ne les attendrais jamais.

Long se mit à suivre le chariot tout en grommelant.

Notre marche était fort entravée par le mauvais état des routes, et, à dix heures du matin, nous fîmes halte. Nous avions fait une étape de neuf milles à peu près.

Vers le coucher du soleil nous nous arrêtâmes, pour passer la nuit, à la ferme d'un certain Fohès, grand éleveur de moutons ; sa réception fut hospitalière, et il m'invita à dîner.

Le lendemain, au moment du départ, Long, avec un visage digne de son nom, vint me formuler une série de plaintes au point de vue de ses incommodités personnelles. Celle qui lui paraissait la plus poignante était de dormir par terre, sous la tente. Du moment où il mettait en avant de pareils griefs, je compris

parfaitement que cet homme convenait médiocrement au service que j'en attendais ; à mon tour je lui fis part de cette opinion ; je lui payai un mois de gages et le renvoyai à Graham's-Town en lui souhaitant un heureux retour.

Le temps était admirable ; un ciel d'un bleu vif couvrait nos têtes ; sur ce champ azuré couraient de légers nuages, blancs comme des flocons de neige ; les arbres et les arbustes, rafraîchis par des pluies récentes, répandaient dans l'air des parfums aromatiques. Au bout de quelques milles, nous commençâmes à gravir la chaîne du Suurbirq, où nous rencontrâmes deux chariots de Somerset chargés d'oranges pour le marché de Graham's-Town ; j'en achetai plusieurs douzaines et je les trouvai excellentes. Les conducteurs des chariots m'avertirent que la route que j'allais parcourir était presque impraticable à cause des dernières pluies. Quoique leurs bœufs fussent meilleurs que les miens et leurs chariots moins chargés de plusieurs milliers de livres, ils avaient eu des peines infinies à en sortir.

Bientôt nous trouvâmes la route tellement défoncée que nous fûmes obligés de l'abandonner et de cheminer en ligne parallèle, le long du pied des collines. Je marchais en tête, et à chaque pas j'enfonçais dans la boue jusqu'aux chevilles. Je tâchais de choisir le terrain le plus ferme pour y faire passer le chariot. Les choses empiraient à chaque pas, les bœufs essoufflés faisaient les plus puissants efforts pour tirer leur fardeau, mais ils s'arrêtaient tous les cent mètres pour reprendre haleine ; à la fin les roues s'enfoncèrent tout à coup et devinrent immobiles.

Nous prîmes alors nos pioches et nos pelles et travaillâmes avec ardeur pendant une demi-heure, creusant et enlevant la terre autour des roues pour les dégager. Peine inutile. Malgré les efforts des bœufs de supplément, le chariot ne bougea pas d'un pouce. Nous le déchargeâmes d'une partie de sa cargaison, ce qui l'allégea de plus de trois mille livres. Les bœufs, battus sans pitié du fouet et du jambok, ne parvinrent pas à le remuer. Il me vint alors à l'idée de tirer le véhicule par derrière ; en conséquence, j'accrochai à l'arrière du chariot tout l'attirail de mon interminable attelage, et nous réussîmes à le faire sortir de son lit de fange.

Nous nous croyions hors d'affaire, mais, avant que nous eussions fait trois cents pas, le chariot était embourbé de nouveau, et si profondément que je crus qu'il allait disparaître entièrement. Le moyeu de la roue était de six à huit pouces plus bas que la surface. Ceci nous mit à bout d'expédients, et je commençai à croire que, si je continuais à voyager de ce train-là, mes cheveux deviendraient gris avant que je n'atteignisse le pays des éléphants.

Quelques minutes après que cet accident nous fut advenu, un autre chariot venant de Somerset arriva en vue, et presque aussitôt s'embourba à peu près à un quart de mille de nous. Son propriétaire était Anglais; c'était un roulier d'Albany, nommé Léonard. Il vint à moi et me pria de l'aider à sortir d'embarras en lui prêtant mes bœufs; j'y consentis, à la condition qu'à son tour il me prêterait les siens. Mais ce ne fut que lorsque la cargaison entière eut été déchargée qu'on vint à bout de le dégager; après quoi, avec beaucoup de peine, on s'occupa de nous. Pour cela on accrocha deux attelages à mon chariot, c'est-à-dire vingt-six bœufs robustes, les conducteurs postés de chaque côté, le fouet en main, se tinrent prêts à tomber, à un signal donné, sur le dos des malheureux animaux. Moi-même, avec un de mes Hottentots, armés tous deux de jamboks, je me portai près des bœufs de derrière, dont le concours est urgent en pareille occurrence. Le cri de « trik! trik! » retentit de toutes parts, accompagné d'un torrent de hurlements et d'épithètes. Les fouets, maniés avec dextérité, s'abattirent simultanément sur le dos des pauvres bêtes, dans toute la longueur de l'attelage; les vingt-six bœufs stimulés de la sorte réunirent à la fois leurs efforts et donnèrent une affreuse secousse à l'appareil. Il fallait bien que quelque chose cédât: ce fut mon formidable joug, qui vola en éclats, avec nos courroies et nos rênes mises en lambeaux. Il nous fallut renoncer à ce travail. Nous dételâmes donc les bœufs, les conduisîmes sur le penchant de la colline et les laissâmes en liberté jusqu'au lendemain matin. Nos harnais en pièces, nos pioches, nos bêches gisaient épars sur le sol dans le plus grand désordre. Découragés, harrassés, nous allumâmes du feu et nous mîmes en devoir de passer la nuit au milieu d'un terrain boueux et humide.

Le lendemain matin, à force de piocher et de bêcher, nous parvînmes enfin à dégager le chariot, allégé de tout son poids, et nous pûmes nous remettre en route jusqu'à la ferme de Sichett, où je m'établis une seconde fois pour m'y reposer un jour.

Pendant ce trajet, je vis pour la première fois le honey-bird, c'est-à-dire l'oiseau mangeur de miel. Ce petit oiseau, extraordinaire, qui est à peu près de la grosseur d'un pinçon et de couleur gris clair, conduit toujours la personne qui le suit à un nid d'abeilles sauvages. Caquetant et furetant avec beaucoup de vivacité, il se perche sur une branche à côté du voyageur, essayant par mille tours d'attirer son attention. Lorsqu'il y est parvenu, il vole légèrement dans la direction du nid d'abeilles; il se pose de temps à autre afin de regarder en arrière et de s'assurer que le voyageur le suit, ne cessant son ramage jusqu'à ce qu'il soit arrivé à l'arbre creux ou au monticule abandonné et qui contient le miel. Alors il voltige au-dessus du nid pour en indiquer exactement la place, et attend avec une impatience inquiète sa part du butin.

Lorsque le miel est enlevé, ce qui s'exécute en as-phyxiant les abeilles avec du gazon brûlé à l'entrée de leur domicile, le honey-bird guide souvent à un second nid et quelquefois à un troisième. L'abeille sauvage de l'Afrique méridionale correspond à l'abeille domestique d'Angleterre; elle se trouve dans toute l'Afrique, et la cire forme la portion la plus importante de la cargaison des vaisseaux qui trafiquent aux côtes d'Or et d'Ivoire, et dans le district mortel de Sierra Léone, sur la côte ouest de l'Afrique.

Il arrive parfois, chez les Hottentots comme chez les tribus de l'intérieur, que le honey-bird conduit le voyageur qui le suit au lieu de refuge d'un lion gris ou à la tanière d'une panthère. Je me rappelle qu'une fois, trois ans plus tard, fatigué d'avoir bataillé avec de monstrueux éléphants et des hippopotames, je voulus me délasser en chassant des cailles; mais mon attention fut tout à coup attirée par un honey-bird obstiné qui me suivit longtemps en voltigeant et sans se soucier des détonations de mon fusil.

Après avoir tiré beaucoup de cailles et de perdreaux, je suivis l'oiseau chasseur pendant environ un mille, au travers des clairières découvertes qui bordent le Limpapo; il me conduisit vers un crocodile d'une longueur démesurée, dont tout le corps était caché; son horrible tête seule était visible à la surface de l'onde. Ses yeux avides guettaient les évolutions de huit ou dix énormes taureaux-buffles qui venaient étancher leur soif dans la rivière et se frayaient un passage en brisant avec bruit des roseaux desséchés. Heureusement pour les buffles, la profondeur de cette vase les empêcha de s'approcher du fleuve et du monstre qui les eût dévorés. Je pus à loisir viser le monstrueux animal et le tuer d'une balle dans l'œil.

<h3 style="text-align:center">III</h3>

De Bruin's Port au Great Fish River (le fleuve du Grand-Poisson. — Cradock. — L'ancien district des éléphants. — Le black-koran. — Le tourbillon de Fish River. — Passage de la rivière. — Nous nous frayons un chemin. — Gazelles springboks. — Goût des Hottentots pour le gin. — Daka. — Boer's neck. — Cradock. — Climat. — Mynheer Besta. — Gazelles springboks et animaux carnaciers. — Mynheer Socheter. — Hendrick Stydon. — Manière de fabriquer des cendres. — Chasse aux gazelles spring-boks. — Émigration des springboks.

Le joug de mon chariot avait été brisé pendant nos dernières luttes; je fus heureux d'en acheter un neuf, d'un homme nommé Mackensie, employé chez Jichett, qui m'en livra un de bois noueux, très-solide, au prix d'une livre sterling. En quittant la ferme nous appuyâmes à l'est et arrivâmes en quelques heures à la grande route qui mène de Graham's-Town à Cradock; nous la suivîmes pendant plusieurs milles; puis nous commençâmes à descendre au travers de Bruin's-Port, où la route serpente dans un ravin profond, étroit et raboteux, au milieu d'un taillis touffu et toujours vert. Cette descente aboutit à des terrains bas qui avoisinent les rives du Great Fish River.

Ce défilé de montagnes est la terreur des cochers; il est en tous temps dangereux pour les chariots, mais en ce moment il était plus que jamais périlleux et impraticable, les pluies précédentes ayant entièrement balayé la terre molle dont les colons se servent pour combler les ornières des chemins. La pluie avait en même temps déraciné de grosses pierres et des quartiers de rochers qui jonchaient la route déjà si difficile. Nous pressentîmes d'invincibles obstacles pour la continuation de notre voyage.

Nous passions les premiers sur cette route depuis les inondations; il aurait fallu une semaine de travail pour la rendre praticable. Je fis faire une halte et je descendis dans le ravin pour l'examiner, accompagné de Kleinbury. Je vis tout d'abord que, dans l'état où il était, ce chemin devenait inabordable; mais Kleinbury, sachant qu'il ne serait point obligé de payer les dégâts, fut d'une opinion contraire, préférant ardemment courir certains risques plutôt que d'être condamné au travail herculéen de rouler de côté toutes ces masses de pierres. Ainsi donc, décidés à tenter le passage, nous remontâmes dans le chariot, et, ayant assujetti les sabots aux deux roues de derrière, Kleinbury se porta sur le siége et le chariot commença sa descente périlleuse.

Je le suivais, m'attendant à tout moment à assister à sa destruction. Le véhicule subissait des cahots furieux, craquait et rebondissait de roche en roche. Ici la large roue de derrière reposait sur un projectile élevé de plusieurs pieds, tandis que la roue de devant du même côté était ensevelie dans un trou profond. Tantôt les deux roues du même côté se trouvaient perchées sur une roche, plaçant la voiture dans une telle position qu'une ligne de plus devait le faire choir. Enfin, à mon suprême étonnement, le mauvais pas fut franchi, et nous arrivâmes à la route basse, qui était praticable.

Je ne pouvais m'empêcher de songer à ce qui serait arrivé en pareil cas à un chariot construit à la mode anglaise : un des cochers de Brighton aurait vraiment ouvert les yeux, s'il avait pu voir mon étourneau du Cap opérant sa descente sur cette épouvantable partie de la route coloniale, que je puis parfaitement comparer au lit raboteux et montagneux d'une rivière de Highlands. Nous continuâmes notre voyage jusqu'à une heure avant le coucher du soleil, puis nous campâmes pour la nuit.

Le pays que nous avions traversé était couvert d'un vaste fourré d'arbustes nains toujours verts, et de broussailles où le « speck-boon » dominait. Cette sorte d'arbre, un des plus communs dans les forêts et dans les taillis en Albany et au pays des Caffres, est parfaitement inutile à l'homme, car ses branches, remplies de suc alors même qu'elles sont mortes, ne peuvent servir de combustible. Il est cependant bon de remarquer que c'était l'aliment favori des éléphants qui fréquentaient par troupe cette contrée, il y a vingt-cinq ans. Les sentiers creusés pendant une longue suite de siècles par ces monstrueux animaux sont encore visibles sur le penchant et dans les gorges des collines boisées, où les crânes et les gros os de leurs squelettes blanchissent encore dans les fondrières ou dans les ravins qui avoisinent la mer dans la basse Albany.

Le jour suivant, une marche de quatre heures nous amena au bord du Great Fish River. Nous avions traversé une immense clairière découverte, parsemée de différents arbustes noirs, de longues herbes et de grasse bruyère. Ce fut là que je vis et tirai pour la première fois le black-koran, excellent gibier ayant beaucoup de rapport avec l'outarde, et fort abondant dans toute l'Afrique méridionale. Son plumage se rapproche de celui du coq de bruyère; ses jambes et son cou sont longs comme ceux de l'autruche; sa poitrine et son dos sont gris, et ses ailes noires et blanches. On le rencontre dans les endroits où le pays est plat et découvert.

Lorsqu'on dérange ces animaux, ils s'élèvent et voltigent autour de la plaine en faisant des évolutions à la façon du pluvier doré et en poussant des cris aigus. Le meilleur moyen de les atteindre est de monter à cheval et de courir en rond, en rétrécissant toujours le cercle. Cette clairière, dont j'ai oublié le nom, est le rendez-vous des chasseurs des environs de Graham's-Town; ils y prennent la récréation de la chasse de l'ours sauvage ou du porc-épic. On fait cette chasse la nuit, par un beau clair de lune, et avec une meute de chiens grands et robustes. Les chasseurs sont armés d'une baïonnette ou d'une lance avec laquelle ils expédient la bête aux abois.

Vers deux heures après-midi, nous attelâmes, et, ayant gravi une colline assez haute et escarpée, nous entrâmes dans une autre contrée semée de plaines sans fin, couvertes d'une longue herbe ondoyante et parsemées de fourmilières. J'eus alors le plaisir de contempler plusieurs bandes de spring-boks dispersées dans la plaine. Cette antilope ressemble beaucoup à la gazelle du nord de l'Afrique; ses goûts et ses habitudes rappellent le Saesin de l'Inde. Les colons ont nommé cet animal spring-bok à cause de la faculté qu'il a de faire des sauts prodigieux. Nous apprendrons à nos lecteurs que spring-bok signifie mot à mot *bouc sauteur*.

En effet, lorsqu'on poursuit ces gazelles, elles s'élèvent à des hauteurs surprenantes. Si c'est un troupeau entier qui prend la fuite, on les voit exécuter une multitude de bonds étranges et perpendiculaires, s'élançant dans les airs, les reins courbés, et agitant en même temps de longues mèches de poils blancs qu'ils ont sur le dos et sur les flancs, ce qui leur donne un air aérien et les distingue de toute espèce d'autre animal. Ils bondissent alors à une hauteur de dix à douze pieds, enjambant à chaque saut un espace de trois ou quatre mètres, sans qu'il paraisse le moins du monde que cet exercice les fatigue. Un instant ils semblent comme suspendus et immobiles en l'air, puis ils retombent sur leur quatre pieds, et à peine ont-ils touché la terre qu'ils rebondissent de nouveau.

Après avoir ainsi parcouru quelques centaines de mètres, ils adoptent un trot léger et élastique, courbent leurs cous élégants et baissent le nez à terre comme pour jouer; puis tout à coup ils redressent la tête et regardent de tous côtés pour découvrir si le danger existe encore. Si le spring bok est forcé de traverser un sentier ou même un chemin de deux ou trois pieds de largeur où un homme ait récemment passé, il le fait d'un seul bond, et lorsque le troupeau entier, composé souvent de plusieurs milliers de ces animaux, doit franchir une route de la sorte, rien n'est plus magnifique que de voir chaque antilope, l'une après l'autre, exécuter ce bond surprenant. Ils sautent de même en passant non loin du lion ou de tout autre animal qu'elles redoutent.

Les multitudes innombrables de spring-boks qui se rassemblent lorsqu'ils émigrent en masse sont quelque chose de merveilleux. On peut les comparer avec justice aux essaims innombrables de sauterelles que le voyageur rencontre si souvent dans ce pays fabuleux.

De même que la sauterelle, le spring-bok en troupe consomme toute la verdure qu'il trouve sur son passage, dévaste en quelques heures d'immenses contrées et détruit souvent en une nuit tout le labeur d'un fermier. Les antilopes ont d'ailleurs pour coutume de revenir à leur pays natal, comme un lièvre revient à son lancer, seulement le parti qu'ils prennent, au lieu d'être d'une lieue ou deux, embrasse un gigantesque ovale ou un formidable carré dont le diamètre est souvent de quelques centaines de milles. La durée de leur migration varie de six mois jusqu'à un an; et, comme si ils avaient conscience du dégât fait sur leur passage, ils reviennent invariablement par un autre chemin que celui qu'ils ont pris en partant.

Il y avait longtemps que j'entendais parler des spring-boks et que je me promettais un grand plaisir à cette chasse. Aussi, dès que j'aperçus un troupeau de ces antilopes, j'ordonnai à l'instant de seller mes deux chevaux et j'enjoignis à mes Hottentots de poursuivre leur étape jusqu'à la ferme la plus proche; là ils étaient autorisés à dételer.

Les chevaux prêts, je sautai en selle, armé de ma carabine à deux coups et accompagné de Cobus. Devinant notre intention, les spring-boks, extrêmement sauvages dans ces contrées, comme je l'ai déjà dit, commencèrent à fuir avec ces bonds prodigieux que j'ai essayé de décrire. Aussi dépensai-je inutilement ma poudre et mes balles en les tirant à des distances de six à huit cents mètres. Après une course enragée et sans résultats, je rejoignis mes chariots que je trouvai installés près d'une ferme hollandaise.

Mes travaux pénibles des jours précédents au gué de Fish River, travaux exécutés pendant les heures les plus chaudes de la journée, et peut être aussi l'imprudence que j'avais faite en mettant bas, depuis mon départ de Graham's-Town, ma redingote, mon gilet et ma cravate, eurent pour résultat de me couvrir les bras, le cou et les épaules d'énormes ampoules, pareilles à celles qui me seraient venues à la suite d'une brûlure causée par de l'eau bouillante que l'on m'aurait jeté sur le corps. Un coup de soleil, dont on rit en Europe, est chose plus grave en Afrique. Celui ou ceux que j'avais reçus me causaient des douleurs atroces et m'empêchaient de reposer. Pendant la nuit qui suivit ma course à la poursuite des spring-boks, ma bonne hôtesse, prenant pitié de mon état et désirant me soulager, m'annonça qu'elle avait une excellente recette contre les coups de soleil, recette qu'elle avait souvent administrée avec succès à son mari et à son fils.

J'ignore de quels ingrédiens se composait ce spécifique, mais, dès que j'eus appliqué ce remède diabolique sur les parties enflées et au vif, j'éprouvai la même cuisson que si je venais de me bassiner avec un mélange de sel et de vinaigre. Aussi, tout en vouant la doctoresse et son onguent aux divinités infernales, je me mis à bondir et à hurler comme un possédé, à la satisfaction véritable et à la joie manifeste de mes compatissants Hottentots.

Le pays que nous parcourions était sévère, montagneux et aride, excepté sur les bords de la rivière, qui étaient frangés de bosquets de mimosas de saules et d'aubépines, couvertes de fleurs du plus beau jaune, exhalant un parfum délicieux.

Cradock est un joli petit village sur la rive est du Great Fish River, qui lui fournit de l'eau et arrose ses jardins. Il est habité par des Hollandais et par des Anglais, ainsi que par une assez grande quantité de Hottentots, de Mozambiques et de Fingues. La rue principale est large et plantée d'arbres qui donnent de l'ombre. Parmi ces arbres, je remarquai beaucoup de pêchers surchargés de fruits verts. Les maisons sont grandes, bien bâties généralement en briques, les unes à la mode hollandaise, les autres à la mode anglaise. Chacune a un fort grand et fort beau jardin dessiné avec goût, où croissent dans un coin à part tous les légumes en usage dans les cuisines anglaises. Les pommes, les poires, les coings, les oranges et les raisins y abondent. La vue est bornée de tous côtés par des montagnes et des collines arides, rocheuses et nues. Je traversai la ville et m'en allai dételer à un quart de mille plus loin.

Nous étions là quand nous vîmes passer une douzaine de chariots allant à Cradock; ils étaient remplis de Boers avec leurs femmes et leurs enfants. Plusieurs de ces chariots étaient traînés par des chevaux et non par des bœufs; chaque attelage était de huit ou dix bêtes, harnachées deux de front et portant des courroies en travers de la poitrine au lieu de colliers; ces courroies sont, pour la plupart, fabriquées de peau de lion, lorsqu'on peut s'en procurer, car la dépouille du roi des animaux passe pour être à la fois plus souple et plus durable que toute autre. Ces interminables attelages sont très-adroitement conduits par les Boers : un homme tient les guides et un autre le fouet. L'après-midi, je fis atteler et nous marchâmes jusqu'au coucher du soleil.

Depuis que j'avais quitté Cradock, la route était meilleure. Elle était unie et courait le long de la rive nord-est de Great Fish River : les alentours offraient de toutes parts aux regards des chaînes prolongées de montagnes de roches nues. Les audacieuses cimes du Rhinasterberg s'élevaient à l'horizon du côté de l'ouest. Au reste, à part quelques mimosas qui croissaient sur les bords de la rivière, on ne voyait pas un seul arbre; le pays était couvert de bruyères, d'arbustes nains et de quelques buissons épineux.

Le soleil était dévorant pendant le jour, mais cependant presque toujours on sentait flotter une petite brise venant du sud. Depuis que j'avais quitté Graham's-Town, le temps avait toujours été très-agréable, jamais par trop chaud, excepté dans les bas-fonds, où cette brise ne pouvait pénétrer. L'Afrique du sud, quoique son climat soit sec et étouffant, est néanmoins très-saine, car elle est entourée par la mer de trois côtés. Il y a cependant des saisons où les vents du nord dominent. Les colons les appellent les vents chauds. Lorsque ces vents soufflent, on dirait qu'ils ont passé à travers la fournaise d'une verrerie. En effet, ils n'arrivent à la pointe de l'Afrique que chauffés à leur passage par les sables brûlants du grand désert de Kalihari.

A Cradock, je pris à mon service un Hottentot qui se nommait Jacob.

En partant, nous suivîmes le cours du Fish River pendant environ neuf milles, puis notre route inclina vers la droite, c'est-à-dire plus au nord. Enfin nous dîmes adieu à ce fleuve, que j'avais cru un instant devoir retrouver éternellement sur ma route. Deux étapes que nous fîmes au milieu de plaines ondoyantes, spacieuses et stériles, nous amenèrent aux confins des immenses steppes qui entourent le Thebus-Mountain.

Après avoir suivi la rive d'un ruisseau insignifiant honoré du nom de Brak River, j'arrivai à la ferme de mynheer Besta, boer aimable et hospitalier, *field comets* de son district, ce qui signifie une sorte de magistrat résident. Nous fîmes halte pour déjeuner, et Besta, qui était un fin chasseur, me raconta une foule d'anecdotes et d'aventures qui lui étaient arrivées dans ses anciens jours de chasse en Albany, où il avait résidé jadis. Mais ce qui surtout me fit grand plaisir, c'est qu'il m'assura que, dans les plaines situées immédiatement au delà de sa ferme, les black wild-beass et le spring-bok se rencontraient par milliers. Cette assurance me détermina à monter à cheval après déjeuner pour aller à leur recherche. La chair de ces deux variétés d'antilope forme le fond de la nourriture des Boers et de leurs serviteurs, lorsqu'ils habitent les régions où ils sont nombreux, et l'on pouvait voir entassés et éparpillés dans tous les bâtiments de la ferme les crânes et les cornes de plusieurs centaines de ces animaux.

J'ordonnai à mes gens de longer la rive du Brak River jusqu'à la prochaine ferme. Je remontai à cheval·avec Cobus, me dirigeant vers le nord et coupant à travers plaines. Mynheer Besta avait dit vrai; je n'avais pas fait une demi-lieue que j'aperçus de tous côtés des troupes de spring-boks, éparpillés de tous côtés. Mais, lorsqu'ils m'aperçurent et virent que je leur donnais la chasse, ils se rallièrent au point que bientôt la terre en fut couverte et que la plaine sembla vivante. Ayant franchi une espèce de ravin, et mon horizon s'étant élargi, je vis, aussi loin que ma vue put porter, le sol positivement blanc de spring-books, et, çà et là, un groupe noir de wild beasts, tous sautant et gambadant en tous sens, agitant et tortillant leurs queues blanches et s'enfuyant à la file à notre approche. Pendant plusieurs heures je les poursuivis et lâchai sur eux environ deux douzaines de coups de fusil; mais, comme c'était à la distance de quatre ou six cents mètres, je n'en blessai que quinze que je perdis.

Enfin, fatigué et de la course et de l'inutilité de mes décharges, je retournai la tête de mon cheval vers notre camp. La nuit descendait rapide et tombait; le tonnerre grondait au haut des collines,. et de longs éclairs, si rapprochés qu'ils semblaient ne faire qu'un éclair sans fin, sillonnaient la nuit. Je mis mon cheval au galop pour rejoindre mon wagon que j'atteignis à temps pour échapper à des torrents de pluie qui tombèrent jusqu'au matin. Sous l'influence de ce déluge, le Brak River devint un torrent rouge et écumeux, mais il baissa très-rapidement le lendemain avant midi. Disons en passant que cette rivière se nomme Brak à cause du goût de ses eaux, qui dans la saison des pluies sont à peine potables.

Ma journée de chasse, quoique *improductive*, m'avait fort amusé. Je n'étais pas aussi humilié qu'on aurait pu le croire de mon insuccès, car je sentais à merveille que ce n'était pas un bon moyen de remplir ma gibecière que de courir comme je l'avais fait après une proie aussi fugitive : mais ce qui dominait dans mon esprit, c'était la joie de voir un si noble gibier, se mouvant en si grande quantité, sur les lieux mêmes où il avait pris naissance. Je compris donc que je foulais enfin aux pieds le glorieux théâtre de ces fameuses chasses dont les récits m'avaient inspiré le désir de visiter ce point éloigné du globe, et je me réjouis bien sincèrement de n'avoir pas eu la faiblesse de me rendre aux instances que m'avaient faites mes amis pour me retenir à Graham's-Town, ou me ramener en Angleterre.

En galopant follement, emporté par l'ardeur de la chasse, j'éprouvai pour la première fois ce sentiment plein de grandeur d'une liberté sans contrainte. *Cette sensation, qui me devint familière pendant toute la durée de mon voyage en Afrique,* m'était alors toute nouvelle et presque inconnue. Or, quelles que soient les fatigues que j'aie essuyées et les dangers que j'aie courus, ce temps de dangers et de fatigues demeurera toujours pour moi l'époque la plus brillante et la plus heureuse de ma vie.

Le lendemain au matin je traversai le Brak River à cheval, pour aller rendre visite à un Boer nommé mynheer Pocheter. Cette visite avait pour but de lui acheter des chevaux, mais il n'en avait pas à vendre. Je rencontrai le vieillard avec une longue canardière à un coup et une énorme batterie à pierre, avec la poire à poudre de corne se balançant à son côté; il était sorti avant le jour avec son Hottentot et s'était posté dans une petite gorge où les spring-boks avaient coutume de passer avant le lever du soleil. Dans ces sortes de défilés, les Boers ont l'habitude de construire avec des pierres plates de petits affûts où ils viennent abattre matin et soir un de ces antilopes; car la distance à laquelle ils tirent leur garantit un succès certain.

Cette fois-ci cependant le digne Boer avait été malheureux; il rentrait sans venaison, quoiqu'en me mettant en chemin, un quart d'heure auparavant, j'eusse entendu la détonation de sa carabine. Le bruit produit par ces pesants fusils des boers, chargés d'une poignée de poudre, retentit à une distance prodigieuse dans l'atmosphère calme des hautes *tablelands,* et, durant mon séjour dans les plaines voisines de Thebus-Mountain, je remarquai que, soit le matin, soit à midi, soit sur le soir, une heure s'écoulait rarement sans que la détonation lointaine d'un fusil hollandais vînt frapper mon oreille.

Mynheer Pocheter me pria d'entrer à sa ferme pour déjeuner avec lui : j'acceptai : Cobus servit d'interprète, car mon hôte ne comprenait pas un mot d'anglais, et je n'avais pas encore eu le temps d'apprendre le hollandais, que je parvins à parler couramment plus tard.

Après le repas, je pris congé de mynheer Pocheter et rejoignis mon campement.

Je donnai alors l'ordre de quitter la route directe de Colesberg et d'aller à travers champs jusqu'à la demeure d'un Boer nommé Hendrick Strydon, aux environs de laquelle on m'avait assuré que le gibier foisonnait. Quant à moi, je remontai à cheval, toujours accompagné de Cobus, pour recommencer mes courses à la poursuite des spring-boks. Nous nous lançâmes donc à toute volée dans les plaines, en appuyant à l'est, et, comme la veille, nous trouvâmes ces animaux réunis par milliers, et, de place en place au milieu d'eux, une troupe de wild-beasts noirs. Ne pouvant les approcher de plus de quatre ou cinq cents mètres lorsque je me lançais ostensiblement dans la plaine, je quittai mes chevaux et mon piqueur et me dirigeai à pied vers une rangée de collines basses et rocheuses, où je tirai deux coups difficiles sur un spring-bok et un wild-beast. Je les blessai dangereusement tous deux, comme j'en pus juger au sang, mais je les perdis. J'avais ôté mes souliers pour marcher plus silencieusement à la rencontre des spring-boks, et j'eus grand'peine à les retrouver.

Je souffrais beaucoup de la soif; le soleil était ardent, et, malgré les torrents de pluie de la veille, on ne pouvait trouver d'eau nulle part.

Dans l'après-midi, j'arrivai près d'une mare de boue; le peu d'eau qui y restait était bouillante. Je fus toutefois bien heureux de la trouver car j'étranglais de soif, au point que des larmes de joie me vinrent aux yeux en la découvrant. Ma souffrance actuelle n'était pourtant qu'une bagatelle en comparaison des épreuves que j'ai subies depuis.

Bientôt après je rejoignis Cobus, que j'avais complétement perdu, et qui, inquiet de ma longue absence, me cherchait tenant mon cheval en main. Je fus, comme on le pense bien, enchanté de le retrouver. Je sautai en selle et traversai la plaine au galop pour rattraper mon chariot. Mais, chemin faisant, ne pouvant résister à la tentation, je me postai derrière une haie et j'ordonnai à Cobus de chasser vers moi une troupe de spring-boks. Il réussit à merveille dans son évolution et m'en envoya une centaine presque sur le nez. Cette fois encore j'eus du malheur, ou plutôt je fus bien maladroit, car je tirai mes deux coups au milieu du troupeau sans qu'ils parussent avoir porté.

En arrivant au chariot, que je trouvai dételé dans le domaine désolé de mynheer Hendrick Strydon, je pris une énorme ration de gin et d'eau; puis, escorté de mon interprète, qui portait des verres et une bouteille de Hollande, j'allai à la porte de Strydon pour faire connaissance avec lui et avec sa femme. Je portais, à la stupéfaction des Boers primitifs, le costume des anciens Gaulois, c'est-à-dire la blouse et les larges braies, accoutrement qui fut le même pendant tout le voyage.

Lorsque je me trouvai en face de Strydon, je lui donnai une cordiale poignée de main et je lui dis que j'étais un *Berg Scot*, c'est-à-dire un Écossais des montagnes, et que c'était l'usage dans mon pays, quand deux amis se rencontraient, de se faire raison avec une rasade. Ce disant, je joignis l'action à la parole et remplis un grand verre que je lui présentai. Comme la chose m'avait réussi dès le commencement, je la pratiquai par la suite, et j'en agis toujours ainsi en abordant un Boer pour la première fois. Cet usage régulièrement observé ne manquait jamais de me conquérir ses bonnes grâces, et mon hôte me quittait d'habitude en me disant que les Écossais étaient les meilleures gens du monde.

J'agissais ainsi parce que je savais que les Boers haïssaient les Anglais, mais aimaient assez les Écossais. L'idée que les Écossais sont une nation comme la leur conquise par les Anglais, et par conséquent subissant le même joug qu'eux, explique cette sympathie. Ajoutons que la plupart de leurs ministres sont Écossais.

Hendrick Strydon était un homme de haute taille, hâlé par le soleil et ayant l'air d'un véritable sauvage. Ses cheveux couleur de sable et clair-semés, sa barbe rouge, longue et touffue, ne contribuaient pas peu à compléter cette ressemblance, si quelque chose avait pu y manquer.

C'était un habile chasseur, et lui et sa famille vivaient en quelque sorte du produit de son adresse. Sa femme était une gentille petite personne aux fraîches couleurs, avec des yeux bruns et des sourcils très-bien arqués. Elle fit à mon avis preuve de bon goût en se prenant de fantaisie pour moi, mais peut-être sa sympathie peut-elle s'expliquer par la libéralité avec laquelle je prodiguais le thé et le café.

Au reste, ces braves gens étaient pauvres et possédaient fort peu de bien en ce monde : leur demeure, qui accusait leur dénuement, était en harmonie avec leur situation. C'était un petit cottage en torchis dont le toit n'offrait qu'un bien mince abri contre les pluies périodiques ; le feu, sans cheminée, brûlait sur la pierre même du foyer, et un trou, fait dans la toiture servait à la fois de fenêtre et de tuyau de cheminée ; les poutres et les murs nus étaient parés d'une profusion de peaux d'animaux sauvages et d'une quantité énorme de « biltongue », c'est-à-dire de chair de gibier boucanée au soleil. Il n'y avait là ni champ fertile ni jardin vert La wild-kandoo, le désert, s'étendait autour de la maison, et pendant la nuit les spring-boks et les wild-beasts venaient paître jusque devant la porte.

Ils avaient pour serviteurs un vieux bûcheron et sa femme, et ne possédaient au monde qu'un chariot délabré, un attelage de bœufs, quelques vaches laitières et un petit troupeau de moutons et de chèvres. Le principal revenu de Strydon paraissait être la fabrication des cendres. Il en chargeait son chariot et faisait des excursions de plusieurs jours dans les districts voisins, afin de les vendre aux Boers plus riches que lui. Maintenant il est bon de dire comment se font ces cendres et à quoi elles servent.

On déracine des buissons, on les amasse dans la plaine, on les y laisse au grand soleil jusqu'à ce qu'ils soient assez secs pour bien brûler, puis on choisit un beau jour pour y mettre le feu. Les cendres sont ensuite recueillies dans de grands sacs confectionnés avec la peau brute des wild-beasts et des zèbres. Ces cendres sont très-appréciées par les Boers, car elles sont un ingrédient indispensable pour manufacturer le savon, que tous les Boers de l'Afrique méridionale font eux-mêmes. L'arbuste vert rabougri et plein de sève qui fournit ces cendres ne se trouve que dans certaines régions, et dans celle-ci il y en avait à foison.

Strydon me plaignit beaucoup de mon guignon constant à la chasse, mais il me dit qu'il n'y avait rien d'étonnant et que cela arrivait toujours ainsi quand on s'y prenait comme j'avais fait. Il s'était convaincu par expérience qu'avec mon système on dépensait sans profit énormément de poudre et de plomb, dépense que lui, pauvre, s'efforçait d'éviter. Il me proposa, si je voulais l'accompagner lorsqu'il aurait pris son café, d'employer les deux heures de jour qui nous restaient encore à m'enseigner sa méthode, moyennant quoi il était plus que probable que nous tuerions un mâle avant la nuit.

En conséquence, nous prîmes le café et, suivis de deux Hottentots, nous nous mîmes en marche, à travers une plaine en apparence désolée. De nombreuses troupes de spring-boks paissaient à droite et à gauche. Strydon me plaça derrière un buisson vert haut d'environ huit pouces, qui était planté au milieu d'un endroit découvert. Il me recommanda de rester étendu la poitrine contre terre, puis il alla se mettre dans la même position à quelques centaines de pas de moi. Enfin il fit faire un détour à nos deux Hottentots pour rabattre sur nous un troupeau de spring-boks qui paissait au loin : ce plan était excellent et réussit à merveille. Tout le troupeau s'avança à pas lents et directement vers moi.

Lorsqu'il fut à cent pas, je choisis de l'œil un mâle bien gras et l'abattis d'une balle dans l'épaule : ce fut le premier coup heureux que je fis sur cet élégant gibier. J'ai toujours passé pour un bon tireur de carabine, soit à pied, soit à cheval, mais je ne suis pas sûr de mon coup au delà de cent dix à cent vingt pas.

Deux jours auparavant, j'avais, à balle franche, abattu un koran au vol.

Mon coup de fusil épouvanta les spring-boks, qui s'enfuirent en bondissant; et comme la nuit approchait et nous enlevait l'espoir d'un second coup pareil au premier, nous rentrâmes à la ferme, Strydon et moi, tous deux en joyeuse humeur.

IV

Invasion de sauterelles. — Un prix disputé. — Grande abondance de gibier. — Chasses nocturnes. — Curieuses méprises. — Un visiteur chez Strydon. — Tir au wild-beast. — Rencontre avec M. Paterson-Golesberg. — Emplettes. — John Stofulus.

Le 6 au matin, dès le point du jour, et tandis que j'étais encore au lit, ou plutôt dans mon cadre, Hendrick Strydon et sa femme se tenaient devant un feu près de mon chariot, apportant une provision de lait doux qui fut la bienvenue. Tous deux gourmandaient mes Hottentots afin qu'ils préparassent le déjeuner et qu'ils réveillassent leur maître indolent. Strydon prétendait que le meilleur moment pour chasser était cinq heures du matin. J'entendis leurs voix, je me levai; puis, après avoir déjeuné, nous partîmes l'arme au bras.

Ce jour-là, j'eus le plaisir de voir le premier essaim de sauterelles qui se fût jamais présenté à ma portée, depuis que j'habitais la colonie. Nous étions au milieu d'une plaine sans limite; elles arrivaient comme un ouragan, volant en bon ordre, à une distance d'une centaine de mètres du sol. Je les regardai jusqu'à ce que le soleil fut obscurci par leur nombre et que le sol en eut été couvert comme d'un dais. De quelque côté que je portasse les yeux, au nord, au midi, à l'est et à l'ouest, elles s'étendaient comme un épais nuage, et il s'écoula plus d'une heure avant que leurs légions dévastatrices se fussent envolées et eussent disparu. Ce spectacle étrange m'intéressa vivement, et je me rappelle encore aujourd'hui la sensation que j'en éprouvai sur le moment.

Dans la journée et dans la matinée du jour suivant Strydon et moi continuâmes notre chasse de la veille. Nous passâmes le petit fleuve nommé Thibus River et chassâmes cette fois du côté de l'est. Hendrick, d'un seul coup et avec une seule balle, abattit deux gazelles magnifiques, et, comme je m'étonnais de son bonheur ou de son adresse, il m'assura qu'il lui arrivait très-souvent de faire pareil coup.

Le 9 au matin, Strydon et moi, ayant décidé la veille au soir que nous irions en quête d'une troupe d'autruches qui, selon le dire de son Hottentot, fré-

quentait les plaines voisines de Thebus-Mountain, nous réveillâmes nos hommes deux heures avant le jour, et, après un déjeuner plus que matinal, nous sautâmes sur nos chevaux et nous nous dirigeâmes vers la passe montagneuse.

Nous étions là depuis une heure environ, postés dans un défilé au milieu des joncs, quand nos Hottentots rabattirent sur nous, — ou plutôt sur Strydon, — quatre magnifiques autruches. Elles s'approchèrent jusqu'à cinquante pas de lui, et je m'attendais à tout moment à voir la fumée de son coup de fusil : le cœur me battait, mon sang bouillait d'impatience. Je me demandais par quelle raison il ne tirait point, quand, le regardant avec une petite lunette de poche, je m'aperçus qu'il était endormi, et, en me retournant, je vis à quatre-vingts mètres de moi une douzaine de spring-boks, qui s'étaient approchés tandis que j'étais occupé de Strydon et de ses autruches. Ils arrivaient derrière moi pour gagner une gorge. Je saisis ma carabine, et, tout couché à plat ventre que j'étais, je fracassai l'épaule au plus beau mâle de la compagnie; il s'élança, courut une cinquantaine de pas et tomba roide mort.

A la détonation de mon arme, des volées d'oiseaux se mirent à tournoyer dans les airs et des bandes de quadrupèdes bondirent dans la plaine comme aux jours du paradis terrestre. J'en étais émerveillé, mais je m'aperçus bientôt que certaines espèces des uns et des autres se disposaient tout simplement à prendre leur part de mon antilope tué. C'étaient des corbeaux blancs, noirs, des vautours, puis des chacals, qui, voyant ceux-ci s'abattre à tire d'aile, devinèrent qu'il y avait quelque chose de bon à flairer et sortirent de leur retraite. Je regardais tout cela, n'osant pas bouger, car le gibier accourait de toutes parts et je m'attendais à chaque instant à voir paraître les autruches rabattues par nos Hottentots. J'étais donc obligé de rester muet et immobile spectateur des débats de mes pillards à poils et à plumes. Tout à coup une bande de wild-beasts arrivèrent au grand galop et passèrent à ma portée. La tentation était trop forte : je remis les autruches à un autre jour et je tirai. Je touchai l'animal visé, mais dans le train de derrière. Il en résulta que la bête, quoique blessée et traînant la cuisse, disparut avec la harde.

Au reste, le nombre des spring-boks était incalculable : quoiqu'ils n'approchassent plus de moi, effrayés qu'ils avaient été par mes deux coups de feu, on les voyait s'agiter, courir, sauter dans toute l'étendue de la plaine. Je suis sûr que dans le cercle qu'embrassait ma vue il y en avait bien dix mille. Une de ces hardes passa à trois cents pas à peu près de Strydon, qui tira sur eux, manqua son coup et les fit tous fuir.

Il était tard; nous songeâmes à rentrer, emportant la bête que Strydon avait tuée dans la matinée; quant à la mienne elle n'était plus qu'un squelette; la chair en avait disparu sous la dent des chacals et sous le bec des vautours et des corbeaux. Nous remontâmes donc à cheval.

Une chose m'avait étonné dans cette excursion : c'est la quantité de carcasses et de crânes blanchis dont la plaine était jonchée. Partout où je dirigeais mes regards, mon œil rencontrait des milliers de squelettes de spring-boks et de wild-beasts.

Le lendemain, nous vîmes arriver une troupe nombreuse de naturels : ces pauvres gens appartenaient au chief Moshesh et voyageaient pour chercher de l'ouvrage. Un grand nombre de naturels parcourent ainsi tous les ans la colonie et travaillent pour les Boers, construisant en pierres des enclos pour le bétail ou des digues sur les petites rivières dans les profondeurs des vallées, afin d'y retenir l'eau dans la saison des pluies. Ces lacs sont destinés à désaltérer les troupeaux pendant la longue sécheresse de l'été.

On paye le travail de ces braves gens avec des génisses et des chèvres.

Les inondations avaient renversé la levée d'une digue située dans une chaîne de collines assez éloignées et tout à fait aux confins de sa ferme. Strydon fit accord avec eux pour la faire réparer. Or, les environs de cette digue étant, à ce que me dit mon hôte, le séjour favori d'un animal qui m'était encore inconnu, c'est-à-dire du Quayga (le quayga est l'onagre de l'Écriture), et Strydon étant obligé de se rendre sur les lieux le lendemain matin avec les ouvriers qu'il venait d'arrêter, nous convînmes de chasser aux alentours dans des collines hautes et escarpées.

Nous partîmes au jour, et, m'étant séparé de Strydon, je gravis une de ces collines afin d'examiner le paysage au lever du soleil. Dans cette course, j'eus la chance d'abattre un rhode-reebock ; mais, comme j'avais peur de m'égarer, je rejoignis mon compagnon.

La journée se passa à courir de colline en colline, mais sans rien pouvoir joindre. Nous vîmes trois quaygas et une foule d'autres animaux, mais nous ne parvînmes pas à les approcher d'assez près pour en abattre aucun.

La nuit venait à grands pas. Nous descendîmes du haut de nos collines et nous nous mîmes à galoper vers la ferme. Tout en galopant, nous aperçûmes dans l'ombre une troupe d'animaux que Strydon m'assura être des quaygas. Sautant à bas de nos chevaux, le corps en avant, prêts à faire feu, nous essayâmes de nous approcher du gibier que nous convoitions.

Il faisait assez sombre, et il était difficile, non pas de voir le gibier, mais de distinguer précisément à quelle espèce il appartenait, quoique Strydon me criât à demi-voix : quaygas ! quaygas !

Mais à cent pas de nous à peu près les quaygas partirent au galop.

Il était inutile de les poursuivre à pied. Je cher-

chai des yeux ma jument, je la vis à ma portée : je courus à elle et sautai en selle. Quant à mon étalon que j'avais prêté à Strydon, mon étonnement fut grand en le voyant partir à la poursuite des quaygas et se mêler bientôt à eux.

Après un temps de galop d'un mille à peu près, je rejoignis mes animaux : ils étaient au repos, et paissaient : mon étalon se trouvait au milieu d'eux. Arrivé à cinquante pas à peu près de la troupe, je sautai à bas de ma monture et, me glissant une dizaine de mètres en avant, je lâchai mes deux coups au milieu des quaygas : ils prirent la fuite, emmenant mon étalon avec eux. J'étais fort surpris du peu d'effroi que leur inspirait mon cheval.

Cependant l'un d'eux était atteint, et si sérieusement qu'il resta bientôt en arrière, et finit par tomber. Mon étalon, en bon camarade, demeura pour lui tenir compagnie.

En ce moment la lune commençait de briller, quoique faiblement. A sa lueur douteuse, je continuai de galoper après le troupeau : je voulais ma paire de quaygas ; je le joignis enfin, et faisant faire un écart à ma jument, me laissai glisser. Je mis un genou en terre et envoyai une balle dans l'épaule du quayga qui se trouvait le plus rapproché de moi. Il chancela, tomba avec un bruit sourd et resta sans mouvement ; le reste de la troupe l'entoura en renâclant et en bondissant comme font les chevaux sauvages de Mazeppa, puis tous, comme épouvantés, ils repartirent à fond de train à travers la plaine.

Cette course m'avait électrisé ; au lieu de me contenter de mes deux quaygas, j'en voulais absolument tuer un troisième. Je remontai à cheval et me mis à la poursuite de la harde. Mais cette fois, après avoir suivi pendant deux ou trois milles leurs rapides silhouettes sur les bruyères fauves, il me sembla les voir s'évanouir comme des ombres : je m'arrêtai ; non-seulement je ne les voyais plus, mais je n'entendais même plus le bruit de leurs pas.

Je n'avais qu'une chose à faire, c'était de rallier Strydon, si c'était possible, et de tâcher de retrouver mes deux victimes. Je me mis à la recherche de la dernière bête tombée, mais ce fut inutile : rien ne m'indiquait l'endroit de sa chute, et je m'en étais éloigné de deux ou trois milles. La plaine parfaitement nue d'ailleurs, ne m'offrait aucun point de repaire à l'aide duquel je pusse me diriger. Je songeai alors au premier quayga tué par moi et pensai que, grâce à mon étalon resté près de lui, la recherche en serait plus facile. Tout d'abord je crus qu'il me fallait dire adieu à celui-là comme à l'autre. Je descendis de cheval, me couchai à plat ventre et crus enfin apercevoir deux points en reliefs au-dessus du niveau de la plaine. En un temps de galop, j'arrivai à une cinquantaine de pas des objets découverts ; c'étaient bien mon étalon et mon quayga ; mais à mon approcho ce dernier se releva et essaya de fuir. C'eût été trop malheureux, apr·s avoir pris tant de peine, de le voir m'echapper. Je l'ajustai au défaut de l'épaule et fis feu. Il tomba.

Je poussai un cri de joie et je me précipitai, en avant, palpitant du désir de voir pour la première fois un de ces beaux animaux dont j'avais tant entendu parler.

Que le lecteur juge de ma stupéfaction, en reconnaissant que mon prétendu quayga n'était autre qu'un magnifique cheval hongre, au pelage bai brun, portant deux étoiles au front !

La lumière se fit dans mon esprit : Strydon et moi avions été tous deux dans l'erreur, ce que nous avions pris pour des quaygas, c'était l'attelage d'un Boer du voisinage, et cet attelage avait fourni aux plaisirs de notre chasse du soir.

Je remontai à cheval, pris mon étalon en bride et m'orientai pour rentrer à la maison, décidé à payer les chevaux que j'avais tués ou blessés. Mais lorsqu'après avoir rejoint Hendrick et lui avoir conté mon histoire, qui le réjouit grandement, je lui fis part de mon intention :

— Oh! pour cela, non, dit-il ; ne soufflez pas le mot de l'accident. Le propriétaire des chevaux est un abominable avare qui vous les ferait payer trois fois leur valeur. Demeurez en paix. Les animaux qui ne se retrouveront pas seront mis sur le compte des lions ou des bûcherons braconniers.

Je suivis le conseil de Strydon, ce qui, au reste, nous fut d'autant plus facile, que je n'entendis parler de rien.

Seulement, je me promis de ne plus tirer sur les quaygas qu'à bon escient et autant que possible pendant le jour.

Je restai encore une semaine à la ferme

Un matin, le 17, nous fûmes distraits par l'arrivée d'un vieil ami de Strydon : c'etait un Boer de Mayalisberg ; il dételâ à la ferme. Il revenait de Graham's-Town, où il avait transporté une cargaison d'ivoire, et retournait chez lui avec des provisions de thé et de café.

Ce Boer m'assura que dans son voisinage je pourrais rencontrer le plus rare et le meilleur gibier, et particulièrement le sable-antilope, le roan-antilope, des élans de Waterbuch, des koudou, des pallahs, des éléphants, des rhinocéros blancs et noirs, des hippopotames, des girafes, des buffles et des lions. Il ajouta qu'il avait tué des éléphants dont les défenses pesaient cent kilos chacune et avaient sept pieds de long. Mais il me conseilla de ne visiter ce pays que vers la fin d'avril, attendu qu'avant cette époque mes chevaux périraient infailliblement d'une épidémie qui règne dans l'intérieur des terres sous une certaine latitude pendant les premiers mois d'été.

Je quittai la ferme de Strydon ; ce Boer en quelques jours était devenu mon ami, il me donna une provision d'avoine pour mes chevaux, qui avaient en perspective de durs travaux, car ils allaient faire la chasse à l'oryx. Or la chasse à l'oryx, que j'étais décidé à entreprendre immédiatement, est, comme on va le voir bientôt, la plus fatigante de toutes les chasses.

Avant de me mettre en route, j'avais arrêté un serviteur de plus : c'était un Hottentot nommé John Stofulus. Ses fonctions étaient de conduire mon nouveau chariot. C'était un petit homme actif et robuste, très-habile à empailler les têtes de gibier, à conserver les échantillons, et en général propre à toutes sortes de petits détails que je confiais à ses soins.

Son seul défaut était d'être querelleur et d'aimer fort à se battre avec ses camarades. Il se vantait éternellement de ses prouesses en ce genre. J'eus alors l'idée d'utiliser son courage. Mauvaise pensée, car, lorsque je mis sa bravoure à l'épreuve en réclamant son assistance pour la chasse aux animaux féroces, tout ce prétendu courage s'évanouit, et, comme disent les Français, « s'en alla en fumée »

V

Trajet jusqu'au désert. — Récit d'un combat entre trois lions et un buffle. — La mouche O:logy. — Un Boer nomade. — Le gemsbock. — Chasse au Gemsbok. — Une nuit au désert. — Mœurs des Boschjemen ou hommes de buissons.

Le 2 décembre au soir je rassemblai avec mille difficultés mes serviteurs ivres, mes bœufs et mes chevaux et je sortis de Colesberg, appuyant à l'ouest vers les vastes pleines de Karroo, où l'on assurait que les gemsboks se trouvaient en profusion. Je n'avais pas encore vu cette magnifique espèce d'antilope que l'on appelle bouc-diamant.

Je ne fis pas grand chemin ce jour-là, mes hommes ne parvenant pas à se dégriser, et dans cet état d'ivresse ils avaient plusieurs fois failli culbuter les chariots. Je fis halte bientôt après le coucher du soleil, et, comme je fus obligé de m'occuper seul des bœufs et des chevaux, et que je n'avais point de combustible sous la main, je dus pour mon dîner me contenter d'un morceau de viande fumée crue et d'un verre d'eau et de gin.

Le jour suivant nous fîmes deux longues traites ; nous traversâmes le Sea-Cow river, ou la rivière de la Vache de mer. Six heures entières nous galopâmes dans la plaine, déchargeant et rechargeant fusils et carabines sur un gibier qui semblait devenir de plus en plus sauvage. Je tuai deux antilopes : le premier fut entièrement dévoré par les vautours, en dépit des ronces dont nous le couvrîmes, et dépouillé de sa chair aussi délicatement qu'il aurait pu l'être par la main des hommes. Le second avait une jambe cassée et fuyait en boîtant, lorsqu'un chacal parut au loin, lui donna la chasse, et, après une longue course, finit par l'atteindre et le dévora. Ceci est remarquable, mais assez fréquent.

Il arrive souvent que, lorsqu'un spring-bok est blessé, un ou plusieurs chacals apparaissent soudain et aident le chasseur à s'emparer de son butin. Dans les régions plus éloignées de l'intérieur des terres lorsqu'il s'agit de plus gros animaux, il advient parfois aussi que c'est le lion qui se présente pour aider le chasseur, se déclarant toujours pour l'homme contre l'animal. Quoique cette assertion ressemble assez à un conte de voyageurs, le fait n'en est pas moins positif. J'en ai fait moi-même l'expérience, mais en m'exceptant je citerai M. Oswell, au service de l'honorable Compagnie des Indes orientales, un des plus braves chasseurs et des plus habiles tireurs que j'aie jamais rencontrés, et qui a fait deux expéditions dans l'intérieur de l'Afrique. Or M. Oswell et un de ses amis galopaient un jour sur les rives ombreuses du Limpopo à la poursuite d'un buffle blessé, quand tout à coup ils furent rejoints par trois lions qui paraissaient résolus à leur disputer leur proie. La présence de ces nouveaux antagonistes eut pour effet de redoubler la vitesse du buffle.

L'animal continua donc sa course, suivi des trois lions : Oswell et son ami formaient l'arrière garde sur leurs chevaux. Mais bientôt les lions gagnèrent sur le buffle, s'élancèrent sur lui et le terrassèrent. Il s'ensuivit une lutte épouvantable pendant laquelle les deux chasseurs arrivèrent à portée de la carabine. M. Oswell et son ami s'avancèrent jusqu'à la distance de cinquante pas et firent feu sur la royale famille. A chaque balle qui les frappait, les lions croyaient recevoir un coup de cornes de leur adversaire et redoublaient de rage contre lui. A la fin les chasseurs trouvèrent moyen de mettre hors de combat deux lions, le troisième comprit que le terrain était trop chaud pour lui et battit en retraite.

Le lendemain, après nous être baignés dans la rivière, je m'acheminai vers le Karroo. Je marchai toute la journée, et, ayant fait une traite de vingt-cinq milles, je m'arrêtai au coucher du soleil à la ferme d'un vieux Boer ayant nom Wessel. Le brave homme était ivre-mort. J'avais espéré pouvoir lui acheter des chevaux, mais il était hors d'état de conclure aucune affaire. Il me déclara qu'il était Boer, c'est-à-dire fermier hollandais, qu'en cette qualité il ne pouvait supporter la vue d'un Anglais, et, tout en me faisant ce compliment, il me poussait hors de sa maison, au grand déplaisir de sa femme et de ses filles, qui ne semblaient pas partager son opinion.

En partant de chez lui je fis deux jours de longues et fatigantes étapes sous un soleil dévorant. Ces deux jours me conduisirent à la ferme de mynheer Steu-

keim, que j'atteignis le 7 fort tard dans la soirée. Il m'apprit qu'à quinze milles environ de sa ferme je trouverais un Boer des tribus errantes, qui m'indiquerait d'une façon positive un endroit dans le Karroo où je trouverais une chasse qui ne me laisserait rien à désirer. Il ajouta que ce district se trouvant trop éloigné pour être fréquenté par les chasseurs, il était sûr que j'y trouverais du gibier de toute espèce.

On était en été ; les mouches bourdonnaient en formidables essaims dans les demeures des Boers, attirées qu'elles étaient par l'odeur de la viande et du lait. En entrant dans le manoir de Steukeim, je trouvai positivement les murailles de son grand salon couvertes de ces dégoûtants insectes. Ces mouches sont le fléau des habitants de l'Afrique méridionale, et il faut déployer une prodigieuse adresse pour manger sa soupe ou boire son café sans en avaler une au moins par gorgée. Lorsque l'on apporte les plats, il y a toujours deux ou trois Hottentots ou Bushgirls armés d'éventails de plumes d'autruche qu'ils agitent au-desssus du bouillon, de la viande ou des légumes.

J'attelai et me dirigeai vers le Boer errant, que je rejoignis environ une heure après la chute du jour.

Cet homme s'appelait Gons ; il vivait sous une petite tente de toile bise plantée entre les deux chariots autour desquels il rassemblait le soir son immense troupeau de moutons. Pendant le jour son bétail et ses chevaux couraient librement sur une chaîne de collines couvertes de gras pâturages qui semblaient être son domaine. Sa femme était la plus jolie femme que j'aie jamais rencontrée parmi les Boers, et elle m'assura qu'elle était Française de naissance.

Le lendemain au matin, je déjeunai avec Gons sous sa tente. Il avait des bonnes provisions de viandes et du miel sauvage. Quant au lait, il coulait chez lui comme d'une source. Il m'offrit de me vendre un cheval brun et de belle apparence, ce que j'acceptai.

On ne s'étonnera pas de cette espèce de provision de chevaux que je faisais, quand on va me voir tout à l'heure en changer deux ou trois fois par jour pour chasser l'oryx.

Dans cette ferme je trouvai un autre Boer nommé Swiers, campé avec son bétail. Il avait été obligé de quitter les fermes situées plus avant dans les profondeurs du Karroo, à cause du manque absolu d'eau. Swiers était un homme déjà âgé, qui autrefois avait été un très-grand chasseur. Il m'amusa beaucoup en me racontant des anecdotes de chasse relatives aux mœurs du gibier et certaines aventures de sa jeunesse. Il me dit qu'il se rappelait avoir vu des lions à profusion dans la contrée même où nous nous trouvions, et que l'on en rencontrait même encore de temps en temps quelques-uns. Il me raconta des combats entre le gemshok et le lion, où le premier avait vaincu le dernier. Il avait trouvé des carcasses de ces animaux desséchées sur le lieu même du champ de bataille. Le corps du lion avait été transpercé et fixé au sol par les longues cornes aiguës du puissant gemsbok, de sorte que, ce dernier n'ayant pu se dégager, tous deux avaient péri l'un par l'autre.

Toutes ces histoires de lion racontées par Swiers me trottaient par la tête. Je savais que c'est principalement la nuit que le roi du désert voyage et chasse. Il m'avait dit que j'entrais sur le territoire où l'on commençait à le rencontrer, et mes yeux erraient de tous côtés dans l'espoir où j'étais que mes exploits commenceraient plus tôt que je ne l'avais imaginé.

Je ne découvris rien de pareil à ce que j'espérais.

Après avoir fait cinq milles dans une contrée très-aride et profondément triste, j'arrivai, au sortir d'une gorge de collines basses, en vue d'une mare d'eau près de laquelle on m'avait conseillé de camper.

La largeur de cette mare était d'environ trois cents toises.

D'un côté il y avait de grandes herbes, refuges d'oies et de canards sauvages, de bernacles, de hérons et de grues.

L'autre côté était nu.

C'était par là que le gibier allait boire, et le bord de l'eau était trépigné par les pieds des animaux sauvages comme l'est le bord d'un abreuvoir. Mes gens rangèrent mes chariots parmi des broussailles, à quatre cents pas à peu près de la mare. Le soir même je désignai les trois chevaux qui devaient me servir, moi et mes deux piqueurs, à la chasse du gemsbok, qui est le même animal que j'ai désigné sous le nom d'oryx et que quelquefois, dans le pays, on désigne aussi sous le nom de licorne; non point qu'il n'ait qu'une corne, mais parce que les deux cornes sont si droites et si régulièrement plantées que, vu de profil, il semble n'en avoir qu'une seule. C'est l'animal le plus beau, le plus fort et le plus remarquable de toute la race des antilopes; il a une crinière hérissée, une longue queue noire traînante et ressemble généralement à un cheval, quoiqu'il ait la tête et les sabots des antilopes. Ses formes sont robustes; sa taille est carrée et compacte; son port est noble; sa hauteur est celle du zèbre et sa couleur assez semblable à celle de l'âne. Les belles bandes noires qui ornent sa tête ressemblent à un collier, et les nuances de sa croupe et de ses crins lui donnent un cachet tout particulier.

Le mâle adulte a trois pieds dix pouces de haut à partir de l'épaule.

Le gemsbok a été créé pour le Karroo desséché et les déserts arides de l'Afrique méridionale. Sa nature est parfaitement adaptée au pays qu'il habite. Il vit et prospère dans les lieux où l'on pourrait croire qu'une sauterelle ne trouverait pas sa subsistance, et, malgré l'étouffante chaleur du climat, il se passe parfaitement d'eau. J'ai observé moi-même, et les Boers ainsi que les indigènes l'affirmeront comme moi, qu'il n'a aucun besoin de boire. Sa chair est fort estimée comme goût et comme saveur, elle est aussi bonne que celle de l'élan. A une certaine époque de l'année le gemsbok devient très-gras, et alors il est plus facile de se rendre maître de lui; mais, grâce à l'égalité du terrain où le gemsbok pature, grâce à son caractère timide et défiant, grâce enfin à son insouciance de l'eau, on ne peut pas lui dresser des embuscades comme aux autres antilopes. Il faut le chasser à cheval, le forcer à la course, après de longs efforts de toute espèce; et, parmi tout le gibier que l'on chasse ainsi à cheval, l'oryx ou le gemsbok (nous emploierons indifféremment ces deux désignations) est le plus agile et le plus dur à la fatigue. Il se rencontre çà et là au centre et dans la partie ouest de l'Afrique du sud.

Le 10 décembre, tous mes préparatifs ayant été achevé pendant la nuit, je montai à cheval une heure avant le jour, accompagné de Cobus et de Jacobs, mes piqueurs ordinaires: ce dernier conduisait un cheval de bât. Nous nous dirigeâmes vers le sud-ouest, et enfin nous atteignîmes un petit monticule qui dominait légèrement le paysage. Je mis pied à terre et montai jusqu'au sommet. Arrivé là, j'examinai les alentours avec ma lunette d'approche, mais, aussi loin que ma vue pouvait s'étendre en interrogeant l'horizon, je n'aperçus absolument rien. Machinalement alors mes regards attristés parcoururent le pays intermédiaire; tout à coup, et au moment où j'allais remettre ma lunette dans son étui, je découvris, à mon inexprimable étonnement, et surtout à ma grande joie, une troupe de vingt-cinq gemsboks paissant à peu près à huit cents pas. C'était la première fois que je voyais ces gemsboks si désirés. Un vieux et magnifique mâle broutait seul à l'écart des autres, comme une sentinelle avancée. Les longues cornes pointues de ces élégants animaux brillaient au soleil comme les casques d'un détachement de dragons. Je m'accordai à peine la joie de rassasier mes yeux de ce réjouissant spectacle, et je revins près de mes gens, afin de concerter avec eux un plan d'attaque.

Je n'étais point alors suffisamment renseigné quant à l'agilité des gemsboks, car un de mes amis m'avait affirmé qu'un homme même de ma corpulence pouvait toujours, s'il était bien monté, forcer ces animaux après une longue poursuite. Mon ami était dans l'erreur, et je vais expliquer d'où cette erreur lui était venue. Il lui était bien véritablement arrivé à lui de forcer des gemsboks, mais cela venait de ce qu'à son insu il suivait d'autres chasseurs, de sorte que les gemsboks qu'il forçait avaient déjà été lassés par ses prédécesseurs. Dans tout le cours de mes aventures avec les gemsboks je ne me rappelle que quatre occasions où, étant monté sur la bête de choix de mon haras, que cette chasse éreinta presque entièrement, je réussis seul et sans aide à forcer l'oryx que je poursuivais.

Je pris donc, comme je le disais, langue avec mes Hottentots, et j'adoptai le plan généralement suivi par les Boers. Ce plan était de faire monter mes Hottentots ou mes Bosjismens les plus légers sur mes chevaux les plus infatigables et de les transformer pour ainsi dire en lévriers avec lesquels je forçais les gemsboks comme on force les cerfs en Écosse. Quelquefois le chasseur, familier avec le gibier et le pays sait quel chemin prendra l'antilope ; alors il coupe court, ayant toujours le soin de prendre l'animal sous le vent. Si l'on est en nombre pour l'envelopper, on rabat l'animal sur le chasseur qui s'embusque, et qui, s'il le manque de ses deux coups ou ne fait que le blesser, le poursuit et le force.

Il était convenu que Jacobs et moi nous tâcherions de faire un grand circuit bien loin, sous le vent du troupeau, et que Cobus le traquerait et le rabattrait sur nous. Le vent soufflait de l'ouest, mais, par malheur, le district d'où venaient ces animaux était au nord. Jacobs et moi partîmes au grand trot, regardant derrière nous de temps en temps, puis nous prîmes la position qui nous parut la plus avantageuse, et nous attendîmes.

Au bout d'une heure d'attente, je fus convaincu qu'il y avait eu erreur dans la direction que nous avions suivie. Je ne me trompais qu'à moitié. Une inégalité de terrain avait dérobé à nos regards la fuite du troupeau vers le nord. Il y avait longtemps que Cobus s'était lancé à leurs trousses et qu'il arpentait le pays. De quel côté, c'est ce que j'ignorais. J'explorai la plaine en tous sens, poussant mon cheval, tantôt à droite, tantôt à gauche, et enrageant d'avoir perdu une si belle occasion. A la fin, sentant que mon pauvre cheval faiblissait sous moi, je m'arrêtai en ralliant Jacobs et je revins avec lui vers les chariots.

On comprend que j'étais d'abominable humeur.

Deux heures après, Cobus revint aux chariots.

Je fus d'abord un peu découragé par cette mauvaise chance, mais bientôt je me sentis pris du désir de faire une seconde tentative, et, vers trois heures, je résolus de me mettre en campagne. J'y étais d'autant plus forcé qu'il y avait presque nécessité : nous n'avions plus une once de viande ; donc entre trois et quatre heures je repartis dans le même équipage. Nous galopâmes à travers les plaines dans la direction du nord-est et rencontrâmes bientôt des autruches et des quaygas. Nous marchâmes encore pendant quelque temps au milieu d'une espèce de taillis ; une assez nombreuse troupe de hartle-beasts traversa notre sentier au galop Ces animaux furent bientôt suivis par deux ou trois hardes de quaygas et de wild-beasts qui fuyaient épouvantés devant nous, en soulevant un nuage de poussière rouge. A la fin j'aperçus une troupe d'animaux gris cendrés courant en tête des autres. Au milieu de la poussière je vis briller leurs cornes et reconnus des gemsboks.

Les voir et me lancer sur eux fut l'affaire d'un moment.

Je montais mon meilleur cheval, et, le maintenant à un galop enragé, je m'aperçus bientôt que je gagnais sur eux. Après une course de plusieurs milles, je trouvai en avant Cobus, bien plus léger de poids que moi et montant un cheval presque aussi bon que le mien. Cobus partit comme un éclair. Nous arrivions à ce moment sur la déclivité d'une colline ; les gemsboks s'y trouvèrent, et je fis halte un instant pour laisser souffler mon cheval et jouir de la vue.

Le cheval de Cobus, qui, comme je l'ai dit, était excellent et portait un cavalier pesant soixante-quinze livres à peine, se rapprochait à chaque enjambée, et, avant d'avoir atteint l'autre extrémité de la plaine, il se trouvait au beau milieu de la troupe écumante. Arrivé là, Cobus choisit une magnifique femelle la tête ornée de cornes immenses, et, en quelques secondes, il la détourna de mon côté, la guidant pour ainsi dire avec la main. Elle me passa à cinquante pas, et je l'abattis de deux balles que je lui logeai dans l'épaule.

Je mourais de soif. La femelle que je venais de tuer avait les mamelles pleines de lait ; je pus la traire dans ma bouche et me régaler du plus délicieux breuvage que j'eusse jamais bu.

Tandis que je me rafraîchissais avec délices, mon Hottentot, mieux aguerri que moi contre la chaleur, enlevait ma selle et la plaçait sur le cheval gris. Je lui ordonnai alors de se mettre en chasse, et, s'il le pouvait, de forcer un vieux mâle.

Je suivis Cobus de mon mieux. Arrivé à la première crête j'aperçus la troupe d'oryx, à environ deux milles de moi, gravissant une colline à l'extrémité de la plaine et Cobus galopant à un mille derrière eux. Il gagnait visiblement du terrain. Enfin gemsboks et piqueur disparurent derrière la colline, mais le chasseur se trouvait encore assez éloigné des animaux qu'il poursuivait.

L'aspect du pays avait changé ; on eût dit que nous entrions dans une contrée nouvelle ; c'était un véritable désert, complétement stérile. Il n'y avait pas une touffe d'herbe verte pour reposer la vue. Partout des trous creusés par des colonies de *mecreah*, sorte de fourmi énorme. Ce terrain, miné de place en place, était on ne peut plus fatigant pour les chevaux, le sol cédant à chaque pas sous leurs pieds.

Lorsque j'arrivai à mon tour après mille faux pas à la colline derrière laquelle Cobus avait disparu, je me trouvai en face d'une vaste plaine ; j'ouvris mes yeux le plus et le mieux que je pus afin d'apercevoir bêtes ou homme. Je suivis la direction qu'il avait prise quand je l'avais perdu de vue, et je reconnus au sommet d'une colline, et tout à fait dans le lointain une tache blanche, qui devait être le chemin. Je courus de ce côté, et, au fur et à mesure que je m'approchai, je vis que Cobus avait forcé le vieux mâle. Je reconnus bientôt celui-ci étendu hors d'haleine près d'un arbuse vert.

Enfin je rejoignis Cobus qui avait tué la plus admirable bête que l'on pût voir.

J'aurais passé des heures à l'admirer; mais j'étais à plusieurs milles de mes chariots, mourant de soif, sans une goutte d'eau. J'achevai donc le pauvre animal. et, lui ayant coupé la tête avec grand soin, je commençai à l'écorcher.

Il était tard, trop tard pour espérer rapporter le même soir la femelle au camp, et, quant au mâle, il était beaucoup trop loin pour que j'espérasse sauver une parcelle de sa chair des vautours et des chacals.

J'envoyai Cobus aux chariots pour y prendre de l'eau et du pain, lui indiquant pour lieu de rendez-vous l'endroit où j'avais laissé la femelle gemsbok, résolu que j'étais de passer la nuit près d'elle afin de la défendre contre les animaux carnassiers. Avant que Jacobs et moi eussions fini l'écorchement et fussions parvenus à attacher la peau et la tête sur le cheval, la nuit était venue. Ma soif était intolérable, et j'aurais donné mon argent, mon chariot et mes bœufs, pour une bouteille d'eau. Dans l'espoir de rencontrer Cobus, Jacobs et moi cheminâmes lentement, nous efforçant de retrouver l'endroit; mais l'obscurité redoublait, et, comme dans ce désert aucun indice ne pouvait me guider, je perdis tout à fait mon chemin. Il en résulta que nous errâmes plusieurs heures dans les ténèbres, tirant de temps en temps des coups de fusil en l'air. Enfin, harassés de fatigue, nous nous couchâmes dans la plaine pour essayer de dormir, après avoir attaché nos chevaux à un buisson d'épines près duquel nous étions étendus.

La soif continuait à me torturer; j'avais, en outre, très-grand froid, car j'étais couvert pour tout vêtement d'une chemise et d'une culotte allant au-dessous du genou; mon matelas se composait de la peau de l'oryx étendue sur un buisson, ce qui lui donnait l'élasticité d'un sommier ordinaire. Je dormis deux heures à peu près et me réveillai glacé. Nos chevaux n'étaient plus là; ils avaient profité de notre sommeil pour s'écarter. J'essayai inutilement de me rendormir. Au point du jour je me levai, Jacobs en fit autant. Nous regardâmes autour de nous, mais Jacobs ni moi ne pûmes découvrir, ni où nous étions, ni de quel côté se trouvaient les chariots.

A quelques centaines de toises de nous s'élevait une petite colline; nous y grimpâmes pour voir de plus loin; mais, arrivés au sommet, nous ne fûmes pas plus avancés. Je pus cependant m'orienter quant à la position de mon camp, en étendant mon bras vers le soleil levant; mais je ne vis rien. Tout inquiet, je revins à l'endroit où je m'étais endormi, quand tout à coup, à trois cents toises de moi, j'aperçus le cheval que j'avais attaché la veille près de la femelle oryx. Je courus à eux et je les trouvai tous deux en bon état. Je sellai sur-le-champ la bête et courus au camp, ordonnant à Cobus d'écorcher la femelle en lui promettant qu'aussitôt arrivé aux chariots je lui enverrais de l'eau et du pain.

En chemin je rencontrai Cobus qui me cherchait à cheval. Il apportait ce que j'allais chercher, c'est-à-dire du pain et une bouteille d'eau. Il errait aussi à l'aventure, s'étant complétement égaré. Ma soif s'était éteinte d'elle-même; aussi ne touchai-je point l'eau et la lui laissai-je porter intacte à Jacobs. Il m'annonça que John Stofulus arrivait avec le fourgon pour transporter notre gibier mort. Je le rencontrai, en effet, peu de temps après; mais, avec la bêtise ordinaire des hommes de sa nation, il arrivait avec ses tonnes complétement vides.

Je lui indiquai sa route et continuai mon chemin vers le camp.

Un bol de thé me rendit mes forces; je me mis aussitôt, malgré ma fatigue, à accommoder les deux têtes d'oryx pour ma collection. Vers le soir, nous aperçûmes un cavalier monté sur un cheval fatigué et un piqueur tenant en main un cheval de rechange: c'était Paterson, un de mes camarades de régiment, qui était parvenu a obtenir un congé, de quinze jours. Tout en mangeant des grillades de gemsboks, je lui racontai mes hauts faits des derniers jours.

Tous nos chevaux étaient écrasés de fatigue, il leur fallait vingt-quatre heures de repos; aussi la journée du lendemain fut-elle consacrée au *dolce far niente*. Nous nettoyâmes nos carabines et je mis mon journal au net. Le sol était aussi chaud que les parois d'un four.

Le jour suivant, nous reçûmes les visites de plusieurs Boers campés aux environs, qui venaient par curiosité voir comme nous nous tirions d'affaire; ils trouvèrent notre eau-de-vie bonne, et, en échange, tâchèrent de nous être agréables par leur conversation et utiles par leurs renseignements. Nous causâmes avec eux pendant plusieurs heures. Le texte de cette interminable causerie fut, comme on le comprend bien, la chasse. Je leur parlai des lions, car c'était toujours aux lions que j'en voulais arriver. Quelques-uns en avaient vu à l'endroit même que j'explorais à cette heure.

Mais la civilisation les poussait devant elle, et ce n'était qu'à six ou huit journées d'où j'étais que je pouvais espérer d'en rencontrer. Puis des Boschimens nous passâmes aux lions maraudeurs, en grande partie détruits par les Hollandais, dont ils étaient les ennemis naturels, comme les Peaux rouges sont les ennemis des colons américains. Aussi leurs troupeaux étaient-ils constamment pillés par eux. Les invasions avaient lieu en général du sud-ouest de la colonie; en effet des naturels pouvaient presque impunément se livrer au vol et au brigandage, grâce au vaste et inaccessible désert qui s'étend entre leur pays et les districts agricoles. Ces pillards choisissent ordinairement pour l'époque de leurs excursions les saisons d'extrême sécheresse, parce que dans ces moments-là, ceux qui les poursuivent étant toujours à cheval, tandis qu'eux sont à pied, les cavaliers ne pouvaient se procurer d'eau pour désaltérer leur monture. Quant aux voleurs ils étanchaient leur soif de la façon que voici. Ils préparaient en ligne droite au travers du désert des relais assez éloignés les uns des autres, où ils cachaient dans des œufs d'autruches de l'eau qu'ils apportaient de distances prodigieuses.

Ces relais, invisibles à d'autres yeux que les leurs, leur étaient signalés par des inégalités qu'ils reconnaissaient facilement, si légères qu'elles fussent, et cela le jour comme la nuit, car la contrée leur était parfaitement familière. Ils pouvaient donc sans crainte s'embarquer dans le désert avec le bétail volé. La souffrance que la soif faisait éprouver aux pauvres bêtes qu'ils chassaient devant eux ne les inquiétait guère; ils pouvaient marcher sans relâche, tandis que ceux qui les poursuivaient, ayant besoin de la clarté du soleil pour conduire leurs chevaux, et étant obligés de chercher des puits, des ruisseaux et des fontaines, étaient forcés de renoncer à les atteindre, faute d'eau pour leurs chevaux.

Paterson resta quatre jours avec moi. Pendant ces quatre jours, nous forçâmes chacun un gemsbok, et mes gens prirent un magnifique wild-beast bleu, animal assez rare dans ces parages et qui était tombé entre leurs mains d'une singulière façon : ils l'avaient trouvé un pied de devant pris dans ses cornes, et, comme il ne pouvait courir, ils lui avaient jeté un lacet et lui avaient coupé la gorge. C'était probablement dans quelque combat singulier avec un de ses pareils qu'il était parvenu à se mettre dans cette étrange position.

Dans une de nos chasses, Paterson força et tua un oryx. Nous passâmes encore une journée ensemble; après quoi, à mon grand regret, il fut forcé de retourner à Colesberg, car son congé était expiré.

Deux de mes Hottentots rentrèrent au camp, pliant sous le poids d'œufs d'autruches; ils avaient découvert un nid qui en contenait trente-cinq. Leur manière de les porter m'amusa beaucoup : après avoir quitté leurs pantalons de cuir, nommés *crakers* en langage des colonies, ils avaient lié le bas des jambes et les avaient par ce moyen convertis en sacs; ils y avaient alors entassé autant d'œufs d'autruches que le double récipient avait pu en contenir. Ceux qui n'avaient pu y entrer avaient été cachés par eux dans le sable, où ils retournèrent les chercher le lendemain matin.

De mon côté, pendant cette halte, je trouvai plusieurs nids, et je constatai, pour la première fois, un fait d'histoire naturelle particulier à ces oiseaux : si un chasseur découvre un nid et ne s'empare pas immédiatement des œufs, il les trouvera certainement écrasés à son retour; le père et la mère détruisent toujours le nid, alors même que l'importun n'a pas touché les œufs, ou ne s'en est pas approché de plus de dix pas. Le nid d'une autruche est *tout* simplement un trou creusé dans le sable, généralement au milieu des touffes de bruyères et de buissons très-bas. Ce nid a environ sept pieds de diamètre. On assure que deux femelles pondent à la fois dans le même nid. Beaucoup de voyageurs on dit qu'il suffisait de l'ardeur du soleil pour faire éclore les œufs; c'est une erreur. L'autruche couve assidûment, si assidûment que, lorsque la femelle a besoin de paître, le mâle la remplace sur les œufs et couve pendant tout le temps qu'elle est absente. Ces œufs sont l'accessoire indispensable de la cuisine d'un boschimen et ils fabriquent avec les coquilles des carafes, des tasses et des plats. J'ai souvent vu de jeunes boschimens et des femmes Bakalahari, appartenant aux tribus Bechuanas errantes dans le désert, descendre de leurs habitations isolées et écartées pour venir à la fontaine, portant sur le dos un filet contenant douze ou quinze coquilles d'œufs d'autruche qui avaient été vidés à l'aide d'un petit trou pratiqué à leur extrémité. Ces femmes remplissaient ces œufs d'eau et bouchaient l'ouverture avec un tampon d'herbes.

La méthode favorite des Boschimens pour approcher les autruches, ou tout autre espèce de gibier, est de se couvrir de la peau d'un de ces oiseaux. Alors, selon le vent, ils s'élancent dans la plaine en imitant la démarche de l'autruche, et trouvent toujours, grâce à ce déguisement, l'occasion d'abattre quelques pièces de gibier. Leurs flèches, qui, au premier abord, paraissaient peu dangereuses, sont cependant mortelles; elles ont deux pieds six pouces de long; la tige en est mince et l'extrémité est armée d'un os fort aigu. Ils empoisonnent parfois cet os avec une composition dont l'essence fondamentale est le suc laiteux et mortel d'une sorte d'euphorbe dont les feuilles sont fort épaisses; souvent aussi c'est avec un venin tiré des vésicules d'un serpent. L'arc n'a guère plus de trois pieds; la corde en est faite avec des nerfs tordus. Quand un Boschimen trouve un nid d'autruche, il s'y cache pour attendre le retour du père et de la mère, et presque toujours il s'empare de l'un et de l'autre. C'est donc à l'aide de ces flèches légères que l'on obtient la plupart de ces belles plumes qui font un des ornements les plus indispensables de nos belles Européennes.

On était au cœur de l'été; dans le jour la chaleur était étouffante, mais vers le soir la brise s'élevait, et, par comparaison sans doute, les nuits semblaient glacées. Le matin du 22, j'eus maille à partir avec un porc-épic; je le tuai avec le gros bout de mon jambok, et j'acquis ainsi la certitude que, comme le phoque, le porc-épic se tue très-facilement d'un seul coup sur le nez.

Je continuai à chasser les jours suivants. Mon camp regorgeait des venaisons les plus délicates, et je sentis que je m'endormais, comme Annibal, dans les délices de ma Capoue africaine. Je résolus donc de m'enfoncer très-loin dans le pays des oryx. En conséquence, le 25, je quittai mes chariots vers trois heures de l'après-midi, avec mes deux piqueurs et un cheval de rechange. Je m'enfonçai vers le nord pendant quinze milles, et chemin faisant j'avais mis pied à terre dans une plaine aride, pour faire souffler nos bêtes et aussi pour déterrer quelques pieds de la plante appelée par les Boers *water root*, afin d'en faire usage sur-le-champ, ma soif étant dévorante. Cette incomparable plante, qui a sauvé bien des voyageurs égarés de la plus terrible mort qu'il y ait au monde, la mort par la soif, se trouve dans les plaines les plus desséchées. C'est une grande bulbe ovale qui a depuis six jusqu'à dix pouces de diamètre ; elle contient un jus abondant, d'un goût fade, mais que la soif fait trouver excellent. Elle est entourée d'une peau brune fort mince, que l'on enlève facilement à l'aide d'un couteau ; les feuilles sont courtes et étroites, tachetées de petits points noirs. Il faut un œil exercé pour apercevoir cette plante bénie, et le terrain dans lequel elle pousse est si brûlé par le soleil, qu'il faut l'enlever en faisant une incision autour d'elle avec un couteau. La tête de cette bulbe s'élève de huit à neuf pouces au-dessus de la surface de la terre. Celui qui se destine à visiter ces régions désolées doit s'appliquer à connaître cette plante, qui est pour lui l'assurance de ne jamais mourir de soif. Dans toute l'étendue du grand désert de Kahalari et sur les larges routes qui avoisinent ce pays, il y a une immense variété de ces bulbes et de ces racines juteuses qui se succèdent les unes aux autres, de sorte qu'il n'y a guère de jours de l'année où le pauvre Bakalahari, possesseur d'un bâton à la pointe aiguë et durcie au feu, ne puisse trouver son repas dans le sol même qu'il foule. Aussi les naturels du pays connaissent-ils tous à merveille les propriétés de chaque herbe et de chaque plante que la main du Créateur a semées sur leur chemin. En effet, il y a plusieurs plantes succulentes encore plus utiles que le « water root », en ce qu'elles ont d'épaisses feuilles juteuses et qu'elles donnent à la fois à boire et à manger.

Vous qui voyagerez après moi, ne manquez pas de vous les faire montrer, et je serai heureux de penser qu'en indiquant à mon semblable une précaution à prendre je lui aurai épargné une souffrance.

Au nombre de ces plantes, que je désigne au voyageur comme la manne naturelle du désert, est une espèce de melon d'eau, amer, qui croît à chaque pas sur la surface entière des parties connues du grand désert de Kahalari. Il sert à la fois de nourriture et de breuvage aux sauvages habitants de ces régions abandonnées. Les Bakalahari prétendent qu'au fur et à mesure que l'on pénètre dans l'ouest, ces melons prennent un meilleur goût. Mais ce n'est point pour les hommes seuls que Dieu a mis cette nourriture au désert : les gemsbœks sont très-friands de cette racine, que leur instinct les porte à déterrer, et les éléphants, qui ont l'odorat si fin, les recherchent aussi. L'on voit des plaines entières labourées par les défenses de ces intelligents animaux en quête de ces plantes savoureuses.

Le 26, à une heure du matin, je levai ma tête qui reposait sur ma selle, dont je m'étais fait un oreiller. Il faisait si clair, que je crus que le jour allait poindre. Je réveillai mes piqueurs et nous fîmes nos préparatifs de départ. Mais tout à coup un nuage qui passa sur la lune et l'obscurcit vint me démontrer que c'était elle qui m'éclairait. Il est vrai qu'elle était escortée par une magnifique comète, qui s'étendait du côté du sud-ouest et avait une énorme queue tout en flammes. Nous étions encore au milieu de la nuit ; je me recouchai donc et me rendormis. Trois heures après, la pluie qui me tombait sur le visage me réveilla en sursaut. Nous nous levâmes dès qu'il fit grand jour et nous nous remîmes en marche du côté du nord. Nous reconnûmes, à leurs traces toutes fraîches, que plusieurs hyènes avaient rôdé tout autour de nous.

Le lendemain l'eau disparut complétement : depuis quelques jours elle se corrompait, et cette putréfaction nous avait rendus malades.

Le 28, j'eus la satisfaction de voir pour la première fois une chose dont les Boers m'avaient beaucoup parlé. C'était un *trek bokhers* ou une grande émigration de spring-boks ; en fait de mœurs de bêtes fauves, le spectacle était bien certainement un des plus curieux qu'il y eût au monde. Deux heures environ avant le jour, j'avais été éveillé dans mon chariot, par d'horribles grognements de bêtes qui me paraissaient être à deux cents toises de moi. Je m'étais imaginé que quelques bandes d'antilopes broutaient autour de mon camp. Avec le jour je me levai et regardai autour de moi.

Je poussai aussitôt un cri d'étonnement : au nord le sol était littéralement couvert d'une masse compacte et mouvante de spring-boks marchant en bande serrée comme un troupeau de moutons, et s'avançant d'un pas lent et grave. Ils s'étalaient à la sortie d'une crevasse qui se trouvait au milieu d'une longue chaîne de collines à l'ouest, percée par laquelle ils débouchaient sans relâche, envahissant toute la plaine, comme aurait pu le faire le courant d'un grand fleuve. Puis ces animaux disparaissaient derrière un monticule situé à un mille au nord.

Je demeurai debout pendant près de deux heures sur le coffre de devant de mon chariot ; j'étais, je l'avoue, pétrifié de stupéfaction. La scène qui se passait sous mes yeux était aussi merveilleuse qu'inattendue. J'avais peine à croire ce que je voyais, et je doutais du témoignage de mes sens. Était-ce bien une réalité que je voyais ou bien la peinture exagérée et invraisemblable des rêves d'un chasseur?

Et pendant ce temps-là l'innombrable troupe, l'interminable cohorte continuait à s'avancer dans la plaine en phalanges serrées, couvrant comme un tapis les plaines, les vallées, les collines, en se renouvelant sans cesse et se succédant sans fin.

Tout à coup je sortis de l'espèce de torpeur où me plongeait ce spectacle inouï. Je montai à cheval, je pris ma carabine et me lançai au milieu de cet océan, suivi de mes deux piqueurs et tirant avec une sorte de frénésie jusqu'à ce qu'il y eût une quinzaine d'animaux par terre.

Alors seulement je criai : Assez !

Il s'agissait avant tout de dérober aux becs des vautours la venaison qui jonchait le sol, nous entassâmes donc notre chasse sous divers buissons que nous couvrîmes de broussailles et nous revînmes au camp, d'où j'expédiai Jacob avec un fourgon pour chercher le gibier.

Un chasseur qui eût tué pour le plaisir de tuer eût abattu des centaines de bêtes. Jamais, dans la suite, il ne m'est arrivé de rencontrer en mouvement un si prodigieux troupeau que celui que je vis ce jour-là, et jamais non plus ces animaux craintifs ne se laissèrent approcher de si près. Notre gibier relevé, je me dirigeai vers le petit fleuve où campaient les Boers nomades. Ils étaient justement sur le chemin que je devais suivre pour me rendre à Bier-Vley ; mais, quelque surprise que m'eussent causée les spring-boks le matin, j'en éprouvai une bien autrement grande en voyant ce que je découvris pendant le trajet de mon camp à celui du vieux Swiers ; car, au détour de la petite chaîne de collines qui s'étendaient tout autour de moi, le paysage m'apparut dans des proportions triples et quadruples, et, aussi loin que mon regard put s'étendre, j'aperçus le sol entièrement couvert d'une seule masse de spring-boks qui, s'étendant jusqu'à l'horizon, ressemblait à un immense tapis rouge mouvant.

Il serait impossible d'essayer de donner ici le chiffre, je ne dirai pas exact, mais approximatif, de la quantité d'antilopes que je vis réunies ce jour-là ; je n'hésite point à affirmer qu'il y en avait plusieurs centaines de mille.

En arrivant au camp des Boers, je m'occupai à découper et à saler ma venaison. Les Boers, de leur côté, s'étaient mis en chasse et avaient tué autant de spring-boks qu'ils avaient pu en rapporter. Le vieux Swiers avoua que c'était un assez beau « trek bokhers, » mais il ajouta que c'était bien peu de chose en comparaison de ce qui existait autrefois.

—Ce matin, nous dit-il, vous avez vu une plaine couverte de spring-boks ; eh bien ! moi, je vous donne ma parole que j'ai galopé un jour entier sur plusieurs plaines qui en étaient couvertes, aussi serrés que le sont des moutons parqués dans un champ : ces hardes paissaient aussi loin que mes regards pouvaient s'étendre.

Je ne doutais point de la parole du Boer, mais je trouvais que ce que j'avais vu était déjà fort beau, et j'eus peur de tenter Dieu en désirant d'en voir davantage.

Le 31 au matin, je pris congé des Boers, et quittant le fleuve qu'ils appellent *Rhinoceros-Pool*, je me dirigeai vers Bier-Vley, où j'arrivai au bout de huit heures. La traite avait été pénible ; il faisait très-chaud et nous traversions une contrée aride et desséchée. Et pourtant il y avait du gibier ; je vis plusieurs troupeaux de spring-boks de cinq cents à deux mille chacun, le tout flanqué d'outardes et de perdrix des Namaquas en abondance.

Bier-Vley, le vallon près duquel je venais de camper, s'étend sur une plaine large et unie ; pouvait avoir onze milles de long et un ou deux de large. Dans toute la longueur de la verdoyante vallée court, dans la saison des pluies, un filet d'eau très-profond qui serpente au milieu de la plaine, déborde, arrose et fertilise les pâturages voisins. Dans cette saison, néanmoins, son lit était sec et la plaine couverte d'herbe verte et touffue.

La contrée qui avoisine Bier-Vley est stérile et désolée ; elle se compose de collines basses et pierreuses et de plaines de sable où l'on ne voit çà et là que de petits arbustes et des buissons de karroo.

Vers le matin, je transportai mon camp à huit ou neuf milles plus loin, étant obligé, à cause de l'inégalité du terrain, de faire un détour demi-circulaire en dehors du relai, et j'établis mes chariots sur la plaine, tout à côté du bord d'un lit de rivière desséchée, avec une grande mare d'eau courante à proximité. C'était au reste l'endroit le plus commode que l'on pût désirer pour tirer des spring-boks, et par conséquent pour choisir de rares échantillons de cornes, ce que j'avais hâte de faire. Le pays était couvert de tous côtés d'immenses hardes de ces antilopes, et elles paraissaient toutes vouloir brouter, de préférence, aux environs du ruisseau à côté duquel j'étais campé.

Je demeurai là plusieurs jours, m'amusant comme jamais je ne l'avais fait, et augmentant chaque jour mes échantillons d'oryx, de spring-boks et d'autres animaux. Ce fut-là que je tuai ma première autruche, qui était un fort beau mâle. Je le tirai de très-loin, et ma carabine était élevée de manière à décrire une parabole de plusieurs pieds. Ma balle lui cassa la jambe et il tomba pour ne plus se relever.

On aurait peine à comprendre ce qu'il y a de force dans les jambes d'une autruche. La cuisse, particulièrement musculaire, ressemble bien plus à celle d'un cheval qu'à celle d'un oiseau.

En mourant, l'autruche me lança un coup de pied

qui m'atteignit si cruellement à la jambe que la violence du coup me renversa.

VI

Le 9, je trouvai que j'avais suffisamment joui des délices de la Bier-Vley : en conséquence, dans la matinée les chariots furent rechargés. On attela dans l'après-midi et je cinglai vers le sud. Le lendemain nous attelâmes au point du jour et rebroussâmes jusqu'à Rhinocéros-Pool. La chaleur continuait à être étouffante et le vent soufflait du nord : nous étions assaillis pas des essaims de mouches qui étaient insupportables. Elles remplissaient la tente et les chariots de telle façon qu'il m'était impossible d'y rester.

Les Boers m'avaient désigné une petite fontaine à une journée de marche, où ils me conseillaient de chasser pendant quelques jours. Je résolus d'y établir mon campement. Le lendemain nous attelâmes donc bien avant le jour et fîmes dix milles au nord-est, à travers une immense plaine aride qui s'étend parallèlement à la contrée fréquentée par les oryx.

J'avais envoyé d'avance un de mes Hottentots à la recherche d'une source d'eau pour nous et notre bétail : il revint nous dire qu'il y avait à un mille en avant un camp de Boers, que ce camp était abandonné et qu'il était situé près d'une grande fontaine, remplie non pas d'eau, mais de boue.

J'espérais convertir cette boue en eau, je fis donc atteler à trois heures de l'après-midi et allai m'établir à cette fontaine, qui sera dans ma vie un souvenir unique et éternel, car ce fut près d'elle que je trouvai un seul et intéressant échantillon de Bushjismen qui s'attacha à moi et me servit fidèlement, suivant ma fortune au milieu des plus grands dangers et des plus affreuses privations sur terre et sur mer. Plus tard, quand je me fus enfoncé dans le centre de l'Afrique et que les autres m'abandonnèrent, lui seul resta près de moi.

Dans l'après-midi, je chassai et tuai un vieux mâle oryx. La nuit suivante son cou me servit d'oreiller, et attiré par l'odeur de la chair fraîche, les chacals poussèrent leurs cris funèbres tout autour de moi.

Je reviens à mon petit bush-boy.

Le 13, tout près de mon camp, je découvris deux trous remplis d'eau. Je les visitai, et tout à coup à quelques pas de moi je découvris un drôle de petit personnage ayant forme humaine qui me regardait sans trop s'effaroucher. C'était cet enfant des buissons,

— bush-boy, — dont j'ai parlé plus haut. Mes Hottentots avaient aperçu sa tête noire et crépue au milieu des roseaux de la fontaine et s'étaient emparés de lui. Je lui offris tout d'abord un habillement complet accompagné d'un verre d'eau-de-vie et moyennant ces dons nous fûmes bientôt amis.

Alors je l'interrogeai, et il me conta qu'étant tout petit il avait été pris par les Hollandais pendant le pillage d'un village et le meurtre de sa tribu. Il avait été élevé depuis par un Boer, mais n'ayant pas pu supporter les mauvais traitements dont il avait été l'objet, il s'était enfui au hasard. Depuis trois ou quatre jours il errait à l'aventure. Les Hollandais l'avaient baptisé du nom de Ruyter, en l'honneur du fameux amiral hollandais.

Le 17, à cause du manque d'eau, je fus forcé de lever le camp et de me diriger vers la grande rivière Orange, éloignée de trente milles à peu près.

Le 18 au point du jour, nous mîmes les bœufs aux chariots, et, après avoir marché quatre heures dans des régions sauvages et inhabitées, nous nous trouvâmes tout à coup en face de la magnifique rivière Orange, le plus beau des fleuves d'Afrique dont le cours, qui a près de quatre cents lieues de long, forme un point géographique important. Il prend sa source à l'est dans la chaîne des Vitbengen-Mountains, un peu au nord de la latitude de Port-Natal, et, coulant vers l'ouest, reçoit Vaal-River, qui s'y jette à cinquante milles plus bas que l'endroit où je venais de déboucher. De là, continuant son cours toujours vers l'ouest, l'Orange disparaît dans l'Atlantique au sud, à peu près à cinq cents milles plus au nord que le cap de Bonne-Espérance.

Nous atteignîmes la rivière à un endroit que l'on nomme Davinar's-Drift. Il y avait tout près de là une ferme hollandaise des plus confortables. Son propriétaire était un jeune Boer du cap Distrek. Il avait conquis la position très-convenable où il se trouvait en épousant une grosse et vieille veuve. Leur principale richesse consistait en immenses troupeaux de moutons et de chèvres qui étaient en excellent état. La contrée au reste était favorable à l'élevage des bestiaux de ce genre.

Contre mon attente le Boer m'assura que la rivière était guéable. Cependant, avant de m'aventurer à la traverser, je consacrai une ou deux heures à rehausser, à l'aide de branches d'arbres, les marchandises que l'eau pouvait gâter en les atteignant. La descente jusqu'à la rivière était très-escarpée, et nous fûmes obligés de mettre les sabots aux deux roues de derrière de chaque chariot. Le gué était rocheux et les secousses terribles. Cependant nous arrivâmes sains et saufs sur l'autre bord. Nous nous éloignâmes aussitôt d'un demi-mille des bords de la rivière et dressâmes immédiatement notre camp.

Il faut avoir considéré le fleuve majestueux dans les

mêmes conditions que moi pour se faire une idée du plaisir que je ressentis en traversant cette oasis dans le désert. Depuis quelques semaines notre caravane avait traversé des plaines arides et desséchées, où nous avions eu à peine assez d'eau pour désaltérer notre bétail, nous sentions peser sur notre tête un ciel dévorant dont aucun nuage ne tempérait la chaleur, où pas un arbre, pas un arbuste feuillu ne répandait son ombre; et tout à coup nous nous trouvions en face d'un fleuve majestueux, roulant ses larges ondes devant nos yeux éblouis et nous offrant une ceinture d'arbres verdoyants et de fraîches prairies. A l'endroit où nous traversâmes l'Orange, ce fleuve me rappela certains sites de la Spey, la chère rivière aux bords de laquelle je suis venu au monde.

La largeur ordinaire de l'Orange est de trois cents toises; chaque rive est ornée d'un superbe rideau de saules pleureurs dont les branches trempent dans l'eau, tandis que de place en place s'élèvent des bosquets d'arbres fleuris dont le parfum embaume l'air et dont les fraîches profondeurs sont peuplées d'oiseaux de toute espèce, les uns au plumage diapré, les autres au chant mélodieux. Les entomologistes pourraient, aussi, trouver là matière à d'intéressantes remarques, car les arbres et le sol fourmillent d'insectes curieux et rares.

La première chose dont je m'occupai après avoir fait halte fut de prendre un bain délicieux, après quoi je m'habillai de mon mieux et, traversant la rivière à cheval, j'allai rendre visite à l'heureux ménage dont j'ai déjà dit un mot.

Je trouvai ces gens là polis et communicatifs, ils m'offrirent une provision de légumes qui me fut d'autant plus agréable que j'en étais privé depuis plusieurs semaines, et je sus par eux qu'à 15 milles vers le nord je trouverais des salines; ils me montrèrent deux sortes de gibier qui m'étaient encore inconnues, c'est-à-dire les Koodoos et les Sassays bys. Je me promenai avec eux dans leur jardin où, sans compter les légumes, je trouvai différentes espèces d'arbres fruitiers, tels que des pêchers et des abricotiers : les branches pliant sous le poids de leur savoureuse moisson.

Nous nous quittâmes enchantés les uns des autres.

Le 19, je montai à cheval et me dirigeai vers le nord, où une grande colline rocheuse bornait l'horizon.

Je jouis là d'une vue magnifique : au nord et à l'est, aussi loin que le regard pouvait atteindre, on apercevait une multitude de cimes hardies d'une hauteur prodigieuse. Quelques-unes formaient le plateau, mais la plupart étaient d'aspect conique et s'élevaient en pyramides dont chacune semblait s'efforcer de dominer l'autre.

Ces montagnes divisaient des plaines immenses. Depuis que nous avions traversé le fleuve Orange le paysage s'embellissait. Les plaines étaient plus hautes

et plus vertes, et les petits buissons, qu'on appelle « karrao », eu égard au désert où ils poussent, étaient peu à peu remplacés par d'autres d'une plus belle venue et d'une autre espèce. Ceux-ci pour la plupart exhalaient un vif parfum aromatique, surtout lorsque la terre avait été rafraîchie par une averse; dans ce cas, les déserts de l'Afrique exhalent un parfum si délicat que ceux qui n'y ont pas voyagé ne sauraient s'en faire une idée.

Notre route serpentait au milieu d'une plaine immense où nous vîmes errer plusieurs hardes de gros gibier. Mais je m'approchais des régions où je comptais rencontrer une plus noble chasse, et mes rêves, surtout ceux que je faisais éveillé, étaient peuplés de lions, d'éléphants, de rhinocéros et d'hippopotames.

Bientôt mon attention fut attirée par la vue d'une grande antilope qui me parut tenir à la famille des « hartebiers »; à sa couleur pourpre, je la reconnus pour un Sassaibe, quoique je visse cet animal pour la première fois, mais elle était trop loin pour que j'essayasse de lui donner la chasse : je la laissai donc paître tranquillement.

La vue était bornée de tous côtés par des montagnes, et à l'aide de ma lunette je découvris des forêts de mimosas qui couvraient Algoo-Bay.

Nous arrivâmes ce jour-là vers un bassin assez profond dont les côtes formaient une pente douce. Au milieu, la surface plane, couverte de sable fin, portait une couche épaisse de gros sel : cette couche a d'ordinaire de un à deux pouces d'épaisseur. Des pluies violentes remplissent d'eau le bassin, et quand la sécheresse arrive, l'eau se retire et il se forme de grands dépôts de sel. Ce genre de salines se trouve dans plusieurs parties de l'Afrique méridionale. Celles qui approvisionnent particulièrement la colonie de son meilleur sel sont situées entre Utenage et Algoo Bay. Elles sont fort étendues et leur rapport est considérable. Les autruches et presque toutes les antilopes fréquentent les salines, car elles sont très-friandes de sel.

La saline près de laquelle nous étions avait été autrefois visitée par les Boers et les Griquas qui s'y approvisionnaient, mais depuis quelques années ils l'avaient abandonnée pour une autre qui en fournissait de qualité supérieure. Les alentours en étaient donc inhabités, calmes et silencieux comme ceux d'un cimetière.

Le 21 au matin, je laissai mes chariots campés près de la saline, et, ayant fait un demi-mille vers le nord sur une route peu fréquentée, je découvris une fontaine d'eau excellente, mais fortement imprégnée de salpêtre. Plus tard j'appris que les Boers appelaient cette fontaine *Gruit Vouteyn* ou *Powder Fountain*, à cause de son eau, que l'on croirait avoir servi à laver des fusils. Les Griquas la nomment plus élégamment *Stink Vouteyn*.

À l'heure du déjeuner, je fus rejoint par une troupe de ces pauvres diables. Ils se rendaient à une petite fontaine au nord-est, où l'on disait qu'il y avait du gibier à profusion. Ils étaient accompagnés de plusieurs serviteurs Bushjismen nus et à l'aspect sauvage, qu'ils avaient sans doute capturés dans leur enfance et dressés au service. Ils menaient en laisse, derrière leur chariot, des chevaux de selle qui paissaient tout en marchant. Je remarquai aussi parmi leurs bœufs, qui marchaient librement, deux vaches laitières. Ça peuple ne se met jamais en voyage sans se faire escorter de ce luxe hygiénique.

La contrée occupée par les Griquas s'étend de Rhama, village situé sur Orange-River, à environ trente milles à l'est du lieu où je me trouvais maintenant, jusqu'à Griguastadt, leur capitale, village bâti à peu près à cent milles au nord de la jonction du Waal avec Orange-River. Les Griquas d'origine hottentote ont en général les traits caractéristiques de la race, c'est-à-dire un nez large et épaté, des pommettes saillantes, de petits yeux d'éléphant et d'autres particularités physiques qu'il est inutile d'énumérer. Néanmoins ils sont croisés avec tant d'autres tribus qu'on peut trouver sur leurs territoires des descendants de toutes les races de Boers, Béchuanas, Mozambiques, Corannas, Namaquas, Hottentots, Boshjismen, etc. Ils se marient sans distinction de races, de sorte que les uns ont les cheveux longs et noirs, tandis que chez les autres le crâne est à peine orné de rares mèches maladives, de laine crépue : ces unions mixtes produisent donc des nuances et des variétés à l'infini.

Une autre tribu, de tout point semblable aux Griquas, habite à l'est de leur territoire une contrée très-étendue et très-fertile. Ces gens s'intitulent *Bâtars*. Leur chef a nom Adam Kok, et leur capitale s'appelle Philipoli. C'est un petit village s'élevant à trente milles environ au nord de Colesberg; leur pays est bordé au midi par le Great Orange River. C'est de toute l'Afrique méridionale le district le plus favorable pour le fermage, car il possède une multitude de fontaines dont on peut détourner les eaux pour arroser les terres.

Le costume des Bâtars consiste en une jaquette de cuir, un gilet, un pantalon des souliers grossiers; le tout confectionné chez eux. Un mouchoir malais attaché sur leur tête complète leur costume, qui les dimanches et fêtes s'enrichit d'une cravate et d'une chemise. Quant aux femmes, elles portent un corset juste qui descend jusqu'au bas de la taille, d'où part un jupon pareil à ceux des femmes de tous les pays Ces jupons sont quelquefois d'étoffes de fabrique anglaise, mais plus souvent d'un cuir souple qu'elles préparent elles-mêmes. Elles se coiffent avec deux mouchoirs, l'un de soie noire, l'autre bariolé de rouge et de vert. Elles aiment beaucoup les perles de toutes grosseurs et de toutes couleurs, et en mettent plusieurs rangs à leur cou. Il y en a surtout une espèce qui leur est particulière. Ce sont les tribus qui habitent sur les bords de la grande rivière Orange, vers le point où elle se jette dans la mer, qui les façonnent avec la racine d'une plante qui croît à l'embouchure du Great-Orange-River, et qui exhale un parfum spécial et très-doux. Chaque fille Griquas possède au moins un rang de ces perles, et tout voyageur qui une seule fois a respiré leur parfum ne peut le sentir de nouveau sans se rappeler involontairement les beaux yeux noirs et les formes gracieuses des nymphes à demi civilisées qui habitent la rive nord de l'Orange.

Les maisons des Griquas ressemblent à des ruches ou à des fourmilières; elles sont construites avec des branches d'arbres plantées en terre, en cercles recourbés au-dessus et entrelacées, de manière à former une espèce de treillage sur lequel on étend de grandes nattes tissées avec des roseaux. Ces peuples se servent aussi de ces nattes en guise de capotes de chariots, car elles résistent efficacement au soleil et à la pluie.

Une hutte de Griquas a dix ou quinze pieds de diamètre. Lorsque le propriétaire change de canton pour chercher des pâturages, il n'a pas grand'peine à emporter sa maison avec lui. J'ai vu un bœuf de transport chargé non-seulement de la maison de son maître, mais encore de tous les ustensiles de laiterie au complet, fabriqués en bois, de deux sacs de peau pleins de lait épais, des ustensiles de cuisine et par-dessus tout de la ménagère, avec un ou deux enfants.

Tous les Griquas ont des maisons faites sur le même modèle, tous mènent la même vie. La description de la demeure et des usages d'un seul est donc la description des mœurs de toutes les peuplades qui jusqu'à l'océan bordent le cours du Vaal et d'Orange-River. Un point sur lequel ils se ressemblent surtout, c'est leur abominable paresse. Ils détestent les travaux difficiles ou fatigants et passent leur vie à cha ser. Tous les ans ils partent en bandes avec leurs chariots, leurs bœufs et leurs chevaux pour faire des expéditions de ce genre dans l'intérieur des terres, et ils s'absentent de chez eux pendant trois ou quatre mois. Les Griquas sont particulièrement menteurs, défaut qui au reste domine dans l'Afrique méridionale. Ils sont aussi on ne peut plus indiscrets dans leurs demandes, et ils commencent ordinairement par mendier du thé ou du café. Comme ils connaissent la courtoisie anglaise, ils font cette demande au nom de leur femme ou de leurs filles. Mais malheur à vous si vous accédez, alors ils continuent leurs importunités, et ont tour à tour la fantaisie d'obtenir votre chapeau, votre cravate ou votre habit, sans rougir de vous offrir les trocs les plus insensés. Un jour j'en trouvai un qui de sang froid me proposa de troquer mon pantalon de drap tout neuf contre une paire de culottes de cuir qu'il portait depuis plus de dix ans.

Nous franchîmes les collines par un défilé pierreux, et ayant cheminé pendant quelque temps au travers de plusieurs vallées bien boisées, nous jouîmes tout à coup d'une vue admirable. Une vaste plaine couverte d'un gazon touffu sur lequel se détachaient de gigantesques mimosas s'étendait depuis le pied des collines au sommet desquelles nous nous trouvions jusqu'à une autre chaîne de montagnes escarpées colorées d'une belle teinte bleue. Nous descendîmes dans cette plaine en appuyant vers le nord et galopant en ligne parallèle aux collines. Bientôt mes compagnons prirent une direction qui ne me parut pas être le meilleur chemin pour rencontrer du gibier. Je m'écartai donc quelques pas et suivis un sentier qui rampait à la base des montagnes. En un instant, je les perdis de vue.

Je galopai ainsi environ un mille, et soudain je me trouvai en face d'une troupe de koodoos, parmi lesquels se trouvaient deux bucks qui portaient majestueusement une paire de cornes en spirale, bien plantées et très-écartées. Ils prirent la fuite du côté des collines rocheuses, ainsi que font toujours les koodoos. Leur course était une suite non interrompue de bonds pardessus les ronces, ce qui éreintait mon pauvre cheval. Par malheur je m'étais mis en campagne sans piqueur, et pourtant, tout lourd que j'étais, je gagnais sur eux, et j'en aurais certainement atteint et tué au moins un, s'ils n'étaient arrivés à un obstacle infranchissable pour moi, c'est-à-dire à une espèce de barrière de rochers durs et pointus, par-dessus lesquels ils sautèrent et disparurent.

En ce moment parut tout à coup une belle troupe composée de neuf oryx, galopant droit sur moi. Ils avaient tous des cornes d'une longueur prodigieuse, surpassant en beauté tout ce que j'avais vu jusqu'alors. Ils étaient précédés de quatre zèbres admirablement rayés, les premiers que je rencontrais. En une seconde je me lançai à la poursuite de cette bande. Je déplorais plus que jamais la folie que j'avais faite de sortir sans piqueur, mais pourtant sans perdre tout espoir de succès, car il était évident que ces antilopes avaient été chassées par les Griquas dont je venais de me séparer. Je choisis un mâle et m'attachai à lui pendant plusieurs milles, en le poursuivant d'un galop furieux. Enfin, je me trouvai à quinze toises de lui ; sa langue pendait hors de sa bouche, de longs flots d'écume découlaient de ses flancs. Tout à coup, au détour d'un buisson d'épines il s'arrêta et fit volte face. Je me jetai hors d'haleine, épuisé, frémissant, à bas de mon cheval. Je portai d'une main convulsive ma carabine à mon épaule et fis feu. La balle le perça de part en part et le tua roide.

Il avait les plus admirables cornes que j'eusse encore vues. Je débarrassai mon cheval de sa selle, puis je l'attachai au licol, et je coupai la tête de l'oryx, opération que je n'accomplis qu'à grand'peine, car la peau de son col avait un pouce d'épaisseur. Après cela je couvris le cadavre de branches coupées à un mimosa voisin, afin de le protéger contre les vautours. Cette opération terminée, je revins au camp, ma carabine sur l'épaule.

Le lendemain je découvris la carcasse d'une femelle koodoo qu'une meute de chiens sauvages avait forcée et dévorée. Mes Hottentots se hâtèrent de s'emparer de la moelle des os des cuisses, qu'ils estiment comme un grand régal et qu'ils avalèrent toute crue.

VII

Le 24, au matin, nous attelâmes et quittant Stink Vouteyn, nous marchâmes vers Vaal-River, éloignée d'environ vingt-cinq milles.

Nous y arrivâmes à deux heures le lendemain.

Notre route courait dans des sables très-fins, ce qui la rendait horriblement pénible pour les bœufs. J'envoyai d'avance des hommes à cheval sonder la profondeur du fleuve, et, le trouvant guéable, je résolus de le traverser sur-le-champ. Il est de règle, parmi les voyageurs expérimentés, de ne jamais remettre au lendemain, en Afrique surtout, le passage d'une rivière qui se trouve guéable au moment où ils arrivent sur ses bords. Les voyageurs de l'Afrique méridionale racontent des histoires qui prouvent qu'ayant négligé cette précaution ils ont été forcés de camper des semaines et même des mois entiers sur le bord de diverses rivières. Le courant étant très-fort, je montai sur un des bœufs de devant d'un de mes attelages, et en quelques minutes une double file de bœufs refoulait vigoureusement l'eau qui montait jusqu'à la moitié du flanc de ces animaux ; l'eau atteignit le fond de ma cargaison, mais sans me causer aucun dommage. L'autre rive était extrêmement écartée et pierreuse, et chaque bête eut les plus puissants efforts à faire pour en gravir la berge.

En cet endroit la rivière est fort belle, avec des courants rapides et de petites anses d'eau calme appelées par les naturels « zekoé-ychois », ce qui veut dire trous de veau marin ou d'hippopotame, car ces énormes amphibies étaient très-nombreux, il y a quelques années, le long du Vaal-River. Mais l'hippopotame est timide comme l'éléphant ; il recherche la solitude, et se retire à mesure que la civilisation approche. Les bords du Vaal, ainsi que ceux d'O-range-River, sont ornés de bosquets touffus et d'arbres verts de toute sorte, où domine le saule pleureur, dont les longs rameaux effleurent avec grâce le courant. La berge des deux fleuves est jonchée de troncs d'arbres bruts qui y sont déposés par les inondations annuelles auxquelles ils sont sujets. Au nord, à peu de distance de mon camp, il y avait une île charmante et couverte d'arbres de la plus éclatante verdure.

Vers trois heures de l'après-midi je montai à cheval et me lançai au galop vers le nord. J'étais accompagné de Cobus et de Jacobs.

Nous trouvâmes le pays couvert de buissons, la plupart armés d'épines semblables à des hameçons. Cette espèce de mimosa est plaisamment désignée par les Boers sous le nom de « vyacht um bige », ou « wait « a leitthom », c'est-à-dire : « épine, attends un peu », parce qu'elles conseillent à chaque instant aux voyageurs qui passent de ne pas se presser, attendu que, quand ils n'ont point égard à leurs avis, ils y laissent une portion de leurs chemises et de leurs pantalons. Çà et là il y avait des collines couvertes de rochers adamantins fort pointus, dans les interstices desquels croissaient abondamment néanmoins de la bonne herbe et des buissons verts.

Je fis ce jour-là un très-beau coup : je tuai une vieille outarde mâle, et comme, tout charmé de cette capture et comptant sur un excellent déjeuner pour compléter ma bonne humeur, je revenais vers mon camp, comptant bien trouver ce déjeuner prêt, je découvris mes deux honorables serviteurs, Cobus et Jacobs, chargés du soin de mes repas qui, couchés au pied d'un mimosa fumaient avec délices leurs petites pipes de terre; quant à mon déjeuner il n'en avait point été question.

Je crus à cette occasion qu'une petite correction manuelle serait bien placée; j'adressai en conséquence à chacun deux ou trois coups de mon jambok. Ces fiers gentlemen en furent tellement indignés qu'ils s'enfuirent au moment où j'étais au bain.

Le 31, il faisait un beau temps très-frais quoique le ciel fut couvert d'une vapeur noire. Je me donnai d'abord le plaisir de nager assez longtemps dans le Vaal, puis je montai à cheval pour aller à la recherche d'un Roan antilope. En l'absence de mes deux fugitifs, je me fis suivre par Carolus, qui, presque aussi grand et aussi gros que moi, était beaucoup trop lourd pour l'emploi de piqueur. Quant à mon petit Bush-boy Ruyter, il avait appris à monter à cheval chez les Boers, mais il se tenait mal et ne voulait jamais pousser sa monture à fond de train, surtout quand le sol était inégal ou rocailleux.

J'explorai la contrée sans résultat jusqu'à une distance assez considérable et me décidai à revenir vers mon camp, quoiqu'il fût encore de bonne heure; car le temps s'obscurcissait, et des coups de tonnerre lointains et sourds annonçaient un orage prochain. En moins d'une demi-heure la pluie tomba à torrents et un vent très-froid se mit à souffler. Alors commencèrent à gronder sur ma tête les plus formidables éclats de foudre que j'eusse entendus de ma vie. Les éclairs étaient si nombreux et si précipités qu'il en résultait un jour étrange et flamboyant qui m'aveuglait. Nous pressâmes alors notre course; mais, au moment où nous allions entrer dans un fourré de buissons épineux, une énorme antilope grise se leva du milieu d'un fourré. Je ne pus voir sa tête, mais je reconnus tout d'abord que c'était le fameux Roan antilope tant cherché par moi, autrement dit un gemsbock bâtard. Je demandai ma carabine mauresque, abritée contre les torrents de pluie qui tombaient dans une gaîne imperméable de master Hugh Suowis, breveté. Carolus la tira de son fourreau et me la passa avec son flegme ordinaire. Elle était naturellement toute chargée.

La noble bête avait pendant ce temps gagné du terrain : c'était un vieux et magnifique mâle; il portait une superbe paire de cornes ayant la forme d'un cimeterre et avait cinq pieds de haut depuis l'épaule jusqu'à terre. Heureusement j'étais monté sur un cheval qui, connaissant son état, savait ce qu'il avait à faire, et qui, à travers les méandres de roches, de pierres et de ronces, s'élança après lui avec une grande ardeur. Au bout de quelques minutes, mes jambes, à partir du genou, étaient ruisselantes de sang, et ma chemise, soit dit en passant, mon seul vêtement, était déchirée en petites bandelettes qui flottaient au gré du vent autour de ma taille.

L'antilope, grâce à la surprise et à la difficulté du terrain, eut d'abord une avance qu'elle maintint pendant quelque temps; mais bientôt, le sol étant plus ferme, je commençai à gagner sur elle Enfin, après une chasse d'environ dix milles, illuminée par les éclairs qui m'eussent donné aux yeux d'un poëte d'Occident l'aspect d'un chasseur fantastique, nous arrivâmes à une légère montée à la moitié de laquelle mon antilope s'arrêta et fit tête bravement, me regardant à son tour d'un air de défi et avec des yeux qui semblaient croiser leurs éclairs avec ceux du ciel.

J'avoue qu'aujourd'hui encore je me rappelle ce moment avec une certaine émotion. Cet animal qui, forcé par le lion, lui tient tête, osait me résister. Je m'approchai de lui à la distance de quarante pas. Je mis pied à terre, et, sans être intimidé par les éclats d'un coup de tonnerre, je lui envoyai une balle dans l'épaule. L'animal bondit aussitôt pour me charger, mais, à moitié chemin, sa force le trahit : il chancela et tomba sur les genoux. Je lui envoyai alors une seconde balle dans le cou, juste à l'endroit où j'avais l'habitude, pour mes collections, de séparer la tête des épaules. Ce fut son coup de grâce; il se releva dans un suprême effort, mais pour retomber; il roidit ensuite ses membres et ferma les yeux. Il était mort.

Pendant ce temps l'orage redoublait de fureur.

J'avais très-froid, car j'avais perdu ma chemise dans l'ardeur de ma poursuite, et il ne me restait absolument que mes souliers et une espèce de ceinture de cuir ; je m'arrêtai cependant assez longtemps à contempler la superbe et rare antilope que je venais d'avoir le bonheur d'abattre. C'était un échantillon magnifique.

Dans l'après-midi du 3 février nous attelâmes et rebroussâmes chemin jusqu'à ce que la nuit vint. J'étais alors arrivé à la rivière, que je traversai malgré l'obscurité, et je campai sur l'autre bord Dans le trajet j'avais rencontré une douzaine d'autruches sortant de l'œuf depuis quatre ou cinq jours et à peine grosses comme des pintades. Je m'amusai beaucoup à voir la mère s'efforcer de nous donner le change, en rusant à la manière des femelles de canards sauvages ; elle étendait et traînait les ailes, puis se jetait à terre comme si elle eût été blessée. Pendant ce temps le mâle se chargeait de la garde des petits et les éloignait de nous pour les mettre en sûreté.

Je respectai l'amour maternel dans la personne de cette digne autruche, et lui fis grâce, à elle, à son époux et à sa couvée.

Le 4 nous cheminâmes à travers un pays sablonneux, orné en certains endroits de très-vieux arbres fort pittoresques, de l'espèce des *camel's thorn*. Vers onze heures du matin je remarquai que la base d'une chaîne de collines très-étendues vers le nord était cachée, sur une largeur de plusieurs milles, comme par un nuage épais qui paraissait se rapprocher de nous en appuyant vers le sud. Il se trouva que ce nuage était composé de myriades de sauterelles. Ce phénomène est, selon moi, ce qu'un voyageur peut voir de plus curieux. Elles ressemblent fort à une épaisse giboulée de neige lorsqu'elle tombe en larges flocons, et le bruit de leurs ailes me rappelait le murmure des feuilles d'arbres agités, dans une grande forêt, par la brise d'été.

Le soir, je visitai la hutte d'un vieux Bushman que je trouvai chez lui avec une foule de Bushchildren qui étaient ses petits-enfants.

Je dormis dans leur voisinage sous un vieux mimosa. Vers minuit le vent souffla de l'Océan du sud, et, comme je n'avais pour tout vêtement que ma chemise, j'éprouvai un froid insupportable. En dépit de ces alternatives de chaud et de froid, ma santé était parfaite, et je n'avais plus le moindre retour des rhumatismes dont j'avais souffert dans l'Inde, quoique depuis mon arrivée en Afrique j'eusse complétement cessé de porter de la flanelle. Je puis donc recommander le climat en toute connaissance de cause. Ajoutez qu'on n'y entend presque jamais parler de catarrhes, de rhumes, de toux, ni de maux de gorge.

Des hommes de science, dont l'opinion doit en pareille matière avoir un grand poids, m'ont assuré que les districts des frontières de la colonie, et surtout les plus éloignés vers le nord, sont des séjours parfaitement sains et curatifs pour les personnes affligées de maladies de poitrine.

La contrée dans laquelle nous venions d'entrer était sablonneuse et complétement inhabitée ; les plaines étaient couvertes d'une bruyère longue et rude, et souvent d'arbustes rabougris et d'herbes douces pouvant admirablement servir de fourrage. Des chaînes de collines assez élevées et interminables coupaient ces vastes steppes et bornaient la vue de tous côtés ; des forêts séculaires de vénérables mimosas, patriarches de ces déserts, entremêlés de hauts arbustes aux feuilles grises, se détachaient par plusieurs groupes verdoyants au pied de ces montagnes.

Quand nous arrivâmes près d'une petite fontaine, la nuit était venue. Nous avions fait une halte d'une heure, lorsque deux Boers à cheval, dont l'un était le frère du maître de mon petit bush-boy, arrivèrent pour me demander de le leur rendre. Après avoir écouté leurs instances et leurs importunités jusqu'à en être fatigué, je leur déclarai que j'appartenais à une nation qui avait l'esclavage en horreur, et que par conséquent je refusais absolument de faire droit à leur réclamation. Ils remontèrent alors à cheval et partirent en me menaçant.

Il va sans dire que je me moquai d'eux et de leurs menaces.

Ruyter parut se divertir beaucoup de toute cette discussion, et, quand les Boers se retirèrent, il leur cria en patois hollandais :

—Oui, méchants Boers, vous avez cru me reprendre, mais j'ai maintenant un bon maître, aussi puissant qu'il est bon, et qui vous fustigera bien si vous vous frottez à lui.

Ce jour-là je tuai une hyène qui s'enfuyait devant moi, comme aurait pu faire une gazelle : je lui envoyai une balle et elle tomba.

Le 16, vers minuit, j'allai prendre place dans un trou près de la fontaine. Vers le point du jour, j'entendis le galop d'un animal qui s'approchait rapidement de moi ; je jetai un coup-d'œil entre les pierres qui me cachaient, et je vis un magnifique Gnoo, espèce de bison, se précipiter dans l'eau à cinquante toises de moi. Il était aux abois ; quatre chiens sauvages le suivaient, la tête et les épaules couvertes de sang, ce qui leur donnait un air terrible ; ils paraissaient sûrs du succès et poursuivaient leur proie à loisir. Ils passèrent à quelques toises de ma cachette, assez près pour que je visse la rage qui brillait dans leurs yeux.

Mon ardent désir de m'approprier ce beau bison, et en même temps un échantillon de chiens sauvages, m'empêcha d'attendre davantage ; je fis feu de mes deux coups : un coup sur le bison, l'autre sur le plus grand des chiens sauvages. En recevant la balle le bison bondit hors de la fontaine, mais il tourna sur lui-même, rentra dans l'eau, chancela un moment et disparut. Le chien de son côté avait reçu la balle dans le cœur; il sauta devant ses camarades d'un bond pareil à celui du bison, puis tomba mort sur le gravier. Je rechargeai précipitamment ma carabine, couché sur le côté, chose, je dois le dire, peu commode à exécuter. Pendant cette opération, les trois autres chiens se retiraient à regret, décrivant un demi-cercle dans le but de prendre le vent et de découvrir la cause de leur déception; mais je leur envoyai une troisième balle qui blessa l'un d'eux. Tous les trois s'enfuirent.

J'avais eu d'abord quelque répugnance à tirer sur ces braves chiens. Toute cette aventure me rappelait d'une façon vivante mes chasses dans les forêts d'Écosse, à l'époque où je chassais le daim avec des lévriers, et je ne pouvais m'empêcher de dire en moi-même que ceux-ci avaient mérité une meilleure récompense pour la façon dont ils m'avaient rabattu le gibier. Un de ces chiens surtout ressemblait à s'y méprendre à l'un de mes vieux serviteurs, nommé Factor, fidèle « stag-hound » que j'avais élevé moi-même, et dont les hauts faits cynégétiques, pour n'avoir pas été chantés en vers, comme ceux de l'Oscar d'Ossian, n'étaient cependant pas inférieurs aux prouesses de ceux que ces chants ont célébrés.

Les chiens sauvages, ou « wild houlen », comme les appellent les Hollandais, sont encore nombreux tant dans la colonie que dans l'intérieur des terres; ils chassent ensemble par bandes organisées depuis dix jusqu'à soixante. Leur endurcissement à la fatigue, ainsi que leur mode d'assistance mutuelle, les met en état de poursuivre et de forcer les plus grandes et les plus puissantes antilopes. Je crois que le bison est l'animal le plus gros qu'ils osent attaquer; je ne les ai jamais vus se hasarder sur des buffles. Leur pas est un galop allongé qui ne se ralentit jamais; une fois lancés sur la piste d'un animal quelconque, ils s'entr'aident. Les lévriers qui marchent en tête, une fois fatigués, passent à l'arrière-garde, tandis que d'autres qui ont ménagé leurs forces les remplacent. Lorsqu'ils ont réduit leur proie aux abois, ils l'entourent tous et la terrassent sur-le-champ : au bout de quelques minutes, elle est dévorée, et il n'en reste plus que le squelette. Ces chiens sont braves et audacieux et craignent peu l'homme; j'en eus la preuve quelques jours après. A son approche ils manifestent moins d'inquiétude que tout autre animal carnassier. Lorsqu'une meute est coupée dans sa chasse, ceux qui la composent trottent lentement devant l'importun, s'arrêtant pour le regarder et grognant avec un air de menace.

Leurs terriers sont situés au milieu des plaines désertes et communiquent les uns avec les autres.

Lorsqu'ils voient approcher un homme, ils ne cherchent point un abri dans leurs trous comme les autres animaux qui se terrent, mais, se fiant à leur vitesse, ils attendent que l'étranger soit à quelques pas d'eux pour prendre la fuite. Ils disparaissent alors dans la plaine. Leurs petits les suivent toujours dans cette fuite, à moins qu'ils ne soient trop faibles.

Les déprédations que les chiens commettent dans les troupeaux des Boers hollandais sont incalculables; il arrive souvent que, tandis que des bergers négligents s'éloignent pour chercher du miel ou toute autre chose, une bande de ces maraudeurs se jette au milieu du troupeau sans défense; il s'ensuit un effroyable massacre dans lequel un grand nombre de moutons sont tués ou blessés; car, non content d'en tuer ce qu'ils en peuvent manger, ces voraces pillards, qui tiennent de la nature du loup, étranglent tout ce qui leur tombe sous la dent. Ils n'ont dans la voix que trois ou quatre cris, dont chacun a sa signification particulière : l'un est un aboiement aigu et colère : il a pour cause la vue d'un objet dont ils ne peuvent se rendre compte; le second ressemble au claquement des dents des singes : ils poussent ce cri à la nuit, lorsqu'ils se rassemblent en masse ou qu'ils sont excités par quelque chose qui les agace, comme qui dirait le jappement des chiens domestiques; le troisième, et le plus usuel, est une espèce de cri de ralliement pour réunir les différents membres d'une meute, qui se sont séparés en poursuivant plusieurs antilopes : c'est un cri singulièrement doux, mélancolique et mélodieux, et qui cependant s'entend de fort loin. Il a du rapport avec la seconde note du chant du coucou, et, lorsqu'on entend ce cri le matin au milieu du silence, et que l'écho des bois voisins le répète, il est d'un charmant effet.

Quelque grand et beau que soit un chien domestique, les chiens sauvages le traitent toujours avec un dédain profond, et attendant qu'il les attaque. Mais alors, s'aidant l'un l'autre, ils l'ont bientôt mis en pièces. Les chiens domestiques, de leur côté, ont pour eux la même aversion; ils exècrent jusqu'au son de la voix des chiens sauvages de si loin qu'elle leur arrive; son effet sur eux, effet que j'ai souvent remarqué, est pire que le rugissement du lion. Dès qu'ils l'entendent ils se redressent avec colère et aboient pendant des heures entières. Cette race intéressante, quoique destructive, tient le milieu entre le loup et les hyènes.

J'appelai mes hommes, et nous eûmes grand'peine à tirer le bison hors de l'eau; il était cruellement déchiré; ses pieds de derrière, son ventre et ses hanches étaient horriblement mutilés.

Je continuai à chasser le hartle-beest jusqu'au 21 février. Alors je fis atteler au point du jour et marchai vers l'est jusqu'au coucher du soleil; là je fis halte près d'une petite fontaine de fort belle eau, ayant fourni une étape de 25 milles.

Je n'avais revu ni Cobus ni Jacobs.

VIII

Après avoir marché à l'est et ensuite au nord pendant deux milles, nous nous trouvâmes sur la rive sud du Rich-River, large d'environ trente toises elle. Ce courant d'eau prend sa source à cent milles à l'est, et, roulant vers l'ouest, se réunit à Vaal-River, en face de Campbell's Dorp.

Trois jours après avoir gagné Rich-River, nous la traversâmes au-dessous d'une chute d'eau très-pittoresque et poursuivîmes notre route sur la rive nord. Le temps était frais et agréable, le ciel un peu couvert; les chaleurs de l'été étaient passées et la température devenait délicieuse. Je continuai à marcher dans l'après-midi, laissant Rich-River à ma droite, et j'entrai dans une contrée découverte et sablonneuse ayant des portions copieusement couvertes d'herbes douces et parsemées de chaînes de montagnes très-étendues.

Au coucher du soleil je campai près de la ferme d'un Boer dont l'accueil fut très-hospitalier. Pendant le dîner, selon l'usage, il m'assomma d'une foule de questions : quelle était ma nation? d'où venais-je? où allais-je? pourquoi voyageais-je ainsi tout seul? où était située ma ferme? où demeuraient mon père et ma mère? combien avais-je de frères et de sœurs? étais-je marié? ne l'avais-je jamais été dans le cours de ma vie? Sur ma réponse négative à cette dernière question, le Boer parut pétrifié d'étonnement, et les autres membres de sa famille s'entre-regardèrent dans une stupéfaction complète.

Le jour suivant je fis deux longues traites, et m'arrêtai auprès de la ferme d'un autre Boer ayant nom Potcheter. Je le trouvai très-aigri contre le gouvernement, et, lorsque je lui demandai où je devais dételer, il se montra très-bourru, et je l'entendis dire en s'éloignant à trois autres Boers dont les mines étaient non moins renfrognées que la sienne : C'est un *chien d'Anglais.*

En dépit de cette froide réception je dételai, et, revenant vers la maison, je parvins avec moins de difficulté que je ne croyais à me réintégrer dans ses bonnes grâces. Pendant le dîner la conversation roula sur le gouvernement et sur les mesures prises par l'administration. Comme c'était un genre de conversation assez désagréable pour moi, j'exhibai mon *Musée de la nature animée,* ouvrage qui, grâce à ses magnifiques planches, ne manquait jamais d'enchanter les Boers, et qui, par son apparition, mit fin aux discussions politiques.

Le reste de la soirée fut consacré aux récits de chasse. Mon hôte m'apprit que le lendemain je verrais des troupeaux de bless-boks et qu'une grande quantité de Boers s'étaient réunis à une ferme voisine pour donner la chasse à une bande de lions qui leur avait tué récemment plusieurs chevaux. J'appris aussi qu'on redoutait une guerre entre les Boers émigrants de la rive nord d'Orange-River et les Bâtars et les Griquas. Cette nouvelle jeta l'alarme parmi mes gens; mais, malgré cette terreur, je décidai que ce bruit, eût-il la consistance d'une réalité, ne changerait rien à mes projets.

Avant mon départ on annonça que des Boers chasseurs venaient de tuer deux beaux lions, un mâle et une femelle, et, comme leur ferme se trouvait sur le chemin que je devais suivre, j'ordonnai à mes domestiques de me suivre avec les chariots. Je courus pour admirer ce noble gibier.

Je trouvai le lion et la lionne étendus sur le gazon devant la ferme, et les Hottentots des Boers occupés à les écorcher. Les deux lions étaient criblés de balles, et les deux têtes étaient littéralement broyées. C'est en général, au reste, le système des Boers, quand ils ont tué un lion, de dépenser inutilement une dizaine de coups de fusil, poudre et balles, à lui cribler la face. On ordonne ensuite à un Hottentot de lui jeter une pierre, après quoi les Boers demandent s'il est bien mort. Quand le Hottentot a répondu affirmativement, ils lui ordonnent de le tirer par la queue. Si le lion ne répond pas à cette dernière insulte, ils se hasardent à s'approcher.

Le Boer à qui cette ferme appartenait était grand, robuste et fort bel homme; il m'apprit qu'il était Danois. Il manifestait un vrai désespoir, car durant le combat, les lions avaient tué ses deux chiens favoris et blessé trois autres.

J'étais alors parvenu à des régions tout à fait différentes de celles que j'avais parcourues jusqu'à ce moment. L'herbe douce, toujours si abondante, commençait à devenir rare; un gazon court, rabougri et amer, couvrait le sol; mes chevaux et mon bétail refusaient de le manger. On parvenait néanmoins à se procurer du fourrage en les envoyant brouter sur les collines et les montagnes qui sillonnaient en longues chaînes toute la contrée.

Lorsque le soleil est dans sa force, ce qui arrive pendant neuf mois de l'année, un mirage constant règne sur ces plaines. De quelque côté que le chasseur tourne les yeux, il en est ébloui et troublé ; ce mirage rapproche considérablement les objets, et il est très-préjudiciable à la sûreté du coup d'œil du tireur. L'effet que produit cette illusion d'optique est très-remarquable : les collines et les troupeaux paraissent quelquefois suspendus en l'air ; des étangs desséchés et brûlés par le soleil, des salines couvertes d'une matière cristallisée, offrent constamment au voyageur altéré l'espoir de trouver de l'eau.

Le jour suivant, en regagnant mes chariots, je tressaillis de joie : je venais d'apercevoir, dans le lit desséché d'une mare où l'herbe croissait épaisse, une portée de sangliers composée de sept marcassins à moitié de leur croissance et de trois ragots, dont un était muni d'une paire de boutoirs énormes, qui dépassaient sa lèvre de huit ou neuf pouces. J'étais bien monté et le terrain me paraissait favorable, je leur donnai donc la chasse tout d'abord, et, choisissant un énorme ragot, je le poursuivis pendant deux milles au grand galop. Par malheur, la bête trouva un terrier et s'y fourra.

J'essayai bien de l'y enfermer, mais je ne pus en venir à bout.

Le 12 au soir je pris mon oreiller et une couverture de peaux de bêtes, et j'allai les étendre au bord de la fontaine voisine, où j'avais vu venir boire des femelles de bless-bok. Je n'en possédais encore aucun échantillon, et je désirais en avoir un, car ces bêtes portent de belles cornes, qui, sans être aussi larges que celles des mâles, sont d'une forme plus gracieuse. Vers minuit, un vieux wild-beast vint boire à dix toises de moi ; mais, pour le tirer, il fallait me réveiller tout à fait, et je fus trop paresseux pour ouvrir les deux yeux à la fois. Toute la nuit j'entendis un bruit singulier sur la terre friable, juste au-dessous de mon oreiller ; mais je ne m'en inquiétai pas autrement, attribuant ce bruit à des souris. Le matin suivant, ne voyant paraître ni mâle ni femelle de bless-bok, je me vengeai sur un vieux spring-bok, que je tuai de dépit ; puis, l'ayant caché, je revins au camp, dépêchant deux hommes pour chercher mon lit et la venaison.

Tandis que je déjeûnais, je les vis revenir rapportant un énorme serpent des plus dangereux. Je leur demandai où ils l'avaient tué ? « Dans votre lit », me répondirent-ils. Ils avaient aperçu l'horrible reptile se chauffant au soleil en dehors de la couverture ; et celui-ci les voyant s'était glissé dessous.

C'était l'étrange souris qui avait gratté toute la nuit sous mon oreiller.

Je l'examinai et reconnus un admirable échantillon de l'espèce noire du « puff adde », qui est un des serpents les plus venimeux de toute l'Afrique. Il n'y a pas d'exemple qu'un homme ait survécu plus d'une heure à la morsure de ce reptile.

Le 16 je chassai sur les plaines au nord-est et je tuai un spring-bok. La nuit venue, je ne jugeai pas à propos de regagner mon camp et me mis à l'affût près d'une mare assez éloignée.

Je me souviendrai longtemps de l'endroit. J'y éprouvai la plus belle peur que j'aie jamais ressentie et que certes j'aurai jamais.

J'étais à peine installé à mon poste que la lune se leva. Une troupe de wild-beasts vint à ma portée. Je tirai sur l'un d'eux et le tuai. Il tomba roide : la balle lui avait brisé l'épine dorsale

Un quart d'heure après je tirai mon second coup sur une hyène mouchetée que je tuai aussi.

L'habitude du danger rend imprudent, et d'ailleurs je n'avais aucune idée de celui que je courais. Je plaçai ma carabine déchargée à côté de moi, et, me sentant fatigué, je m'endormis.

Il y avait à peine une demi-heure que j'avais fermé les yeux lorsque mon sommeil fut troublé par des sons étranges. Je rêvais que des lions s'étaient mis à ma poursuite, et, le bruit augmentant, je m'éveillai en sursaut en poussant un grand cri. J'entendis alors des trépignements et des pas légers, comme si j'étais entouré par une bande de loups. Je levai la tête, et, à ma profonde terreur, je me vis complétement enveloppé de chiens sauvages. A ma droite et à ma gauche il y avait deux lignes de ces animaux féroces, dressant l'oreille, allongeant le cou, et me regardant avec des yeux qui brillaient dans l'obscurité comme des escarboucles. En face de moi une autre bande de plus de trente s'agitait, grondait, faisait claquer ses dents et semblait s'enhardir à s'élancer sur moi. Enfin, une autre meute de vingt ou vingt-cinq se battait sur le wild-beast tué. J'avoue qu'en les contemplant je crus que non-seulement je n'avais plus que quelques instants à vivre, mais encore que j'étais destiné à mourir de la façon la plus cruelle. L'idée d'être mis en pièces tout vivant par les horribles bêtes me figea le sang dans les veines et fit dresser sur ma tête mes cheveux trempés de sueur.

J'eus cependant la présence d'esprit de me rappeler que la voix humaine et de la hardiesse en imposaient même aux lions. Je me levai, en conséquence, de toute ma hauteur, et, saisissant ma couverture à deux mains, je l'agitai, en leur ordonnant tout haut et d'un accent sévère de s'éloigner. Cette manœuvre eut l'effet désiré : les plus rapprochés firent quelques pas en arrière, et les autres, comme obéissant à un commandement, se retirèrent à une distance respectueuse, tout en continuant néanmoins d'aboyer comme des enragés. Je saisis alors ma carabine et me hâtai de la recharger ; mais, avant que cela fût fait, toute la bande avait pris le parti de la retraite.

Je rentrai dans mon trou, mais sans aucune envie de dormir. Aux chiens sauvages succédèrent des hyènes. Une quinzaine de ces animaux se mirent à dépecer mon wild-beast déjà entamé par les chiens et l'achevèrent. Je les laissai faire ; je tenais trop à conserver ma carabine chargée, et il ne m'eût fallu rien moins qu'un lion pour me décider à faire feu.

Je fus fort contrarié pendant deux jours par un vieux mâle wild-beast qui, ayant découvert ma retraite, me surveilla, et prit à tâche de détourner tous ses pareils de venir boire à la mare. Le vieux bouquin broutait hors de la portée de ma carabine, et non-seulement avertissait ses camarades du danger, en tenant les yeux fixés sur ma cachette et en ronflant bruyamment, mais encore, quand ces indices ne suffisaient pas, en les détournant, comme le chien du berger fait d'un troupeau de moutons. Cependant, le second jour, je me vengeai avant de quitter mon trou : une troupe de femelles, méprisant les avertissements, s'approcha de la mare. L'inquiétude que le galant personnage éprouvait pour elles fut si grande qu'il négligea le soin de sa propre sûreté Pour la première fois il vint à portée de mon arme ; je visai et le frappai dans les côtes ; il se mit à ruer et à agiter sa longue queue ; puis il bondit et disparut dans le ravin.

La nuit du 19 fut pour moi une nuit mémorable, car j'eus enfin la satisfaction d'entendre pour la première fois le terrible rugissement du lion, et, quoiqu'il n'y eût là personne pour m'apprendre quel était l'animal dont l'écho du désert répétait le cri menaçant et majestueux, je le devinai sans peine. Au reste, il n'y avait point à s'y tromper ; je compris tout d'abord, comme si j'y avais été accoutumé dès longtemps, que le son imposant que j'entendais à un mille de moi était la voix sonore du puissant roi des animaux.

L'aspect véritablement pompeux et royal du lion l'a depuis longtemps rendu fameux parmi tous les quadrupèdes ; ses mœurs et sa conformation ont été maintes fois décrites par des plumes plus habiles que la mienne. Je pense cependant que les remarques que j'ai pu faire, pendant mes affuts de jour comme de nuit à la chasse de cet animal, ne seront pas sans intérêt pour le lecteur.

Il y a dans le maintien du lion quelque chose de si noble et de si imposant, lorsqu'on le voit marcher, calme, libre, indompté, sur son sol natal, qu'aucune description ne saurait donner une juste idée de sa majesté. La nature a admirablement doué le lion pour la vie de rapine à laquelle il est destiné, car il réunit à un degré suprême la force et l'agilité. Enfin il peut, grâce à l'inconcevable souplesse dont il est doué, terrasser facilement et détruire presque tous les animaux de la création, alors même qu'ils lui sont supérieurs en pesanteur et en stature.

Il a tout au plus quatre pieds de haut, et cependant il peut d'un seul coup de griffe renverser l'immense girafe dont la tête atteint la cime des arbres et dont la peau a presque un pouce d'épaisseur. Le lion guette constamment les troupeaux de buffles qui hantent ces forêts immenses de l'intérieur des terres : quand il parvient à toute sa croissance, tant que ses dents ne sont point cassées, le lion lutte avec avantage contre le plus grand et le plus fort des buffles, qui cependant, de son côté, surpasse en force et en stature les plus puissantes races de bétail de l'Angleterre. Le zèbre, malgré son agilité, devient aussi sa proie, ainsi que les plus grandes espèces d'antilopes et les deux espèces de bisons de l'Afrique.

Il n'est point vrai, comme on le prétend, que les lions dédaignent la venaison qui n'a pas été tuée par eux ; j'ai, au contraire, rencontré des lions de tout âge qui se régalaient des cadavres de toute espèce de gibier frappé par ma carabine ou trouvé par eux. Généralement le lion se rencontre dans les régions isolées de l'Afrique du Sud ; néanmoins il n'y est pas abondant. Il est rare de trouver plus de trois et même de deux familles de lions fréquentant le même district et buvant à la même fontaine. Lorsqu'une chose semblable arrive, j'ai remarqué que c'était seulement dans les sécheresses prolongées, qui, en desséchant les fontaines les plus faibles, forçaient tous les animaux des environs à venir boire à celles qui persistaient à donner de l'eau. Les lions, comme de coutume, marchaient à leur suite. Au reste, il n'est point rare de se trouver en face d'un lion, d'une lionne et de trois ou quatre lionceaux ; d'autres fois deux ou trois jeunes mâles se réunissent et chassent de conserve.

Le lion mâle a une crinière longue, touffue et hérissée, qui dans quelques-uns de ses mouvements balaie le sol. Les nuances en sont variées : chez les uns la crinière est très-foncée ; chez les autres, d'un jaune doré. Cette différence a donné lieu chez les Boers à la croyance qu'il existe deux variétés de lions qu'ils désignent par les noms de « Schwarts-fou-lifs et de « Shiel-fou-lifs. »

Cette opinion est erronée : la couleur de la crinière du lion atteste son âge ; sa crinière pousse dans sa troisième année ; elle est d'abord jaunâtre ; puis, lorsque le lion prend des années, quoique cependant il soit encore dans sa force, elle prend une teinte gris-jaune, une nuance sel et poivre. Ces lions-là sont fins et dangereux, il faut les redouter. Les femelles n'ont pas du tout de crinière, et sont seulement couvertes d'un poil court, épais, luisant et fauve. La peau et la crinière du lion qui fréquente les contrées dépourvues d'arbres, telles que les confins du grand désert de Kalahari, sont beaucoup plus belles et plus fournies que celles des lions qui habitent les forêts.

La chose la plus remarquable chez le lion, c'est sa voix, à la fois majestueuse et saisissante. Souvent c'est un gémissement sourd et profond, répété cinq ou six fois et se terminant par des soupirs étouffés ; dans d'autres moments la voix éclate comme la foudre, et il ébranle la forêt de ses puissantes clameurs, qui se renouvellent l'une après l'autre, grandissant toujours jusqu'au quatrième ou cinquième éclat. La voix meurt en sons qui ressemblent à un tonnerre qui meurt. Quelquefois, mais le fait est rare, on entend rugir plusieurs lions ensemble; l'un d'eux commence, et deux ou trois et même quatre lui répondent en chœur. Ils rugissent plus haut pendant les nuits où il gèle; mais jamais on n'entend si bien leur voix dans toute leur étendue et leur perfection que lorsque deux ou trois troupes différentes se rencontrent ensemble à la même fontaine.

Lorsque ceci arrive, chaque membre de chaque troupe jette un cri provocateur à l'ennemi, et lorsque l'un rugit, tous rugissent à la fois, et chacun paraît lutter avec un rival pour l'intensité et la puissance de la voix. La magnificence de ces concerts nocturnes frappe et charme d'une manière étrange et fascine presque l'oreille du chasseur : l'effet qu'ils produisent sur lui est d'autant plus saisissant, qu'il se trouve seul dans la profondeur des forêts, à l'heure solennelle de minuit, embusqué à vingt pas de la fontaine dont les lions s'approchent pour se désaltérer.

Je me suis trouvé cent fois en pareil cas, et, quoiqu'on s'accorde à ne point me reconnaître l'amour de la musique, je dois dire que les sons que j'ai entendu filer par les chanteurs nocturnes du sud de l'Afrique ont été et restent pour moi la plus admirable mélodie que j'aie jamais entendue.

Les lions commencent leurs soupirs langoureux au moment où le crépuscule se fait obscurité, et ils continuent de rugir par intervalles toute la nuit. Dans les parages éloignés et déserts, je les ai toujours entendus rugir jusqu'à neuf ou dix heures du matin, lorsque le temps était beau et le soleil brillant. Dans les jours couverts ou pluvieux, on les entend toute la journée, mais leur voix est sourde.

Il arrive souvent que des lions étrangers l'un à l'autre se rencontrent près d'une fontaine; il en résulte alors une lutte terrible qui finit presque toujours par la mort de l'un des deux. L'existence du lion est tout à fait nocturne; pendant le jour, il digère et reste couché à l'ombre de quelque arbre ou de quelque arbuste aux rameaux étendus, soit dans une forêt, soit sur le penchant d'une montagne. Il aime beaucoup aussi les grands roseaux ou les prairies aux longues herbes, telles que celles qui avoisinent les *vlays*. Nous croyons avoir dit que *vlay* et fontaine avaient la même signification. Il sort de ces refuges au coucher du soleil et commence alors ses excursions nocturnes. Lorsqu'il a réussi dans ses manœuvres et que la proie est assurée, il ne rugit plus beaucoup pendant le reste de la nuit; il se contente alors de pousser de temps en temps des gémissements sourds, et cela bien entendu tant qu'aucun importun ne s'approche de lui; dans ce cas, les choses changent d'aspect.

Les lions sont toujours plus actifs et plus hardis quand les nuits sont obscures et orageuses, et il va sans dire que dans ce cas-là le voyageur doit être doublement sur ses gardes. J'ai observé, relativement à l'heure où boivent les lions, un fait qui leur est particulier : ils semblent répugner à visiter une fontaine pendant le clair de lune. Lorsque « Phœbé » se lève tôt, ils retardent leur heure de boire quelquefois jusqu'à dix et onze heures du matin. Par ce système habile, plus d'un beau lion que je croyais tenir, a sauvé sa peau et se prélasse maintenant dans les forêts de l'Afrique du sud au lieu de faire partie de mon musée. Grâce au pelage fauve qu'il doit à la nature, le lion est parfaitement invisible pendant les ténèbres, et, quoique je les aie souvent entendus près de l'eau, tout à fait sous mon nez, à peine à vingt toises de moi, je ne pouvais distinguer même leur forme.

Quand un lion altéré arrive à une source, il étend en avant ses deux pattes massives, se couche sur la poitrine et fait en buvant un bruit auquel on ne saurait se méprendre ; il continue longtemps à laper l'eau et cependant il s'arrête quatre ou cinq fois, l'espace d'une demi-minute, pendant l'opération, comme pour reprendre haleine. Lorsque la nuit est sombre, ses yeux brillent comme deux charbons ardents. La femelle, règle générale, est plus fière et plus active que le mâle. Les lionnes qui n'ont pas encore été mères sont plus dangereuses que celles qui l'ont été.

Le lion est surtout fort redoutable quand sa compagne a des petits; dans ces circonstances rien ne l'effraye; il ferait intrépidement face à mille hommes. J'ai vu et puis citer un exemple de ce genre qui est venu à l'appui des récits que m'ont faits à ce sujet les naturels. Un jour je chassais l'éléphant sur le territoire des Basdeka, accompagné de deux cent cinquante hommes à peu près; soudain j'aperçus un lion majestueux qui s'avançait lentement et fièrement vers nous, avec un maintien important, agitant sa queue de droite à gauche et grondant avec fureur. Son œil, animé d'une expression terrible, se fixait sur nous, et il nous montrait sous ses lèvres crispées une double rangée d'ivoire bien faite pour inspirer la terreur aux timides Béchuanas.

La fuite de mes deux cent cinquante hommes s'opéra immédiatement après cette apparition, et dans le trouble du premier moment ils laissèrent échapper huit de mes chiens, qui une fois lâchés s'élancèrent sur l'animal ; celui-ci, s'apercevant que sa hardiesse n'avait fait fuir qu'une partie de ses ennemis, devint inquiet du sort de sa famille, qui se retirait en arrière avec la lionne. Il se retourna alors et la suivit lentement, la protégeant toujours d'un hautain et dédaigneux regard, ne cessant de gronder contre les chiens qui trottaient tout autour de lui. Comme on venait quelques instants auparavant de découvrir trois troupes d'éléphants, je conservai mon feu pour eux, mais ce fut, je l'avoue, avec un grand serrement de cœur. Vingt minutes après, la mort de deux éléphants étaient la récompense de ma patience.

Parmi les chasseurs indiens, une espèce de tigre royal est qualifié de l'appellation de *man eater*, c'est-à-dire *mangeur d'hommes*. Ces animaux, prétend-on, ayant goûté une fois à la chair humaine en désirent toujours, et cette circonstance les rend tout naturellement célèbres parmi les naturels. Il y a au nombre des lions d'Afrique de vénérables patriarches qui, ayant eu l'occasion de goûter de l'homme, en ont, comme leurs confrères de l'Inde, gardé la gourmandise.

Il est facile d'imaginer combien sont dangereux de semblables voisins; au reste, je présume que cette prédilection sera venue aux lions de la manière suivante. Les tribus Béchuanas de l'intérieur le plus éloigné n'enterrent pas leurs morts et se contentent de les porter sans cérémonie dans les forêts ou parmi les rochers, où ils les laissent pour devenir la proie du lion, de la hyène, du chacal ou du vautour. Il est facile de comprendre alors qu'un lion qui s'est habitué à la chair humaine sur les cadavres n'hésitera aucunement, quand l'occasion s'en présentera, à se jeter sur un homme, et à emporter à belles dents, ou le voyageur imprudent, ou le naturel du pays. Quoi qu'il en soit, il y a bien réellement des lions mangeurs d'hommes, et, à ma quatrième expédition de chasse, une horrible tragédie se passa pendant une nuit noire dans un petit camp isolé, et l'un de ces formidables individus en fut le héros.

En développant les observations ci-dessus au sujet du lion, lesquelles n'ont pas, je l'espère, paru trop fatigantes au lecteur, j'ajouterai qu'en toute circonstance la chasse au lion est positivement fort dangereuse néanmoins, et j'en suis un exemple. Ceux qui ont un goût décidé pour cette sorte de plaisir peuvent s'y livrer avec quelque chance de sécurité. Seulement le mépris de la mort, beaucoup de calme et de présence d'esprit, une connaissance approfondie du caractère et des habitudes du lion, beaucoup de dextérité dans le maniement de la carabine, sont des qualités indispensables à celui qui veut se distinguer dans ce passe-temps dangereux, c'est-à-dire à la chasse du roi des animaux.

Au reste, je ne devais pas tarder à faire ma première étude sur ce sujet. C'est ce que le lecteur verra s'il veut bien suivre mon récit.

Le 22 mars je m'avançai vers une ferme éloignée du côté du sud, afin de me procurer du blé et autres grains, comme aussi des nouvelles au sujet de la guerre prochaine entre les Boers et les Griquas.

En arrivant à la ferme je trouvai une grande quantité de Boers qui y étaient campés; ils s'étaient réunis pour se soutenir mutuellement, et leurs tentes ainsi que leurs chariots étaient remisés tout autour de la ferme, ce qui lui donnait un aspect des plus animés. Ces Hollandais m'apprirent que tous leurs compatriotes, ainsi que les Griquas, étaient rassemblés, et que les hostilités allaient commencer prochainement. Ils discutèrent avec moi sur ce qu'il leur plut d'appeler « ma folie ». *Ma folie*, selon eux, était de vivre ainsi isolé à une époque pareille, et ils m'exhortèrent à chercher une protection sous leurs bannières. J'essayai à mon tour, mais inutilement, de persuader à quelques-uns d'entre eux de venir chasser le lion avec moi.

Le lendemain 23, après déjeuner, je cinglai vers le nord avec mes piqueurs. Un froid vif soufflait de l'est; le gibier était très-sauvage, comme cela lui arrive aux approches des tempêtes. A mesure que nous avancions, de nouveaux troupeaux se déployaient sous le vent par milliers et couvraient littéralement la plaine. Environ à deux milles de la montagne boisée où j'avais pour la première fois entendu le rugissement du lion, à quelques centaines de toises d'un bosquet de mimosas, nous découvrîmes un vieux mâle wild-beast nouvellement tué et déjà à moitié dévoré; la trace fort reconnaissable de ses pas était si profondément empreinte dans le sable qu'elle paraissait n'avoir pas plus de quelques minutes de date. De plus, il n'y avait pas un seul vautour aux environs; c'était donc, selon toute probabilité, le lion qui avait emporté cette proie. En ce cas le lion ne devait pas être loin, et sans doute s'était-il caché à notre approche.

Nous cherchâmes longtemps dans les bas-fonds des alentours où les herbes étaient les plus épaisses, mais ce fut inutilement. Cette recherche nous prit plus de deux heures.

Le terrain devenait de plus en plus sauvage; je renonçai à mes recherches et rebroussai chemin vers le camp.

Une heure après mon retour vers mes chariots j'éprouvai un remords, et je résolus d'aller passer la nuit dans le voisinage du lion avec mes hommes et mes voitures. Je donnai donc aussitôt l'ordre d'atteler, et sans paraître remarquer la répugnance de mes Hottentots, je me mis en marche avec l'intention de battre la campagne dès l'aube.

Une heure après nous étions campés à deux cents pas du wild-beast à moitié dévoré. Je nettoyai et chargeai mes trois carabines. Cette opération terminée, je montai à cheval avec Klinboy et John Stofulus, afin de me rendre à mon tour près de la fontaine. J'avais quelque espoir que le lion y viendrait boire pendant la nuit.

Nous attachâmes nos trois chevaux ensemble, car il n'y avait aux environs ni arbres ni arbustes, et je les confiai à la garde de mes Hottentots.

Je ne craignais rien, car je voyais dans leurs yeux

qu'il n'était point besoin de leur recommander la surveillance.

Il avait venté frais dans le milieu du jour ; puis, au coucher du soleil, ce vent avait été remplacé par un calme plat et ce silence de mort qui est le précurseur habituel de la tempête. Nous étions couchés depuis une heure à peine, mes hommes près de leurs chevaux, moi dans mon trou, lorsque le ciel, à notre gauche, devint noir comme de l'encre, et presque aussitôt une multitude d'éclairs illumina le ciel, qui sembla près de s'écrouler sous d'épouvantables coups de tonnerre. Le vent qui avait soufflé nord ouest changea brusquement, et commença de souffler sud-ouest, c'est-à-dire du côté où la tempête se préparait ; quelques secondes après, elle éclatait avec rage. La pluie ruisselait par torrents et les éclairs sillonnaient par intervalles les ténèbres profondes d'un éclat pareil à celui du jour. Toute la plaine fut bientôt couverte qu'une nappe d'eau. Je n'avais pas sur tout mon corps un seul fil qui ne fût trempé ; par bonheur mes trois carabines avaient d'excellentes gaînes, et, à l'aide de deux peaux de mouton qui me servaient de couverture pour ma selle, je parvins à les préserver de toute humidité.

Vers minuit j'entendis à un mille à peu près vers le nord le rugissement du lion qui répondait aux éclats du tonnerre.

Vers une heure l'orage s'éteignit peu à peu, mais, jusqu'au matin, une petite pluie fine, pénétrante et glacée, continua de tomber.

Vers l'aube j'entendis le lion rugir une seconde fois, mais alors c'était dans la direction du wild-beast mort.

Aux premiers rayons du jour je donnai l'ordre du départ.

Mon pantalon était tellement imprégné d'eau que je résolus de m'en débarrasser. En conséquence, je le tirai à grand'peine, et convertis ma couverture en une espèce de jupon que je nouai au bas de mes reins avec une ceinture de cuir. Mes compagnons, de leur côté, se firent un costume à peu près pareil.

Nous nous acheminâmes au grand trot vers l'extrémité nord de la montagne du lion, et nous y arrivâmes avant qu'il fît assez jour pour distinguer l'animal à cent pas de nous, s'il s'y fût trouvé. Quand le jour parut tout à fait, nous ralentîmes le pas et nous nous dirigeâmes, mais lentement, vers le cadavre du wild-beast. Sur notre route, nous passâmes au milieu de grandes troupes de spring-boks, de wild-beasts, de bless-boks et de quaygas qui étaient aussi apprivoisés le matin qu'ils avaient été sauvages la veille : ce qui arrive, du reste, d'ordinaire après l'orage.

Le ciel était couvert, les vapeurs épaisses du brouillard chargeaient le sommet des montagnes, et l'air était imprégné de parfums balsamiques émanés des herbes et des plantes.

En approchant du cadavre du wild-beast, je remarquai plusieurs chacals qui s'en éloignaient à pas de loup ; des vautours aux plumes ébouriffées, au point qu'on eut cru les voir sortir à moitié noyés d'une rivière, entouraient la carcasse ; mais, à mon grand désappointement, il n'y avait pas de vestige de lion.

Je courus çà et là pendant une demi-heure pour retrouver ses traces ; tout fut inutile. Affamé, gelé, je tournai la tête vers le camp, traversant de nombreux troupeaux de gibier qui daignaient à peine s'apercevoir de ma présence et que je n'eus pas le courage de faire repentir de leur témérité.

C'était au lion que j'en voulais ce jour-là.

Tout à coup je m'arrêtai en poussant un cri de joie ou plutôt de doute, car, malgré le témoignage de mes yeux, je doutais encore.

Au milieu de la plaine, à un quart de mille devant moi, à côté d'une douzaine de vautours qui la regardaient faire avec convoitise, une lionne dévorait un bless-bok qu'elle avait tué, aidée dans cette opération par cinq ou six chacals qui se régalaient fraternellement avec elle. J'appelai l'attention de mes compagnons sur ce point de la plaine en leur disant :

— Je vois le lion.

Et mes gens me répondirent :

— En effet, c'est bien lui.

Et en même temps tournant la tête de leurs chevaux de l'autre côté, ils commencèrent à les presser du talon.

— Eh bien ! m'écriai-je, que faites-vous donc?

— Nous n'avons pas de capsules à nos fusils, répondirent mes drôles d'une voix unanime.

C'était vrai au reste.

— Eh bien ! leur dis-je, il faut en mettre, — et je leur donnai l'exemple en amorçant mon Dixon.

C'était le nom que je donnais à une exellente carabine à deux coups, que j'appelais Dixon, du nom de l'armurier qui me l'avait vendue.

Pendant ce dialogue la lionne nous avait aperçus.

Elle leva vers nous sa tête ronde, nous contempla pendant quelques secondes, et partit au grand galop dans la direction d'une chaîne de montagnes qui courait à quelques milles au nord.

La bande de chacals s'élança aussi, mais d'un autre côté.

Il n'y avait pas une seconde à perdre, il fallait la poursuivre et lui couper le chemin. J'éperonnai mon rapide et courageux coursier, je volai à travers la plaine, et comme par bonheur c'était Colesberg que je montais, c'est-à-dire la merveille de mon haras, je m'aperçus que je gagnais sur la lionne à chaque enjambée. Cet avantage m'exalta ; jamais je n'avais ressenti un si vif sentiment de bonheur, et je décidai dans mon esprit qu'il fallait qu'elle mourût ce jour-là, ou bien que ce fut moi.

La lionne avait beaucoup d'avance sur moi, de

sorte que je courus longtemps sans pouvoir l'atteindre. C'était une fort grande bête qui avait atteint toute sa croissance. Comme le terrain était nu et égal, elle n'en paraissait que plus majestueuse. Bientôt, s'apercevant que je la gagnais de vitesse, la bête réduisit son petit galop au trot; elle portait la queue collée derrière elle, mais un peu inclinée de côté. Je poussai, tout en courant, de bruyants cris d'appel pour l'avertir que nous avions à causer ensemble. Tout à coup elle s'arrêta et s'assit sur les hanches comme un chien en me tournant le dos, sans même daigner regarder autour d'elle et comme si elle se disait à elle-même :

— Ah çà ! mais il ne sait donc pas à qui il a affaire?

Elle demeura assise ainsi une demi-minute environ, comme si elle eût été abîmée dans ses pensées.

J'avançais toujours.

Tout à coup elle se leva, me regarda fixement pendant quelques secondes, agitant lentement sa queue à droite et à gauche, montrant les dents et grondant avec une incroyable majesté.

Puis elle fit un petit saut en avant et poussa un rauquement qui retentit comme le tonnerre.

Sans doute faisait-elle tout cela pour m'intimider; mais voyant que je continuais à me rapprocher d'elle malgré ses démonstrations hostiles, elle étendit tranquillement ses pattes énormes et se coucha sur le gazon.

Sur ces entrefaites mes Hottentots me rejoignirent; nous étions maintenant trop près de la lionne pour qu'elle nous échappât. Je fis halte et leur ordonnai de tirer leurs carabines du fourreau et de les amorcer : ils m'obéirent aussitôt.

Je remarquai que la main leur tremblait.

Tandis que nous nous préparions au combat, je m'aperçus que la lionne donnait quelques signes d'inquiétude, car elle nous regardait d'abord, puis ensuite regardait derrière elle, comme pour s'assurer que la route était libre. Tout à coup elle sembla avoir pris son parti et fit quelques bonds vers nous en poussant de nouveau son cri le plus menaçant.

Nous liâmes alors nos chevaux ensemble par leurs brides et nous marchâmes avec eux comme si nous voulions passer tranquillement. J'avais l'espoir de prendre la lionne en flanc, mais elle se tint sur ses gardes et ne se présenta jamais que de face. J'avais donné à Stofulus ma carabine maure, avec ordre de lui brûler la cervelle si elle se jetait sur moi; mais sous aucun prétexte il ne devait tirer avant que je n'eusse tiré moi-même. Kleinboy avait ordre de se tenir prêt à me donner mon Pruday au cas où mon Dixon ne suffirait pas.

Jusque-là mes gens avait été raisonnables et avaient fait bonne contenance, mais il était évident que depuis qu'ils s'étaient rapprochés de la lionne ils crevaient de peur. Leur visage était pâle à croire qu'ils allaient se trouver mal, et je pus me pénétrer de la doulou-reuse conviction qu'au moment du danger il ne me faudrait pas compter sur eux.

Ainsi donc, tout ou rien; reculer n'était plus possible; la lionne n'était plus qu'à cent pas de moi et continuait à avancer. Je m'agenouillai et, l'ajustant à l'aise, je fis feu lorsqu'elle ne fut plus qu'à soixante pas. La balle retentit bruyamment sur son cuir fauve et lui mutila l'épaule. La lionne poussa un rugissement sonore, et en trois bonds, sans que j'eusses pu l'ajuster au bout de ma carabine, elle fut au milieu de nous.

En ce moment j'entendis un second coup de feu; c'était la carabine de Stofulus qui partait entre ses mains. Quant à Kleinboy, à qui j'avais ordonné de rester à mes côtés, il dansait autour de moi comme un canard sauvage au milieu d'un ouragan.

Je saisis tout cela en un clin-d'œil, et vis aussi que la lionne, au lieu de s'en prendre aux hommes, s'en était prise aux chevaux; elle s'était élancée sur Colesberg et lui labourait horriblement les côtes et les hanches avec ses terribles dents. Je vis du sang, une énorme plaie béante; mais, par bonheur, au milieu de tout cela, je restai calme et conservai ma présence d'esprit, sûr que j'étais de ma main et de mon coup d'œil; ce ne fut que quand tout fut fini que je compris combien la situation avait été grave, car je n'avais auprès de moi personne à qui je pusse me fier.

Au moment où la lionne s'élançait sur Colesberg, je sortis de derrière les chevaux, tout prêt, pour mon second coup, à saisir la première chance favorable qu'elle m'offrirait. Elle ne tarda point à me la donner, car, en apparence satisfaite de s'être vengée sur Colesberg, elle se retira au petit trot en me présentant le flanc : l'occasion était trop belle; à quinze pas je lui envoyai ma seconde balle au défaut de l'épaule. La lionne fit un bond et retomba. Je tendais la main vers Kleinboy pour qu'il me donnât sa carabine, mais il était à cinquante pas de moi. Par bonheur je n'en avais pas besoin; la lionne se retourna sur le dos, roidit son cou et ses pattes, puis se remit dans sa première attitude, ses puissantes pattes de devant gisant le long de son corps. Mais alors sa mâchoire inférieure se détendit et tomba, le sang découla de sa bouche et elle expira : elle était morte; ma balle lui avait traversé le cœur.

Au moment où j'avais tiré mon second coup, Stofulus, qui savait à peine s'il était mort ou vivant, avait lâché les trois chevaux, qui s'enfuirent épouvantés d'un galop frénétique par monts et par vaux. Charmé d'avoir cette occasion de s'éloigner du champ de bataille, il s'élança à leur poursuite. Kleinboy le suivit, et tous deux me laissèrent seul et désarmé près de la lionne, qu'ils voulurent bien, dans leur ardent désir de se mettre à l'abri, considérer comme incapable de leur faire désormais aucun mal.

Il en est toujours ainsi, au reste, avec ces misérables drôles, de même qu'avec tous les naturels de l'Amérique méridionale. Il est impossible, dans aucun cas, de compter sur eux ; on peut être sûr qu'à l'heure du péril ils abandonneront indubitablement leur maître de la façon la plus lâche : et cependant un étranger qui écouterait ces effrontés hâbleurs racontant leurs propres prouesses, assis en rond avec leurs camarades autour d'un feu pétillant, au moment où ils subissent l'influence de leur *cape smoke* adoré, c'est-à-dire de l'eau-de-vie, pourrait les croire braves entre les braves. Qu'il soit bien dit, une fois pour toutes, à ceux qui viendront chercher dans les déserts de l'Afrique méridionale les mêmes dangers que j'y ai courus et que j'ai surmontés, qu'il n'en est point ainsi.

Au bout d'une heure je parvins à rallier hommes et chevaux ; j'écorchai la lionne, et, lui ayant coupé la tête, nous plaçâmes ces trophées sur *Beauty* et retournâmes au camp. Nous étions à peine à cent pas des restes de la lionne, que déjà une soixantaine de vautours, que la lionne avait bien souvent sans doute nourris des produits de sa chasse, se disputaient ses restes.

Quant au pauvre Colesberg, je le ramenai moi-même et au pas vers le camp. Aussitôt arrivé, je fis laver ses plaies et je rapprochai ses chairs, recommandant que l'on suivît pour lui un simple pansement à l'eau froide : ce procédé cicatrisa promptement ses blessures, qui, dans la suite furent complétement guéries.

Le ciel demeura couvert toute la journée : mais quand les ombres de la nuit commencèrent à s'étendre sur la terre, une invincible terreur s'empara de mes compagnons. Ils affirmèrent que le mâle de la lionne, lorsqu'il retrouverait ses os, allait suivre nos traces et venger sa mort.

IX

Ritch-River. — Le camp des Boers. — Les deux chiens *Bleh* et *Flam*. — Colesberg. — Bataille entre les Boers. — Suite du voyage.

Après une traite de dix milles nous fîmes halte pour la nuit ; il plut à verse jusqu'au matin. Mes bœufs étaient en très-bon état ; il y avait déjà un temps assez long qu'ils travaillaient fort peu : aussi étaient-ils vigoureux et turbulents. Le jour suivant nous traversâmes Richt-River. Les chemins étaient difficiles à cause des pluies récentes ; aussi quelques-uns de mes harnais étant pourris se rompirent à plusieurs reprises et me causèrent de grands retards. A la chute du

jour nous nous arrêtâmes à un camp de Boers.

Ces hommes, qui étaient des rebelles, et par conséquent nos ennemis, étant précisément alors en guerre avec nos alliés les Griquas et les Bâtars, auxquels nous prêtâmes main forte contre les Boers. Je sentais qu'il était assez téméraire de traverser ainsi, de propos délibéré, le pays ennemi : c'était, pour ainsi dire, attaquer le lion dans sa tanière. Néanmoins, la chose étant sans remède, je me décidai donc à saisir le taureau par les cornes et à affecter de la hardiesse. Ce à quoi je pouvais m'attendre le moins était de voir mes chariots attaqués et pillés, sinon pris en totalité ; et certes cela fut arrivé, si je n'avais pas été revêtu du costume des anciens Gaulois, que j'avais adopté depuis longtemps, et si je n'avais pas été annoncé comme un montagnard écossais.

Il arriva que ces Boers n'avaient presque plus de café, breuvage dont ils sont extrêmement friands. Heureusement j'en possédais une grande provision dans mes chariots, et, comme j'allais à Colesberg, il m'était indifférent d'en disposer : ainsi donc, en faisant présent aux femmes des principaux chefs de quelques demi-livres de cette précieuse graine, et en leur vendant le reste à des prix modérés, j'obtins les bonnes grâces de tous, et ils déclarèrent que j'étais un « ghovecarle, » lisez : bon garçon. En outre, en apprenant que quelques jours auparavant j'avais tué une lionne de haute taille et en contemplant les trophées, ils furent pétrifiés d'étonnement. Ils se disaient entre eux : *Nis scapsels ! vat zoorten mens is ed?* ce qui signifie : Ciel et terre ! quel homme est-ce donc ?

Pendant le courant de la soirée et de la nuit, plusieurs bandes de Boers armés firent halte pour se rafraîchir et continuèrent leur route, allant rejoindre le quartier général de l'armée qui était établi à quarante milles vers le sud, dans un endroit appelé Schwart-Coppice. Ils avaient tous un ou plusieurs chevaux de bât portant des vivres et des munitions. Quelques-uns amenaient aussi des piqueurs hottentots et bushmen ; ils portaient pour arme unique leur « roer » ou long fusil. Tous avaient autour des reins une ceinture de cuir et au côté une énorme corne remplie de poudre.

Le 31 je continuai ma route, et le soir du 2 avril j'arrivai à Philippolis, station de missionnaires et ville capitale du pays des Bâtars. Mon chemin m'avait conduit tour à tour dans les camps des deux partis : des troupes de cavaliers Boers avaient exploré la contrée en tous sens, pillant tout ce qui leur tombait sous la main et enlevant le bétail et les chevaux des Bâtars. La veille, m'étant arrêté à un campement de ces derniers, ils m'avaient pris pour un missionnaire, ce qui me divertit extrêmement ; mon costume n'était pas très-clérical cependant, car il consistait en une chemise sale et en un vieux jupon de tartan.

Un Bâtar du voisinage de Philippolis troqua avec

moi contre trois livres de café et un peu de thé deux grands chiens de garde : ces chiens s'appelaient *Bless* et *Flam*. Bless était d'un caractère extrêmement hardi et féroce.

Le 3 au soir, nous occupâmes, sur la rive nord du grand fleuve Orange, un endroit appelé *Boata's-dreft*, presque en face de Colesberg. Nous avions cheminé constamment au milieu de montagnes couvertes vers leur sommet d'excellents pâturages. Il plut très-fort dans la journée; le lendemain au matin nous examinâmes le gué, et nous jugeâmes que la rivière était trop grosse pour que les chariots pussent passer. Je fis traverser un homme à cheval, ainsi que cela est la coutume, et il s'assura que nous ne nous étions pas trompés. En conséquence j'ordonnai à mon monde de longer le fleuve jusqu'à Norval-point, ce qui était très-loin, de le traverser là, et de venir me rejoindre le lendemain à Colesberg.

Après mon déjeuner je fis seller mon cheval, et, prenant le gué un peu plus haut, je réussis à franchir le fleuve sans accident, quoique le courant eût fait deux fois perdre pied à ma monture. J'entrai à Colesberg au bout de deux heures, et j'y trouvai les officiers du 94° et mes autres amis au grand complet.

Mes chariots n'arrivèrent que dans l'après-midi du troisième jour. J'allai loger chez mon vieil ami, M. Paterson, qui eut aussi la bonté de me faire place dans ses écuries pour la moitié de mes chevaux. Je logeai l'autre moitié chez les officiers de mon ancien régiment, les carabiniers à cheval du Cap; mes bœufs paissaient nuit et jour sur les montagnes voisines. Le 7 nous dépaquetâmes mes chariots, et je fis un grand étalage des trophées de mes chasses devant la maison de Paterson, au milieu du village, ce qui nous attira toute la journée une foule de curieux.

Dans l'après-midi du 8, M. Rawstowne, le magistrat résident, reçut d'Adam-Kok, chef des Bâtars, des dépêches qui lui annonçaient que les Boers avaient commencé de sérieuses hostilités : Kok réclamait le secours du gouvernement. Dans la soirée l'ordre fut donné que toutes les forces disponibles de la garnison marchassent vers Orange-River le jour suivant, ce qui me contraria horriblement, car cette mesure me privait de la société de mes amis.

Le matin du lendemain fut plein de trouble et de tumulte. Le village entier faisait ses préparatifs : les militaires pour s'éloigner, et les marchands pour entasser sur leurs chariots les provisions nécessaires à la subsistance des troupes. Pendant ce temps plus d'une nymphe aux yeux noirs essuyait sur sa joue une larme brûlante, et soupirait profondément en songeant à l'absence de son amant et aux chances de la guerre.

A midi et demi, les hommes se rassemblèrent sur le terrain de manœuvre et se mirent en marche pour Alleman's-Dreft. Paterson eut l'obligeance de mettre

son logement à ma disposition pour tout le temps de mon séjour à Colesberg, et me pria de ne point épargner sa cave, qui contenait du vin excellent.

Le 15 j'allai visiter le 91°, qui était campé à Alleman's Dreft, au sud de la rivière; je trouvai mes amis les officiers occupés à se divertir. Les uns et les autres pêchaient à la ligne et draguaient dans la rivière où ils attrapèrent des masses de mulets et de barbues qui pesaient entre une et quatre livres. Dans cet endroit, Orange-River et le paysage environnant sont d'une grande beauté et me rappelaient mes montagnes d'Écosse. Dans un certain endroit, les eaux sont encaissées entre d'énormes rochers qui forment là un courant profond et rapide; plus bas, il y a de petites anses allongées, contenues dans des rives garnies de saules pleureurs et d'arbres toujours verts.

Le bruit se répandit que deux détachements du 7° dragons et de l'artillerie étaient en route, venant du fort Beaufort, pour appuyer le 91° dans ses opérations contre les Boers. Il y avait journellement des escarmouches entre les parties belligérantes, et Adam-Kok envoyait perpétuellement au camp des exprès pour solliciter du secours. La manière dont ces escarmouches s'exécutaient était fort amusante et signalait le courage des deux partis. Tous les jours, après déjeuner, les Boers et les Bâtars avaient pris l'habitude de se rencontrer et de se cribler de coups jusqu'à l'après midi; chacun retournait ensuite à son camp.

La distance à laquelle ils faisaient feu les uns sur les autres pouvait être d'environ deux milles, et il y avait sur le terrain qui les séparait de nombreux troupeaux de wild-beasts et de spring-boks qui broutaient en paix. Quelques individus de ce parti neutre tombaient par hasard de temps à autre sous les balles cruelles de ces redoutables guerriers.

Pour en finir une bonne fois avec la révolte de 1845, je dirai que, bientôt après, le 91° et le corps du Cap, renforcés d'artillerie et d'un détachement du 7° dragons de la garde, traversèrent Orange-River, s'avancèrent à marches forcées vers le camp des Boers et les mirent en déroute, emmenant leurs chariots, deux pièces de canon d'ordonnance et toutes leurs provisions. Telle fut l'issue de la mémorable bataille de Schwart-Coppice. Depuis ce temps-là les vaillants Bâtars ont chanté hautement leurs propres louanges, déclarant que c'était à eux qu'il fallait demander de mettre les Boers à la raison.

Le 16 après midi je montai à cheval et traversai la rivière pour aller voir quelqu'un du nom de Bain qui avait fait plusieurs excursions dans l'intérieur des terres. Cet individu me donna des détails fort importants et me fit les récits les plus séduisants des plaisirs que je pouvais me promettre. Il me recommanda de longer Orange-River jusqu'à un gué appelé « Rhama, » et de là d'aller par « Campbell's Dork » à

« Kurumaw, » station missionnaire éloignée de Colesberg d'environ cent cinquante toises, où je pourrais me procurer un interprète béchuana et toutes les informations nécessaires chez le missionnaire qui y résidait. Le jour suivant, je pris congé de cet obligeant ami et frère en saint Hubert et je retournai à Colesberg. J'eus le plaisir d'y rencontrer deux Nemrods véritables, M. Murray et M. Osurck, allant tous deux, comme moi, faire une expédition de chasse au fond des terres. Le premier était un fin pêcheur de saumon des bords de la Tay, l'autre un gentleman attaché à l'honorable compagnie des Indes-Orientales. Durant mon séjour à Colesberg, mes échantillons furent soigneusement cousus dans la toile et placés dans des caisses. Les objets qui peuvent se gâter, tels que les peaux, les têtes empaillées, etc., furent scellés hermétiquement, ayant été enveloppés d'abord dans des feuilles de plomb par M. Pervit, plombier, et un des membres principaux de la commune de Colesberg.

Je remis des couvertures neuves à mes chariots, je fis soigneusement examiner les roues et toutes les ferrures par le charron, j'achetai plusieurs chevaux excellents et des bœufs de trait, j'augmentai mon chenil de douze chiens vigoureux, agiles et infatigables, enfin je fis l'emplette d'un grand fusil à l'éléphant, qui portait une très-forte charge et j'arrêtai aussi deux Hottentots de plus : ils se nommaient Johannus et Klinfeldt. Je renouvelai toutes mes provisions en général, et le 22, tout étant prêt, je rassemblai mes hommes, mes chiens, mes chevaux et mes bœufs dispersés. Après beaucoup de tumulte et de sérieuses altercations avec mon équipage récalcitrant et indiscipliné, ma caravane s'ébranla et je partis pour mon lointain voyage. Nous fûmes suivis par les bonnes amies éplorées de nos Hottentots, criant, hurlant, se baissant de temps en temps pour ramasser une poignée de poussière rouge qu'elles lançaient en l'air à la façon de leur pays. N'ayant pas de cheveux à arracher, les belles se contentèrent d'égratigner leurs têtes laineuses et de déchirer leurs jupons, qui tombèrent bientôt en lambeaux.

Entre autres objets dont je me munis à Colesberg, se trouvaient une certaine quantité des mousquets ordinaires qu'on m'assura être un article très-indispensable pour troquer contre de l'ivoire avec les tribus de l'intérieur. Ils me furent en effet fort utiles, et je regrettai de n'en avoir pas acheté dix fois davantage. Comme il était probable que, si je campais ce soir-là trop près de Colesberg, mes gens profiteraient de cet arrêt pour y retourner à l'ombre des ténèbres et dire un nouvel adieu à leurs femmes et à leurs maîtresses, je me décidai, puisque j'avais réussi à grand'peine à les mettre en marche, à leur faire faire une bonne traite, et aussi comme le clair de lune était magnifique, je ne permis pas de dételer avant minuit.

Nous marchions à l'ouest, nous dirigeant vers le gué de la Saline, le long d'Orange River. C'était là que je comptais traverser le fleuve. Par ce moyen j'évitai la rencontre des Boers ennemis qui exploraient la contrée immédiatement en face de Colesberg.

J'arrivai le quatrième jour au gué de la Saline que je traversai très-difficilement, car mes chariots s'enfonçaient à chaque instant dans le sable jusqu'au moyeu. La rive opposée était très-escarpée, et nous dûmes travailler pendant une heure avec la pelle et la pioche, afin de la gravir. Nous passâmes devant les fermes de plusieurs Boers. Je leur achetai trois chiens parfaits, Wolf, Prince et Bouteberg et je continuai à cheminer. Le 28 nous traversâmes le kraal Griqua, nommé Rhama. Ce matin-là je surpris Kleinboy fumant tranquillement sa pipe sur ma caisse ouverte de poudre de chasse : aussitôt je saisis le coupable et le bousculai rudement. Ce drôle se montra si indigné, qu'il brisa sa pipe contre terre avec une dignité tout à fait hottentote et jura qu'il n'irait pas plus loin avec moi. Cependant la perspective d'un carré de mouton gras, qu'on devait servir à dîner, changea les projets de M. Kleinboy, et il reprit son service d'un air boudeur. Le 4 mai nous arrivâmes à Vaal-River, et je la traversai à mon ancien gué.

En ce lieu une bande de Korcunass'approcha des chariots, montés sur des bœufs de bât. Leurs brides étaient de simples lanières fixées à des bâtons passés au travers du nez de l'animal. Leurs selles étaient des peaux de mouton attachées sur le dos de la bête avec une courroie. Nous arrivâmes le soir à moitié chemin de Campbell's Dork. Chemin faisant mes chiens tuèrent deux beaux porcs-épics en leur arrachant la tête, qui est la seule partie vulnérable, et pourtant ils eurent le nez et les épaules déchirés par les dards. Le jour suivant nous traversâmes Campbell's Dork où je fus reçu avec bienveillance par M. Barttett, le missionnaire résidant, qui me fit présent de pains et de légumes.

Trois jours après avoir quitté ce lieu nous atteignîmes Daniel's Kiul, kraal de Griquas, près Waterboer. La contrée que nous traversâmes était unie et insignifiante; aucune colline, aucun accident de terrain ne changeaient la monotonie de la plaine, qui ressemblait à une nappe d'eau. Elle était, dans certains endroits, couverte d'une espèce de buisson d'environ neuf pieds de haut, couvert de feuilles grises et de petites grappes de fleurs de la même couleur qui exhalaient un parfum aromatique très-doux. Le soir, nous dirigeâmes notre route vers une fontaine chaude appelée Kramer's Fonteyn. Le 9, nous partîmes pour Koning, grand lac très-éloigné sur le chemin de Kurumaw. Vers minuit mes hommes commencèrent à avancer d'un train extravagant. Je compris qu'ils étaient ivres et j'ordonnai de faire halte et de dételer.

Mais M. Kleinboy ne fit que courir plus fort, de sorte que je fus forcé de le jeter à bas de son siége.

Ceci nous força à faire halte : mais il y avait peu de temps que j'étais endormi, lorsque je fus éveillé par le bruit que faisait le bétail, et je m'aperçus que mes hommes attelaient avec l'intention de retourner à la colonie. Voyant que mes remontrances restaient sans effet, j'eus recours à une carabine à double coup, dont la vue fit renoncer mes hommes à leurs projets. Ils se retirèrent à l'ombre d'un buisson, et ne tardèrent pas à s'endormir. Je m'abstins de fermer l'œil le reste de la nuit, et, le matin suivant, je réveillai les misérables et leur ordonnai d'atteler. Ils obéirent machinalement, en jurant de ne plus me désobéir.

Nous arrivâmes à Koning en parcourant dix milles : c'était un courant de belle eau de source, d'une longueur de près de six cents toises et couverte d'énormes roseaux de quinze pieds de haut ; on y voyait des traces de zèbres et d'hartle-beasts, et on assurait que les lions n'y manquaient pas. Je remarquai dans l'après-midi que mes hommes étaient encore ivres, et je m'imaginai d'abord que les Griquas leur avaient fourni les moyens de s'enivrer : mais, après avoir examiné mes caisses, je vis qu'il y en avait une d'ouverte et qu'on y avait volé des bouteilles d'eau-de-vie ; cette découverte me causa une seconde nuit d'inquiétude, et je veillai, la carabine à la main. Le froid était perçant ; le matin, le sol se montra couvert de gelée blanche et la surface de l'eau était revêtue d'une épaisse couche de glace. Nous quittâmes Koning le 11 à midi, et nous continuâmes notre route vers Kurumaw. Nous fîmes halte au coucher du soleil, mais sans trouver d'eau. A gauche, la vue était bornée par les montagnes Kamkanni, qui étaient une grande chaîne de rochers. De tous côtés s'étendait une vaste plaine couverte d'une herbe touffue et jaunâtre, parsemée de plantes et d'arbustes verts. Un peu avant de dételer, nous fîmes lever trois léopards qui dévoraient une antilope. Il y avait fort peu de gibier dans ces parages.

Nous arrivâmes le lendemain à Kurumaw ou autrement dit New-Litakoo, délicieux endroit au milieu du désert, contrastant fortement avec les régions stériles et inhospitalières dont il était environné. Je fus reçu là avec bienveillance et traité gracieusement par M. Moffat et M. Hamilton, tous deux missionnaires anglais, et aussi par M. Hume, vieux négociant anglais qui habitait depuis longtemps Kurumaw. Les jardins de cet endroit sont grands et très-fertiles. Outre des blés et des légumes, ils produisaient des raisins, des pêches, des brugnons, des pommes, des oranges et des citrons. Tous ces arbres portaient dans la saison des fruits exquis et très-nombreux. Les jardins étaient arrosés abondamment par une grande fontaine dont les eaux forment une petite rivière qui coule hors d'un souterrain. Celui-ci a plusieurs ouvertures basses, mais à l'intérieur le caveau est élevé et spacieux. Les naturels prétendent qu'il s'étend sous terre à une distance prodigieuse. Les naturels autour de Kurumaw et dans les

districts environnants ont généralement embrassé le christianisme.

M. Moffat eut la bonté de me faire visiter son imprimerie, son église et son école : le tout est bien bâti et entretenu de manière à faire honneur à des villes coloniales plus civilisées. Ce fut M. Moffat qui inventa l'écriture de la langue béchuana. Il a depuis imprimé des milliers de Bibles en béchuana ainsi que des hymnes et des cantiques, qu'on achetait en grand nombre pour convertir les naturels. Cet ecclésiastique est admirablement doué pour réussir dans sa mission. M. Moffat, avec un noble maintien et une stature athlétique, possède une physionomie où l'indulgence et la charité chrétiennes sont visiblement empreintes. Ses perfections morales et physiques sont universelles : il est ministre, jardinier, serrurier, armurier, maçon, charpentier, vitrier, etc. Chaque heure du jour est consacrée par ce digne pasteur à quelque travail utile, et il donne aux autres, par sa piété éclairée et ses laborieuses habitudes, un admirable exemple à suivre.

M. Moffat m'apprit qu'un certain docteur Livingstone, qui avait épousé sa fille aînée, a établi récemment une station de missionnaires parmi les Bakatlas à Mabotsa, dans la vallée de Bakatla, environ à quatorze journées de marche au nord-est. Il me conseilla de m'y rendre tout d'abord, car je ne pouvais plus m'attendre à rencontrer que fort peu de grand gibier au sud de Bakatla. Il m'assura que l'espoir de rencontrer des éléphants même dans la contrée, immédiatement au delà de Bakatla, était fort incertain, et il me recommanda, si j'étais résolu à me livrer à mon aise au plaisir de la chasse aux éléphants, de tâcher de pousser jusqu'aux forêts isolées et sans limites qui se trouvent au delà des montagnes de Bamangwato, sur le territoire de Sicomy, le grand et célèbre chef de ces sauvages.

Il ajouta qu'il serait probablement possible de faire des trocs avec Sicomy pour de l'ivoire, dont on assurait qu'il avait d'immenses quantités cachées. Grâce au concours de M. Moffat, j'engageai à mon service un Béchuana nommé Isaac, en qualité d'interprète pour les langues hollandaise et béchuana. J'achetai à M. Hume quelques sacs de froment, et le lendemain je mis tous mes gens à l'œuvre au moulin de M. Moffat, afin de convertir ce grain en farine.

Le 15, ayant pris congé de mes amis de Kurumaw, je continuai mon voyage vers le nord-est, à travers un terrain lourd et sablonneux, sur des plaines unies et sans limites, qui s'étendaient de tous côtés, couvertes d'une herbe touffue et jaunâtre et qui, agitée par la brise, ressemblait à des champs de blé mûr ; au coucher du soleil nous traversâmes la rivière Matzuarin, fleuve insignifiant. Nous campâmes sur la rive nord, et le matin suivant nous poursuivîmes notre voyage en traversant une contrée tout à fait somblable, avec la différence pourtant qu'il s'y trouvait des bouquets de mimosa épineux.

Ce jour-là nous fûmes assaillis par un essaim de sauterelles qui se reposaient pendant la nuit et couvraient le gazon et les grands arbustes. Les sauterelles fournissent une nourriture saine et abondante à l'homme, aux oiseaux et à toute espèce d'animaux : les vaches, les chevaux, les lions, les chacals, les hyènes, les antilopes, les éléphants, etc., etc., les dévorent avidement. Nous rencontrâmes une bande de Battapis qui en faisaient une ample récolte. La gelée très-forte, engourdissant les ailes de ces insectes, les mettait hors d'état de s'envoler avant que le soleil vînt leur rendre leurs forces.

Comme j'avais de la peine à me procurer assez de nourriture pour mes chiens, Isaac et moi nous prîmes une grande couverture que nous étendîmes sous un buisson dont les branches pendaient jusqu'à terre sous le poids des sauterelles; nous secouâmes l'arbuste, et il en tomba en un instant plus que je ne pus en porter sur mon dos. Nous les fîmes rôtir pour nous et pour les chiens.

Peu après le lever du jour, je vis les sauterelles se développer vers l'ouest en épais nuages, semblables à de la fumée; mais, le vent ayant tourné, elles revinrent de notre côté et passèrent par-dessus nos têtes en obscurcissant positivement le soleil pendant quelque temps. Le soir je continuai à cheminer au clair de la lune et je fis halte à quelques milles de Motito, kraal fort étendu de Battapis, tribu de Béchuanas.

<h2 style="text-align:center">X</h2>

Motito. — Les tribus béchuanas. — Bakatla. — Le docteur Livingstone. — Chasse au rhinocéros. — Les Béchuanas. — Le gros-bec apprivoisé. — Le lac mystérieux. — Les Zèbres. — Bakatla. — Le docteur Livingstone. — Départ pour Bamangwato. — Les buffles. — Chasse aux buffles. — Les babouins. — Poursuite d'un rhinocéros. — Mœurs des rhinocéros. — Les rhinocéros. — Les élans. — Je me perds dans la forêt.

Je dételai de bonne heure le 17 à Motito, où je fus gracieusement reçu par M. Loga et M. Edward. Le premier était un missionnaire français stationné à Motito, et le second un missionnaire anglais de Mabotsa. Il y avait à cette station un autre missionnaire français appelé M. Lemue, mais il était absent. Comme me voici arrivé aux limites méridionales des vastes régions de l'Afrique du sud, habitées par de nombreuses tribus de Béchuanas, il va être nécessaire, avant d'aller plus loin, d'esquisser leurs mœurs et leurs coutumes. Ce sont des hommes gais, intelligents et remarquables pour leur bonne humeur; ils sont bien forts quand ils n'ont pas été affamés dans leur jeunesse. Ces indigènes ont des traits agréables, de très-beaux yeux et de belles dents; leurs cheveux sont courts et laineux, et leur teint d'une nuance cuivrée assez claire.

Chacune des tribus habite des kraals; leurs wigwams sont bâtis de forme circulaire et couverts avec de longues herbes. Le plancher et les murailles en dedans et en dehors sont plâtrés d'une matière composée de terre glaise et de bouse de vache; le seuil par lequel on y pénètre à environ trois pieds de haut et deux de large. Chaque wigwam est entouré d'une haie d'osier treillagé, et le kraal entier est enceint d'une forte barrière de *wait-a-bit-thorns*, qui le protége contre l'invasion des lions et autres animaux.

Le costume des hommes consiste en un « kaross », sorte de manteau de peau, qui est gracieusement suspendu à leurs épaules; il y a un autre vêtement appelé « tsicha », qui entoure leurs reins et qui est aussi fait de peau. Ils ont aussi de simples sandales de peau de buffle ou de girafe, et sur les bras et les jambes des ornements de cuivre jaune et de cuivre rouge de différents desseins qu'ils fabriquent eux-mêmes. Les hommes portent aussi quelques rangs de perles autour de leur cou et de leurs bras, sans compter plusieurs autres accessoires, dont la plus grande partie passe pour posséder le charme puissant de préserver de tout malheur.

L'un est un petit os creux dans lequel ils soufflent lorsqu'ils sont en danger; un autre est une collection de dés d'ivoire qu'ils agitent dans la main et lancent à terre pour vérifier si une entreprise qu'ils méditent doit être heureuse. Ils portent aussi une masse de petits bouts de racines ou d'écorces qui sont des remèdes salutaires; et certains se servent de boîtes de calebasses faites d'une excessivement petite espèce de courges qu'on fait croître de la forme d'une bouteille. Ils ne s'aventurent jamais sans leurs armes, qui sont un bouclier, une poignée d'assagais, une hache de combat et une massue.

Les boucliers sont faits avec le cuir du buffle ou de la girafe : chez quelques tribus ils sont ovales; chez d'autres ils sont ronds. L'assagai est une espèce de toute petite lance ou javelot, d'environ six pieds de long, dont le dard est en bois; quelques-uns de ceux-là ne sont faits que pour être lancés, et un guerrier habile perce un homme de part en part à cent toises. D'autres servent à poignarder. Les lances de ceux-ci sont plus fortes, les dards plus courts et plus épais; ils sont en usage surtout chez les tribus plus éloignées dans les terres. Leurs haches de combat ont une forme élégante; leur lance est triangulaire, et le manche est confectionné avec une corne de rhinocéros.

L'occupation des hommes est la guerre ou la chasse, comme aussi la tannerie des peaux de bêtes fauves. Le costume des femmes se compose d'un kaross tombant des épaules et d'un jupon court en peau de pollah ou de toute autre espèce d'antilope. Leur cou, leurs bras, leur tour de taille et le bas de leurs jambes sont surchargés d'une multitude de rangs de perles de toutes sortes de couleurs ajustés avec goût. Les femmes s'occupent principalement de cultiver les champs et les jardins, où elles font croître du blé, des courges et des melons d'eau ; elles font aussi la moisson et la mouture du grain. Les hommes et les femmes vont nu-tête. Leurs cheveux sont oints de sibilo qui est une composition qui brille, sorte de mélange de graisse et d'un minerai gris étincelant qui a l'apparence de mica.

Certaines tribus se badigeonnent le corps avec de la graisse et de la terre rouge, ce qui les fait ressembler aux Indiens des Florides. Presque toutes les tribus possèdent du bétail. Les hommes seuls s'occupent à le soigner et à le traire. Il n'est jamais permis à une femme de mettre le pied dans un castle-kraal. La polygamie est autorisée. Un homme peut avoir autant de femmes qu'il lui plaît ; cependant il faut qu'il achète la femme.

Dans les tribus riches, le prix d'une femme est de dix têtes de bétail ; parmi les plus pauvres on la paye avec plusieurs bêches. Ils fabriquent eux-mêmes ces instruments, les fixent au bout d'un long manche et s'en servent comme nos laboureurs se servent de la houe. On voit de longues troupes de femmes bêchant ensemble dans les champs en chantant des chansons et battant la mesure avec leurs bêches.

Le chef de Mutito se nommait Motchuaro et il était subordonné au grand chef Mahura. Il désirait beaucoup me voir rester un jour avec lui pour faire un marché de plumes d'autruches et de kaross ; mais, pressé d'avancer, je me remis en route l'après-midi et je marchai jusqu'à minuit ; puis je campai dans une immense forêt de camaldores séculaires. Je n'en avais encore jamais vu d'aussi beaux en Afrique.

Chaque arbre était pittoresque ; tous se détachaient par groupes, comme les chênes dans un parc anglais. Beaucoup de ces arbres était habités par des colonies entières de gros becs apprivoisés, dont les singulières habitations surchargeaient les branches. Ces étonnants oiseaux, qui ont à peu près l'aspect et la dimension d'un verdier anglais, construisent leurs nids et vivent en communauté sous le même toit. Toute cette construction étant faite de gazon sec ressemble, à quelque distance, à une vieille cotte perchée sur un arbre. Ils s'introduisent par-dessous dans leurs nids, qui sont côte à côte. Lorsqu'on les regarde d'en bas, ces nids ressemblent à une ruche.

Le matin suivant, nous nous remîmes en marche à travers la forêt ; la route était pénible, car c'était du sable doux et sec. Au bout de six milles, en sortant de la forêt, nous entrâmes de nouveau dans une contrée découverte où poussaient cependant en certains endroits des arbrisseaux, et dans d'autres du gazon seulement. Au bout d'une heure nous arrivâmes à Little-Choos, grande saline où nous trouvâmes de l'eau dans un puits artificiel pour nous-mêmes et pour notre bétail.

Là les naturels me dirent que, tout à fait à l'ouest de Bakatla, il y avait un lac mystérieux. Les gens de Bamangwato affirmaient au contraire qu'il était situé à cent cinquante milles au nord, et, en m'indiquant sa position, ils désignaient le nord-ouest. Ils prétendaient, en outre, que les naturels qui habitaient les rives avaient des canots ; que ses eaux étaient salées ; que tous les jours elles se retiraient des bords, puis revenaient, ce qui me fit supposer que ce lac, quel qu'il fût, avait un flux et un reflux.

A trois heures après midi nous attelâmes et marchâmes jusqu'à minuit dans un pays désert et sablonneux. Dans le voisinage de Choos nous passâmes près d'une longue enfilade de piéges à gibier, qui étaient creusés en forme de croissant et occupaient une étendue d'environ un quart de mille. Nous atteignîmes, le jour d'après, Loharou, endroit désolé et insignifiant, et, le 20, nous voyageâmes dans une région de pays plat, couvert de buissons détachés.

Les plaines sont ici nues et découvertes ; elles ressemblent au paysage du sud de Wher. En avançant plus au midi, je trouvai cette ressemblance encore plus forte, car il y avait des savanes sans bornes, peuplées à profusion de bless-boks et de wild-beasts. Comme je galopais auprès d'une bande de zèbres, ma monture posa son pied dans un trou, et, en tombant de ce côté sur mon mollet droit, me le contusionna si fort que je fus hors d'état de marcher pendant plusieurs jours.

Vers midi nous nous remîmes en route et arrivâmes dans la soirée à Great-Coos, grande saline alors pleine d'eau. Là je trouvai, pour la première fois, les os et le crâne d'un rhinocéros. Mon interprète m'assura que depuis bien longtemps ces animaux avaient déserté ces parages ; mais bientôt il fut bien surpris de reconnaître des traces fraîches près de la fontaine. Nous continuâmes à marcher, et nous entrâmes le 22, dans un pays tout à fait différent.

Aux plaines sans bornes succédaient des forêts sans limites, composées d'arbres et de buissons nains ; le terrain, légèrement accidenté, était tapissé de hautes herbes et de plantes aromatiques. La vieille route charretière, peu fréquentée, que nous suivions, paraissait être le sentier de prédilection d'une troupe de lions, car l'empreinte de leurs larges pattes s'y trouvait d'un bout à l'autre. Au coucher du soleil nous campâmes sur le Siklagol-River, fleuve alors à sec ; mais, en creusant un peu, son lit nous faisait jaillir de la belle eau de source. Comme nous avions besoin de viande, ma meute affamée étant prête de mourir d'inanition, je résolus de faire reposer mes bœufs pendant la journée du lendemain et d'aller chasser l'élan On remarquait des traces de ces animaux tout autour de notre camp.

Le matin du 23 je montai à cheval et me dirigeai vers l'est avec deux piqueurs et un cheval. Le pays ressemble à un interminable parc, et était orné d'une succession non interrompue d'arbres majestueux isolés ou d'arbres nains amassés par groupes. A l'exception de quelques prairies florissantes, tel est l'aspect général de toute la contrée, depuis Siklagol jusqu'aux montagnes de Bakatla.

Le 31 nous arrivâmes à la chaîne de Kurrichane, et, l'ayant traversée, nous voyageâmes à travers une belle vallée pendant trois milles, jusqu'à ce que nous eussions atteint une gorge dans les montagnes, laquelle communique avec la grande vallée de Bakatla. Dans cette gorge coulait un fleuve dont les eaux étaient limpides comme du cristal ; notre route longeait ses bords, pratiquée sous d'énormes blocs de granit et des quartiers de roches qui menaçaient à chaque instant d'anéantir nos chariots.

Nous suivîmes la rive du fleuve pendant un demi-mille et arrivâmes à Mabotsa. kraal de Mosielely, roi des Bakatlas, tribu des Béchunas, où je fus obligeamment reçu par le docteur Livingstone, le missionnaire résidant. La vallée de Bakatla est un des plus admirables sites d'Afrique. C'est un large terrain uni, qui s'étend de l'orient à l'occident et qui est borné à l'horizon par de pittoresques montagnes de rochers dont les cimes sont richement boisées. Dans quelques endroits le sol est paré de bosquets ou bouquets d'arbres dont rien n'égale la beauté et la variété ; dans d'autres le pays est découvert et tapissé de verdure magnifique. Toute la portion de la vallée en face de la ville est cultivée par les femmes de Bakatla, et une multitude de champs de blé fort étendus se développent au nord du kraal. On venait de terminer la moisson depuis peu, mais il restait encore dans les champs une belle récolte de courges et de melons d'eau.

Le lendemain était un dimanche : j'assistai au service divin dans une église provisoire bâtie par les missionnaires. Je m'amusai beaucoup à cette occasion à constater les progrès de la civilisation sur le costume des Bakatlas. Tous ceux qui étaient parvenus à se procurer un article d'ajustement européen s'en étaient parés ; les uns avaient des pantalons sans chemises et d'autres des chemises sans pantalons.

Le 2 juin, il soufflait de l'Océan, du côté du sud. un vent très-fort, et ce fut le jour le plus froid que j'eusse encore passé en Afrique.

Le matin, Mosielely, accompagné de beaucoup de personnages de sa noblesse. vint me voir. Un certain nombre d'individus de sa tribu me demandèrent du tabac avec instance. Le chef avait l'air doux, mais peu

majestueux. Un de ses généraux, Siénis, était un vieux guerrier très jovial à l'œil vairon et au visage marqué de la petite vérole ; il avait tué à la guerre vingt hommes de sa propre main et portait une marque d'honneur consistant en une ligne tatouée sur les côtes pour chaque homme abattu par lui.

Mosielely me fit présent d'une outre de lait aigre et me pria de m'arrêter sur son territoire quelques jours afin de trafiquer avec moi. Je lui répondis que, pour le moment, j'étais très-pressé de gagner la terre des éléphants, mais que je m'arrêterais volontiers à mon retour. Ceci parut contrarier vivement Sa Majesté, qui désirait troquer des peaux contre des fusils et des munitions ; mais j'étais décidé à n'échanger mes mousquets que contre de l'ivoire, et dans ce moment-là Mosielely n'en avait pas.

Les Bakatlas travaillent beaucoup le fer ; ils fabriquent différents articles dont ils appprovisionnent les tribus voisines : ils tirent leur minerai des montagnes environnantes et le fondent dans des creusets. La plus grande partie du métal est gaspillée, car ils ne conservent que le plus pur. Ils emploient une sorte de double soufflet fait avec des sacs de peau. Le vent passe par deux tubes faits de deux cornes d'oryx. La personne qui souffle s'en acquitte en prenant de chaque main un des sacs. Le marteau et l'enclume sont deux pierres. Malgré cela leurs lances, leurs haches de combat, assagais, couteaux, aiguilles, etc., sont habilement confectionnés. Les hommes de cette tribu fabriquent aussi de grands bols qu'ils taillent dans du bois très-dur. L'outil dont ils se servent pour ce travail est un petit ustensile qui ressemble à une doloire de charpentier.

Le docteur Livingstone m'apprit que le gibier était abondant de tous côtés au nord de Bakatla, et il m'assura que des bandes d'éléphants fréquentaient le territoire des chefs voisins, et passaient souvent la moitié de l'été dans un district, mais que, dans cette saison, il ne croyait pas qu'il y eût des éléphants dans les forêts adjacentes. Dans une contrée éloignée et peu connue, au delà de Bamangwato, territoire de Sicomy, les naturels m'affirmèrent que les éléphants abondaient toujours, et que par conséquent j'avais la perspective de troquer mes mousquets contre de l'ivoire.

Cela me détermina à ne perdre mon temps nulle part, quelque belle occasion qui se présentât à moi de chasser d'autre gibier. Mon hôte m'avertit cependant que j'éprouverais des difficultés considérables pour atteindre Bamangwato, puisqu'il n'y avait pour me guider ni chemin ni sentier. Le seul espoir que je pusse avoir d'y parvenir dépendait de la possibilité que je pouvais avoir de me procurer des guides béchuanas chez Cauchy qui était le chef tributaire d'une portion de la tribu des Baquamas. Cet homme résidait alors dans un endroit appelé Booby, situé à environ 80 milles au nord-est de Bakatla. Il serait me dit-on impossible de s'aventurer sans ces guides, car l'eau était rare et à des distances éloignées. Il était pourtant à craindre que Cauchy ne me les refusât, car la politique invariable des chefs africains est d'empêcher les voyageurs de pénétrer plus loin que leur territoire.

Bamangwato est à 200 milles au nord plus loin que Bakatla, dont il est séparé par de hautes montagnes, en apparence inaccessibles, par des déserts sablonneux et d'immenses forêts vierges. Isaac commençait déjà à se décourager; il fit une foule d'objections pour me dissuader de me porter en avant, et me conseilla de chasser plutôt sur le territoire de Sichely, chef suprême des Baquamas, environ à cinquante milles de Bakatla, où il m'affirma que je trouverais des éléphants. Voyant que j'étais inexorable, il voulut demander son congé, et le docteur Livingstone eut grande peine à le décider à m'accompagner.

Le 3 je dis adieu à mon bienveillant ami le docteur et partis pour Bamangwato, accompagné d'une bande nombreuse d'hommes de Bakatla et de deux Baquamas qui me suivaient dans l'espoir d'avoir de la viande, car on leur avait assuré que j'étais un adroit chasseur. Les Béchuanas aiment beaucoup la viande; ils prétendent que c'est la nourriture qui convient aux hommes; le blé et le lait sont destinés aux femmes. Ils parviennent rarement eux-mêmes à obtenir du gros gibier, aussi ils ont beaucoup de respect pour ceux qui savent tuer pour eux beaucoup de venaison, et ils feront de longs voyages à leur suite dans ce but-là. Nous nous dirigeâmes vers l'orient en explorant la délicieuse vallée de Bakatla, au travers de clairières verdoyantes et de futaies d'arbres séculaires.

J'avais fait peu de chemin dans cette vallée lorsque je me trouvai en présence d'une troupe de wildbeasts et de bless-boks; puis je vis en même temps une bande de sept buck-koodoos majestueux, arrêtés sur le penchant d'une montagne très-haute, au-dessus de ma tête. En essayant de forcer ceux-ci, je fis lever une troupe de gracieux pallahs et une autre de zèbres, qui s'enfuirent bruyamment et dérangèrent ma chasse des koodoos. Après tout cela je vis un grand troupeau de buffles se reposant sous un massif de mimosas; j'attachai mon cheval à un arbre, je marchai sur eux, et je tuai le doyen du troupeau, qui, à l'ordinaire, conduisait toute la bande.

Le 4, de bonne heure, nous continuâmes notre route vers Booby. Nos chariots étaient toujours suivis d'une notable quantité de sauvages. L'aspect séduisant de la contrée m'engagea bientôt à chasser, chemin faisant, dans les montagnes de l'ouest; aussi je montai à cheval et me fis accompagner par Isaac, qui montait un bon cheval et portait ma lourde carabine hollandaise. Deux Béchuanas nous suivaient, conduisant quatre de mes chiens. Après avoir tra-

versé un joli petit bois, j'atteignis une petite rivière limpide dont les bords, piétinés par toutes sortes de gibier de grosse espèce, offraient principalement les traces visibles de buffles et de rhinocéros. Nous suivîmes la voie d'une troupe de buffles, et, prenant un sentier fait par ces animaux dans un défilé au travers des collines, nous sortîmes du taillis et vîmes de l'autre côté de la vallée qui s'étendait devant nous une troupe d'environ dix buffles mâles.

J'essayai de les surprendre, mais j'en fus empêché par de nombreuses cavalcades de zèbres qui nous aperçurent, et qui, en galopant devant nous, leur donnèrent l'éveil. J'ordonnai aux Béchuanas de lâcher les chiens, et, donnant de l'éperon à Colesberg, que je montais pour la première fois depuis l'affaire de la lionne, je pris chasse, et, en courant à toute bride, je pus tirer deux coups de côté sur le dernier buffle. Malgré cela l'animal continua sa course, mais je le séparai promptement de la troupe ainsi que deux autres. Comme ma carabine était lourde, je ne pus la recharger à cheval; toutefois je les suivis, espérant les mettre aux abois. En traversant un bocage d'arbres épineux, je perdis de vue le buffle blessé, qui avait tourné court en revenant sur ses pas, fait assez ordinaire lorsqu'ils sont atteints. Je courus au grand galop pendant deux milles après les autres; j'étais à cinq toises de leurs larges croupes et je sentais dans ma figure l'odeur particulière à la race bovine.

J'espérais à chaque instant qu'ils s'arrêteraient et me donneraient le temps de recharger; mais ils n'y étaient point disposés. A la fin, voyant que j'avais de l'avance sur eux, j'accélérai ma course, et, me trouvant devant eux, je me portai en face du plus beau mâle afin de le forcer à rester en arrêt; sur quoi il s'élança à l'instant vers moi avec un rugissement étouffé semblable à celui du lion. Colesberg l'évita avec adresse, et le taureau continua à fuir. Le terrain devenait rocailleux, la forêt impraticable; il était clair que les buffles regagnaient une retraite sûre. Je parvins avec peine à ne pas les perdre de vue, les suivant de mon mieux au milieu des ronces et des épines.

Isaac venait après moi à quelques centaines de toises, me criant sans relâche, de toutes ses forces, d'abandonner la poursuite, ou que je me tuerais. Enfin les buffles s'arrêtèrent tout à coup et restèrent en arrêt dans un fourré à vingt toises de moi. Sautant à bas de ma monture, je rechargeai à la hâte les deux coups de ma carabine, et je finissais à peine quand Isaac arriva et me demanda ce que les buffles étaient devenus. Il était loin de les croire à vingt toises de lui. Je lui répondis en ajustant ma carabine devant le nez de mon cheval, et je tirai aussitôt à droite et à gauche mes deux coups sur mes deux animaux.

Ils m'attaquèrent alors tête baissée avec un rugissement étouffé; je me jetai en un clin d'œil derrière un

massif de buissons épineux ; mais les violents efforts que
fit Isaac pour pousser son cheval lui ayant fait perdre
l'équilibre, et les sangles ayant cédé en même temps,
lui, sa selle et la grande carabine hollandaise tombèrent par terre en même temps avec un bruit sonore, et juste sur le chemin des animaux en furie.
Heureusement deux des chiens nous avaient rejoints,
et, en faisant face aux buffles, ils détournèrent leur
attention et le sauvèrent sans doute par là d'une mort
immédiate. Les buffles adoptèrent alors une autre
position dans le fourré : ils étaient tous deux grièvo-
ment blessés ; on voyait de larges mares de sang sur
le sol où ils s'étaient d'abord arrêtés. Les chiens
m'aidèrent vaillamment, et peu après les deux nobles taureaux rendirent le dernier soupir. En mourant les deux bêtes poussèrent à plusieurs reprises un
gémissement sourd et prolongé. Je me suis convaincu
plus tard que telle est l'habitude invariable du buffle
lorsqu'il expire.

Je fus surpris de la dimension et de la vigoureuse
apparence de ces animaux. Leurs cornes me rap-
pelèrent la rugosité d'un tronc de chêne; chacune
avait plus d'un pied de large à sa naissance. Ensemble elles formaient au crâne un bouclier massif
impénétrable; elles descendaient horizontalement et
ombrageaient complétement les yeux de ces animaux
et leur donnaient l'aspect le plus féroce et le plus sinistre qui se pût imaginer. En retournant aux chariots j'abattis un cerf sassayby et un magnifique
vieux mâle pallah.

L'après-midi, de bonne heure, j'expédiai deux
hommes, avec un cheval de bât, pour m'apporter
la plus belle des deux têtes de buffle. Elle était si
pesante que deux hommes robustes eurent de la peine
à la soulever de terre. En apprenant mon succès, les
Béchuanas qui m'avaient accompagné saisirent leurs
assagaies et s'empressèrent d'aller s'emparer de la
viande. Dès ce moment je ne les revis plus. Les deux Baquamas restèrent avec moi. Ils avaient formé un com-
plot avec mon interprète, pour m'empêcher de pénétrer dans Bamangwato. Isaac ne put oublier de si-
tôt son aventure avec les buffles. Le soir, en causant
près du feu, il annonça à tous que j'étais fou et que
ceux qui me suivaient couraient aveuglément à leur
perte.

De bonne heure, le 5, je continuai ma route au milieu d'un admirable pays où l'eau abondait. De superbes montagnes et collines boisées s'étendaient de
tous côtés ; quelques-unes de ces montagnes étaient
très-majestueuses, et leurs sommets bordés de précipices profonds et de parapets de roches escarpées qui
servaient de demeure à des colonies entières de babouins à la face noire. Ces animaux tout étonnés de voir
des importuns d'une nouvelle espèce envahir leurs domaines, descendirent à loisir les flancs rocailleux de
leur demeure aérienne pour contempler de près notre
caravane. Après avoir franchi neuf milles, je rangeai
mes chariots sur le bord d'un petit ruisseau où se trouvaient de nombreuses traces de gros gibier. Je découvris, dans le lit du fleuve, la peau écailleuse d'un manis
récemment dévoré par un oiseau de proie. .

Cet animal extraordinaire, dont les habitudes se
rapprochent de celles du hérisson, a environ trois
pieds de long, et il est entièrement couvert d'une
sorte de cotte de mailles composée de larges et dures
écailles, de la forme et de la dimension de feuilles
d'artichaut. Celles-ci se recouvrent l'une l'autre
d'une manière très-curieuse. La queue est large et
également couverte d'écailles. Lorsque le manis est
surpris, il se roule en boule et se défend par son
inertie. On le rencontre dans tout l'intérieur de l'A-
frique méridionale, mais il est rare et j'en ai rencontré très-rarement.

Le 4 juin je vis pour la première fois un superbe
rhinocéros : c'était une femelle énorme, toute blanche et accompagnée de son veau : ils se tenaient dans
un buisson d'épines. Elle eut vent de mon approche
et s'enfuit aussitôt parmi les ronces. Le veau courait le premier, ce qui est leur habitude invariable;
la mère, qui le suit, guide ses pas en appuyant contre
ses côtés sa corne qui a, en général, trois pieds de
long. Mon cheval s'effraya beaucoup d'abord, intimidé
qu'il était par l'étrange aspect du « chukura » ; mais, à
l'aide du jambok et de mes éperons, je parvins à le
décider à poursuivre. Bientôt le sol devint meilleur et
je me trouvai sur la même ligne qu'elle. Je tirai au galop
et lui logeai une balle dans l'épaule. Le rhinocéros continua à courir ; le sang coulant de sa blessure, elle atteignit promptement un inexpugnable asile de ronces
où je ne pus la suivre, et je la perdis sur-le-champ.

Peu après je rencontrai un rhinocéros mâle noir
que je suivis pendant vingt toises ; mais en apercevant l'animal s'avancer, et sachant bien qu'un coup
tiré de face ne serait pas mortel, je me jetai derrière
un buisson. Néanmoins le monstre m'attaqua avec
impétuosité, soufflant bruyamment et tournant autour
du buisson pour me débusquer. Si son activité avait
égalé sa laideur, mes pérégrinations se fussent arrêtées là : grâce à mon extrême agilité, j'eus enfin le
dessus. Le rhinocéros resta quelque temps à me regarder à travers les branches, puis une bouffée de mon
haleine l'ayant atteint, il s'effraya, et tout en soufflant
et en relevant avec défi sa ridicule queue, je le vis se
retourner et il me laissa maître du champ de bataille.

Il y a dans l'Afrique du sud quatre espèces de rhinocéros que les Béchuanas distinguent ainsi : le « boselé »
ou rhinocéros noir, le « keitloa » ou le rhinocéros noir à
deux cornes, le « muchacho » ou rhinocéros blanc ordinaire, et le « kobaoba » ou le rhinocéros blanc à longues
cornes. Les deux espèces de rhinocéros noirs sont
très-dangereuses : ils se précipitent impétueusement
et sans être attaqués sur ce qui attire leur attention.

Ils n'engraissent jamais beaucoup ; leur chair est dure, et les Béchuanas n'en font pas grand cas. Ces bêtes n'ont pas d'autre nourriture que les branches épineuses des « wait-a-bet-thorns. » Leurs cornes sont bien plus courtes que celles des autres espèces ; elles dépassent rarement une longueur de dix-huit pouces, et sont très-bien polies à force d'être frottées contre les arbres. Leur crâne est très-singulier ; son mérite le plus saillant est une ossification d'une prodigieuse épaisseur qui se prolonge jusqu'au-dessus des narines.

C'est sur cette massive base qu'est plantée la corne, qui n'est point adhérente au crâne ; elle ne tient que par la peau et on peut la séparer de la tête avec un couteau bien affilé. Elle est dure et d'une entière solidité d'un bout à l'autre. C'est un bel objet pour la confection de différents articles, tels que des tasses à boire, des maillets, des carabines, des manches pour les outils de tourneurs, etc., etc. Cette corne peut obtenir le poli le plus parfait. Les yeux du rhinocéros sont petits et étincelants, et il ne découvre pas facilement le chasseur s'il n'est pas sous le vent. Sa peau est extrêmement épaisse ; il n'y a que les balles de fer pointues qui puissent la traverser.

Pendant le jour on trouve le rhinocéros endormi ou nonchalamment étendu dans quelque coin retiré de la forêt ou au pied d'une montagne abritée du soleil par quelque bosquet de mimosas dont les branches font parasol. Le soir, l'animal commence à rôder et il explore un grande quantité de terrain : de neuf heures à minuit, il se rend d'ordinaire aux fontaines, et c'est dans ces moments-là qu'on peut le chasser avec le plus de succès et le moins de danger.

Le rhinocéros noir est sujet à des paroxysmes de rage sans cause ; il laboure la terre de sa corne sur plusieurs mètres et attaque de grands buissons avec une furie sans pareille ; il s'acharne sur ces objets pendant des heures entières, reniflant et soufflant bruyamment, et le plus souvent il ne les quitte qu'après les avoir mis en pièces. Beaucoup de chasseurs, et moi dans le nombre, supposent que le rhinocéros est l'animal auquel Job fait allusion au chapitre XXXIX, versets 10 et 11, où il est écrit : « Ne peux-tu lier l'unicorne avec sa harde dans les sillons ? ou doit-il dévaster les vallées après toi ? Te fieras-tu à lui parce que sa force est grande, ou lui laisseras-tu faire ta besogne ? »

Il est évident qu'il est ici question d'un animal de force supérieure et de caractère indomptable, traits distinctifs du rhinocéros. qui aime passionnément à se vautrer dans la boue et son cuir grossier en est toujours couvert. Les deux espèces de rhinocéros noirs sont plus petites et plus alertes que les blanches, et elles sont si agiles qu'un cheval portant un cavalier peut rarement les atteindre. Les deux autres de rhinocéros blancs sont si semblables dans leurs mœurs

qu'une description suffira pour toutes deux. La principale différence gît dans la longueur et dans la position de la corne antérieure. Celle du « muchacho » varie de deux à trois pieds de long et a la pointe en arrière, tandis que cette corne chez le « kobaoba » dépasse souvent quatre pieds et pointe en avant à 45 degrés du nez. La corne postérieure des deux espèces a rarement plus de six à sept pouces de long. Le « kobaoba » est le plus rare des deux. On le trouve très-avant dans l'intérieur, principalement à l'est du Limpopo ; ses cornes sont précieuses pour faire des baguettes de fusil.

Ces deux espèces de rhinocéros atteignent des proportions colossales. Après l'éléphant, le « kobaoba » est le plus grand de la création. Il ne se nourrit que d'herbe et acquiert beaucoup de graisse ; sa chair est excellente : on la préfère au bœuf ; il est beaucoup plus doux et plus inoffensif que les rhinocéros noirs, et attaque rarement celui qui le poursuit. Son agilité est très-inférieure à celle des autres espèces, et une personne bien montée peut le joindre et tirer sur lui. Sa tête est d'un pied plus longue que celle du « boselé ». Il porte en général le front bas, tandis que le « boselé », quand on le surprend, le porte très-haut, ce qui lui donne un air impertinent et provocateur. Contrairement aux éléphants, les rhinocéros ne se réunissent jamais par troupeaux ; on les rencontre seuls ou par couples. Dans les districts où il afflue, on peut en trouver trois, jusqu'à six en troupeaux ; j'en ai même une fois rencontré une douzaine assemblés sur un paturage nouveau ; mais ces cas-là ne se présentent pas souvent.

Quand j'eus vu que les rhinocéros abondaient dans le voisinage, je résolus de faire halte un jour pour chasser. Le 6 je déjeunai de bonne heure et me dirigeai au sud-est avec les deux Baquamas. Ils me conduisirent le long du pied des montagnes, à travers des vallons boisés et des clairières très-découvertes, et nous arrivâmes à une grande forêt d'arbres énormes. Là nous trouvâmes à profusion la trace de gros gibier et fîmes lever des troupeaux des espèces les plus communes. A la fin j'aperçus un vieil élan mâle arrêté sous un arbre ; c'était le premier que je voyais et c'était un bel échantillon Il avait six pieds de haut à partir de l'épaule. En nous voyant il partit au galop, sautant par-dessus des troncs d'arbres pourris qui obstruaient sa route, mais il réduisit bientôt son allure au trot. Je le perdis deux fois de vue dans le fourré, et il s'en fallut de peu qu'il ne m'échappât. A la fin, le sol étant plus uni, j'arrivai à quelques toises derrière lui. Des flots d'écume découlaient de sa bouche ; une abondante sueur avait donné à sa peau grise ordinairement lisse une teinte bleu cendré. Les larmes tombaient de ses grands yeux noirs, et il était évident que l'élan sentait sa dernière heure venir.

Je mis ma carabine à l'épaule et tirai au galop. Il reçut par derrière une blessure mortelle. J'aiguillonnai mon cheval, et passant roide sur son flanc droit je déchargeai mon second coup derrière son épaule. Soudain l'élan chancela un instant et roula dans la poussière. Ce magnifique animal est certes le plus grand de toutes les antilopes. Il excède en dimensions le plus énorme bœuf, et acquiert facilement un prodigieux développement : il est souvent surchargé de graisse. Sa chair est excellente et justement estimée bien plus que toutes les autres, car elle a une douceur particulière, et elle est tendre et bonne à manger aussitôt que la bête vient d'être tuée. De même que le gems-bok, l'élan peut se passer d'eau ; il fréquente les confins du grand désert de Kalahari, en troupeaux qui varient depuis dix jusqu'à cent têtes. On en rencontre aussi beaucoup dans tous les districts de l'intérieur où j'ai chassé.

Comme d'autres espèces de daims et d'antilopes, on trouve souvent les vieux mâles réunis séparément des femelles, et une troupe de celles-ci, lorsqu'elles sont en bon état, peut se comparer à un troupeau de bœufs à l'engrais.

L'élan est moins rapide que toutes les autres antilopes, et un cavalier habile peut l'amener à son camp d'une grande distance. J'ai souvent employé ce procédé ; je choisissais la plus belle bête du troupeau et je l'amenais à une portée de fusil de mes chariots, où je pouvais facilement la dépecer et en découper la viande, au lieu d'avoir la peine de l'envoyer chercher par mes hommes avec un cheval de bât. J'ai vu mille fois un élan tomber roide mort à la fin d'une chasse prolongée, eu égard à ses dispositions pléthoriques. La peau de l'animal que je venais de tuer exhalait, ainsi que celle de toutes les antilopes, un délicieux parfum d'herbes aromatiques.

Mais revenons à mon récit. Les deux Baquamas parurent bientôt ; ils étaient ravis de mon succès, et, après avoir allumé du feu, ils firent rôtir quelques tranches d'élan sur des charbons. Je m'en préparai moi-même une, et, après l'avoir mangée, je retournai à mes chariots. Les chiens eurent leur large part de la bête et m'aidèrent, le même après-midi, à tuer un rhinocéros blanc. Je l'échappai belle en cette occasion, car l'animal, se trouvant acculé à une source d'eau, se retourna pour m'attaquer. Je galopai côte à côte avec lui et lui fis une cruelle blessure à l'épaule. Peu après il s'arrêta dans le lit desséché d'une rivière ; je mis pied à terre afin de recharger mon fusil, mais avant que j'eusse fini l'animal était reparti. Je le suivis ajustant mes capsules tout en courant ; je tirai au galop et lui lançai une balle qui pénétra près du cœur ; en recevant ce coup, il chancela ; des torrents de sang coulèrent de sa bouche et de ses blessures, et, roulant à terre, il expira comme font tous les rhinocéros, c'est-à-dire en poussant dans le dernier râle de l'agonie un son perçant.

Le chasse m'avait conduit au pied d'une haute montagne, la plus élevée de tout le pays, que les Béchuanas appelaient la montagne des Aigles. J'en fis le tour, et j'eus la satisfaction de voir des vautours qui volaient devant moi au-dessus de la forêt, preuve certaine que l'élan que j'avais tué dans la matinée n'était pas éloigné. J'appelai à haute voix Carollus, qui me répondit à l'instant. Insoucieux du sort de son maître, cet aimable personnage s'occupait tranquillement à préparer des morceaux de chair pour sa propre consommation. Cette nuit je dormis sous la voûte étoilée. Mon sommeil fut léger, mais tranquille. Aucun rêve douloureux, aucune angoisse ni préoccupation ne vinrent troubler le charme de mon repos.

XI

Chasse aux sangliers. — Les girafes. — Conspiration des naturels afin de m'empêcher d'avancer. — Magnifique paysage. — Défilé de Sesétable. — Mort d'un lion — Arbres de l'Afrique méridionale. — Les hyènes. — Chasse aux girafes. — Ma première girafe. — Superstition des Béchuanas. — Kraal de Booby. — Une incantation.

Le 7 au matin, après avoir chargé le cheval de bât de viande et de graisse, je l'envoyai au camp, escorté par un Baquamas. Carollus et moi nous allâmes nous emparer de la corne du muchacho, que nous eûmes grand'peine à séparer de la peau malgré l'emploi d'un long couteau pointu ; elle avait presque trois pieds de long et un pied de diamètre à sa base. Les lions avaient dévoré la majeure partie du rhinocéros ; à notre approche ils s'éloignèrent pourtant, laissant, comme de coutume, des débris de leurs crinières grises hérissées accrochés aux os rompus des côtes.

En retournant au camp je m'aperçus qu'Isaac avait poursuivi activement l'accomplissement de ses projets, car je vis tout d'abord à l'air de décontenance de mes gens que quelque chose préoccupait leur esprit. J'étais à peine assis près du feu qu'il s'approcha de moi d'un pas lent et sinistre et me demanda si j'avais appris la nouvelle. Quelle nouvelle ? répondis-je : Il m'apprit alors que la veille au soir deux hommes du pays des Bamangwatos avaient passé près des chariots allant à Bakatla, pour donner avis à ceux de cette tribu de la prochaine arrivée des cruels guerriers matabilis, dont le chef puissant, Mosélékato, a été si habilement décrit par mon confrère en saint Hubert, le capitaine Harris. Ces hommes avaient dit que, quelques jours auparavant les Matabilis avaient attaqué et pillé diverses tribus béchuanas vers le nord, et qu'ils s'avançaient en ce moment à marches forcées pour dévaster le pays et massacrer les habitants.

Je compris parfaitement que c'était un conte inventé à plaisir pour m'empêcher de pénétrer plus avant, et, riant au nez d'Isaac, je lui assurai qu'il avait rêvé cela. A cela il répondit : — Bien, vous ne voulez pas écouter mes conseils, lorsque je vous signale le danger, mais vous et vos hommes vous vous repentirez un jour d'avoir méprisé mes avertissements.

Le 8 et le 9, nous poursuivîmes notre route au milieu d'une contrée charmante et très-romantique; nous nous dirigions vers Sesétable, défilé très-pittoresque et dangereux situé dans les hautes montagnes où prend sa source le Koulouleng, autrement dit la « rivière des sangliers sauvages », tributaire des Ngaterans.

Après déjeuner, je sortis à pied avec Isaac et gravis de hautes montagnes à l'ouest du défilé. J'y rencontrai toute une colonie de laboureurs et quelques klif-springers; je vis aussi pour la première fois des perroquets verts et des écureuils gris. Depuis que j'avais franchi les montagnes Kurrichanes, je trouvais les bosquets et les forêts remplis de magnifiques oiseaux au plumage plus ou moins éclatant et à la voix mélodieuse; mais, dans mes pérégrinations à l'intérieur des terres, mon attention était naturellement absorbée par la poursuite de gibier plus gros et plus important pour moi, aussi je ne pus jamais accorder à la gent emplumée qu'une faible admiration d'un instant.

Notre étape prochaine nous amena au dangereux défilé de Sesétable. Nous suivîmes les bords du fleuve, qui court en dansant le long de son lit rocailleux, formant une multitude de petits ruisseaux écumants et de chutes d'eau. Nous nous enfoncions dans cette gorge qui se rétrécissait, de telle sorte qu'il y avait à peine de la place pour que le chariot pût rouler entre le bord escarpé et pierreux contenant l'onde brillante et la rude base de la montagne inaccessible qui s'élevait à notre gauche. De l'autre côté, à l'orient, la montagne qui formait le rempart du défilé s'élevait ras du ruisseau où sa base baignait, et formait un obstacle invincible. C'était une vallée déserte où personne n'avait jamais posé le pied, excepté les hôtes sauvages des forêts qui depuis un temps immémorial hantaient ces solitudes. D'énormes masses de granit nous empêchaient d'avancer, et, avant d'aventurer nos chariots, nous dûmes travailler une heure à les rouler de côté. Nous trouvâmes dans ce sentier difficile des traces visibles du passage de l'énorme troupeau de buffles que nos hommes avaient fait lever le matin, et, avant d'avoir atteint nos chariots qui nous abritèrent dans une étroite clairière à la jonction des deux fleuves, je tuai deux de ces animaux. Toute la nuit les lions et les hyènes continuèrent à hurler autour de nous et les chiens ne cessèrent pas d'aboyer.

Le lendemain matin le vent soufflait et il faisait froid; je demeurai couché dans mon chariot plus longtemps que de coutume. Mes Hottentots avaient jugé à propos d'aller à la recherche du miel sous la conduite d'un « honey-bird baberd »; environ vingt minutes après leur départ, j'entendis les bœufs qui accoururent au trot comme s'ils étaient poursuivis. Ils arrivèrent devant le chariot, et en levant la tête j'aperçus une lionne qui les suivait à quelques toises; la minute d'après, son mâle, un lion à l'air vénérable, dont la crinière hérissée balayait le sol, parut sur l'herbe jaune en face des bœufs, attendant que sa femelle les mît en fuite. C'est ordinairement de cette manière que les lions attaquent les buffles. Heureusement les bœufs s'abstinrent de courir et les lions parurent surpris du calme de mes animaux. Je me levai vivement et poussai une clameur : ils se réunirent et se retirèrent ensemble sous un arbre touffu, à cent vingt toises. Les chevaux broutaient de mon côté, non loin des lions, qui alors parurent se concerter pour les attaquer : leur attention fut un instant divisée entre les chevaux et moi. Je saisis ma carabine cannelée, et courus jusqu'à vingt toises des lions : une fois là, derrière un arbre touffu très-commode où se trouvait une branche faisant la fourche, j'appuyai mon arme, je visai le vieux lion que je touchai à l'épaule. Les animaux me tournèrent le dos à l'instant en poussant des grognements furieux et disparurent entre les arbres.

Comme j'avais été très-calme en l'ajustant et que la branche fourchue avait assuré le canon, j'étais convaincu que le lion, s'il n'était pas mort, devait au moins être mortellement blessé. Je résolus prudemment de ne pas me mettre seul à sa recherche. Bientôt quelques-uns des miens revinrent avec les chiens : je leur contai ce qui venait d'avoir lieu, et nous nous mîmes à suivre la trace du monarque blessé. En arrivant à l'endroit où les lions avaient stationné, mes chiens aboyèrent avec fureur, regardant avidement de tous côtés; leurs poils se hérissaient sur leur dos. Nous y trouvâmes du sang, et à mesure que nous avancions, au lieu de petites taches rouges nous rencontrions de larges marques sanglantes; en approchant d'un buisson vert fort épais, à deux cents toises plus loin, mes chiens qui suivaient la marche s'élancèrent de côté en aboyant avec fureur; j'en conclus que sa majesté était morte, et tournant avec précaution autour du buisson, j'eus la satisfaction de contempler un lion royal étendu sans vie sur le sol. Il était dans la force de l'âge, et possesseur de belles dents aiguës. Comme nous étions au cœur de l'hiver, sa peau était couverte d'une profusion de poils touffus, et l'abondance de sa crinière flottante surpassait en beauté tout ce que j'avais vu jusqu'alors. Je me félici ai d'avoir acquis avec si peu de risques un si parfait échantillon de cette belle espèce. Mes hommes se mirent à l'œuvre à l'instant pour l'écorcher, et ce ne fut pas long.

Vers midi nous attelâmes et nous marchâmes jusqu'au coucher du soleil à travers une contrée sauvage et si primitive, que rien ne saurait en donner une idée. Nous avions pour guides des Béchuanas qui m'avaient rejoint la veille se rendant à Booby. Les deux Baquanas qui m'accompagnaient depuis Bakatla avaient déserté dès que j'avais eu tué l'élan. Une si belle provision de viande fut une tentation à laquelle ils ne purent résister. Pour nous rendre au défilé de la montagne de Sesétable, notre route nous conduisit, pendant plusieurs milles à travers des collines fertiles admirablement boisées. Nous descendîmes ensuite dans une âpre vallée également boisée et parsemée de chutes d'eau profondes. Nous franchîmes plusieurs fleuves et plusieurs marais sur les bords desquels se trouvaient en profusion des indices d'animaux sauvages, de rhinocéros, de buffles et de girafes. Près d'un de ces fleuves nous découvrîmes, sur le sable humide, les traces toutes fraîches d'une troupe de lions.

Nous fûmes assiégés pendant la nuit par une troupe de hyènes hardies qui, malgré la vigilance de nos chiens, dévorèrent une partie de mes harnais de buffles et presque toutes les courroies de mes jougs. Les chiens aboyèrent sans relâche jusqu'au point du jour, et dès que je pus y voir, je tuai une hyène. Les autres s'enfuirent aussitôt.

Le 11, nous nous mîmes en marche dès qu'il fit jour. La matinée était horriblement froide, et nous apercevions sur les mares de la glace d'un quart de pouce d'épaisseur. Nous avions maintenant achevé de franchir les immenses chaînes de montagnes parmi lesquelles avait serpenté notre route depuis Bakatla, et nous approchions des limites sud-est du grand désert de Kalahari, au bout duquel est situé Booby. Nous continuâmes à marcher vers le nord-ouest ; derrière la plaine monotone, coupée de forêts s'élevaient dans le lointain des collines bleues, précisément du côté où on m'avait assuré que devait se trouver Booby. A l'ouest s'étendait, comme une mer de verdure, une forêt grise, placée dans une interminable plaine unie, qui se perdait dans le plus lointain horizon. Nous marchâmes trois heures durant et traversâmes un petit fleuve où je dételai pour déjeuner.

Ce jour-là fut aussi pour moi un jour mémorable, car je vis et tuai ma première girafe ou caméléopard, immense et grand animal, que je souhaitais fort connaître depuis longues années. Ces gigantesques et splendides quadrupèdes, admirablement conformés par la nature pour peupler les forêts sans limites qui parent les plaines sans bornes, sont largement dispersés sur toute la surface intérieure de l'Afrique méridionale, mais on ne les trouve nulle part en grand nombre. Dans les parages que le pied de l'homme ne foule pas, les troupeaux de girafes se composent de douze à seize bêtes ; cependant j'en ai quelquefois rencontré jusqu'à trente, et même une fois j'en comptai quarante ensemble. Toutefois c'était une exception et seize est le nombre habituel le plus élevé d'une harde.

Ces troupes se composent de girafes de différentes dimensions, depuis la plus petite qui a neuf ou dix pieds jusqu'au vieux mâle marron-foncé dont la puissante tête domine celle de ses compagnes et atteint en général une hauteur de dix-huit pieds. Les femelles sont un peu moins grandes ; elles n'ont que 16 à 17 pieds.

Nous foulions depuis plusieurs jours le terrain des girafes et traversions des forêts où les traces étaient nombreuses, néanmoins nous n'avions point encore aperçu l'animal lui-même. Ce fut donc avec un plaisir sans pareil que je vis enfin, dans la soirée du 11, une troupe de ces intéressants animaux.

Le déjeuner étant fini, nous nous remîmes en marche à travers une forêt verdoyante sans limites, composée d'arbres de l'essence « canneldorntrees ». Le gazon était touffu et le sol accidenté. Un peu avant le coucher du soleil mon cocher me dit : « J'ai oublié de vous dire, monsieur, que ce vieil arbre là-bas est un caméléopard. » Je regardai du côté qu'il m'indiquait et je vis que ce vieil arbre était en effet un caméléopard. Je tournai les yeux un peu sur la droite et j'aperçus une troupe arrêtée à nous regarder ; leurs têtes s'élevaient presque au-dessus des arbres de la forêt. C'était très-imprudent de commencer une chasse à cette heure tardive, surtout dans un pays plat où j'avais peu de chance de regagner mes chariots avant la nuit. Néanmoins je résolus de tout risquer : j'ordonnai donc à mes gens d'attraper et de seller Colesberg, je bouclai à la hâte ma ceinture et mes éperons, et en deux minutes je fus à cheval. Les girafes continuèrent à regarder les chariots jusqu'à ce que je fusse à soixante toises d'elles : je fis alors le tour d'un énorme buisson qui m'avait caché, et je vis tout à coup le spectacle le plus imposant qui pût frapper les regards d'un chasseur : j'avais devant moi dix girafes colossales dont la majeure partie avait 17 à 18 pieds de haut ; en me voyant ces bêtes partirent toutes en tortillant leur longue queue sur leur dos, ce qui produisait le bruit du sifflement d'une badine ; elles allaient à un très-petit galop et cependant pour les suivre Colesberg dut allonger le sien de toutes ses forces.

Je n'avais dans ma carrière de chasseur rien éprouvé de comparable à ce que je ressentais ; je courais après ces surprenants animaux comme si j'étais en voiture. J'étais tenté de croire que ce que je chassais n'était pas des objets vivants, ni des créatures de ce monde. Le sol était dur et très-favorable à la course ; à chaque enjambée je me rapprochais des girafes, et après un petit temps de galop échevelé je me trouvai au milieu d'elles. Je m'attachai à la plus belle femelle du troupeau et la détournai. Quand elle se vit séparée de ses compagnes et chaudement poursuivie, elle allongea le pas et galopa avec une incroyable rapidité, franchissant à chaque bond une immense longueur de terrain, tandis que son cou et sa tête brisaient au passage les branches de bois mort sur les arbres ; mon chemin en était obstrué à chaque pas. Quelques minutes me suffirent pour être à cinq toises de sa croupe : je tirai au galop et lui envoyai une balle dans le dos; puis redoublant d'efforts je galopai côte à côte avec elle, et, plaçant le canon de ma carabine à quelques pieds d'elle, je tirai mon second coup derrière son épaule.

A vrai dire la balle parut faire peu d'effet; je me mis alors en face d'elle, lorsqu'elle ralentit le pas, et, mettant pied à terre, je chargeai à la hâte mes deux coups en mettant double charge de poudre; mais, avant que je fusse prêt, l'aminal avait recommencé à galoper. Bientôt après je la vis s'arrêter à quinze toises dans le lit desséché d'une source, et je tirai, visant à la place où je croyais devoir être son cœur. Elle repartit encore. Je rechargai mon arme et la suivis; mais je faillis la perdre, car elle appuya brusquement sur la gauche et disparut promptement au beau milieu des arbres. Enfin elle s'arrêta encore; je mis pied à terre et je contemplai, dans une surprise admirable, son incomparable beauté, tandis que son grand œil brun et doux, frangé de soie, s'abaissait sur moi comme pour m'implorer. En ce moment de triomphe j'éprouvai pourtant un regret douloureux pour ce sang que j'allais répandre, mais ma vanité de chasseur l'emporta : j'élevai obliquement le canon de ma carabine, et je lui envoyai une balle dans le cou, En la recevant la bête releva ses jambes de derrière par un bond prodigieux et retomba en arrière avec un bruit formidable. La terre trembla tout autour d'elle; un jet de sang noir et épais jaillit au loin hors de sa blessure, ses membres gigantesques frissonnèrent un instant, et elle expira.

Je n'eus pas le temps de considérer longtemps ma conquête : la nuit approchait à grands pas et il était douteux que je parvinsse à regagner mon camp ; ainsi donc je coupai la queue de la girafe, dont le bout était orné d'une touffe épaisse de crins noirs flottants; puis, lançant à la bête un dernier regard caressant, je galopai vivement dans la direction de mes chariots que j'atteignis au moment où les ténèbres s'épaisissaient.

Rien au monde ne pourra jamais faire comprendre à un chasseur le plaisir qu'il y a de galoper au milieu d'un troupeau de girafes formidables de hauteur ; il faut l'avoir goûté pour l'apprécier. Les girafes exhalent une odeur très-forte; dans l'ardeur de la course elle m'arrivait toute chaude au visage et me rappelait celle de la pimprenelle en septembre. La majeure partie de cette chasse eut lieu au milieu d'un taillis de « wait-a-bit-thorns » si herrissées que, bien longtemps avant l'instant où j'abattis définitivement la girafe, mes jambes et mes bras étaient ensanglantés. Je portais comme à l'ordinaire le jupon de montagnard, avec mes bras nus jusqu'aux épaules; c'était un vieux jupon gris de Chapelpark de Badenach ; mais ce dernier temps de galop acheva de le mettre en loques.

Le 12 nous fîmes deux longues traites dans des plaines très-boisées où les traces de caméléopards étaient fort-nombreuses; le 13 nous donnâmes dès l'aube la liberté au bétail. Après déjeuner, nous attelâmes, et, ayant franchi huit milles dans la direction d'une chaîne de rochers, nous atteignîmes une gorge : nous traversâmes après une rivière, et, suivant ses bords pendant trois milles, nous arrivâmes à Booby, village de Béchuanas, branche de la tribu des Baquamas, gouvernée par un chef tributaire. Ce personnage était alors absent; mais son neveu, Coachy, me reçut fort bien. C'était un homme d'un extérieur agréable et de manières engageantes qui devint peu après et est encore chef de cette tribu.

Le kraal de Booby est encaissé de tous côtés par des collines rocailleuses couvertes jusqu'au sommet de bois de sandal. En certains endroits ces collines sont pleines de précipices où s'ébaudissent des babouins et des klip-springers. Comme nous approchions de Booby, je pris ma carabine et je descendis au fond d'un des précipices, d'où je tirai sur deux babouins L'un d'eux était perché sur le plateau d'un rocher très-élevé au-dessus de moi; il reçut la balle et tomba d'environ cent pieds sans s'arrêter. Les vallées entre les montagnes sont soigneusement cultivées par les femmes, comme aussi un grand terrain uni au nord-est du kraal. Cette tribu porte le même costume que j'ai déjà décrit; j'ai remarqué seulement que, parmi eux, l'usage de l'atroce mélange de terre rouge et de graisse est plus général que chez les autres tribus béchuanas.

Les gens de Booby affluaient autour de mes chariots, et paraissaient charmés d'un spectacle tout nouveau pour eux : ils restèrent près de moi jusqu'à la tombée de la nuit.

Peu après une troupe de Baquamas arriva à Booby venant de chez les Sichely. On les avait envoyés pour me dissuader de visiter Bamangwato, et aussi pour me dire que Sichely avait de l'ivoire et des peaux en assez grande quantité pour acquérir tous mes fusils. Ils désiraient par-dessus tout que je leur promisse de réserver pour lui ma grande carabine hollandaise. Je leur répondis que j'étais résolu à rendre visite à Sicomy, et que, selon leur désir, je conserverais pour leur chef l'arme convoitée.

J'annonçai à Coachy que je comptais me remettre en route le lendemain; il en fut surpris et me dit que son cœur en était fort peiné. Le même soir il y eut une assemblée générale de tous les sages de Booby, pour aviser au moyen possible de m'empêcher de continuer mon voyage jusqu'à Bamangwato. Le matin je me sentis mal à mon aise, et cela sans doute pour avoir bu la veille au soir trop de bière avec Coachy. Avant que je me décidasse à me lever, le régent et tous ses nobles entouraient déjà en foule mes chariots Je feignis de dormir ; ils allumèrent alors des feux autour desquels ils s'accroupirent.

Lorsque je me levai, j'offris à déjeuner au chef, et, durant le repas, je lui dis que je souhaitais qu'il envoyât avec moi quelques hommes à Bamangwato. Il me répondit qu'il y avait guerre dans ce pays-là et qu'il avait peur des Mosclékastas. Je répliquai que, puisqu'il ne voulait pas me donner ses hommes, je possédais une drogue qui me mettrait à même de trouver mon chemin tout seul ; j'ajoutai que, s'il persistait dans son refus, je dirais à Sicomy, le grand chef suprême des Bamangwatos, qu'il s'efforçait d'empêcher les hommes blancs de visiter ses domaines. A ces mots Coachy changea de ton et dit que quatre hommes m'accompagneraient et reviendraient avec moi.

Ceci une fois convenu, je lui fis quelques présents et le priai de me garder ma tête de buffle et plusieurs autres jusqu'à mon retour ; il y consentit et ordonna à ses hommes de les emporter sur-le-champ à son kraal. Nous quittâmes Booby vers midi, accompagnés de la majeure partie de la tribu. Chaque homme portait deux ou trois assagais et une hache de combat. Ils nous suivaient dans l'espoir que je tuerais pour eux un peu de gros gibier. Les guides prirent d'abord au nord est, mais, changeant tout à coup de direction, ils marchèrent droit vers l'est. Alors je m'arrêtai et leur dis que ce n'était point là le chemin pour aller à Bamangwato ; ils me répondirent qu'ils prenaient un détour à cause de l'eau. Je leur ordonnai de changer aussitôt de direction et de tourner la tête vers Bamangwato.

Les sauvages obéirent et feignirent pendant quelques minutes de discuter ensemble ; puis ils convinrent d'indiquer l'orient, déclarant que Bamangwato était dans cette direction. Je leur dis que j'avais dans ma poche une aiguille frottée avec une drogue et qu'elle m'apprendrait si leurs pas était en effet tournés vers le pays de Sicomy. Comme je savais que Bamangwato était situé un peu à l'est-nord, je leur dis qu'en tournant trois fois mon aiguille autour de mon poignet gauche elle m'indiquerait le côté gauche de ce pays. Les sauvages, à ces mots, se regardèrent avec surprise et m'entourèrent pour voir si cette aiguille possédait en effet une pareille puissance. Je tirai de ma poche ma boussole, je la passai trois fois autour de mon poignet gauche avec la plus grande gravité, en sifflant très-fort ; puis, ouvrant la boîte je la mis à terre devant eux. Je saisis ensuite un de leurs assagais et le posai à côté de la boussole, un peu à l'est-nord, en leur disant que c'était là la direction de Bamangwato. Ils furent pétrifiés d'étonnement, et, dès lors, ils me crurent doué d'une influence toute surnaturelle.

Je leur demandai aussitôt s'ils me conduisaient près de l'eau sur cette voie ; ils s'écrièrent ensemble que c'était un désert, et que jamais personne n'y avait trouvé d'eau ; puis ils se retournèrent, firent deux cents toises de chemin et s'accroupirent. Je m'approchai alors d'eux avec Isaac, mais ils demeurèrent silencieux tenant les yeux baissés. Je leur demandai aussi pourquoi ils s'étaient assis de la sorte, et ils répondirent qu'ils ne voulaient pas aller plus loin avec moi. Je leur répliquai que j'étais charmé de l'apprendre, et que je me tirerais mieux d'affaire sans eux. Retournant alors à mes chariots, j'ordonnai à mes hommes de rebrousser chemin jusqu'au premier ruisseau. Les sauvages me prièrent d'arrêter et de les écouter, mais je leur déclarai que leur présence m'importunait, et qu'ils eussent à retourner près de leur chef. Je marchai ensuite pendant plusieurs centaines de toises et campai près d'une mare d'eau.

Je comprenais à merveille qu'Isaac, mon interprète, s'était ligué avec les Baquamas et leur chef, dans le but particulier de contrarier mes désirs ; mais, comme il ne me convenait pas de me séparer alors de lui, parce que sa présence inspirait de la confiance à mes gens, je feignis de croire qu'il était sincère. Ma provision de viande était épuisée ; je me décidai à faire une halte d'un jour afin de chasser ; puis, ayant renouvelé mon garde manger, je me mis en marche à travers la forêt, en appuyant un peu sur l'est-nord, à l'aide de ma boussole, cherchant de l'eau avec mes chevaux en avant des chariots.

J'étais assez mal portant et de plus très-inquiet. Ma situation n'était pas enviable : j'étais au fond de l'Afrique, seul, sans amis, environné d'une troupe de gens prête à tout pour m'empêcher de réussir dans mes projets. Ce que je redoutais le plus, c'est qu'on me volât mes bœufs et mes chevaux, ce qui eût été chose facile. Mes gens aussi étaient découragés et souhaitaient ardemment retourner dans leurs foyers.

Pendant la nuit, l'inquiétude et la colère me tinrent éveillé. Toute la tribu de Booby était couchée par terre autour de grands feux le long d'une haie de buissons épineux arrangés en demi-cercle pour les abriter du vent. Après le déjeûner, je partis pour chasser me dirigeant vers l'orient ; Kleinboy conduisait un cheval de bât, et environ trente Béchuanas me suivaient dans l'espoir d'obtenir de la viande. Je fis deux milles, et je tuai un mâle et deux femelles wild-beasts. J'offris le mâle et une des femelles aux Béchuanas, qui furent ravis de mon succès, et, ayant mis la seconde femelle sur le cheval, je retournai au camp.

J'y trouvai Coachy avec sa suite. Le chef me remercia de mon gibier, et je lui annonçai que ses hommes n'avaient pas voulu me conduire dans la direction que le docteur Livingstone m'avait dit de prendre ; il me répondit que la route faisait un circuit et qu'ils me guidaient ainsi à cause de l'eau. A la fin il m'avait presque persuadé de suivre ses guides ; mais, comme je n'avais pas d'ami à consulter, je me décidai à passer la nuit dans l'endroit où j'étais et à prendre au matin une détermination définitive. Alors Coachy se fit servir du café et partit en me disant adieu.

Le soir venu, j'interrogeai mes guides relativement aux sources d'eau afin de savoir à quelles distances l'une de l'autre on les rencontrait. Ils me dirent que la première que nous puissions atteindre était située à une petite journée de marche, mais qu'ensuite il faudrait marcher deux jours sans en trouver nulle part. Je fus alors convaincu que ces misérables voulaient m'égarer et finalement me conduire à Sichely ; je m'affermis donc dans ma première résolution de marcher seul à l'aide de ma boussole, mais je tins mes intentions cachées, dans la crainte qu'ils ne me volassent mes bœufs afin de mieux me retenir.

XII

Les guides essayent de m'égarer dans ma route en allant à Bamangwato. — Des Béchuanas errants m'indiquent mon véritable chemin. — Je me perds dans la forêt — Mutinerie. — La recherche des sources. — Le vol des oiseaux me guide. — Je trouve de l'eau. — Les girafes. — Pièges à girafes. — Chasse au rhinocéros. — Nous nous perdons. — Nous rejoignons enfin les chariots.

Une portion considérable des gens de Coachy étaient encore campés près de nous le 16 au matin ; sans doute ils étaient convaincus qu'ils avaient réussi à me persuader de les suivre. Après avoir rempli tous mes tonneaux à eau, j'ordonnai à mes hommes d'atteler Les Béchuanas étaient enchantés et s'imaginaient que j'allais me laisser guider par eux vers l'orient ; mais, à leur grande surprise, lorsque l'attelage fut prêt, je leur dis qu'ils n'avaient qu'à retourner près de leur chef, car je ne voulais plus tuer de gibier pour eux. J'ordonnai ensuite à mes gens de se diriger vers un arbre très en évidence non loin de là.

Les Béchuanas demeurèrent immobiles pendant quelques minutes, mais bientôt, mettant leurs assagais à leur épaule, ils nous suivirent. C'était hardi de ma part ; le paysage offrait peu d'apparence d'eau, et les sauvages persistaient à soutenir que, dans la direction que je voulais suivre, je serais sept jours sans en rencontrer. J'avais devant moi une interminable forêt sans collines, sans le moindre indice qui pût me guider pour trouver de l'eau Néanmoins la fortune me favorisa, comme à l'ordinaire, car, eussé-je habité ces parages toute ma vie, je n'aurais pas suivi une ligne plus droite pour arriver où je désirais me rendre : je cheminai pourtant plusieurs milles sans une lueur d'espoir, car le terrain n'était qu'une nappe de forêts entremêlée de fourrés d'épines.

Nous continuâmes cependant, à l'aide de la boussole, à appuyer au N.-N.-E. ; tous les Béchuanas m'abandonnèrent, excepté quatre hommes fort laids que Coachy nous avait donnés pour guides ; ces derniers, contrairement à mes prévisions, me suivaient à distance Après un voyage de plusieurs heures, la boussole à la main, le pays devint plus découvert, et nous entrâmes sur une large bande récemment saccagée par les Bakalahari ou habitants sauvages du désert. Les arbres et les buissons étaient écorchés et brûlés, et il n'y avait pas un brin d'herbe pour réjouir la vue.

Quelque part que l'on tournât ses regards, le sol était noir et couvert de cendres. Je sentis mon cœur faiblir, en me représentant la probabilité que, tous mes efforts pour trouver de l'eau ayant été inutiles, je serais obligé de revenir dans ces mêmes lieux si désolés, ramenant mes bestiaux mourant de faim et de soif, et forcé de renoncer, avec le plus amer regret, à mes brillantes espérances de chasse à l'éléphant. C'était en vérité une triste perspective. Je n'avais pas un ami qui pût me consoler et me conseiller ; j'entendais derrière moi mes hommes qui murmuraient et juraient de ne pas aller plus loin, et les guides les encourageaient dans leurs projets, en leur affirmant qu'ils couraient à une perte certaine.

Enfin nous atteignîmes les confins de ce terrain dévasté et torréfié, mais la vue qui s'offrit à nos yeux n'était pas plus réjouissante. Nous entrions dans une vaste forêt toute grise, et si épaisse qu'on ne voyait pas à quarante toises devant soi. Bien plus il nous fallait à chaque pas nous arrêter et couper des arbres et des branches pour frayer un passage aux chariots. Pour compléter nos embarras, le terrain était devenu si sablonneux que les roues y enfonçaient profondément Mes hommes commencèrent presque à se révolter, et ils ne se gênaient pas pour exprimer leur opinion en ma présence. Je leur fis des représentations, et leur dis que, si le lendemain avant le coucher du soleil je n'avais pas découvert d'eau, ils pourraient faire rebrousser chemin aux bœufs et les mettre sur la voie indiquée par les guides. Nous continuâmes à marcher dans cette épaisse forêt jusqu'à la chute du jour ; puis je fis halte auprès d'un arbre aux rameaux étendus ; je mis le bétail en liberté pendant une heure, et le fis ensuite rattacher près du joug, quand il fit clair de lune.

J'étais triste et malheureux, car je voyais bien que la chance tournait contre moi ; je ne voulais point retourner à la colonie, après être venu de si loin, sans tuer, ou du moins sans voir ce que mon cœur désirait le plus ardemment, à savoir un éléphant mâle en liberté au milieu de ses forêts natales. Cependant je bus un peu de vin, puis je vins près du feu que mes gens avaient allumé sous un vieux « canneldorntree » ; je me moquai des quatre Béchuanas, et leur dis, en affectant une extrême gaieté, qu'ils me traitaient en enfant en voulant ainsi m'égarer ; j'ajoutai que j'étais un vieux soldat et un habile chasseur qui savait retrouver son chemin sur la terre étrangère. Je riais, mais c'était le rire du désespoir, car je m'attendais à les voir se moquer de moi à leur tour lorsque je serais forcé le lendemain au soir de revenir sur mes pas.

Un des plus grands obstacles qui m'arrêtât était celui-ci : si je partais en avant pour chercher de l'eau, il me serait sans doute impossible, dans cette immense forêt sans routes battues, de retrouver mon chemin pour rejoindre mes chariots. Je me couchai donc, mais j'appelai en vain le sommeil; l'incertitude et le tourment me tinrent éveillé jusque vers le matin. Je m'assoupis pourtant un instant et rêvai que j'avais couru en avant et que j'avais trouvé de l'eau. Le jour parut, et je me levai chagrin; mon espoir était presque évanoui. Je déjeûnai cependant et dis à mes hommes de donner du blé à Colesberg et à Thecow; je leur enjoignis ensuite de rester en place tout le jour et d'écouter le bruit des coups de feu dans le cas où je me perdrais en revenant. Je leur laissai des munitions pour me répondre; puis je montai à cheval et me lançai vers le nord-nord-est, au plus épais de la forêt, accompagné de Kleinboy. Le terrain était pénible; c'était du sable fin; on voyait à divers intervalles quelques touffes de gazon. Nous marchâmes sans nous arrêter toujours tout droit, et ne trouvâmes aucune trace des bêtes fauves qui pût nous donner quelque espoir. Je vis cependant bien un « duiket »; mais cette sorte d'antilope se rencontre au désert et se passe facilement d'eau.

A la fin nous arrivâmes à une partie plus découverte de la forêt, et, en sortant du fourré, j'aperçus sur ma droite, à environ deux cents toises, six ou huit girafes superbes qui nous regardaient. Il n'était pas question de chasser, quoique j'en eusse bien envie; je les laissai donc s'éloigner en paix et continuai à chercher des sources. Dans une clairière je trouvai deux ou trois creux où il y avait eu de l'eau, mais ils étaient complétement desséchés. Je rentrai dans l'épaisseur du bois et pris un peu plus vers l'orient. Nous fîmes plusieurs milles, cherchant toujours; l'espoir commençait à m'abandonner, et Kleinboy protesta que nous ne regagnerions jamais les chariots. A la fin j'aperçus un sassaby; cette antilope boit tous les jours; le courage me revint avec l'espérance. Je galopai en avant sans me préoccuper de la distance déjà immense que j'avais mise entre moi et mon camp, ni m'inquiéter des remontrances de mon serviteur, qui, à la fin, arrêtant son cheval exténué, déclara que je courais à ma perte et qu'il ne me suivrait pas. Je lui indiquai du doigt dans le lointain, le sommet d'un grand arbre gris, dont les branches dépouillées et battues par les vents s'étendaient au-dessus de ses voisins, et lui assurai que, si en atteignant cet arbre nous n'y découvrions rien, j'abandonnerais toute recherche et passerais le reste de la saison à chasser

dans les montagnes de Sichely, à l'est de Booby.

Mais le destin avait décidé que je pénétrerais plus avant dans l'intérieur de l'Afrique, et, avant d'arriver à mon arbre, j'observai une petite compagnie de perdreaux de Namaqua qui traversèrent mon chemin en volant vers l'ouest; il était impossible d'affirmer que ces oiseaux se dirigeassent du côté de l'eau au lieu d'en revenir; je guettai longtemps et mon attente ne fut pas déçue. A une très-grande distance devant moi, je découvris une seconde compagnie des mêmes oiseaux volant aussi vers l'ouest, et il était évident qu'ils allaient au même endroit que les autres. Peu à peu la première compagnie revint volant très-près et poussant ce cri si mélodieux et si doux : *Di pretty dear! di pretty dear!* (joli chéri! joli chéri). Je m'élançai alors du côté où avaient volé les oiseaux, et, avant d'aller plus loin, j'aperçus un petit fossé qui coulait du nord au sud; je le suivis, et j'y trouvai presque aussitôt des traces toutes fraîches de rhinocéros, ce qui était un signe certain que l'eau était proche.

Mon espoir se réveilla encore une fois, je regardai vers le nord et le ciel avait précisément ce jour-là un aspect que je ne lui avais pas vu depuis bien des mois. C'était un de ces jours radieux pareils à ceux de mon pays lointain, où l'azur éclatant du firmament s'aperçoit à travers dix mille petits nuages de neige et où toute la nature, à l'heure où le soleil luit, semble vouloir faire oublier à l'homme malheureux ses peines et ses douleurs. Cet aspect fut d'un favorable augure; je ranimai mon excellent cheval harassé, et galopai dans le vallon; le fossé faisait un coude, et, lorsque j'eus fait le tour, je vis que nous étions sur un point élevé de la forêt; je contemplai alors pour la première fois l'ensemble du paysage.

On ne voyait, aussi loin que le regard pouvait atteindre, qu'une suite non interrompue de forêts; mais j'avais maintenant sous les yeux une contrée accidentée, au lieu des monotones régions que je venais de franchir. Le succès me parut assuré. Nous découvrîmes bientôt des mares qui avaient jadis contenu de l'eau, et enfin je trouvai un grand étang suffisant pour abreuver mes bestiaux pendant plusieurs jours. J'éprouvai en ce moment une vraie satisfaction, car j'avançais vers mon but tant désiré. A mesure que les difficultés s'étaient accumulées, ma résolution de les vaincre avait augmenté. Je comprenais bien que, quoique j'atteignisse Bamangwato, si je pouvais seulement parvenir à continuer mon voyage au nord pendant huit jours, je rencontrerais infailliblement des éléphants.

Je regagnai mes chariots sans avoir fait un seul détour; je feignis d'abord de n'avoir pas trouvé d'eau et je dis à mes guides : « Il n'y a absolument que des bois épais dans ces parages; ne pouvez-vous m'indiquer de l'eau? Mes bœufs vont mourir. » Ils me répondirent que, si je voulais de l'eau, il fallait voyager jusqu'au coucher du soleil et se diriger vers le sud-est. Ils furent fort étonnés lorsque je leur dis : » J'ai maintenant la certitude que vous voulez m'égarer, car j'ai trouvé de l'eau en abondance et je saurai bien arriver jusqu'à Bamangwato malgré tous vos efforts pour m'en empêcher. » Je fis donc atteler et nous partîmes pour la mare en question où nous arrivâmes fort tard. Les Béchuanas nous suivaient toujours. Je fus assuré qu'ils avaient reçu de leur maître l'ordre de m'égarer et de me mener à Sichely, mais que, dans le cas où je parviendrais à trouver mon chemin tout seul, ils devaient m'accompagner chez Sicomy, afin de l'assurer de l'amitié et de la sincérité de leur chef.

Le 18 au matin je méditais, étendu dans mon chariot, et j'étais indécis si je chasserais, ou si, auparavant, j'explorerais la contrée lorsque tout à coup j'entendis des voix d'hommes à peu de distance au bas de la clairière. Je me jetai à bas du lit et découvris une bande de Bechuanas. Ces hommes avaient chassé des chacals dans un endroit appelé Bootlonamy, à moitié chemin de Boohy à Bamangwato. Sur ma demande ils m'indiquèrent le chemin en droite ligne pour arriver dans ce dernier lieu, et enfin la position d'une belle mare dans la forêt, à une marche de distance.

Nous déjeunâmes ; je fis atteler, et, après un trajet de six heures au travers d'une épaisse forêt, nous atteignîmes la mare. Nous eûmes constamment besoin, le long de la route, d'avoir recours à nos haches pour frayer le passage à nos chariots. Je parvins enfin près du petit lac ; il était rond et couvrait environ un arpent. Ses bords portaient des traces toutes fraîches de girafes, de rhinoceros, de sasaybys, de pollahs, de zèbres, de lions, etc. Nous campâmes sous l'ombrage de deux arbres à larges rameaux, et, comme notre viande tirait à sa fin, je montai à cheval sur-le-champ et partis à la chasse avec Kleinboy. J'avais couru à peu près un mille vers le nord, au milieu de bocages de mokalatrees, quand j'aperçus soudain une majestueuse girafe qui traversait lentement le sentier devant moi ; elle broutait des feuilles au sommet d'un bosquet à la distance d'environ cent toises.

C'était là une superbe découverte : d'un main rapide je fis passer ma selle du dos d'un cheval à celui d'un autre, et, ordonnant à Kleinboy de mettre le bât sur le second et d'éviter les coups de feu, je suivis à pas lents la girafe. J'en remarquai bientôt une seconde qui me regardait un peu à gauche, et, lorsque j'eus fait le tour d'un massif d'arbres qui obstruait ma route, je vis à quelques mètres huit girafes qui trottaient devant moi. En quelques secondes je parvins au milieu d'elles ; je choisis une belle femelle grasse, la poursuivis avec ardeur et lui tirai un premier coup de carabine sans résultat. Je la séparai à plusieurs reprises des autres, mais elle les rejoignait toujours. A la fin, je lui tirai un second coup au col, puis, me mettant en avant,

je parvins à l'arrêter. Je rechargeai mes deux coups à la hâte et les tirai à droite et à gauche, visant au cœur. Le colosse tressaillit convulsivement pendant quelques secondes, puis il trébucha en arrière et roula dans la poussière avec une violence et un bruit formidables.

Je tirai quatre coups de suite en manière de signal. Kleinboy arriva bientôt avec le cheval de bât et I-aac avec les guides. La chasse s'était accomplie dans l'épaisseur de la forêt et m'avait amené à quelques centaines de mètres de mes chariots. Les guides affamés, ravis de la perspective d'un tel banquet, allumèrent du feu sur-le-champ et passèrent la nuit auprès de la carcasse, tandis que je retournais aux chariots avec mes chevaux chargés de viande. J'avais alors l'esprit calme ; je me couchai et dormis profondément. Pendant la nuit les lions rugirent autour de nous.

Le 19, en rôdant dans la forêt, je trouvai de la vieille bouse d'éléphant, et je remarquai aussi plusieurs grands arbres déracinés ou courbés par la force prodigieuse de ces animaux. Les guides, convaincus qu'ils ne me persuaderaient pas, se décidèrent enfin à me conduire à Bamangwato par un chemin au nord, et me promirent que je ne manquerais pas d'eau. En conséquence, nous attelâmes et nous marchâmes jusqu'au coucher du soleil. Nous nous dirigeâmes aussitôt vers le nord-est et fîmes halte dans une sombre forêt où il n'y avait pas trace d'eau. Nous traversâmes une contrée très-favorable pour chasser l'élan et la girafe ; en différents endroits la forêt était très-clairsemée. Quelques arbres gigantesques, vénérables et pittoresques, étaient dispersés çà et là. les uns à moitié morts, les autres tombant en morceaux, vu leur vieillesse. Le sol était doux, quoique chaud, favorable à la course ; la trace des élans et des girafes se voyait de tous côtés.

Le 20 nous attelâmes, et au bout de cinq milles nous parvînmes à un misérable petit kraal appelé Bakalahari. Il y avait là une mare d'eau près de laquelle nous dételâmes. Dans le voisinage se trouvaient quelques jardins où poussaient des melons d'eau et un peu de blé. Ces indigènes avaient quelquefois le bonheur de prendre au piège quelque gros animal, et ils vivaient pendant plusieurs jours dans l'abondance ; mais, comme ils n'ont pas de sel, la viande se gâtait vite ; alors ils étaient forcés de retourner dans les bois pour y chercher des fruits et des racines, qui avec les sauterelles forment leur principale nourriture. Dans les districts où le gibier abonde ils construisent leurs pièges sur un grand modèle, en construisant des haies circulaire en forme de croissant qui s'étendent à presque un mille de chaque côté du piège.

Par ce moyen le gibier peut être facilement attiré dans des trous qui sont habilement recouverts avec de minces bâtons et de l'herbe sèche ; c'est ainsi qu'ils capturent à la fois des troupeaux entiers de wild-beasts et de zèbres. Il y a alors de dégoûtants banquets où les pauvres sauvages affamés se conduisent comme des vautours ou des hyènes. Les Bakalaharis n'ont point de bétail ; s'ils en avaient, le chef le plus proche le leur enlèverait sur-le-champ. Toute cette portion du pays était couverte de piéges dressés par ces sauvages. Ces trous avaient en général 2 pieds de large sur 40 de long ; leur profondeur était de 9 ou 10 pieds ; la plupart avaient été creusés pour les girafes,

L'après-midi nous reprîmes notre route à travers la forêt, en nous frayant un passage avec la hache, et nous fîmes halte, au coucher du soleil. sans trouver de l'eau ; les traces d'élan étaient nombreuses.

Le 22 j'ordonnai à mes hommes de cheminer vers la fontaine de Bootlonamy, et me lançant au galop avec Ruyter. j'appuyai vers l'est. Nous traversâmes un bocage de très-grands mimosas qui étaient plus ou moins endommagés par les efforts prodigieux d'une troupe d'éléphants qui avaient passé par là environ un an auparavant et nous cheminâmes pendant deux milles, entourés de tous côtés par de nombreuses hardes de gibier. Je rencontrai. à cinquante toises de distance, un rhinocéros noir qui broutait des wait-à-bit-thorns. Je tirai du haut de mon cheval et lui envoyai une balle derrière l'épaule ; l'animal se précipita en avant dans une terreur profonde, soufflant comme un dauphin, et s'arrêta ensuite pour regarder derrière lui. Puis il prit la fuite et je le suivis ; notre chasse nous conduisit parmi une grande compagnie de wild-beasts, de zèbres et de spring-boks, qui nous contemplaient avec stupéfaction en nous voyant courir.

Dans mon ignorance, je me flattais qu'il se mettrait en arrêt, ce qu'un rhinocéros ne fait jamais. Tout à coup il tomba à plat, mais il se releva soudain et recommença à courir comme s'il ne lui était rien arrivé.

La longueur de cette chasse m'ennuyait, car je désirais conserver mes chevaux frais pour les éléphants : d'ailleurs je ne me souciais guère d'avoir ce rhinocéros, car je m'étais aperçu que sa corne était presque entièrement usée par l'âge et par sa méchanceté. Je voulus donc accélérer le denoûment et j'éperonnai mon cheval, je me précipitai devant lui et traversai sa route. Sur cela l'horrible monstre m'attaqua avec fureur, soufflant bruyamment par ses narines. Quoique je me fusse vivement détourné, il me suivit d'un galop si furieux pendant plusieurs centaines de mètres, avec son vilain museau cornu planté tout près de la queue de mon cheval, que mon petit Bushman, qui ne me perdait pas de vue, crut son maître perdu.

Bientôt l'animal rebroussa chemin subitement, et, comme j'étais parfaitement satisfait de l'entrevue que j'avais déjà eue avec lui et que je ne souhaitais pas cultiver davantage sa connaissance, je m'en retournai à mon camp. Nous quittâmes le même jour la fontaine de Bootlanamy et marchâmes pendant six milles. Le soir, une grande quantité de pintades vint se percher sur les arbres autour de mon camp ; j'en tuai plusieurs pour mon souper.

Le 23 nous attelâmes au clair de la lune et nous continuâmes notre route dans un pays très-peu boisé. Au bout de dix milles le bois devint plus fourni. nous aperçumes de grands arbres et des bosquets de wait-à-bit-thorns. Les guides nous dirent alors que la source que les Béchuanas appellent Lepeley n'était pas très-éloignée. A cette nouvelle je partis en avant avec le Bush-man dans l'intention de chasser pendant une heure avant le déjeuner. A mesure que nous avancions le gibier augmentait ; la forêt entière paraissait fourmiller de zèbres, de pallahs. de spring-boks, de wild-beasts et de rhinocéros. Si j'avais eu pour but de me procurer de la venaison, j'aurais pu choisir et tuer ce que j'aurais voulu ; je désirais seulement me procurer quelques têtes de pallahs mâles pour échantillon ; mais, grâce à l'innombrable quantité de gibier qui soulevait autour de moi de la poussière et de la confusion, il arriva que je perdis tous ceux que je blessai.

Nous avions franchi plusieurs milles, et, me sentant affaibli par le besoin, je renonçai à la chasse, découragé, et voulus retourner à mes chariots Lorsque le soir approcha, je soupçonnai que le Bushman, dans lequel je plaçais mon entière confiance dans ces cas-là, avait perdu son chemin ; ce soupçon se vérifia, car, après avoir parcouru plusieurs milles encore, il avoua qu'il ne savait quel parti prendre, mais il était d'avis d'appuyer un peu plus vers l'ouest. Ma tête était si troublée que je ne me souvins plus comment nous étions venus ; j'avais perdu l'esprit et ne savais plus ce que je disais.

Mais la recherche difficile des chariots n'était rien en comparaison des tortures que la soif me fit bientôt souffrir. J'avais galopé toute la journée sous un soleil brûlant, et depuis la veille au soir je n'avais ni bu ni mangé ; mon cœur se serra en songeant à l'horreur d'une mort lente dans les souffrances de la soif. Je mis pied à terre et m'assis pour réfléchir à ce que je devais faire ; je savais très-bien par ma boussole quelle direction nous avions suivie depuis que nous avions quitté Booby ; aussi après avoir réfléchi, je remontai à cheval (la pauvre bête aussi mourait de faim et de soif), et je marchai au sud-ouest pendant plusieurs milles. A la fin je reconnus la contrée que nous avions traversée de bonne heure le matin, et, à mon inexprimable joie, je retrouvai la trace de mes chariots que je rejoignis après un trajet de quatre milles au nord-est.

Le camp s'élevait auprès de la grande fontaine de Lepeley, qui sort de dessous une assise de rocher, formant un large et profond bassin d'eau très-pure, bordé d'un côté par des roseaux verts très-hauts. Cette fontaine était située à l'extrémité nord d'une vley nue, entourée d'un épais taillis de wait-à-bit-thorns, et le pays était si régulièrement uniforme, qu'une personne qui se serait éloignée de plusieurs centaines de toises de la fontaine aurait eu de la peine à la retrouver. Il était nuit avant que je ne me retrouvasse près de mes chariots ; deux ou trois tasses de café rétablirent mes forces.

Le lendemain au matin, depuis le point du jour jusqu'à l'heure où nous partîmes (ce qui fut à dix *heures avant midi), de nombreux troupeaux continuèrent à venir boire* : tout l'espace découvert en était rempli, et cela avait tout à fait la physionomie d'un parc à bestiaux. Les wild-beasts bleus, les zèbres, les sassaybys, les pallahs, les spring-boks, etc., gambadaient sans crainte près de l'eau, les uns après les autres, à deux cents toises de nous. Je tuai un pallah et un wild-beast que nous attachâmes derrière mes chariots.

Les Béchuanas avaient jadis fréquenté cette fontaine, mais les puissants et cruels Matabilis avaient attaqué cette tribu et l'avaient forcée à porter ses foyers ailleurs. Vers dix heures avant midi nous attelâmes, *et à un mille de Lepeley nous trouvâmes une autre savane découverte, contenant une grande fontaine d'eau délicieuse.* Nous continuâmes à marcher, jusqu'au coucher du soleil, à travers un pays découvert et accidenté, tout parsemé de bouquets d'arbres et de buissons épineux. Nous dressâmes notre camp dans un désert sablonneux et sans eau.

XIII

Le 25 nous marchâmes environ cinq heures vers le nord est, à travers un pays découvert et parcimonieusement orné de vieux arbres nains. A la fin de la journée, les montagnes tant désirées de Bamangwato nous apparurent bleuissantes dans le lointain. Nous fîmes halte près d'une superbe fontaine qui me fit aussitôt oublier les fatigues et les chagrins que j'avais enduré pour l'atteindre. Cette fontaine s'appelle Massoucy, mais je la baptisai *fontaine des éléphants*, car elle était située sur la limite méridionale des forêts interminables habitées par ces animaux, forêts où j'étais enfin arrivé.

La source, qui était profonde et considérable, se trouvait à l'extrémité est d'une vley découverte fort étendue, sur une assise parfaitement unie de vieilles pierres de grès rouge, et çà et là j'y apercevais une couche épaisse de terre couverte de traces toutes fraîches d'éléphants ; les pieds gigantesques qui piétinaient ce sol depuis des siècles avaient positivement usé le rocher autour de l'eau.

Le terrain du pays environnant était du sable jaune et bleu, mais il y avait aussi une profusion d'herbe, d'arbres et d'arbustes. Une centaine de sentiers, bien battus par les pieds des éléphants, conduisaient de tous côtés depuis le bord de l'eau : ces sentiers avaient trois pieds de large ; la contrée du côté du nord et de l'est, était nue et boisée, et conséquemment plus fréquentée. Nous rangeâmes les chariots sur une hauteur, à l'est de la fontaine, d'où l'on pouvait voir distinctement toute espèce de gibier qui viendrait y boire. Je commençais mon simple déjeuner lorsque mes gens s'écrièrent : « Almagty keek de ghrooti clomp cameil, » et, levant les yeux de dessus mon ragoût de sassayby, j'aperçus quelque chose de magnifique : au milieu de la vley marchait une troupe de dix girafes colossales, flanquées de dix énormes troupeaux de *wild-beasts* bleus et de zèbres, et précédés de pallahs Ils venaient tous boire à la fontaine, et allaient se trouver à portée de carabine, avant que j'eusse le temps d'achever mon repas.

Je continuai pourtant de manger avec la plus grande précipitation, en ordonnant à mes gens de seller Colesberg. En quelques minutes les girafes, qui s'avançaient lentement, se trouvèrent à deux cents toises de moi. Elles allongeaient leur cou gracieux et contemplaient avec surprise les chariots. Je saisis ma carabine, sautai sur mon cheval et marchai au petit pas jusqu'à ce que je fusse à cent pas d'elles. Elles agitèrent alors leurs longues queues en les repliant sur leurs dos et s'éloignèrent au *petit galop*.

Comme je les poursuivais de près, elles allongèrent encore le pas, et, avant que nous eussions fait un demi-mille, je galopais à côté d'un mâle au poil foncé dont la tête dominait de beaucoup toutes les autres. Je tirai au galop et le blessai au défant de l'épaule ; puis je le séparai du troupeau, et, bientôt après, le prenant en tête, je réussis à l'arrêter. Alors je lui envoyai une seconde balle qui le frappa presque au même endroit que la première.

Ces deux coups de feu eurent un plein effet : la bête était en ma puissance, mais je ne voulus pas l'abattre si loin du camp. J'attendis donc qu'elle eût repris haleine, et l'amenai à moitié chemin du camp. Là elle devint rétive, et aussitôt, je rechargeai mon arme et lui envoyai une balle dans le gosier. Elle sauta en l'air très-haut, retomba à la renverse et expira.

C'était un magnifique échantillon de girafe, car elle avait plus de dix-huit pieds de haut. Je restai environ une demi-heure absorbé dans la contemplation de son extrême beauté et de ses proportions gigantesques. S'il n'y avait point eu au monde d'éléphants, j'aurais pu m'écrier comme le duc Alexandre Gardon, lorsqu'il eut tué le fameux vieux cerf aux dix-sept andouillers : — A présent je puis mourir : Je suis heureux ! — mais je brûlais de me trouver en présence d'un noble éléphant, et je ne faisais pas plus de cas de la girafe que si j'avais tué un gems-bok ou un élan.

Dans l'après-midi je remisai mes chariots au milieu d'un taillis, à peu près à quatre cents toises sur la gauche de la source. J'employai toute ma soirée à fabriquer des balles pour chasser les éléphants avec une composition dans laquelle il entrait un cinquième d'étain sur quatre cinquièmes de plomb, et je venais précisément d'achever mon ouvrage quand j'entendis une troupe d'éléphants qui barbotaient dans l'eau avec leurs trompes. Ce bruit fut bien agréable à mon oreille et je dormis peu cette nuit-là.

Le 26, dès le point du jour, ayant fait donner la provende à quatre de mes chevaux, je me rendis à la fontaine avec Isaac, afin d'examiner les traces des animaux qui y étaient venus boire pendant la nuit. Le plus grand nombre des sentiers portaient les traces visibles du passage récent de beaucoup d'éléphants de toutes les dimensions qui convergeaient de différents côtés. Nous calculâmes qu'il avait dû venir sur le bord de l'eau pendant la nuit, au moins trente de ces gigantesques quadrupèdes.

Après mon déjeuner je fis seller les chevaux et partis accompagné de piqueurs et de trois guides afin de suivre la trace du plus grand éléphant mâle du troupeau. J'avais aussi emmené mes chiens. Dès qu'ils eurent choisi l'empreinte des pas du plus grand de ces animaux, les Béchuanas marchèrent en avant et je les suivis. C'était une poursuite très-intéressante. L'empreinte du pied de cet éléphant avait environ deux pieds de diamètre et se distinguait admirablement dans le sable mouvant.

Cette voie nous conduisit d'abord pendant trois milles le long d'un des sentiers sablonneux appuyant vers l'est sans interruption, puis nous entrâmes dans une épaisse forêt. Là, l'éléphant s'était un peu détourné de son chemin pour briser quelques arbres et pour labourer la terre avec ses défenses; il était rentré ensuite dans le sentier et l'avait suivi durant plusieurs milles.

Nous étions sur une espèce d'élévation d'où nous apercevions une partie de la chaîne des montagnes de Bamangwato. Les arbres étaient beaux, mais trop faibles et trop cassants pour résister à l'inconcevable force des puissants monarques de ces régions, car la moitié des branches étaient brisées presque ras, et de cent toises en cent toises nous trouvions des arbres entiers, même les plus grands de la forêt, déracinés entièrement et cassés net à moitié du tronc. J'en remarquai plusieurs dont les racines étaient en l'air.

L'animal que nous cherchions s'était arrêté assez longtemps près d'un arbre aux nombreux rameaux qu'il avait brisés à quelques pieds de terre. Nous

suivîmes sa trace encore un peu plus loin à travers l'épais labyrinthe de la forêt, puis nous arrivâmes à un endroit si complétement piétiné par des éléphants que nous dûmes renoncer à notre entreprise. Nous perdîmes encore bien des heures à nous efforcer de retrouver notre véritable voie, et je me décidai enfin, le cœur gros, à reprendre avec mon cheval le chemin de mon camp.

Dès que j'eus atteint les chariots, je repassai dans ma tête les incidents du jour, et, regrettant vivement ma mauvaise chance pour mon premier jour de chasse, je résolus de faire le guet, la nuit, près de la fontaine, afin d'essayer une chasse nocturne. En conséquence, je fis, comme de coutume, creuser un trou, et, y ayant fait porter ma literie, je m'y blottis peu après le coucher du soleil. J'étais là depuis deux heures, lorsque j'entendis un bruit sourd et prolongé, semblable au son lointain du tonnerre, bruit produit (à ce qu'affirmaient les Béchuanas) par des éléphants qui s'avançaient vers la fontaine.

J'étais couché sur le dos, la bouche ouverte, et j'écoutais attentivement. Je les entendais fouiller la terre avec leurs défenses : et bientôt ils parurent près de la source et commencèrent à boire à cinquante mètres de moi. Ils avaient marché si doucement que j'avais pris leurs pas pour ceux de chacals, et je n'eus la conscience de leur présence que lorsque l'eau qu'ils avaient ramassée avec leur trompe, et qu'ils se versaient dans la bouche, égoutta dans la fontaine Je jetai un regard hors de mon trou ; le cœur me battait et j'aperçus deux énormes éléphants mâles ; ils avaient l'air de deux châteaux forts plantés devant moi. Je n'y voyais pas très-distinctement, car il ne faisait pas clair de lune ; je me couchai à plat ventre et visai à loisir ; puis je tirai, me servant de ma carabine hollandaise, qui portait fort juste. La balle résonna sur l'épaule de l'un d'eux qui poussa un grand cri, escalada la fontaine, s'enfuit avec son compagnon dans des directions opposées.

De grands troupeaux de zèbres et de wild-heasts bleus gambadèrent autour de moi toute la nuit; ils venaient quelquefois jusqu'à quelques toises de moi : je vis aussi plusieurs troupes de rhinocéros. Je craignais un peu que les lions ne se missent de la partie, et je veillais avec soin chaque fois que j'entendais les hyènes ou les chacals laper l'eau, mais aucun lion ne parut. A la fin, je m'endormis profondément et ne relevai plus la tête que lorque la brillante étoile du matin fût déjà haute à l'horizon.

Avant de continuer mon récit, il me paraît nécessaire de consigner ici quelques remarques sur l'éléphant d'Afrique et sur ses mœurs. On rencontre ce surprenant animal dans les vastes forêts, par troupes plus ou moins nombreuses. Le mâle est beaucoup plus grand que la femelle, et par conséquent beaucoup plus difficile à tuer; il est pourvu de deux énormes défenses qui sont longues, blanchâtres et admirablement recourbées. Elles ont de six à huit pieds de long et pèsent chacune de soixante à cent livres. Dans le voisinage de l'Équateur, les éléphants atteignent une dimension plus élevée que vers le sud, et je possède une paire de défenses d'un éléphant mâle dont la plus grande a dix pieds neuf pouces de long et pèse cent soixante-treize livres. Les femelles diffèrent de celles des éléphants de l'Asie, parce qu'elles ont aussi des défenses.

Le prix des plus grands ivoires sur les marchés d'Angleterre est de 28 à 40 guinées pour cent douze livres.

Les vieux éléphants mâles se rencontrent seuls ou bien deux à deux : ils marchent encore par petites troupes depuis six jusqu'à vingt têtes. Les jeunes mâles suivent leurs mères pendant de longues années, et celles-ci vivent en troupes de vingt à cent animaux. L'éléphant se nourrit principalement de branches, de feuilles et de racines d'arbres, et aussi de différents oignons de plantes, dont il découvre la place à l'aide de son odorat exquis et raffiné. Pour les arracher, il retourne le sol avec ses crocs et l'on voit des arpents entiers labourés de cette manière. Les éléphants consomment une prodigieuse quantité de nourriture et la plus grande partie de leurs jours et de leurs nuits se passe à manger. De même que la baleine dans l'Océan, l'éléphant, sur la terre ferme, s'aventure sur d'immenses étendues de terrain. Il fréquente toujours les endroits les plus frais et les plus verts de la forêt, et, lorsqu'un district est aride et dépouillé, il l'abandonne pendant plusieurs années et va errer au loin en quête de meilleures pâturages.

L'éléphant a pour l'homme une horreur extraordinaire : un enfant qui passerait sous le vent à un quart de mille d'eux en mettrait en fuite une centaine, et, lorsqu'ils sont ainsi dérangés, ils courent longtemps avant de s'arrêter. Ces intelligents animaux pressentent avec une surprenante rapidité le voisinage d'un chasseur.

Lorsqu'une troupe des leurs a été attaquée, tous les autres éléphants qui habitent cette contrée en sont informés dans l'espace de deux ou trois jours ; tous alors la quittent et émigrent au loin, ne laissant au chasseur d'autre ressource que celle d'atteler ses chariots et d'aller ailleurs. C'est là la difficulté et l'obstacle le plus grand que puisse rencontrer un chasseur d'éléphants.

Même dans les lieux les plus solitaires qui sont à bon droit considérés comme les quartiers généraux des éléphants, ce n'est que par hasard, et après des labeurs et des fatigues inouïs, que l'œil du chasseur est réjoui par la vue d'un de ces animaux. Grâce à des habitudes particulières, l'éléphant est plus inaccessible et plus rarement aperçu que toutes les autres races de bêtes fauves, excepté certaines espèces rares

d'antilopes. Ils choisissent pour demeure les profondeurs les plus ignorées des forêts, et c'est en général à une distance très-considérable des rivières et des fontaines où ils ont coutume d'aller boire. Lorsque le temps est sec et chaud, ils vont boire toutes les nuits, mais lorsque le temps est frais ou nuageux, ils ne se désaltèrent que tous les trois ou quatre jours. Vers le coucher du soleil l'éléphant quitte le lieu où il a passé la journée et se dirige vers une fontaine distante presque toujours de douze à vingt milles. Il y arrive habituellement entre neuf heures et minuit, et, après avoir étanché sa soif et s'être rafraîchi en se jetant énormément d'eau sur le corps à l'aide de sa trompe, il retourne dans sa solitude au fond des forêts.

J'ai remarqué que les mâles, lorsqu'ils sont dans un endroit écarté, se couchent sur le côté vers minuit et dorment quelques heures. Ils choisissent souvent une fourmilière qui a vers sa base 30 ou 40 pieds de diamètre, et ils se couchent en y appuyant leur dos. La marque de leur défense de dessous reste très-profondément imprimée sur le sable, ce qui prouve qu'ils s'étendent sur le côté. Je n'ai jamais su que les femelles en usassent de même, et les mâles ne le font que dans les districts très-solitaires, car j'ai observé que dans les lieux où les éléphants peuvent être surpris, ils ne se reposent que debout et sous l'ombrage d'un arbre touffu. Après avoir dormi, ils mangent énormément, et vont de droite et de gauche en zigzag, en écrasant et en détruisant les plus beaux arbres qui se trouvent sur leur passage.

Il est impossible de se faire une idée de la quantité d'arbres que peut détruire ainsi tout un troupeau d'éléphants mâles. Ces animaux sont extrêmement capricieux : s'ils rencontrent un groupe de cinq ou six arbres, il n'est pas rare qu'ils les arrachent tous, et, après avoir brouté deux ou trois petites branches, ils vont plus loin continuer leur œuvre de folle destruction. Il m'est très-souvent arrivé de trouver au milieu des forêts un amas de ces arbres déracinés, entassés les uns sur les autres en telle quantité qu'il n'y avait pas moyen d'avancer ; dans ces cas-là il est fort dangereux d'attaquer les éléphants. Pendant la nuit ils paissent dans des plaines découvertes ou dans des régions boisées très-clair-semées ; mais au point du jour ils se retirent dans des fourrés épais et hors d'atteinte, composés neuf fois sur dix de « wait-a-bit-thorns ». Là, réuni en une masse compacte, le troupeau attend que la chaleur du jour soit passée. Cependant, dans les parages éloignés et lorsque le temps est frais, j'ai vu des troupeaux paître tout le long du jour.

L'aspect de l'éléphant sauvage est excessivement majestueux et imposant ; sa hauteur gigantesque et sa grosseur colossale, surpassant celle des autres quadrupèdes, la singulière sagacité et les habitudes particulières de cet animal, lui donnent, aux yeux du chasseur, un intérêt qu'aucun autre gibier ne peut lui offrir Son allure, lorsqu'il est calme, est hardie, ferme et dégagée; la construction spongieuse du pied rend son pas très-léger et silencieux ; tous ses mouvements sont empreints de beaucoup de douceur et de grâce. Cette description, du reste, ne s'applique à l'éléphant que lorsqu'il rumine à l'aise, rôdant dans le fourré; car, lorsqu'il est excité par l'approche du chasseur, il devient un terrible et dangereux ennemi, plus difficile à vaincre que toute autre bête fauve.

Le 27, dès l'aube, je quittai mon trou et allai inspecter la trace de l'éléphant blessé. Après l'avoir suivie pendant quelque temps, j'arrivai à un monticule escarpé que je gravis, persuadé que du sommet je jouira's de la vue de toute la contrée environnante. Je ne me trompais pas, et, dirigeant mes regards vers l'orient, j'aperçus, à mon inexprimable satisfaction, une troupe de neuf ou dix éléphants qui broutaient tranquillement à un quart de mille de moi. Je ne jetai qu'un seul coup d'œil sur eux et me précipitai en bas, afin d'avertir mes compagnons de garder le silence. Je tins à la hâte un conseil de guerre et je me hâtai de commander à Isaac de galoper vers le camp et de revenir aussi vite que possible avec Kleinboy, mes chiens, ma grande carabine hollandaise et un cheval frais ; puis je regrimpai sur le monticule pour repaître ma vue du spectacle enchanteur qui s'offrait à moi. Je tirai ma lunette pour surveiller exactement les évolutions du troupeau, composé seulement de femelles : plusieurs d'entre elles étaient entourées de leurs petits.

Bientôt, en explorant les alentours, je découvris une seconde troupe de cinq éléphants mâles qui paissaient à l'écart, environ à un mille vers le nord, tandis que les femelles se tenaient près d'un ravin rocailleux qui partait de la base du monticule où je me trouvais. Brûlant d'impatience de commencer l'attaque, je résolus d'essayer du *stolking system* et de forcer cette troupe de mâles avec des chiens et des chevaux. Ceci arrêté, j'ordonnai à mes guides de rester au sommet du monticule pour surveiller les éléphants, et, favorisé par le terrain et par le vent, je gagnai promptement le ravin.

Le troupeau était à peu près à cent toises de moi, et, le cœur palpitant, je résolus de me donner le plaisir de les guetter, tandis qu'ils avançaient lentement de mon côté, cassant les branches des arbres avec leurs trompes et mangeant les feuilles et les bourgeons. A la fin, deux d'entre eux passèrent lentement, et le plus beau de tous, que j'avais choisi d'avance, broutait avec les deux autres sur un arbre épineux à soixante mètres de moi.

Ma main était maintenant aussi ferme que le rocher sur lequel elle s'appuyait : je visai juste, et lui envoyai dans la tête, un peu en arrière de l'œil, une balle

qui le frappa juste où j'avais visé, ce qui ne parut pas le troubler beaucoup. Il poussa néanmoins un grand cri et tournoya sur lui-même. Je lui envoyai alors une seconde balle au défaut de l'épaule, et tous les autres firent un bruit étrange et retentissant et partirent à la file au petit galop, tandis que leurs énormes oreilles s'agitaient comme des éventails par la rapidité de leur course.

Je ne m'arrêtai pas à recharger mon arme, mais je courus au monticule, et, parvenu au sommet, les guides me montrèrent le troupeau arrêté dans un bosquet d'arbres touffus. Le blessé était un peu en arrière avec un autre éléphant, sans doute son ami particulier, qui s'efforçait de l'assister.

Ces éléphants n'avaient sans doute de leur vie entendu la détonation d'un fusil : ne m'ayant ni vu ni senti, ils ne se doutaient pas de la présence d'un homme et paraissaient décidés à ne pas aller plus loin. Mes domestiques survinrent en ce moment, mais j'attendis un peu afin que mes chiens et mes chevaux pussent reprendre haleine. Bientôt nous nous élançâmes vers les éléphants, et nous n'étions plus qu'à 200 toises d'eux, lorsque, grâce au terrain découvert, ils nous aperçurent et s'enfuirent vers l'orient. Le blessé resta fort en arrière et presque aussitôt les chiens l'entourèrent. Leurs aboiements furieux absorbaient son attention.

Je me plaçai entre lui et la troupe qui fuyait, et mis pied à terre à 40 toises de lui, dans un endroit très-découvert. Colesberg, qui avait une peur horrible, me donna beaucoup de tracas, car il me secouait le bras dès que je voulais tirer. A la fin, je lâchai la détente; mais, lorsque je cherchai à me remetre en selle, mon cheval m'en empêcha. Si je voulais le prendre en main et courir, il reculait vers l'éléphant blessé.

Dans ce moment j'en entendis un second tout près, derrière moi, et, me retournant, je vis « l'ami, » la trompe levée, prêt à s'élancer sur moi : un vieux chien d'arrêt sourd, que je nommais Schwart, trottait devant l'animal furibond en jetant de hauts cris.

J'étais convaincu que « l'ami » allait écraser moi ou le cheval ; toutefois je ne voulais pas lâcher ma monture et je tenais la bride de toutes mes forces. Mes gens, qui se tenaient, comme de juste, à distance respectueuse, demeuraient pétrifiés et la bouche béante. Certes ma position ne fut pas enviable pendant quelques secondes. Par bonheur, cependant, les chiens détournèrent l'attention des éléphants et je parvins à me mettre en selle, m'attendant à tout moment à sentir une de leurs trompes m'enlacer le corps. Kleinboy et Isaac, pâles et muets de terreur, me tendirent alors ma carabine cannelée à double canon, et, revenant à la charge j'envoyai une seconde paire de balles dans le corps de l'éléphant blessé. Par malheur Colesberg était extrêmement agité, et je ne pus viser juste.

« L'ami » paraissait résolu à faire un malheur; il m'attaqua avec fureur et me poursuivit pendant plusieurs centaines de mètres ; je me décidai donc à le forcer à être moins officieux. A cet effet, je rechargeai mon arme, et, m'approchant de lui à trente pas, je lui envoyai mes deux coups au défaut de l'épaule. Il s'éloigna aussitôt, la trompe basse, ayant évidemment reçu une blessure mortelle. Je ne me rappelle jamais ce premier jour de chasse à l'éléphant sans regretter la folie que je fis de ne m'occuper que d'un seul éléphant.

Le premier était mourant et ne pouvait m'échapper ; le second était aussi mortellement blessé et je n'avais qu'à le suivre pour l'achever, mais je fus assez fou en m'amusant avec le premier qui marchait à reculons, et s'arrêtait à chaque arbre, de laisser échaper l'autre Deux coups de feu achevèrent le premier. En les recevant l'éléphant releva deux ou trois fois sa trompe en l'air ; puis, tombant de côté contre un arbre épineux qui plia comme de l'herbe sous son poids énorme, il poussa un cri rauque, et expira.

C'était une superbe femelle, la plus belle du troupeau, ainsi que je l'ai déjà dit. Elle était en très-bon état et portait une paire de longues défenses intactes. Mon succès m'avait mis en belle humeur, et j'étais si content d'avoir tué un de ces animaux que, quoiqu'il fût de bonne heure et que mes chevaux fussent frais, je n'inquiétai point les cinq mâles, espérant les retrouver le lendemain. J'étais bien loin alors de connaître les usages des éléphants et le mode de chasse à adopter avec eux.

Ayant mis des entraves à nos chevaux, nous parvînmes, à l'œuvre avec nos couteaux et nos assagais, a préparer la tête pour pouvoir nous servir de la hache qui devait séparer du crâne les défenses : il est bon d'ajouter que la moitié à peu près de l'ivoire est enseveli dans un socle osseux sur le devant du crâne. Il faut, pour extraire les défenses d'une femelle d'éléphant, le cinquième du travail qu'exige l'extraction de ceux d'rn mâle, et, au coucher du soleil, nos efforts réunis n'avaient réussi qu'à détacher une des défenses, avec laquelle nous retournâmes triomphalement au camp, ayant laissé près de la carcasse nos guides qui s'étaient volontairement offerts à passer la nuit à la garder. A notre arrivée aux chariots, je trouvai Johannus et Carolus dans un état de béatitude et d'indifférence complète ; ils étaient tous deux ivres-morts, car ils avaient défoncé à la fois la caisse du vin et celle des spiritueux.

Le 28 je me levai de bonne heure, et, brûlant du désir de faire une nouvelle exploration de la contrée, du haut du monticule qui m'avait procuré une si bonne chance la veille, je déjeunai à la hâte et m'y rendis avec mes piqueurs et mes chiens. Mais, hélas ! j'ouvris en vain les yeux, j'avais laissé une brillante occasion se perdre et quoique j'aie bien souvent gravi le même monticule, cette année et l'année suivante, il ne me fut plus jamais donné de contempler de son sommet une troupe d'éléphants.

Nous étions maintenant à deux jours de marche du kraal de Sicomy, roi de l'immense territoire de Bamangwato On assurait que ce grand chef possédait de l'ivoire en grande quantité, et j'avais apporté beaucoup de mousquets et d'autres articles de troc. J'étais pressé de continuer mon voyage et de conclure mon marché avant de recommencer ma chasse aux éléphants, d'autant plus qu'il n'était pas impossible qu'ayant suivi mon exemple d'autres aventuriers ne marchassent sur mes traces et ne vinssent peut-être entraver mon trafic.

Avec cette pensée, le 30 au matin je me mis en marche pour le kraal de Sicomy, me dirigeant vers les montagnes de Bamangwato, dont nous voyions pointer les cimes au-dessus des forêts qui nous séparaient d'elles du côté de l'orient. Chemin faisant, nous passâmes près du cadavre de l'éléphant que j'avais tué trois jours auparavant. Le nombre des vautours qui y étaient rassemblés était véritablement surprenant. Mes guides avaient fait cuire une portion de la trompe et deux pieds, et ils remisèrent ces mets dans les chariots.

J'éprouve toujours un nouveau motif de satisfaction lorsque je réfléchis que, tout en m'enrichissant en me livrant à la chasse de l'éléphant, mon occupation favorite, je nourrissais bien souvent et rendais heureuses les familles affamées d'une centaine de tribus de Béchuanas et de Bakalaharis qui suivaient obstinément mes chariots, au nombre de cinquante et même jusqu'à deux cents, pour m'aider dans mes chasses. Ces hommes étaient souvent accompagnés de leurs femmes et de leurs familles, et, quand un éléphant ou quelque autre pièce de gros gibier tombait, toutes les mains s'employaient à découper la viande. sans en perdre un pouce, en longues et étroites lanières qu'on suspendait en festons à des gaules pour les faire sécher au soleil. Souvent même les entrailles n'étaient point abandonnées aux vautours et aux hyènes, et tout, jusqu'aux os était brisé pour s'emparer de la moelle, dont on graissait la soupe.

Le 1er juillet nous attelâmes dès l'aurore et nous atteignîmes le Samou très-tard dans l'après-midi. Nous avions cheminé la plus grande partie de la journée à travers un taillis épais de buissons épineux où il fallait frayer à coups de hache un passage à nos chariots. En plusieurs endroits la route était si hérissée de rochers qu'elle menaçait de briser nos roues et nos essieux : nous étions souvent contraints de déplacer des masses de granit En approchant du Samou, nous pénétrâmes dans une lande large et unie, ornée en tous sens d'une multitude variée d'acacias pittoresques et d'autres arbres qui s'élevaient à des distances égales, comme s'ils avaient été plantés par la main des hommes.

De chaque côté de la plaine s'élançaient des montagnes escarpées dont l'aspect était fort pittoresque. Leurs flancs et leurs cimes consistaient en d'immenses quartiers de roc brut, entassés l'un sur l'autre. Quelques-uns étaient si peu en équilibre sur leur piédestal étroit, qu'il me semblait que le doigt d'un enfant aurait pu les faire tomber. Ces collines arides étaient couvertes çà et là, jusqu'au sommet, de touffes clairsemées d'arbres nains et de gigantesques cactus. A mesure que j'avançais, je remarquais des ravins sauvages admirablement boisés, qui se perdaient dans le sein des montagnes.

Nous fûmes bientôt rejoints par trois sujets de Sicomy qui nous apprirent qu'on redoutait journellement une attaque des Matabilis et que pour cela, le chef et toute sa tribu avaient abandonné leurs kraals et habitaient pour le moment des caveaux et d'autres asiles creusés sur les flancs et les cimes des montagnes. Ces hommes nous firent faire le tour d'un rocher formidable, et nous nous trouvâmes dans un ravin sauvage et bien boisé, où on n'apercevait aucun vestige du passage des hommes; mais, en levant les yeux, nous découvrimes toutes les cimes couvertes de femmes et d'enfants, et bientôt après des bandes détachées de guerriers de Sicomy arrivèrent en foule de tous côtés pour contempler l'homme blanc; j'étais le premier que la plupart d'entre eux eussent vu. Tous ces hommes étaient armés et prêts à combattre; chacun d'eux portait un bouclier ovale de cuir de bœuf, de buffle ou de girafe, une hache d'armes et trois ou quatre assagais; ils avaient en outre des manteaux de peaux de chacal et de léopard, qui leur tombaient gracieusement des épaules. Plusieurs portaient sur le haut de la tête une touffe de plumes d'autruches noires, tandis que d'autres ornaient leurs cheveux laineux d'une ou deux plumes blanches ondoyantes. Les hommes et les femmes étaient également chargés d'ornements de verroteries et de fil d'archal en cuivre et en étain.

Nous fûmes bientôt accostés par un messager de Sicomy, qui vint dire que le roi était charmé de notre arrivée et qu'il allait dans peu venir me voir. Nous cheminâmes dans l'étroit ravin tant qu'il fut praticable; l'eau avait gagné l'autre extrémité. Presque aussitôt que nous eûmes campé, Sicomy parut avec une suite nombreuse de ses guerriers et de ses principaux nobles. Il était de moyenne stature et paraissait âgé de trente ans. Le trait le plus saillant de son visage était un œil vairon qui imprimait à sa physionomie un caractère de fourberie que les manœuvres de finesse et d'astuce de l'homme ne démentaient pas. Lorsqu'il fut près des chariots, j'allai à sa rencontre et lui donnai une poignée de main en l'invitant à prendre du café. Quoique je visse clairement qu'il était enchanté de mon arrivée, il usa de manières brusques et hautaines. Se tournant fréquemment vers les siens pour faire des plaisanteries, et, parlant très-vite, il s'empressa de se faire rendre compte par Isaac du contenu des chariots et me dit qu'il voulait acheter tout ce que j'avais apporté, m'assurant qu'il me donnerait pour chaque mousquet une grande défense d'éléphant mâle.

Ceci était une amorce pour voir ce que je dirais. Je lui répondis que dans mon pays les mousquets coûtaient plusieurs dents et que je ne les avais pas volés; car, tout en le traitant avec une extrême affabilité, je voulais conserver dans mes transactions la plus complète indépendance. J'ajoutai que les autres hommes blancs redoutaient de venir si loin pour trafiquer avec lui, mais que son ami le docteur Livingstone m'avait recommandé de le faire et que je lui apportais un présent de sa part. Je lui remis ce présent, qui venait de moi-même, et consistait en verroteries, en tabac à priser et en munitions. Je me divertis beaucoup du maintien timide et servile des hommes de Booby en présence du roi. Ils s'approchaient de lui humblement, et le saluaient en étendant leurs deux mains qu'ils frappaient l'une contre l'autre, en disant en même temps : *Rumila cosi*, ce qui signifie : « Salut, roi. » Sa majesté daignait répondre gracieusement à cet hommage en leur disant : *Eh!* ce qui est la mode béchuana invariable pour répondre à un salut. Les naturels me rendirent mon salut par ces mots : *Eh! koctumela cosi a machoa!* ce qui signifie : Oh! merci, roi des hommes blancs! Après avoir salué le roi, les gens de Booby eurent l'effronterie de faire valoir les peines inouïes qu'ils avaient prises pour persuader au grand homme blanc de visiter ses domaines et la façon méritoire dont ils étaient parvenus à m'y conduire. Sa majesté leur exprima sa reconnaissance et ordonna qu'on leur apportât le *boyalva*, ou bière du pays. Sicomy resta très-longtemps près des chariots en conversation sérieuse et continua à causer avec mon interprète et ses conseillers les plus anciens. Il se retira fort tard, promettant de revenir de bonne heure le lendemain; néanmoins, de crainte que quelques-uns des siens ne vinssent trafiquer avec moi en son absence, il enjoignit à son oncle Mutchuisho de demeurer la nuit auprès de mes chariots.

Le roi parut de très-bon matin, suivi d'un plus grand nombre de guerriers, tous portant leur attirail de combat. J'étais encore au lit, et, voyant sa majesté regarder en tapinois dans mon chariot, je feignis de dormir. Bientôt je remarquai un indigène qui traversait la clairière portant sur ses épaules une dent d'éléphant mâle qu'il déposa sous un chariot. On apporta le café; je me levai, et le roi déjeuna avec moi. J'avais résolu de parler d'ivoire le moins possible et de paraître très-insouciant; c'est un système dont il est important de ne pas s'écarter quand on fait le commerce avec les naturels qui, en tout temps, agissent avec lenteur, et cela plus encore si le marchand leur laisse soupçonner qu'il désire beaucoup leurs objets d'échanges.

Dans les transactions avec les Béchuanas, le point

le plus difficile est d'abord de se mettre d'accord sur le prix des articles, mais dès que l'affaire est entamée et que les naturels sont satisfaits du prix, les échanges s'effectuent rapidement. Le marchand doit demander un peu plus qu'il ne veut obtenir, afin d'avoir l'air de céder à leurs importunités, sans cela ils ne traiteraient point avec lui. Ils ne se pressent jamais de conclure un marché et croient toujours qu'il est nécessaire, avant de se décider, de demander leur avis à toutes les personnes présentes. Si une seule d'entre elles était opposée au marché proposé, tout espoir de trafic serait perdu pour le moment.

J'ai plus d'une fois manqué un marché sur le point d'être conclu par la faute de quelque vieille femme qui passait par hasard au moment même et qui s'écriait que mes prix étaient trop élevés, quoiqu'elle ignorât parfaitement les termes de la transaction.

Pendant que Sicomy prenait son café, il me dit qu'il avait expédié des hommes pour chercher les dents d'éléphant qui, assurait-il, étaient loin de là et qu'il voulait tout acheter sans délai afin que je pusse quitter le pays avant l'arrivée des Matabilis. Je soupçonnai alors la rumeur concernant cette tribu d'être une pure invention, mais j'appris plus tard qu'elle était réelle.

Dans la matinée, je m'occupai d'écrire mon journal, et je pus me convaincre que le roi était inquiet de mon insouciance pour le commerce. A la fin pourtant il me demanda de sortir du chariot, disant qu'il m'avait apporté un cadeau, et il exhiba la dent d'éléphant qui était sous le chariot. Je le remerciai, me montrai très-satisfait de ce don, et en retour je lui offris sur-le-champ des perles de verre, qui lui parurent être l'équivalent. Il me demanda aussitôt le prix de mes mousquets et je répondis : Quatre grandes dents d'éléphant mâle pour chacun, sur quoi il se retira dans un bosquet voisin et demeura plusieurs heures à se consulter avec ses conseillers ; à la fin parurent deux hommes arrivant par deux côtés opposés, chacun portant une dent. Lorsqu'ils arrivèrent, Sicomy ordonna qu'on plaçât les dents devant moi ; et, appelant Isaac, il fit une longue harangue, remplie d'une foule d'absurdités, tendant à me persuader d'accepter deux dents pour un mousquet ; enfin il en ajouta une troisième beaucoup plus petite, après avoir parlé jusqu'au coucher du soleil. Il m'offrit de nouveau deux dents pour un fusil, disant qu'il allait s'en retourner chez lui et qu'il ne savait pas s'il reviendrait. Je lui répliquai que je ne l'avais pas prié de me rien acheter et que je n'étais venu sur son territoire que pour jouir du plaisir de la chasse aux éléphants ; qu'il m'était parfaitement égal qu'il fît ou non des emplettes, et qu'il y avait beaucoup d'autres chefs qui souhaitaient ardemment acheter mes marchandises. A ces mots, je lui souhaitai le bonsoir, et, la carabine sur l'épaule, je m'éloignai dans le ravin.

Le lendemain de bonne heure, Sicomy était auprès de mes chariots, et, après déjeuné, il reprit les choses au point où elles étaient restées la veille ; après une discussion très-prolongée, la troisième dent fut ajoutée, et je lui donnai un mousquet. Puis il me persécuta pour avoir un moule à fondre les balles, et, l'ayant obtenu, il insista pour avoir un saumon de plomb. Je lui dis que je ne pouvais pas lui donner cela pour un seul fusil, mais que s'il se conduisait généreusement, par la suite je lui en donnerais un ; il n'en continua pas moins à me tracasser à ce sujet jusque fort tard dans l'après-midi, et alors il commença à parler de la cession d'un second fusil.

On apporta trois autres dents, et nous étions presque d'accord lorsque quelques-uns de ses conseillers lui dirent qu'il aurait dû avoir de la poudre et des balles avec le premier fusil. Il continua de m'ennuyer à ce sujet jusqu'à ce qu'il fût très-tard, et je lui dis alors que, s'il croyait avoir trop payé son fusil, il pouvait me le rendre et reprendre ses défenses ; il délibéra un peu avec ses sages et me rapporta mon arme. Je mis ma carabine sur mon épaule et menai boire mes chiens. Les sources étaient situées assez loin du camp et il y avait peu d'eau. J'y rencontrai beaucoup de femmes de Bamangwato, qui tiraient de l'eau, qu'elles emportaient, dans leurs retraites aériennes, sur leur tête, dans des vases de terre.

La source où mon bétail buvait était aussi fort éloigné des chariots, et n'en fournissait que fort peu : cette disette eut pour résultat immédiat de faire dépérir mes bœufs et mes chevaux. Dans cet état de choses, je résolus de ne plus passer qu'un seul jour à Bamangwato, et je décidai qu'il fallait tâcher de s'arranger avec Sicomy dès le lendemain. En retournant au camp, Carolus m'annonça que la moitié de mes bœufs manquaient, ce qui me causa une vive frayeur. Je me doutai d'une trahison, et je savais bien que, si Sicomy s'en était emparé, je ne les recouvrerais pas facilement. Je dépêchai à l'instant deux hommes à cheval dans des directions opposées, avec l'ordre de chercher les traces. Ils revinrent très fiers, après les avoir retrouvés.

Je ne pouvais m'empêcher d'être contrarié de la lenteur de mes projets d'échange, mais le mal était sans remède, et je recueillis le jour suivant les profits de ma politique

Quoique je trouvasse ce genre d'affaires terriblement ennuyeux, cela valait pourtant la peine d'y consacrer un peu de temps et de subir ce retard, à cause de l'immense bénéfice que j'en retirerais. J'avais payé 16 livres la caisse contenant 20 mousquets, tandis que la valeur de l'ivoire que je demandais en échange de chaque arme à feu excédait 30 livres, ce qui faisait environ 3,000 0/0. On m'assure que les commerçants trouvent un pareil bénéfice parfaitement acceptable. Sicomy avait dans ce temps une immense quantité d'ivoire admirable, et il s'en procure encore annuel-

lement une prodigieuse quantité. Depuis que j'ai vi·
site Bamangwato pour la première fois et que j'ai appris aux naturels à se servir d'armes à feu, ils savent
tuer eux-mèmes les éléphants; mais, avant mon arrivée, les efforts réunis de la tribu tout entiere ne
pouvaient vaincre un éléphant parvenu à toute sa
croissance. Tout l'ivoire que Sicomy avait en ce-
temps-là, et probablement une grande partie de ce
lui qu'il en a maintenant, provient des éléphants
tués avec des assagais par une race audacieuse de
bu-hmen, qui habite les régions les plus reculées au
nord et au nord-ouest de Bamangwato.

Sicomy obtint cet ivoire en échange de quelques verroteries, puis il força quelques pauvres Bakalahari ou
naturels sauvages du désert (qu'il se croyait en droit
de tyranniser) de porter ces dents sur leurs épaules,
au travers d'immenses déserts de sables brûlants,
jusqu'à son quartier général, à Bamangwato. Ces
pauvres créatures éprouvaient une si horrible fatigue
que beaucoup d'entre elles mouraient en route. Le 4
au matin, de bonne heure, Sicomy n'ayant pas paru,
je me rendis à sa résidence, accompagné d'Isaac et
de plusieurs gens du pays. Après une longue et pénible ascension au flanc de la montagne, parmi des
masses de rochers, nous atteignîmes la demeure temporaire du chef. Elle consistait en une petite hutte
circulaire, composée d'un treillage en branches d'arbres traversé de petits rameaux et couvert de gazon.
Autour de la demeure royale on voyait bon nombre
de huttes pareilles, élevees sur des pointes dont ses
hommes avaient déblayé le sol parmi les rochers.
Toutefois ce petit kraal n'était habité que par une
très-faible portion de sa tribu, qui était dispersée en
différentes parties de la chaîne de montagnes. Le bétail occupait les avant-postes

Je trouvai Sicomy assis devant son wigwam, en
conversation très-animée avec ses conseillers, et je
lui annonçai que, vu la rareté de l'eau à Bamangwato,
je n'y pouvais pas prolonger mon séjour. Il me remercia et me dit qu'il était très-content que j'eusse
visité son pays, mais qu'une chose affligeait son cœur,
à savoir que nous n'avions pas pu trafiquer ensemble.
Je lui répondis que c'était sa faute, car je lui avais
offert des marchandises au même prix que je les
avais vendues à d'autres, que j'étais encore disposé
à traiter avec lui, s'il voulait le faire loyalement.

Nous partîmes tous ensuite pour mes chariots, et le
marché fut vite conclu. Le roi prit sans discontinuer du
café et du tabac en effrayante quantité, et toute la
journée les grands bols de bierre mousseuse circulèrent
à profusion. Il me donna trois dents d'éléphant mâle
pour les dix premiers mousquets, auxquels j'ajoutai
pour appoint de la poudre et du plomb. Ensuite le
prix fut réduit à deux dents par mousquet; ce genre
d'accord satisfit toute l'assemblée, et le troc s'effectua
sans murmures. Des indigènes aux fortes épaules passèrent la journée à aller et venir en trois directions différentes, portant sur leurs épaules les précieuses dépouilles des éléphants de Kalahari; au coucher du
soleil, je m'étais défait de tous mes mousquets et j'é-
tais possesseur d'une partie d'ivoire de très-grande
valeur. Je troquai aussi des perles de verre et des
munitions contre des dents de femelles.

J'avais résolu aussi de faire l'emplette de beaux
échantillons de costumes du pays, des armes, etc.,
mais, l'ivoire étant l'article le plus important, je pré-
férai ajourner toute autre transaction jusqu'à la fin
du marché. Le roi paraissait ravi de ses emplettes, et
il insistait pour tirer chaque mousquet à mesure qu'il
les achetait; rejetant en arrière son manteau et appuyant la crosse sur son épaule, il fermait son bon
œil et gardait ouvert le mauvais, à l'inexprimable joie
des Hottentots, qui étaient ses instructeurs dans la
science du tir. Chaque détonation causait une vive
sensation parmi les guerriers, qui se pressaient autour du roi, demandant qu'il leur fût aussi permis
d'essayer leur talent avec ces nouveaux instruments
de guerre.

Le roi possédait un vase à boire des plus merveilleux, que j'étais décidé à acquérir, si c'était possible;
il était fait avec la corne du « kobaoba », espèce très-rare
de rhinocéros; ce « knob kerry » était d'une longueur
démesurée, excédant de beaucoup tout ce que j'avais
vu auparavant et tout ce que j'ai vu depuis. Je passai à
Sicomy ma tabatière, et, désignant du doigt le « kerry, »
je lui demandai où le « kobaoba » avait été tué. Il
répondit qu'il lui avait été envoyé par un chef qui résidait à une immense distance, sur les bords du lac de
Boat. Je lui demandai alors de me le donner comme
un gage de souvenir, mais il me répliqua qu'il appartenait à sa femme, et qu'il ne pouvait pas en disposer.

Bientôt, cependant, tout en dégustant son café, il
dit que, si je voulais l'acheter, je pourrais l'obtenir
en remplissant de poudre à tirer la tasse qu'il tenait
à la main : en conséquence, lorsque sa majesté eut
achevé de boire, je lui passai la poudre et devins possesseur du « knob-kerry », que j'ai encore et auquel
j'attache un grand prix. Il était nuit, et le roi, ainsi que
sa suite, bivouaquèrent autour de grands feux que les
Béchuanas ont la constante habitude d'allumer et
d'entretenir. Leurs lits se composaient de longues
herbes sèches, et le bivouac fut entouré par leurs soins
d'une haie de branches d'épines.

Le lendemain matin, de bonne heure, j'obtins de
très-beaux échantillons de karosses, ou manteaux, et
d'armes de Béchuanas. Il y eut pour cela, comme il y
avait eu pour l'ivoire, de terribles discussions, et je dus
payer assez cher les « chakas » ou haches de combat,
auxquelles toutes les tribus bechuanas attachent en
général beaucoup de prix.

J'avais toujours eu l'intention de pénétrer plus
avant que Bamangwato; mais, cédant d'une part aux

faux rapports d'Isaac, agissant selon les vues et les
désirs de Sicomy à cet égard, et d'autre part consi-
dérant l'attaque prochaine des Matabilis, je résolus,
quant au présent, de ne pas étendre plus loin mes
pérégrinations et de chasser pendant le reste de la
saison dans la belle contrée enclavée entre les montagnes de Bamangwato et de Sichely.

XIV

*Départ de chez Sicomy. — Travaux pour trouver de l'eau. —
L'antilope Roan. — Le camp de Sicomy. — Recherche des
éléphants. — Les oiseaux des rhinocéros. — La bataille. —
La conquête. — Dépècement d'un éléphant. — Cuisson de la
chair d'éléphant. — Les jupes primitives. — Résultat de la
chasse.*

Vers onze heures du matin. le 5 juillet, tout était prêt.
Je pris congé de Sicomy et rebroussai chemin jusqu'à
Corriebily J'éprouvai quelque inquiétude en voyant
combien le manque d'eau avait maigri et abattu mon
bétail. Depuis mon départ de Corriebily aucun de
mes animaux n'avait pu se désaltérer suffisamment,
et il y en avait plusieurs qui étaient si affaiblis que
j'avais grand'peur qu'ils ne pussent pas arriver jusqu'à cette fontaine. Une petite troupe d'indigènes, m'accompagnait depuis mon départ de chez Sicomy, dans
l'espoir d'avoir de la viande. .

Après avoir cheminé un mille, je m'aperçus de l'absence de mon levrier Flam ; comme le roi avait mani-
festé ouvertement une grande prédilection pour cette
race de chiens, je ne doutai pas qu'il ne m'eût été volé
par ses ordres. Nous arrivâmes, après une marche de
six milles, près d'un trou à gravier très-profond, situé
à côté d'un bloc de granit rouge ; il y avait au fond
environ un tonneau d'eau de source. Comme la fontaine de Corriebily était encore fort éloignée, je me mis
courageusement à l'ouvrage, avec les miens, pour extraire le gravier. J'eus bientôt la satisfaction de découvrir une petite source d'excellente eau qui coulait
de dessous le bloc de granit, et il en tombait autant
que nous en pouvions puiser dans nos seaux ; cette
provision, venue si à propos, fut pour moi d'un prix
inestimable. car mes pauvres chiens, aussi bien que
le bétail, éprouvaient une grande détresse.

Grâce à ce secours, nous pûmes continuer notre
voyage, et, au coucher du soleil, nous fîmes halte à
moitié chemin de Corriebily, où nous arrivâmes le lendemain matin , vers dix heures. J'étais bien heureux
d'avoir réussi à amener toutes mes pauvres bêtes vi-
vantes jusqu'à cette fontaine, où elles pouvaient boire
tant qu'elles voudraient. Pendant que nous déjeunions,

trois hommes de Sicomy s'approchèrent, tenant en
laisse mon levrier que l'on me ramenait.

Nous attelâmes, et nous marchâmes jusqu'au lieu
où tomba mon premier éléphant ; nous y fîmes halte
pour la nuit. En arrivant à Massonney, j'examinai
soigneusement les traces d'éléphants ; j'avais déjà fait
à peu près le tour de la fontaine, quand tout à coup
je vis devant moi les larges, les longues, les énormes
traces toutes fraîches de deux puissants éléphants
mâles, qui y étaient venus boire pendant la nuit. J'é-
tais enchanté. J'avais grande confiance dans l'habileté
des hommes de Bamangwato pour suivre une piste, et
je me tins pour assuré que le jour était enfin arrivé où
j'allais tuer mon premier éléphant mâle.

Les Béchuanas se mirent sur-le-champ en quête et
cela sans hésitation. Je suivais leurs pas, plein d'espérance. La trace appuyait tout à fait à l'ouest, direction dans laquelle je n'avais pas encore marché : je la
suivis pendant plusieurs milles à travers une contrée
déserte. Nous arrivâmes à un district où croissaient en
abondance des baies savoureuses et fort douces : les
éléphants avaient commencé à dévorer les racines des
arbres et à creuser le sable très-profondément avec
leurs crocs.

Les empreintes anciennes et nouvelles s'étendaient
de tous côtés, se croisant en tous sens, et nous perdîmes bientôt notre piste. Nous employâmes plusieurs
heures en de vaines recherches ; nous fîmes des détours à droite et à gauche, espérant réparer le désappointement de la journée, mais tout cela sans succès,
et je fus contraint d'y renoncer. Les Béchuanas s'accroupirent et déclarèrent avec humeur qu'ils n'iraient
pas plus loin.

Comme nous nous en allions, nous rencontrâmes
une troupe de quinze girafes, et, après une poursuite
acharnée, pendant laquelle elles se maintinrent en
corps serré avec une régularité digne d'un escadron,
je parvins enfin à séparer des autres un beau mâle
ayant au moins dix-huit pieds de hauteur et le forçai
à une courte distance du camp. Les Béchuanas, ravis de mon succès, allumèrent un feu et passèrent la
nuit auprès de la carcasse, car ils avaient promptement dépécé la chair en lanières et extrait la moelle
des os.

Dans la matinée du 8 j'allai à la fontaine pour inspecter les terrains tout autour, mais il n'y avait pas
de traces nouvelles. Le temps rafraîchi était charmant, un vent fortifiant soufflait, le ciel était parsemé
de nuages blanchâtres, et lorsqu'après, le déjeuner je
montai à cheval pour aller à la recherche des éléphants, je reconnus les marques de leur défenses.
À chaque bosquet que je rencontrais, tous les grands
arbres avoisinant les mares bourbeuses, qui pour le
moment se trouvaient desséchées, étaient souillés
de fanges cuites au soleil à la hauteur de douze pieds
du sol.

Le soir je pris ma lourde carabine à un coup, et, en rôdant aux environs de la fontaine, j'aperçus une grande troupe de wild-beasts qui s'avançaient pour boire à la vley. Je me jetai à plat ventre derrière un buisson rabougri, auprès duquel ces animaux devaient passer; et en relevant la tête pour voir s'ils étaient proches, je vis une paire d'antilopes « roan » ou gems-boks bâtards, espèce très-rare et très-belle, qui avançaient avec précaution et n'étaient qu'à 120 toises de moi.

Je visai le mâle et le manquai. Tout le troupeau de wild-beasts rebroussa vivement chemin et disparut au grand galop, enveloppé d'un nuage de poussière; mais les deux roan-antilopes, qui, sans doute, n'avaient jamais entendu la détonation d'une arme à feu, étaient arrêtées et regardaient autour d'elles. Je rechargeai à la hâte, et lâchai la détente : le mâle tomba sous le coup, la balle lui était entrée dans l'épaule. Il resta étendu, ruant et rugissant, jusqu'à ce que j'eusse presque achevé de recharger mon arme, puis soudain il se remit sur ses pieds et courut après son camarade.

En ce moment Argyll et Bouteberg, deux excellents chiens, ayant entendu les coups de feu et aperçu la bête blessée, prirent chasse, et, à ma grande surprise, l'animal, au lieu de leur faire face, s'enfuit à toutes jambes. Il faisait déjà presque noir, mais je suivis les chiens. Bientôt j'entendis un bruit étrange, et tout à coup je me trouvai en face de l'antilope blessée, que cinq de mes chiens poursuivaient de près. La bête se dirigeait vers l'eau, et se serait mise en arrêt, si par malheur je ne m'étais trouvé là pour l'en empêcher. Ma carabine était dans son fourreau, ce qui m'empêcha de tirer : l'animal passa contre les chariots, où d'autres chiens se joignirent à la meute.

En arrivant au camp, je m'aperçus que Kleinhoy avait vu et suivi la chasse; il revint bientôt hors d'haleine, m'annoncer que l'antilope était en arrêt à un demi-mille du camp, au delà des collines, et qu'elle tuait mes chiens à droite et à gauche. Je saisis ma carabine et l'accompagnai à l'endroit désigné. J'entendis bientôt le bruit que faisait ma meute. L'animal était couché à côté d'un buisson, et mes chiens l'entouraient en aboyant.

Trois autres chiens étaient venus du camp avec moi; en apercevant l'antilope couchée ils s'élancèrent, mais la bête furieuse en tua un sur place et en blessa cruellement un autre près de l'épaule : c'étaient Vitfort et Argyll, deux de mes meilleurs lévriers. Elle continua à frapper avec une rage indicible, et atteignit Wolf et Flam avec tant de violence qu'elle leur fit grand mal. Elle avait tué, avant mon arrivée, Bles, mon plus vigoureux et mon plus brave chien, lui perçant le cœur d'un coup de corne. Je fus longtemps empêché de pouvoir tirer, car la nuit était sombre et le gems-bok était à terre entouré des chiens survivants qui le pressaient de près.

A la fin il se releva et je le tuai roide. C'était bien le même animal que j'avais précédemment blessé d'une balle à l'épaule et j'avais un admirable échantillon de roan-antilope. Ses cornes superbes ayant la forme d'un cimeterre, étaient longues, bien plantées et admirablement courbées. Avant de quitter Missoney, je tuai encore deux belles girafes, plusieurs élans gras et force gibier de toutes sortes.

Je demeurai pendant quelques jours dans le voisinage de la fontaine, et, voyant qu'elle était entièrement abandonnée par les éléphants, je me décidai à rebrousser chemin et à aller chercher aventure au delà de Bamangwato; car je découvris qu'on m'avait abusé, et que le roi désirait fort que je chassasse dans ses États. En conséquence, nous retournâmes, le 18, au camp de Sicomy, sur des montagnes rocheuses.

Je trouvai le roi assis sous l'ombrage d'un arbre assez bas, avec quelques amis et plusieurs de ses femmes. Autour du kraal gisaient à terre et pourrissaient bon nombre de crânes énormes de koodoos, parmi lesquels il y en avait plusieurs paires qui excédaient en dimension tout ce que j'avais vu jusqu'alors. La vue, du côté du sud-ouest, était magnifique.

Au bas de la montagne se développait sans interruption, aussi loin que l'œil pouvait atteindre, un parc très-uni, qui traversait la chaîne de montagnes par une large ouverture. Tous les arbres de la forêt, tous les bosquets étaient si touffus, que leur sommet ressemblait à la nappe de l'Océan vue du haut d'un récif escarpé sur le rivage. Après avoir goûté avec le roi les produits de sa brasserie, nous continuâmes à marcher vers le parc, accompagnés des frères de Sicomy, et, en regardant derrière moi, j'aperçus une foule de naturels qui nous suivaient. Ils arrivaient de tous côtés par petites troupes, soit des vallées, soit descendant des rochers, et ma suite finit par être de plus de deux cents hommes.

Nous marchions vers le nord et arrivâmes le second jour à Litlochu, source abondante qui coule perpétuellement. Elle est située dans un ravin agreste et rocailleux, au milieu de collines très-basses, bornées au nord et à l'ouest par une espèce de bassin creux, large et à pente douce, parsemé de grands bosquets et de clairières découvertes. Ce creux avait six à huit milles de large, il était fréquenté par des élans et des girafes. Au delà s'étendait l'immensité sans limites du désert sablonneux de Kalahari. Là, je jouis chaque jour du plaisir de chasser ce gibier; mais, quoique les éléphants vinssent de temps à autre près de l'eau, nous suivions leurs traces à une distance prodigieuse sans jamais parvenir à les apercevoir.

Le 23, avant midi, un naturel m'apprit que, dans un taillis vers le sud, il avait vu un rhinocéros blanc; je le suivis à l'endroit désigné, et nous tombâmes auprès d'un énorme « muchacho », qui dormait sous un arbre touffu; son aspect était celui d'un monstrueux porc, car l'éléphant lui ressemble légèrement quant à sa forme ; il agitait continuellement ses oreilles, comme le fait toujours un rhinocéros en dormant. Cependant, avant que je pusse me mettre en posture, plusieurs oiseaux de rhinocéros l'avertirent du danger qui le menaçait en lui fourrant leur bec dans l'oreille et en poussant leur cri aigu et discordant. Aussitôt réveillé, l'animal se releva vivement et partit au trot à travers les taillis, brisant tout sur son passage, et je ne le revis plus. Ces « rhinocéros-birds » escortent sans cesse l'hippopotame et les quatre espèces de rhinocéros, et se nourrissent des insectes qui bourdonnent autour de ces animaux ; ils sont d'une couleur grisâtre et presque aussi gros qu'une grive ordinaire ; leur chant est à peu près semblable à celui de la grive de bruyère. Ces vigilants volatiles ont bien souvent troublé mes plaisirs et j'ai été tenté de maudire leur dévouement ; ils sont les meilleurs amis du rhinocéros, et ne manquent jamais de l'arracher à son profond sommeil.

Le rhinocéros comprend à merveille leurs avertissements : il se met sur pied à l'instant, regarde de tous côtés et prend la fuite. J'ai fréquemment chassé le rhinocéros à cheval : il me conduisait à plusieurs milles de distance et recevait plusieurs coups de feu avant de tomber, et pendant ces longues chasses plusieurs de ces oiseaux l'assistaient jusqu'au dernier moment. Ils se perchaient sur son dos et sur ses flancs ; à chaque balle qui résonnait sur l'épaule de l'animal, ils s'élevaient de six pieds dans les airs en poussant leur aigre cri d'alarme et reprenaient ensuite leur position. Il arrivait souvent que les branches basses des arbres sous lesquels le rhinocéros passait les repoussait de leur perchoir, mais ils s'y reportaient aussitôt. J'ai plus d'une fois tué ces animaux lorsqu'ils venaient boire la nuit ; mais les oiseaux les croyant endormis restaient près d'eux jusqu'au matin. En m'approchant, je remarquais alors qu'avant de prendre leur vol ils faisaient tous leurs efforts pour éveiller le rhinocéros.

Vers le soir, un individu qui avait été expédié à la recherche des éléphants revint au camp et nous dit qu'une petite tribu de Bakalaharis, campée dans une chaîne de montagnes à l'ouest, assurait que des rhinocéros fréquentaient les forê s voisines de leur résidence. Mutchuisho, oncle de Sicomy, qui m'accompagnait dans mes chasses sur son territoire, m'avertit de me tenir prêt à partir avec lui le lendemain pour aller à la recherche des éléphants.

En conséquence, le 24, de bonne heure, je me mis en campagne avec Isaac et Kleinboy comme piqueurs, escortés de Mutchuisho et de cent cinquante hommes de sa tribu. Nous marchâmes vers le nord-est, et, après avoir fait environ cinq milles dans la forêt, nous atteignîmes une fontaine où je remarquai le trou d'une troupe d'éléphants femelles. Nous fîmes là une courte halte. On prit force tabac, puis, en inspectant de plus en plus les susdites traces, nous fûmes d'avis qu'elles

avaient deux jours de date, et j'éprouvai un nouveau désappointement.

Le pays qui s'étendait maintenant devant moi était une vaste forêt bien unie ; il se développait au nord et à l'est pendant vingt milles, sans interruption : là le paysage était bordé par des chaînes de montagnes bleues d'une élévation considérable, où deux cimes coniques, l'une à côté de l'autre, dépassaient de beaucoup toutes les autres ; c'est là que s'élevaient les anciennes habitations des Bamangwatos, mais les cruels Matabilis les avaient forcés de chercher un asile parmi les montagnes rocheuses où ils vivent aujourd'hui. Nous continuâmes à cheminer vers l'orient et traversâmes deux fois le lit de gravier d'une rivière ou plutôt d'un torrent où se trouvaient plusieurs sources d'une eau excellente ; les éléphants avec leur trompe dégageaient le gravier qui obstruait ces sources, autour desquelles il y avait aussi de nombreuses traces de rhinocéros.

Nous suivîmes pendant plusieurs milles un sentier aride et desséché, rempli de wait-a-bit-thorns, et nous entrâmes dans une forêt ornée de groupes très-pittoresques de vieux arbres qui donnaient beaucoup d'ombre. Nous en explorâmes les profondeurs et ressortîmes sur une petite clairière très-découverte où paissaient des brindled gnoos, deux ou trois troupes de pallahs et une bande d'environ quinze girafes. Nous marchâmes deux milles encore, et deux heures à peine nous séparaient de la chute du jour quand tout à coup nous decouvrîmes un arbre récemment brisé par un éléphant. Quelques-uns des naturels examinèrent les feuilles et les branches rompues, afin de reconnaître exactement quand la bête avait passé par là, tandis que d'autres inspectèrent les traces.

Ils furent d'avis que c'était un mâle de premier choix et qu'il avait passé là le matin même. Le terrain n'était pas favorable pour suivre une piste, mais ceux qui s'en chargèrent déployèrent une grande habileté. Nous arrivâmes assez promptement à l'endroit où quelques heures auparavant une troupe d'éléphants mâles avait brouté. Notre chemin était obstrué par de grandes branches et même des arbres entiers qui, brisés et déracinés, jonchaient le sol ; les éléphants les avaient entraînés à plusieurs toises avant d'en dévorer les feuilles. Il y avait aussi des places où ils avaient labouré la terre de leurs crocs, en quête de racines, et où de larges traces tout s fraîches, bien faites pour émoustiller un chasseur, étaient parfaitement visibles.

Tout cela était intéressant et promettait beaucoup : mais le coucher du soleil était si proche que j'avais peu d'espoir de rencontrer mon gibier. A vrai dire Mutchuisho désirait vivement que je ne fusse point désappointé ; il avait ôté son manteau et, muni d'un des mousquets que Sicomy m'avait achetés, il ordonna au corps de réserve de s'asseoir en silence jusqu'à ce que l'attaque commençât : il se mit à la tête de la bande des dépisteurs, composée d'environ quinze vieux roués, et nous suivîmes la trace peu de temps. Le vieillard me dit alors que nous étions très-près des éléphants: quelques minutes plus tard, des dépisteurs affirmèrent avoir entendu briser un arbre ; seulement les uns disaient que c'était en avant, les autres indiquaient une direction opposée.

Nous marchions toujours néanmoins. Mutchuisho échelonnait ses hommes de droite et de gauche, tandis que nous continuions à suivre la trace, mais au bout de quelques minutes, un d'eux accourut hors d'haleine, disant qu'il avait vu les animaux que nous cherchions. Je m'arrêtai un instant et dis à Isaac, qui portait la grande carabine hollandaise, d'agir séparément, tandis que Kleinboy viendrait m'assister : mais comme d'ordinaire, dès que l'affaire s'engagea, mes gens ne songèrent plus qu'à eux-mêmes.

Quant à moi, je relevai mes manches jusqu'à l'épaule, je bus une gorgée d'eau pure dans la calebasse d'un des dépisteurs ; et saisissant ma carabine cannelée à deux coups, je dis à mon guide d'aller en avant. Il obéit, et lorsqu'il eut marché en silence quelques centaines de toises, il s'arrêta brusquement en s'écriant : *Klow !* Devant nous, à cent cinquante toises de distance, à l'ombre d'un bosquet épais, se tenait une troupe d'éléphants mâles. Je galopai vers elle : mais, aussitôt qu'ils m'aperçurent, ils firent un bruit étourdissant en relevant leur trompe en l'air, tournèrent sur eux-mêmes et s'enfuirent tous ensemble, brisant tout dans les forêts sur leur passage et soulevant un nuage de poussière.

La distance que j'avais dû franchir et les obstacles que j'avais surmontés pour contempler ces éléphants se présentèrent alors à mon esprit, et je jurai que cette fois au moins je n'aurais rien à me reprocher : au même instant, enfonçant les éperons dans flancs de Souday, je me mis à leur poursuite, trop près même pour ma sûreté. Les éléphants appuyant en ce moment sur la gauche, je les vis à mon aise. La troupe consistait en six mâles, dont quatre de premier choix ; les deux derniers, fort beaux aussi, n'avaient pas encore atteint leur entier développement.

Sur les quatre vieux il y en avait deux dont les défenses étaient plus belles ; j'hésitais à viser celui que je choisirais, lorsque tout à coup l'éléphant qui, selon moi, avait les plus fortes défenses, se sépara de ses camarades : je le suivis à l'instant, convaincu qu'il devait être le patriarche de la bande. Je galopais presque à côté de lui, et j'allais tirer lorsqu'il se retourna brusquement, poussa un cri si terrible et si aigu que la terre parut trembler sous ses pieds ; puis m'attaquant furieusement, il me poursuivit en droite ligne sans que sa course fût le moins du monde ralentie par les arbres qu'il rencontrait sur son passage et qu'il arrachait en les écartant, comme si c'eussent été des roseaux.

A la fin il parut renoncer à cette poursuite, et comme il se détournait lentement afin de se retirer, je tirai en visant à son épaule, malgré les sauts et les ruades de Souday qui m'importunaient beaucoup. En recevant la balle, l'éléphant manifesta un frisson vers l'épaule et s'éloigna d'un pas majestueux ; mon coup de feu amena près de moi plusieurs de mes chiens qui, jusque-là, avaient suivi le troupeau. Lorsqu'ils arrivèrent en aboyant, il y eut une seconde attaque désespérée, précédée comme la première d'un formidable cri. L'éléphant passa tout près de moi et je lui envoyai dans l'épaule une seconde balle, à laquelle il ne fit pas la moindre attention.

Je me promis alors de ne plus tirer que lorsque je pourrais le faire à coup sûr mais, quoique l'occasion s'en présentât plus d'une fois, Souday m'en empêcha toujours, car ses soubresauts s'opposaient à ce que je pusse tirer. A la fin, exaspéré justement, je ne songeai plus au danger, et, m'élançant à bas de ma monture, j'approchai de l'éléphant à la faveur d'un arbre qui me cachait, et lui logeai une balle de côté dans la tête. Il poussa un cri si aigu que la forêt entière en tressaillit, et attaqua les chiens, paraissant croire que le coup était parti du milieu d'eux. Il se réfugia ensuite au milieu d'un bosquet d'épines, la tête tournée vers moi. Je m'avançai alors tout près de lui, et, comme il se disposait à renouveler l'attaque (dans ce temps-là j'avais une idée fausse, car je croyais qu'il était possible d'abattre un éléphant avec une balle dans le front), je demeurai impassible jusqu'à ce qu'il fût à quinze pas de moi et je visai au milieu du front, persuadé bien mal à propos que j'allais ainsi le tuer raide mort. Le coup de feu ne fit qu'augmenter sa fureur. Continuant sa marche furibonde avec une impétuosité et une vivacité sans pareilles, il faillit mettre pour toujours fin à ma chasse aux éléphants. Une grande quantité de Béchuanas qui me suivaient hurlèrent à l'unisson, me croyant tué, car pendant un moment l'éléphant fut presque sur moi : cependant mon agilité me sauva, mais au moment où je m'esquivais derrière un buisson épineux, une énorme épine s'enfonça profondément dans la plante de mon pied, les vieilles chaussures que je portais ce jour-là étant tout à fait usées. J'éprouvai une vive douleur et fus boiteux pendant tout le reste du combat.

L'éléphant arpentait la forêt d'un pas rapide ; et pourtant il était à peine hors de ma vue lorsque j'eus rechargé mon arme. Je me remis en selle et fus promptement sur la même ligne que lui. En ce moment, j'entendis Isaac qui était aux prises avec un autre éléphant, mais quand la bête attaqua, le courage de ce garçon lui fit défaut, et je le vis bientôt apparaître à distance respectueuse derrière moi. Mon éléphant continuait à écarter tous les obstacles d'un pas ferme ; le sang coulait à flots de ses blessures ; les chiens, exténués de fatigue et de soif, s'arrêtaient l'un après l'autre, et je fus longtemps empêché de tirer, car Souday était affreusement turbulent. A la fin, je tirai de droite et de gauche, toujours derrière l'épaule, et la bête renouvela son attaque avec les mêmes cris; le corps entier des hommes de Bamangwato m'avait rejoint et me suivait à peu de distance.

Parmi eux se trouvait Mollyeon, qui offrit de m'aider. Il était léger et adroit et me rendit un important service en tenant la tête de mon cheval si inquiet tandis que je tirais et rechargeais ma carabine. Je tirai six fois de la sorte, et presque chaque fois l'éléphant m'attaqua et nous poursuivit jusqu'à notre corps de réserve, à l'arrière-garde, lequel ne manquait pas de s'enfuir, se dispersant en tous sens, à son approche.

Le soleil s'était couché derrière les arbres; il allait bientôt faire nuit, mais l'éléphant malgré toutes ses blessures ne paraissait pas très-mal à l'aise. Voyant qu'il me restait peu de temps, je me décidai à en finir avec lui et à tirer à pied. Je le fis en effet et m'approchant de très-près, je lui envoyai deux coups dans le côté de la tête, sur quoi il attaqua en désespéré : mais j'étais tout à fait calme, car je voyais bien qu'il ne pouvait plus m'atteindre; en un clin d'œil j'eus rechargé et lui lançai mes deux nouveaux coups derrière l'épaule. Il poussa un cri qui fit prendre la fuite à Souday au travers de la forêt, et l'animal attaqua avec une furie sans égale; ce fut la dernière fois. Il commença à sentir ses blessures et il demeura enfin arrêté près d'un buisson épineux entouré de mes chiens, qui, voyant la lutte tirer à sa fin, aboyaient avec rage.

Je rechargeai mon arme et lui lâchai mes deux coups sur le devant du front. En recevant ces deux balles, il balança sa trompe de haut en bas et de bas en haut, et plusieurs indices non équivoques prouvèrent aux naturels affamés et charmés que sa fin était proche. Ma dernière balle l'atteignit à l'épaule. Tandis que je tournais autour de l'arbre auprès duquel il se tenait, pour lui envoyer encore une balle, je vis clairement que ce puissant monarque des forêts n'avait pas besoin de cela pour être vaincu. Avant que j'eusse écarté les broussailles, il tomba lourdement sur le côté et rendit le dernier soupir. Les rares Nemrods, mes confrères à qui pareille aventure est arrivée pourront seuls comprendre quelles furent mes sensations en ce moment.

Les indigènes, joyeux de mon succès, se groupèrent autour de l'éléphant, riant et parlant avec volubilité : quant à moi, je grimpai sur l'animal et m'assis comme sur un trône sur le ventre de l'animal qui, lorsqu'il était debout et moi par terre, se trouvait au niveau de mes yeux. La nuit arriva quelques minutes après; les naturels ayant illuminé le taillis à l'aide de plusieurs feux et entassé des branchages à demi secs du côté du vent, se couchèrent sans prendre aucune nourriture, car Mutchuisho ne voulut permettre à personne de dépecer l'éléphant avant le matin. Il avait posé des sentinelles de chaque côté pour veiller sur le cadavre. Mon dîner se composa d'une tranche prise à la tempe de l'éléphant, que je fis rôtir sur des charbons ardents. Pendant cette longue lutte, ma chemise avait été mise en lambeaux par les wait-a-bit thorns, et il ne restait pour unique vêtement une paire de culottes courtes en peau : c'était peu de chose pour une très-froide nuit au cœur de l'hiver africain.

Je ramassai des herbes sèches, les étendis près du feu et me couchai, sans autre couverture qu'une vieille peau de mouton qui me servait de selle. Je m'endormis promptement, et Mutchuisho, me prenant en pitié, jeta sur moi un vieux manteau de peau de chacal qui, de même que tous les vêtements des Béchuanas, était amplement pourvu de petits insectes sautillants qu'il est inutile de nommer.

Ces désagréables insectes, trouvant sans doute ma peau plus tendre que celle du propriétaire du manteau, parurent disposés à profiter de l'occasion qui se présentait; aussi je me réveillai bientôt, sentant mon corps enflammé comme si j'étais attaqué d'une fièvre violente. Il n'était plus question de repos pour cette nuit : aussi je rendis son manteau à Mutchuisho avec mille remercîments pour sa politesse; j'empilai du bois mort sur le feu, et il en résulta une flamme aussi éclatante que le jour. Je réveillai Kleinboy afin qu'il m'aidât à tourner à l'envers mes culottes de peau, et alors commença une chasse animée qui se termina par la capture d'environ quatre vingts insectes. J'allumai ensuite un autre feu, et passai le reste de la nuit accroupi entre les deux, absorbant le calorique à la fois par devant et par derrière.

Au lever du soleil, le 25, Mutchuisho donna le signal de découper l'éléphant, et il s'ensuivit une scène de sang, de bruit et de labeur dont aucune description ne peut donner une idée. Chaque naturel ôta son manteau, et, armé d'un assagai, s'élança à l'assaut : en moins de deux heures l'animal fut dépecé jusqu'au dernier pouce de chair et chacun transporta sa part à la demeure temporaire qu'il s'était choisie sous les arbres d'alentour.

Voici comment cette opération s'accomplit : on ôte d'abord la grossière peau extérieure par larges bandes. Sur le flanc, que l'on découvre ensuite, il y a plusieurs épaisseurs de peau de qualité souple et maniable, dont les naturels se servent pour faire des outres à eau; avec ces outres ils allèrent chercher des provisions d'eau à la fontaine la plus voisine (qui est souvent éloignée de 10 milles) pour la rapporter près de l'éléphant. Cette peau intérieure s'enlève avec beaucoup de précaution. Les outres se confectionnent en rassemblant les coins et les bords, et on transfixe le tout sur une baguette pointue. La chair des côtes est découpée en énormes filets; leurs haches font l'office de scalpels, car il faut tailler séparément chacune de ces colossales côtes. Bientôt les intestins sont à nu : c'est là ce qui intéresse le plus les directeurs de l'opération, car c'est autour des intestins que l'on trouve en plus grande quantité la graisse de l'éléphant.

Il n'y a rien au monde qu'un Béchuana estime autant que la graisse, de quelque nature qu'elle soit ; il fait des courses prodigieuses afin de s'en procurer un peu, et il s'en sert pour assaisonner sa viande séchée au soleil et pour apprêter son blé. Il y a des couches épaisses de graisse dans le corps d'un éléphant, et la quantité qu'on en obtient d'un mâle en pleine croissance et en bon état est surprenante. Avant de pouvoir y arriver, il faut ôter presque tous les intestins, et pour y parvenir plusieurs hommes sont obligés d'entrer dans l'immense cavité qui s'est faite dans l'intérieur de l'animal. Ils continuent d'y creuser avec leurs assagais, et passent la graisse a leurs camarades en dehors. Ce manége dure jusqu'à ce qu il n'y ait plus rien.

Pendant ce travail, d'autres indigènes s'occupent activement à enlever la peau et la chair du reste de la carcasse Dans ces occasions-là, les naturels ont l'horrible coutume de s'enduire le corps, de la tête aux pieds, avec le sang noir et caillé de la bête ; ils s'entr'aident à cela et chaque homme en prend plein ses mains et l'etend sur le dos et sur la tête de son ami. Depuis le commencement jusqu'à la fin ce sont des clameurs incessantes, des sons confus, des voix étourdissantes : tous se heurtent, se coudoyent, tous s'efforcent de se frayer un passage jusqu'à la venaison, et l'assagai aigu brille dans toutes les mains. Les voix colères et le hideux aspect de ces sauvages au corps nu et sanglant, combinés avec leurs gestes frénétiques et le cliquetis de leurs armes, offraient un spectacle si sinistre et si frappant que, lorsque j'en fus témoin pour la première fois, j'étais persuadé que j'allais bientôt voir la moitié de l'assemblée tourner sa lance contre l'autre moitié.

La trompe et les pieds sont des mets délicats, et plusieurs hommes s'occupent exclusivement à les couper. L'amputation des derniers s'opère au fanon ; on découpe en morceaux convenables la trompe, qui a deux pieds d'épaisseur à sa base. La trompe et les pieds se cuisent avant d'être transportés au quartier général. Voici comment cela se pratique : plusieurs personnes munies de bâtons pointus creusent un trou dans la terre pour chaque pied et pour une portion de la trompe. Le trou est d'une profondeur d'environ deux pieds et d'une large toise. Avec la terre qui a été extraite du trou on entoure les bords ; ceci terminé on rassemble une immense quantité de branches sèches et de troncs d'arbres dont il y a toujours profusion aux alentours, eu égard aux dégâts commis autrefois par les éléphants ; on les empile au-dessus des trous, à la hauteur de huit à neuf pieds, et on y met le feu.

Lorsque ces énormes brasiers ont entièrement brûlé et que tout le bois est réduit en cendres, les trous et la terre environnante sont échauffés à un degré très-élevé. Dix ou douze hommes ratissent les cendres avec un bâton de seize pieds de long, au bout duquel il y a un crochet. Ils se relayent l'un l'autre sans interruption et avec promptitude ; chaque homme ne peut tenir à ce métier que quelques secondes, et il jete le rateau à son camarade, en se retirant. La chaleur est si forte qu'elle n'est pas supportable. Lorsque, par ce procédé, les cendres ont été ratissées, deux hommes athlétiques apportent le pied et un morceau de trompe et les placent dans le trou. Alors on reprend le rateau et on repousse dans le trou la terre qui en a été retirée et qui est toute chaude ; on continue à ratisser jusqu'à ce que pied et trompe soient tout à fait recouverts. Les cendres chaudes sont amoncelées par-dessus, on allume un autre feu de joie, et, lorsqu'il est entièrement consumé, on trouve l'énorme pied et la trompe parfaitement cuits à point dans toutes leurs parties. Alors on les retire de terre avec des bâtons pointus, on les bat bien, on les racle avec des assagais afin d'ôter tout vestige de sable, on les pèle et on les pique après un pieu pour les transporter plus facilement.

Le pied cuit de cette manière est excellent et la trompe aussi ; elle ressemble beaucoup à langue de bufile. En recouvrant le pied, les naturels ont bien soin de ne pas pousser dans le trou de charbons ardents : ils brûleraient la viande, tandis que le sable ou la terre la protége et lui communique une chaleur égale et convenable Lorsque les naturels ont découpé l'éléphant et transporté les énormes pièces de viande dans les kraals respectifs et temporaires, ils s'asseyent pour se reposer et pour respirer, et ils se régalent alors en fumant et en prisant.

La pipe béchuana est très-primitive et diffère de tout ce que j'ai jamais vu. Lorsqu'ils veulent fumer, ils mouillent une portion de terre ; et ne sont pas scrupuleux quant au liquide qu'ils emploient. Ils entourent avec cette terre humide un rameau vert courbé en demi-cercle et dont les deux bouts passent. Ils pétrissent ensuite cette terre humide avec leurs pouces en faisant glisser la baguette jusqu'à ce que le trou soit fait, puis retirent cette baguette et élargissent une des extremités avec les doigts, de manière à former une coupe pour le tabac.

La pipe finie et prête pour un usage immédiat, ils y introduisent le tabac, et l'allument ; le fumeur se met à genoux, et, s'assujettissant sur les paumes de ses mains, met ses lèvres en contact avec la boue à l'issue du petit trou et hume la bienheureuse fumée. Une grande quantité de fumée leur sort des narines, et le déluge de larmes qui tombent des yeux prouve le plaisir dont ils jouissent. Une de ces pipes suffit à une assemblée nombreuse ; chacun fume à son tour en remplissant la coupe à chaque fois.

Après s'être reposés, les naturels retournent encore une fois à la curée, et decoupent la chair en tranches minces qui ont depuis six jusqu'à vingt pieds de long.

et dont l'épaisseur et la largeur sont de deux doigts de la main d'un homme. Quand ceci est fait, ils s'en vont couper des gaules avec leurs tomahawks : ils en font de deux sortes pour des poteaux et pour des traverses ; les premiers ont huit pieds de haut et se terminent en fourche. Ils les plantent en terre et y placent les traverses, entourées de guirlandes sans fin de cette viande crue, qu'ils laissent pendre au soleil pendant deux ou trois jours. A l'expiration de ce délai, la viande a beaucoup perdu de son poids, elle est roide et facile à transporter. Alors on la retire des traverses, on la plie, on en fait des ballots qui sont fortement attachés avec de longues lanières de l'écorce intérieure si souple du mimosa épineux ; le travail ainsi terminé, chaque homme prend un ballot sur sa tête, en jette d'autres sur ses épaules, et retourne trouver sa femme et sa famille.

Le volume que produit la chair d'un seul éléphant, après toutes ces préparations, est véritablement extraordinaire. Lorsque le crâne de l'éléphant fut dépecé, Mutchuisho ordonna qu'on arrachât pour moi les défenses. C'est là un ouvrage difficile et qui exige une grande habileté. Cette fois, cela fut mal exécuté ; les naturels abîmèrent l'ivoire avec leurs petits tomahawks ; aussi je me souvins de ce contretemps, et à l'avenir je me chargeai toujours de cette besogne. Je me servais de cognées américaines de première qualité, dont j'avais fait l'acquisition pour cet usage. Lorsque les défenses furent arrachées, je montai à cheval et partis pour le camp, accompagné de mes piqueurs et de quelques naturels portant l'ivoire, une provision de viande, des pieds et de la trompe cuite. Les sauvages s'étaient approprié le reste, et lorsque je les quittai ils se querellaient pour le crâne, dont les os à moelle sont très-appréciés. Ils se battaient pour chaque parcelle que la hache enlevait et la dévoraient toute crue. En retournant au camp nous traversâmes le kraal des Bakalaharis, situé dans les montagnes. Ils avaient cultivé dans les vallées de très-vastes jardins où le blé et les melons d'eau croissaient en abondance. Je fus enchanté de me trouver dans mon camp, où j'étais plus à mon aise, et surtout de boire un bol de café.

Dans la soirée du 26 une foule d'hommes arriva lourdement chargés de la viande de l'éléphant ; la plus grande partie de cette provision était pour Sicomy ; ils demeurèrent près de moi pendant la nuit et se remirent en marche le lendemain matin.

XV

Chasse aux éléphants avec les indigènes. — Mort d'un éléphant mâle. — Renvoi de mon interprète. — Une lionne tuée d'un seul coup de fusil.

Le 27 juillet je me décidai à faire avancer mes chariots vers l'est et j'informai les conducteurs de ma détermination ; mais ils firent des objections sans nombre et refusèrent presque de m'obéir. Je ne connaissais pas la position des sources et j'étais convaincu qu'Isaac ne m'aiderait pas à les découvrir ; aussi je trouvai plus prudent de faire moi-même une petite excursion dans cette direction. A cet effet je plaçai des munitions et une baguette dans ma vieille gibecière, qui était couverte à l'intérieur d'une couche épaisse de graisse et d'huile, ainsi que des plumes tachetées et souillées de sang de perdrix et de coq de bruyère : je pris aussi une provision de pain et de café en poudre pour trois jours, et je donnai l'ordre à deux de mes hommes de se tenir prêts à m'accompagner le lendemain au matin. Mon interprète avait toujours un air rechigné et de mauvaise humeur. Cette fois, au lieu de se prêter à mes désirs, il employa toute son énergie à faire naître de la mésintelligence entre moi et les indigènes et à mettre les Hottentots en état de révolte. Je découvris qu'il m'avait constamment trompé en me cachant les endroits où les éléphants étaient les plus abondants, et je commençai à croire que je me devais à moi-même de le chasser honteusement.

Le 28, pendant que j'étais en train de déjeuner, des indigènes vinrent m'annoncer qu'ils avaient découvert des traces d'éléphants toutes fraîches, à un mille du camp. Je résolus donc de remettre pour le moment mon excursion projetée, mais il se trouva que ces traces me conduisirent dans cette direction, et, de plus, me firent découvrir une sorte d'endroit où les éléphants et les rhinocéros abondaient. Tout étant prêt, je me mis en route, accompagné de plusieurs hommes à cheval et d'une centaine de Bamangwatos dont plusieurs nouvelles bandes s'étaient jointes à moi. Je m'aperçus bientôt que les traces étaient celles d'une petite troupe d'éléphants femelles.

Mutchuisho et ses compagnons les suivirent avec une grande sagacité ; ils s'avancèrent d'un pas rapide toute la journée, s'arrêtant à peine avant d'avoir trouvé les éléphants. Les traces nous conduisirent d'abord à travers une gorge de montagnes dont j'ai déjà dit avoir fait le tour le 24 ; ensuite elles se tournèrent vers l'est au pied de la chaîne de montagnes. L'aspect du pays devenait de plus en plus pittoresque. Après que nous eûmes suivi les traces pendant quelques heures, nous nous trouvâmes dans un pays nouveau, et, à ce qu'il me parut, dans un climat différent. Il y avait abondance de grands arbres, et l'herbe et les feuilles y étaient beaucoup plus vertes que dans le pays que nous venions de quitter.

Nous traversâmes les lits sablonneux de deux rivières torrentielles ; dans l'un d'eux je remarquai les empreintes récentes des pas d'une troupe d'éléphants mâles profondément marquées dans le sable. Ce jour-là le vent froid et perçant soufflant des bancs de glace du sud, qui régnait depuis quelques semaines, changea de direction et devint doux et tiède.

Les traces des éléphants sur les arbres aussi bien que sur la terre devinrent de plus en plus fréquentes, et, à une heure avancée de l'après-midi, nous arrivâmes à un endroit où une nombreuse troupe de vaches avait dû paître le matin même. Nous nous trouvâmes en défaut pendant quelque temps, et Mutchuisho grondant fortement ceux qui avaient suivi les traces, donna ordre à plusieurs bandes de chercher à se remettre sur la bonne voie et de faire des excursions sur notre gauche; puis il s'assit à l'ombre d'un arbre et se prépara, avec quelques-uns de ses intimes, à humer son tabac à priser.

Après avoir achevé cette cérémonie importante, ils aplanirent une portion du terrain avec le plus grand sérieux, et se mirent en devoir de jeter les dés mystiques que la plupart des Béchuanas portent en collier. Ces dés sont en ivoire et ont diverses formes extraordinaires; ils sont au nombre de quatre, et les Béchuanas les consultent invariablement avant-d'entreprendre quelque affaire importante, afin de connaître d'avance leurs chances de succès. Après avoir désenfilé les dés ils les secouent entre les mains, puis les laissent tomber à terre, et alors les vieillards les étudient avec soin et décident de la réussite, suivant leur direction.

Cette fois le sort nous fut favorable et présagea la capture d'un éléphant. Au même instant un des hommes envoyés à la piste vint nous dire que ses compagnons avaient retrouvé les traces, et nous nous hâtâmes de nous remettre en route. Nous avions à peine fait un mille lorsque nous aperçûmes une douzaine de vieilles femelles dont quelques-unes étaient accompagnées de leur progéniture, occupées à paître sur le versant d'une montagne rocheuse située à notre droite, à une distance d'à peu près cinq cents mètres.

Le terrain qui nous en séparait était couvert à la hauteur d'une vingtaine de pieds d'une masse impénétrable d'épines de wait-à-bit-thorns dont chaque pied était autant à craindre que les crochets d'un trident. En apercevant les éléphants noirs nous nous arrêtâmes, et Mutchuisho envoya deux hommes du côté du vent dans l'espoir de les faire descendre de leur position impraticable pour se réfugier dans la forêt où nous étions; mais ces animaux avaient beaucoup trop d'instinct pour quitter leur place forte. En sentant les hommes ils agitèrent leurs trompes; puis, se retournant, ils descendirent rapidement la montagne et ne s'arrêtèrent que lorsqu'ils eurent atteint une autre forêt d'épines dont tous nos efforts ne purent les déloger.

Cette forêt d'épines couvrait les côtés et le fond d'une petite vallée, et partout les broussailles étaient si épaisses qu'un homme à pied aurait eu peine à y pénétrer. Lorsque les éléphants prirent leur élan, je galopai après eux; les autres hommes à cheval me suivaient, et, comme nous ne comprenions pas leurs intentions, nous les suivîmes par le chemin qu'ils avaient frayé, jusqu'à ce que nous nous trouvassions au centre des taillis. Quand nous les aperçûmes tout à coup à quelques pas de nous, les chiens se mirent à aboyer, les cris et les coups se succédèrent, et, vu la nature dangereuse du terrain, je ne fus pas fâché de battre en retraite.

Tout rentra bientôt dans le silence, la chaleur avait fatigué les chiens et ils ne voulaient plus se battre. M'imaginant que les éléphants avaient dû s'éloigner de nous et craignant de les perdre, je continuai mon chemin toujours en suivant le même sentier, lorsqu'un grand craquement se fit entendre près de nous, le bruit se fit dans toutes les directions, accompagné de hurlements qui firent tinter mes oreilles. Nous étions au beau milieu des éléphants. Toute la troupe était des plus féroces, et si ce n'avait été pour les chiens, pas un de nous n'aurait échappé. Heureusement pour nous les éléphants semblaient croire qu'ils voulaient attaquer leurs petits, de sorte qu'ils ne songèrent qu'à les protéger : quant à nous, vû la couleur de nos chevaux ils nous prirent pour des animaux de leur espèce et, quoiqu'ils se frottassent contre nos montures, ils nous laissèrent pour poursuivre nos chiens.

Je me suis rarement trouvé dans une position aussi dangereuse et aussi effrayante. Notre vie était réellement menacée et nous nous servîmes avec énergie de nos éperons et de nos jambocks. Le temps manquait pour choisir un sentier : aussi, plaçant ma tête sous le cou de mon cheval et me recommandant à la Providence, je m'élançai à travers le plus épais de la forêt et je me trouvai bientôt loin des éléphants. Je ne connais rien de pareil au cri de ces animaux, quant il retentit à quelques pieds derrière le chasseur et lui fait malgré lui traverser d'une manière pittoresque les halliers et les forêts de wait-a-bit. Après quelques-unes de ces leçons, on apprend à mettre sa poitrine en contact avec le cou de son cheval et à placer sa tête dessous pour la garantir contre toute atteinte des épines. Alors en pressant les éperons on traverse les fourrés les plus impraticables, avec autant de facilité qu'un élève d'Éton pique une tête dans la Tamise au Saut-du-lion.

Nous nous débarrassâmes des épines avec peine, mais enfin nous nous retrouvâmes dans la forêt située dans la direction opposée. Les indigènes couvraient les côtes de la montagne tout près de nous et poussaient des hurlements effroyables dans l'espoir de faire sortir les éléphants, mais pas un d'entre eux n'osait se risquer dans le fourré. Bientôt plusieurs de ces hommes vinrent me trouver; je leur proposai d'y entrer à pied, mais ils ne voulurent pas en entendre parler, disant que les éléphants étaient extrêmement féroces et me tueraient pour sûr. Je demandai alors aux indigènes d'y pénétrer à la file pour les en chasser, mais ils déclarèrent qu'aucune puissance humaine ne pourrait en venir à bout avant le coucher du soleil.

A ce moment les animaux changèrent un peu de place et se frayèrent un passage à travers le fourré jusqu'à la partie supérieure du bassin : laissant alors les chevaux à la garde d'un indigène, j'allai rejoindre les hommes placés sur la montagne. De là je pus voir parfaitement les éléphants exaspérés. J'étais placé au-dessus d'eux et à peine éloigné d'environ deux cent cinquante mètres : je remarquai qu'ils montraient une grande ruse dans tous leurs mouvements.

Je plaçai ma carabine sur une branche fourchue et après l'avoir convenablement ajustée, je fis feu sur la femelle la plus rapprochée et la blessai grièvement. Le coup résonna dans la vallée ; les chiens s'élancèrent une seconde fois et les éléphants firent entendre des hurlements affreux. Ils poursuivirent les limiers à une grande distance en brisant et en foulant aux pieds les épais wait-a-bit et les autres arbres de la forêt, comme s'ils n'avaient été que des brins d'herbe. Puis ils se retournèrent dos à dos et formèrent deux détachements séparés qui se touchèrent par derrière, mais deux vieilles femelles de méchante mine se tenaient avec leurs petits à quelque distance, la tête tournée vers nous, prêtes à se jeter sur la première personne assez hardie pour les approcher.

Je vis qu'il serait extrêmement dangereux de les attaquer, mais le soleil disparaissant derrière la montagne, et je me décidai à courir le risque. Je fis d'abord feu sur les éléphants qui formaient la garde avancée, et je les atteignis tous deux dans les côtes ; en se sentant blessés ils se réfugièrent auprès du corps principal, écrasèrent les arbres pour manifester leur colère, et, après avoir ramassé des quantités considérables de poussière rouge dans leurs trompes, ils en rejetèrent d'épais nuages. Je m'aventurai alors dans le fourré avec Mutchuisho et nous nous avançâmes à pas de loup, en écoutant la respiration des éléphants, qui étaient allés vers la partie basse et se tenaient tous ensemble à cent mètres des bords du fourré.

Aussitôt que nous fûmes assurés de leur position nous sortîmes du bois et nous suivîmes la lisière jusqu'au moment où nous nous trouvâmes en face des éléphants. J'y entrai alors doucement, et, lorsque je me trouvai à une vingtaine de mètres, je visai l'éléphant le plus rapproché sur le côté de la tête, et, avant que la fumée ne se fût dissipée, je me sauvai à toutes jambes. Les éléphants ne bougèrent pas ; aussi, après avoir rechargé mon fusil, je retournai sur mes pas et fis feu sur un autre ; puis je pris de nouveau la fuite. En rentrant dans le fourré une troisième fois, je tendis l'oreille pour découvrir la route qu'ils avaient prise, lorsque j'aperçus tout à coup un éléphant magnifique étendu à ma gauche : la balle avait pénétré jusqu'au cerveau et il était tombé mort sur place.

Peu après, une vieille femelle arriva à la poursuite des chiens et s'arrêta dans le fourré, tout près de nous ; elle se préparait à revenir à la charge, aussi les indigènes s'empressèrent-ils de battre en retraite, mais je fus assez téméraire pour l'attendre et la viser au front au moment où elle quittait son abri. Sans faire attention à sa blessure, elle s'élança sur moi d'un pas rapide en faisant entendre des cris perçants. Je courais un grand danger, car, chargé de ma carabine, d'une baguette à fusil en corne de rhinocéros, j'avais en outre ma ceinture de chasse contenant une quarantaine de charges. Je fus pourtant assez heureux pour l'éviter, et, dès qu'elle s'arrêta, je déchargeai mon second canon entre ses épaules.

La nuit vint et je n'aperçus plus les éléphants ; j'en avais blessé plusieurs mortellement, mais celui que j'avais tué me suffisait. Les indigènes me rendaient plus prudent que je ne l'aurais été autrement, et probablement, si j'avais rencontré cette troupe de meilleure heure, j'en aurais tué la moitié. Accablés de fatigue et à demi morts de faim, nous formâmes nos kraals et nous allumâmes nos feux ; puis, je m'endormis après avoir mangé de l'éléphant.

Le 29 j'envoyai Carollus aux chariots avec l'ordre de m'amener le Bushman et les chevaux, et d'apporter du pain, du café et des munitions. Dans le courant de la matinée je fis l'ascension des montagnes environnantes, et, après avoir franchi le premier sommet, je dominai une vallée profonde et pittoresque qui entrecoupait la chaîne et réunissait les forêts des deux côtés. Bien au-dessous de moi j'aperçus le lit sablonneux d'une rivière encaissée qui coule vers l'est, dans la saison pluvieuse. Dans ce moment le lit était sec partout, excepté à cet endroit où il se trouvait retenu entre les montagnes. Là se trouvait une source d'une eau délicieuse, et les éléphants y avaient creusé plusieurs trous de deux pieds de profondeur, afin de pouvoir s'y abreuver. Je descendis au bord de l'eau par un sentier qu'ils avaient frayé, et je contemplai pendant longtemps ce lieu avec intérêt. Le lit de la rivière offrait à la vue les traces des éléphants, des buffles et des rhinocéros qui y avaient passé à diverses époques ; le ravin était assez large sur le bord de l'eau, et ses berges, escarpées et rocheuses, étaient couvertes d'une grande abondance d'arbres et de broussailles. Un peu plus loin la vallée se resserrait et la rivière serpentait entre d'énormes rochers qui s'élevaient à droite et à gauche à la hauteur prodigieuse de plusieurs centaines de pieds.

Carollus arriva vers le soir avec les chevaux et les munitions et accompagné d'une grande troupe d'indigènes. Je me mis en route le 30 de grand matin, accompagné de Mutchuisho et d'une suite nombreuse, pour rechercher des éléphants vers l'est en traversant le lit sablonneux de la rivière Mahalapia, à une distance d'un mille au-dessous de la gorge que j'avais visitée la veille. Quelques années plus tard je renouvelai connaissance avec la Mahalapia, sur les bords du beau fleuve Limpopo, dans lequel elle se jette assez loin vers l'est. C'est là un endroit enchanteur, comme j'en ai peu rencontré dans l'Afrique méridionale.

Dans le lit même de la rivière nous remarquâmes les traces d'un énorme éléphant mâle, et, après les avoir suivies à une petite distance au centre de la forêt verdoyante, un indigène l'entendit, mais il crut que c'était un rhinocéros. Une demi-minute plus tard nous nous aperçûmes de son erreur et nous courûmes sur les traces de l'animal. Je sifflai les chiens, qui suivirent la piste en nous devançant tous. Je galopai derrière eux en m'attendant à chaque instant à apercevoir l'éléphant dont je voyais les traces sous les pas de mon cheval, lorsqu'une malheureuse troupe de girafes s'élança à travers notre chemin ; les chiens les suivirent, et je restai seul au moment même de trouver l'éléphant.

Par bonheur les traqueurs arrivèrent bientôt et nous continuâmes notre chemin à bon pas. Nous n'étions pas trop éloignés lorsque nous trouvâmes le terrain tellement couvert de traces nouvelles qu'il nous fut impossible de distinguer celle que nous suivions ; car les indigènes, malgré toutes nos remontrances, serraient toujours de près les traqueurs ce qui occasionna un long délai. Pour comble de malheur une nouvelle troupe de girafes s'approcha de nous en courant du côté du nord et nous dépassa bientôt. Le vieux Mutchuisho arriva en ce moment, très excité, les yeux larmoyants et fixés sur la terre, la langue continuellement en mouvement ; il se mit à gronder les traqueurs, qui parurent craindre son aspect menaçant ; aussi continuèrent-ils leurs recherches avec une ardeur nouvelle.

Bientôt l'un d'eux annonça en se frappant par derrière qu'il avait encore retrouvé les bonnes traces ; (les Béchuanas se servent souvent de ce signal pour donner des avertissements à leurs compagnons). Ils agissaient invariablement ainsi à la chasse, et, lorsqu'une enfilade d'hommes traversait une épaisse forêt, chacun d'eux prévenait celui qui le suivait, par le même signe amical, d'éviter toutes les bûches, pierres et épines qui obstruaient le chemin.

Nous nous remîmes sur la piste au pas accéléré ; toute notre troupe s'avança sur la même ligne, et bientôt j'entendis sur ma gauche le signal joyeux de la présence « klow ». Je galopai dans cette direction, et bientôt j'aperçus un énorme éléphant mâle s'avançant dans cette direction : en un instant j'arrivais à ses côtés. Ce jour-là je montais le meilleur et le plus sûr de tous mes chevaux : la forêt se prêtant assez à ce genre d'amusement, je vins bientôt à bout de l'éléphant. Je lui envoyai treize balles, et, en recevant les deux derniers coups entre les épaules, il se retourna rapidement et disparut derrière les arbres.

Je le suivis avec précaution et le trouvai couché sur le ventre, les deux pattes de devant étendues devant lui. Croyant qu'il vivait encore, je déchargeai mes deux coups sur son oreille ; mais, quoique les balles pénétrassent avec force dans cette tête vénérable, le noble animal ne les sentit pas ; il était déjà mort. Ses défenses étaient presque entièrement usées, elles avaient été brisées probablement sur un terrain rocheux, depuis bien des années. Mutchuisho manifesta une grande joie et envoya des messagers à travers la gorge des montagnes qu'on appelle Sabié, pour avertir Sicomy de la mort de l'éléphant. La chasse m'avait conduit à une portée de fusil des trois beaux acacias que j'avais admirés le matin ; je me creusai un berceau à l'ombre d'un wait-a-bit-thorns et j'entourai mon feu d'une haie de branches du même arbre.

Je me décidai à faire avancer mes chariots jusqu'au défilé de Sabié, où il y avait assez d'eau pour toutes mes bêtes, car mon intention était de continuer à chasser dans les forêts de l'est et de retourner à Bamangwato par une route différente ; mais je compris qu'il me faudrait renvoyer Isaac avant de proposer une pareille mesure. A cet effet, je retournai au camp le 1er août pour lui annoncer que je désirais me dispenser de ses services. J'expliquai ensuite ma route future aux Hottentots, et, après leur avoir donné l'ordre de me suivre à Sabié par le chemin le plus court, sous la conduite des indigènes, je montai mon cheval Isis et me mis en devoir d'aller retrouver mon berceau sur les rives de la Mahalapia. Le terrain entre Letlochee et Sabié était presque impraticable pour les chariots ; aussi je ne m'attendais pas à les voir arriver au terme de leur voyage avant le lendemain dans l'après-midi, mais ils ne parurent point avant le soir du troisième jour. Les Hottentots ne semblèrent pas goûter l'idée de me suivre ; mais, voyant qu'il n'y avait pas à choisir, ils se résignèrent à leur sort.

Je partis le lendemain de bonne heure, accompagné d'une soixantaine d'indigènes, et, pendant que nous suivions les traces fraîches de deux éléphants mâles, les chiens s'élancèrent dans la direction du vent, et leurs voix réveillèrent tous les échos de la forêt. Persuadé qu'ils avaient trouvé des éléphants, je les suivis le plus vite possible à travers les broussailles, et, en m'approchant, j'entendis un son rauque qui ressemblait au cri d'un de ces animaux : mais je cherchai en vain à voir son dos élevé au-dessus des wait-a-bit. Je m'imaginai alors que ce devait être un buffle ; mais, en tournant l'épaisse haie derrière laquelle mes chiens aboyaient, je me trouvai face à face avec une lionne courroucée qui fouettait ses flancs avec sa queue et regardait les chiens en faisant entendre un grognement féroce.

Dès que je vis cela, je criai aux indigènes qui me suivaient tous que c'était un « Tao » (nom que les

Matabilis donnent au lion), et une retraite précipitée s'opéra aussitôt. Plusieurs d'entre eux se réfugièrent dans les arbres. Je descendis de cheval, et, m'avançant à une vingtaine de mètres de la lionne, attendant qu'elle eût tourné la tête ; je la visai alors derrière le cou et je l'étendis morte à mes pieds. La balle avait frisé l'épine dorsale, et, après avoir traversé le crâne, était entrée dans le cerveau. Pendant longtemps les indigènes n'osèrent s'approcher ; mais, quand ils s'y furent décidés, ils ne purent revenir de leur étonnement en voyant cette ennemie formidable si facilement abattue.

Le 3, de grand matin, je me remis en route vers l'est avec une nombreuse suite. Nous trouvâmes des traces qui nous menèrent vers le sud est, d'abord à travers une forêt verdoyante et ensuite à une côte escarpée qui s'étendait jusqu'à la chaîne de montagnes. Nous trouvâmes de l'autre côté un fourré étendu et presque impraticable d'épines wait-a-bit, et, quelques instants après, les chiens, dépistant des éléphants, s'élancèrent en aboyant. Un craquement de branches et un cri rauque se firent entendre, et tous les indigènes se mirent à crier : « Machao ! » mot qui signifie homme blanc.

Je parvins, avec une peine inouïe, à voir un des éléphants ; mais, en m'apercevant que c'était seulement une petite vache, et sachant que si je la tuais les indigènes ne se remettraient pas sur les traces avant deux jours au plus tôt, je ne voulus pas faire feu. Les chiens fatigués par l'ardeur du soleil, revinrent à mon appel, et nous laissâmes les éléphants brouter en liberté.

Quelques instants plus tard nous découvrîmes les traces fraîches de deux énormes éléphants mâles : après les avoir suivis à une petite distance, nous retrouvâmes sur notre chemin des fientes que le soleil n'avait point encore desséchées, et nous eûmes ainsi la certitude que les animaux étaient dans la même vallée que nous. Nous envoyâmes à la hâte deux jeunes gens à la cime des rochers de la montagne voisine, d'où ils pouvaient voir tout le pays environnant.

Les indigènes s'accroupirent par terre, et je m'assis pour manger un morceau d'éléphant rôti, et pour boire un peu d'eau. J'avais à peine fini mon repas que les hommes revinrent, tout essoufflés, m'annoncer qu'ils avaient vu les éléphants en train de brouter dans un bois situé à un quart de mille dn lieu où nous étions. Bientôt, en tournant autour d'un arbre touffu qui avait servi à masquer mon approche, j'aperçus à une cinquantaine de mètres de moi deux des plus beaux éléphants de l'Afrique. Une des défenses du plus gros était cassée tout près de la lèvre ; aussi je m'attaquai à son compagnon, qui en avait deux fort longues et fort belles. Cet éléphant me donna de la besogne, et le soleil était couché avant que j'en fusses venu à bout.

Le 4 je rejoignis mes chariots, qui étaient rangés dans la vallée pittoresque de Sabie aussi près que possible de l'eau. Je m'aperçus que l'ivrognerie et le désordre avaient régné pendant mon absence ; mes caisses avaient été forcées, les couvertures de mes chariots avaient été endommagées, des bœufs s'étaient égarés, et, qui plus est, on avait éreinté les chevaux pour s'emparer d'eux. Kleinboy était de tous le plus coupable. Un jour, après avoir trop bu, il voulut se distinguer en essayant de chasser une girafe. Il monta Colesberg, mon cheval de prédilection, et, armé d'un fusil valant 80 guinées, il galopa dans la forêt sans songer, jusqu'à ce qu'enfin il perdit la tête et s'égara complétement. Par bonheur une bande de Bakalaharis le rencontra en chemin et le conduisit au camp sain et sauf.

Je savais désormais comment il fallait aller à la chasse, et, à partir de ce moment, j'allai rarement à la recherche des éléphants sans emporter les objets suivants : une grande couverture de laine pliée et attachée devant ma selle, deux sacs de cuir portés par les indigènes que je payais avec des verroteries. J'emportais une chemise de flanelle, un pantalon chaud et un bonnet de laine, des munitions et une baguette de réserve, du café, du pain, du sucre, du poivre et du sel, de la viande séchée, une écuelle et une petite cuiller. Ces gens là portaient aussi ma cafetière, deux calebasses d'eau, deux haches américaines et deux faucilles pour couper de l'herbe.

Un homme me suivait à cheval, portant un fusil et des munitions de réserve. Mon costume consistait en un chapeau de feutre attaché sous le menton par une courroie, une grosse chemise, tantôt un jupon écossais, tantôt une culotte en peau de daim et une paire de « veldschœns » ou souliers de fabrique domestique. Je me passais entièrement d'habit, de gilet, de cravate, et je chassais toujours bras nus ; mes talons étaient armés d'une énorme paire d'éperons, et de mon poignet gauche pendait retenu par une double courroie un jambok en vache de mer.

Je portais encore deux ceintures de cuir autour de la taille ; la plus petite me servait de bretelles, et du côté gauche pendait un « rheimpys » tressé de huit pouces de long, qui soutenait ma baguette à fusil, formée d'un seul morceau de corne de rhinocéros. La plus grande des deux était ma ceinture de chasse ; elle était de cuir et fort large ; quatre compartiments séparés, en peau de loutre, fermant avec des pattes à boutons, y étaient attachés : le premier contenait mes capsules, le second une grande poire à poudre ; les troisième et quatrième, qui étaient à divisions, servaient de poche à balles et à bourres : deux couteaux de poche, un compas et une pierre à briquet complétaient le costume.

Dans cette ceinture j'avais aussi un maillet à charger, en corne de rhinocéros, qui était retenu, ainsi que

80

la poire à poudre, par des courroies. Et enfin je tenais toujours selon mon habitude dans ma main un fusil à deux coups et à double rainure, mon arme de prédilection.

Au bout de quelque temps je m'aperçus que cette arme ne convenait pas à un homme à cheval, surtout lorsqu'il est obligé de charger vite, parce que dès qu'un fusil à double rainure a été déchargé une ou deux fois il faut une grande force pour enfoncer la balle au fond du canon, ce qui est extrêmement désagréable. Un fusil ordinaire à deux canons est préférable à tous les autres.

Aucun régiment, à mon avis, n'était mieux armé que mon ancien corps, celui des « Mounted rifles », qui était muni d'une carabine à deux coups, portant une balle de douze. Cette arme là est ce qu'il y a de mieux pour chasser le gros gibier de l'Afrique méridionale. Pour charger plus vite, le chasseur doit coudre ses balles dans leurs bourres et bien les graisser avant de se mettre en campagne. Je trouvai cette précaution fort utile, et, avec un peu d'habitude, je parvins à charger mon fusil et à faire feu du haut de ma selle, alors même que je traversais au galop un terrain difficile.

Le 12 au soir, un messager venu de Sicomy vint au milieu de mon camp et proclama à haute voix que, par ordre du roi, tous les hommes devaient retourner le lendemain dans leurs quartiers généraux. Tous alors prirent leurs bagages sur leurs épaules et m'abandonnèrent. Je ne pouvais pas bien deviner la raison de cet ordre mystérieux, mais je l'attribuais à quelque intrigue d'Isaac, qui, me disait-on, demeurait à Sicomy. Je voyais bien que ce changement ne convenait pas à Mutchuisho, et, pour le récompenser de ses services, je le priai d'accepter plusieurs cadeaux considérables : j'en envoyai aussi au roi. Avant de partir, Mutchuisho me promit de revenir au plus tôt, et il m'assura avoir demandé à une troupe de Bakalaharis de m'aider dans mes chasses pendant son absence.

XVI

Départ de Sabié. — Magnifique chasse aux éléphants. — L'antilope noire. — Explosion de mon fusil à double rainure. — Mort de Colesberg.

Je demeurai à Sabié à chasser les éléphants et les rhinocéros avec plus ou moins de succès jusqu'au 22 août, et je partis alors pour Mangmaluhy. Chemin faisant je tuai d'un seul coup un rhinocéros qui descendait une pente rocheuse. Il tomba sur la tête, puis décrivit un soubresaut et vint rouler dans les pierres et les broussailles avec une force prodigieuse.

Le 27 nous arrivâmes près d'une grande pleine d'herbes en feu que les Bakalahari allument pour faire pousser l'herbe nouvelle avec une plus grande facilité, et pendant la journée nous découvrîmes une troupe d'éléphants mâles broutant tranquillement sur le versant d'une colline située à une distance de deux cents mètres.

Je poussai de grands cris pour les déloger, et, choisissant le plus beau, je fis feu des deux canons en le visant par derrière l'épaule. L'animal se tourna immédiatement vers moi, et, dans sa course furieuse, se jeta la tête la première contre un gros arbre touffu qu'il fit voler en l'air devant lui : bientôt il tomba avec violence sur ses genoux et se trouvant ainsi en contact avec l'herbe brûlante, il se tourna vers la droite.

Je le suivis en chargeant et en faisant feu aussi vite que possible, le visant tantôt à la tête, tantôt derrière l'épaule, jusqu'à ce qu'enfin toute cette partie de l'animal fût criblée de balles ; mais malgré cela il continua bravement son chemin en teignant de son sang l'herbe et le sol de la forêt.

Une fois il essaya d'échapper en se jetant en désespéré au milieu des flammes, mais cela ne lui servit à rien ; j'arrivai bientôt auprès de lui et fis feu jusqu'à ce qu'enfin je commençai à le croire à l'épreuve de la balle. Après avoir déchargé trente-cinq fois mon fusil à doubles canons, je me servis de mon « sixponnder » hollandais. Lorsque quarante balles furent entrées dans sa chair, il commença pour la première fois à se montrer épuisé. Pauvre bête ! il n'y avait plus pour lui possibilité de salut, et je me déterminai à ne plus brûler de poudre. Tout le temps que dura la chasse il se rafraîchit le corps avec des douches d'eau qu'il lançait de sa trompe sur son dos et sur ses flancs, et, lorsque les angoisses de la mort survinrent, il se tint près d'un arbre épineux en tremblant avec violence et ne fit que verser de l'eau dans sa bouche jusqu'au moment de sa mort. Il tomba alors lourdement en avant, et tout le poids de la partie antérieure de son corps reposa sur la pointe de ses défenses.

Il resta dans cette position pendant plusieurs secondes, mais la tête ne pouvait pas supporter ce poids énorme ; il tomba la tête baissée, de sorte que les jambes aidaient à peine les défenses à soutenir ce fardeau. Cet équilibre devait cesser, car le poids était trop lourd pour les défenses : elles ne cédèrent pas pour cela ; seulement la portion de la tête dans laquelle l'ivoire était emboîté céda tout à coup jusqu'au-dessus de l'œil et s'ouvrit avec un bruit sourd. La défense était donc libre et tournait dans la tête, de sorte qu'on pouvait facilement la tirer avec la main ; le corps roula sur le côté. Cet éléphant était un animal magnifique, et ses défenses fort longues et intactes.

Le 28 je sellai mon cheval et me mis en route pour aller rejoindre mes chariots. De bonne heure, le 29, tandis que je galopais à travers la forêt, je vis subitement un des plus gracieux quadrupèdes de ce beau pays, un vieux mâle antilope noire, l'animal le plus rare et le plus beau de toute l'Afrique. Cette antilope est grande et forte et ressemble sous bien des rapports au bouquetin ; elle a le dos et les côtes d'un noir brillant, et contraste d'une façon charmante avec le blanc pur et argenté de son ventre. Les cornes ont plus de trois pieds de long ; elles se recourbent fortement en arrière et touchent presque à ses cuisses.

Le capitaine Harris, du régiment du génie du Bengale, découvrit le premier cet animal, en 1837. Celui-ci était le premier que j'eusse vu, et je n'oublierai jamais ce que je ressentis en contemplant ce quadrupède si beau pour un chasseur. Il se tenait sur notre chemin, avec une petite troupe de « pallahs », mais malheureusement il nous avait aperçus le premier. Je galopai après lui en appelant ma meute. L'air était lourd et chaud, et les chiens avaient perdu toute animation. Mon cheval, qui était fort peu rapide, perdit aussi bientôt du terrain, et la magnifique bête gagna une côte rocheuse où je ne pus l'atteindre : elle disparut enfin pour toujours de devant mes yeux. La nuit suivante je cherchai en vain à fermer l'œil ; l'image de l'antilope noire était toujours devant moi.

Le 31 nous nous dirigeâmes vers Towannie, fontaine qui coulait dans le lit sablonneux d'un torrent. Une fois parvenu là j'aperçus l'éléphant mâle le plus grand et le plus gros que j'eusse encore vu. Il se tenait en garde, à une distance de plus de cent mètres. J'arrêtai mon cheval, je le visai à l'épaule : je le tuai du premier coup ; la balle l'atteignit à la partie antérieure de l'omoplate et le priva à l'instant de l'usage de la jambe.

Avant d'écorcher ce noble éléphant, je désirai le regarder pendant quelque temps. C'était vraiment un animal extraordinaire, et, en contemplant ce vétéran de la forêt, je songeai aux cerfs rouges de mon pays natal. Je compris alors que, bien que le sort m'eût exilé sur une terre lointaine, j'avais gagné à l'échange, car je régnais alors sur des forêts sans fin qui m'offraient une chasse bien plus noble et bien plus attrayante. Après avoir admiré l'éléphant à loisir, je fis quelques expériences pour trouver des points vulnérables, et, m'approchant tout près, je tirai plusieurs balles dans différentes parties de son énorme crâne. Ces projectiles ne parurent pas même pénétrer, seulement à chaque coup il fit un mouvement gracieux avec sa trompe et en porta la pointe à la blessure de la manière la plus sanguinolente.

Étonné et chagrin de voir que je ne faisais que tourmenter et prolonger les souffrances de ce noble animal, qui supportait ces épreuves avec tant de dignité, je résolus de mettre fin à ses souffrances le plus vite possible. A cet effet, je fis feu six fois sur lui derrière l'épaule : ces blessures auraient dû servir à le tuer, mais il ne montrait pas encore d'émotion. Je visai trois fois au même endroit avec mon fusil hollandais à canon rayé. De grosses larmes tombèrent alors de ses yeux, qu'il ferma et rouvrit lentement ; sa taille colossale trembla convulsivement, et tombant sur le côté il expira. Les défenses de cet éléphant étaient arquées d'une façon très-gracieuse ; elles étaient plus lourdes que celles de tous les éléphants que j'eusse tués. Leur poids à chacune était de 26 livres.

De peur que mes lectrices ne se trompent sur mes intentions quand je faisais des expériences pour trouver des points vulnérables, je les prie de croire que je ne désirais pas torturer l'animal, mais qu'au contraire je voulais mettre fin à sa vie et à ses souffrances le plus vite possible. J'avais souvent regretté d'être obligé de blesser tant de fois ces animaux avant de les tuer !

Le 1er septembre nous sellâmes nos chevaux et nous nous mîmes en route pour Mangmaluky. En galopant à la base d'une chaîne de montagnes j'aperçus deux « klipspringers » qui montèrent la côte en rebondissant comme une balle en caoutchouc et en choisissant les pointes saillantes des grands fragments de rochers. J'en abattis un ; c'était le premier de l'espèce que j'eusse tué : mais quelques années plus tard je me procurai un grand nombre de forts beaux échantillons en chassant l'antilope noire.

Cette charmante petite antilope habite les côtes escarpées des collines et les montagnes rocheuses, elle bondit sur les tables de rochers avec une grâce et une agilité extraordinaires ; on la voit souvent perchée comme un chamois sur la pointe d'une roche ou d'une pierre, les quatre pieds rapprochés ; leurs sabots différant de ceux des autres antilopes, ils ne conviennent qu'à un terrain rocheux, et leur forme est telle que tout le poids de l'animal repose sur la pointe. En regardant au fond d'un précipice, j'ai souvent vu deux ou trois de ces intéressantes bêtes, couchées sur un rocher plat, garanti des rayons du soleil par le feuillage touffu d'un arbre de sandal ou de quelque fougère des montagnes. Les klipspringers sont à peu près à moitié aussi grands que la biche écossaise, et leur poil ressemble beaucoup à la fourrure d'hiver de cet animal, avec cette seule différence qu'il est plus roide et plus jaune.

Le soir je baignai dans la fontaine mes yeux fatigués par le soleil et irrités par l'éclat du terrain sur lequel je poursuivais les éléphants. Lorsque le soleil se couchait, le nombre d'oiseaux de toute espèce qui venaient s'abreuver à la fontaine était vraiment surprenant ; les tourterelles et quelques petits pigeons à longue queue étaient les plus nombreux. Je remarquai aussi quatre espèces de perdrix, et il y avait, en outre, des troupeaux de vingt à soixante pintades.

Le 4 je m'occupai, depuis le lever jusqu'au coucher du soleil, à nettoyer le crâne de mon éléphant et à en détacher les défenses. Le lendemain je retournai au camp en les portant sur mes épaules et accompagné d'une bande de Bakalahari.

Le 6 je me remis en campagne avec une quarantaine d'indigènes et je rencontrai deux rhinocéros blancs, dont l'un portait une corne d'une longueur démesurée. Je me décidai à le poursuivre et l'atteignis après une chasse difficile. Je le tuai au moyen de quatre balles derrière l'épaule.

L'après-midi, je tins tête pendant trois ou quatre heures à un méchant éléphant que je parvins à abattre grâce à trente-cinq balles, au milieu d'un fourré impraticable d'épines wait-a-bit et de fougères. Le canon de mon fusil éclata avec un bruit formidable au dernier coup. La platine et la moitié de la monture volèrent à droite et à gauche et faillirent mettre fin à ma carrière aventureuse. J'en fus quitte heureusement pour une légère brûlure au bras gauche et pour la perte, pendant plusieurs jours, de l'usage de mon oreille gauche, qu'un fragment du canon avait frisée de trop près.

La perte de mon fusil à double rainure était irréparable dans cette partie éloignée du monde ; cette arme m'était indispensable, et, lorsque je songeai aux innombrables services qu'elle m'avait rendus en temps opportun, je me sentis complétement accablé par le chagrin.

Il me restait encore mon fusil à deux coups de Moore et Purday, qui portait une balle de seize à la livre, et je m'occupai à couler des balles durcies de ce calibre ; mais j'eus la mortification de découvrir que tout mon étain avait disparu grâce à quelque procédé mystérieux entre mes serviteurs et Sicomy. Je fus donc réduit à faire fondre le contenu de mon ancienne cantine militaire pour durcir les balles, à savoir : le plateau des mouchettes, les cuillers, les chandeliers, les théières et deux timbales qui convenaient on ne peut mieux à cet usage.

Le soir, j'eus le plaisir de voir mon vieil ami Mutchiusho entrer dans le camp, suivi d'une troupe nombreuse d'indigènes. Il parut content de me revoir, et nous nous décidâmes immédiatement à faire dès le lendemain une expédition vers l'est. En conséquence, nous nous mîmes en route de bonne heure le 9, et nous marchâmes jusqu'au soir sans découvrir de traces fraîches.

Nous nous arrêtâmes alors pour la nuit et le lendemain je continuai mon chemin à travers des forêts immenses, jusqu'à ce qu'enfin je me trouvai dans un pays tout nouveau pour moi.

Le 13, après deux jours de peine et de fatigues passés à suivre des traces, je donnai la liberté à mes chevaux, dès les premières lueurs du crépuscule.

XVII

Je reprends avec mes chariots le chemin de la colonie. — Chasse aux éléphants. — Commencement de la saison pluvieuse. — Je quitte le pays des éléphants.

J'avais réussi jusques là dans mes chasses au gré de mes désirs, et mes deux chariots étaient maintenant chargés de défenses d'éléphants, produit de mes exploits, comme aussi de beaucoup d'autres curiosités intéressantes. Je me décidai enfin à retourner vers les demeures lointaines de mes compatriotes. Mais, le 23 septembre, malgré mes inquiétudes et la crainte de perdre tous mes chevaux si je ne partais pas immédiatement, je cédai aux conseils de Mutchuisho et me lançai encore une fois à la poursuite de deux éléphants mâles qu'on disait avoir visité une fontaine éloignée d'une demi-lieue.

Avant de me mettre en route, je confiai ma lancette à Johannus, et, après lui avoir donné à la hâte les instructions nécessaires dans l'art de saigner, je lui enjoignis de tirer du sang en abondance à tous les chevaux qui donneraient les moindres indices de la maladie. Nous cheminâmes vers l'est, et au coucher du second jour je tuai un rhinocéros blanc, ainsi qu'un vieil éléphant mâle magnifique. Nous établîmes notre bivouac à côté du corps de ce dernier.

Dans la matinée du 28, je me décidai à retourner au camp accompagné d'un seul homme. La journée était fort belle, le ciel couvert, et un vent frais soufflait de la mer du Sud. Après avoir marché quelque temps vers le nord et traversé le lit profond et sablonneux d'une rivière torrentielle, nous entrâmes dans un grand bois d'arbres couverts d'un feuillage du plus délicieux vert tendre.

En atteignant le sommet d'une pente douce située à un mille du bois, mon regard plongea dans une vallée étendue où j'aperçus deux éléphants mâles très-vieux. Ceci me promettait une chasse magnifique. Le terrain était propice ; mes deux chiens, Wolf et Bouteberg, qui s'étaient déjà distingués à la poursuite des éléphants me suivaient : je m'avançai d'un pas si rapide que les chevaux et les chiens étaient tout essoufflés : aussi je me décidai à ne pas attaquer tout de suite, mais à observer lentement les animaux sans les perdre de vue.

Les éléphants marchaient contre le vent, et la distance qui nous séparait ne dépassait pas cinq cents mètres. Je m'avançai tranquillement vers eux, et j'avais franchi à peu près la moitié du chemin, lorsqu'en tournant mes yeux vers la droite j'aperçus tout un troupeau d'éléphants mâles hissés sur une côte boisée située à moins de trois cents mètres de nous. Ces éléphants étaient presque sous le vent.

Ce que je devais faire c'était de tuer le plus bel animal de chaque troupeau, et j'y réussis de la manière suivante : je me plaçai entre le vent et les éléphants, et, dès qu'ils eurent senti mon odeur, je les vis dresser leurs trompes en l'air pendant un moment; puis, une terreur panique s'emparant d'eux, ils se retournèrent vivement et se sauvèrent à travers la forêt dans la direction du vent. Mon désir était de choisir le plus beau mâle et de le chasser à une assez grande distance de l'autre troupe avant de prendre sa peau pour une cible. Je m'élançai donc au grand galop à la poursuite des éléphants effrayés, qui traçaient leur chemin par des nuages de poussière rouge.

J'arrivai bientôt près d'une clairière, et là je vis distinctement la chasse que nous poursuivions. C'était vraiment un magnifique spectacle : la troupe était composée, à une exception près, de neuf ou dix éléphants mâles, qui portaient tous de longues défenses, fort lourdes et très-unies. Leur première frayeur passée, ils ralentirent le pas et s'avancèrent lentement et avec majesté en suivant un seul chef à la file.

Cette vue était si remarquable que la description la plus fidèle ne pourrait en donner qu'une faible idée. J'excitai mon cheval et dépassai les éléphants au galop, en me tenant éloigné d'eux pour mieux examiner leurs défenses. Il m'était difficile de me décider à choisir dans la troupe : chacun d'eux paraissait plus grand que son voisin; mais enfin, je conclus à l'attaque d'un vieux patriarche, à cause de la grosseur et de la beauté extraordinaire de ses défenses : comme il était le plus lourd, il marchait le dernier, et je le séparai en le chassant vers le nord.

C'est un art difficile que celui de chasser un éléphant dans la direction que l'on désire; au premier abord cela paraît la chose la plus simple, tandis qu'il faut au contraire que le chasseur emploie toute sa ruse pour réussir. C'est là une chasse toute différente que celle de l'élan, qui demande pourtant beaucoup d'habitude. Si vous vous approchez trop près de l'éléphant, ou si vous criez pour l'effrayer, il se jettera avec furie sur vous ; d'un autre côté, si vous lui laissez trop de distance, il vous échappera probablement dans le fourré, ce qui lui est très-facile, malgré sa taille colossale. Dès qu'on le perd de vue, il est à craindre que le chasseur ne le revoie jamais. Le terrain était propice, Kleinboy me cria donc de commencer l'attaque, en remarquant avec raison que l'animal était sur le chemin de quelque fourré d'épines où nous finirions par le perdre; mais, malgré cela, je réservai mes coups jusqu'à ce que je l'eusse chassé à une certaine distance des deux vieux que nous avions découverts les premiers.

A la fin je m'approchai et je forçai la bête à se tourner vers moi ; ce qu'elle fit bravement, et alors je lui jetai un cri de défi. C'est ainsi que le combat commença, et, le terrain étant toujours favorable, j'ouvris le feu. Au bout d'un quart d'heure j'avais logé douze balles dans le corps de l'éléphant qui donnait des signes d'une mort prochaine et prenait de la poussière sur la pointe de sa trompe, la jetant en tourbillons tout autour de lui.

Il est fort dangereux de s'approcher à pied d'un éléphant dans un moment semblable, car, quoique presque mort, il lui reste encore assez de force pour attaquer son adversaire avec impétuosité. Je souhaitais en finir avec lui, aussi descendis-je de cheval en m'abritant derrière un arbre gigantesque dont le tronc n'avait pas moins de six pieds de diamètre. J'arrivai ainsi à vingt mètres de lui et je lui envoyai mes deux balles à droite et à gauche au défaut l'épaule. Ces deux coups décidèrent de son sort. Après les avoir reçus; il entra à reculons dans le bois, et, bientôt après, je l'entendis tomber lourdement. Mais, hélas! ce son fut accompagné d'un affreux craquement, et, en m'avançant de ce côté, je le vis étendu mort, tandis que sa défense, qui se trouvait dessous, était cassée en deux par le milieu.

Je ne perdis pas beaucoup de temps à examiner l'éléphant : remontant à cheval, je me mis immédiatement sur les traces des deux vieux mâles que j'avais d'abord aperçus. Je n'étais pas très-éloigné lorsqu'en regardant vers la droite je vis, à un quart de mille, une troupe de huit ou dix éléphants femelles avec leurs petits, paissant tranquillement sur une petite colline légèrement boisée. Nous laissâmes les femelles dîner en paix et nous suivîmes les traces des mâles. L'indigène qui nous conduisait était le meilleur traqueur des Bamangwatos, et je fus heureux de voir que les éléphants ne s'étaient pas laissé effrayer, car leur route était jonchée de branches d'arbres qu'ils avaient arrachées tout en cheminant lentement.

Enfin nous arrivâmes à une clairière, et, après avoir tourné un bosquet de mimosas épineux, je vis l'un des animaux à découvert. Je m'avançai avec précaution, et je découvris son camarade dans un fourré de wait-a-bit nains, à cent cinquante mètres de moi. Tous deux étaient de vieux mâles magnifiques, et le premier qui s'offrit à mes yeux enchantés portait deux défenses très-longues et parfaites.

J'étais descendu de cheval pour faire cette reconnaissance: j'y remontai aussitôt et m'avançai vers l'éléphant qui marchait devant moi à une distance de quarante mètres, en soulevant doucement ses énormes oreilles qui l'empêchaient complétement de me voir. Je hâtai légèrement le pas en m'éloignant vers la gauche et je dépassai l'animal d'une soixantaine de mètres. Ce fut alors qu'il m'observa pour la première fois.

Probablement il prit Dimanche pour un harle-beast, car il me regarda fixement, mais sans montrer la moindre crainte. Les indigènes m'avaient prié de le pousser vers l'eau qui se trouvait au nord, si la chose était possible, et c'est ce que je me décidai à faire.

Après m'être avancé un peu, je me plaçai entre lui et le vent. A l'instant même l'éléphant entra à reculons dans les broussailles, en tenant sa tête haute et tournée vers moi. Je fis seulement quelques pas en décrivant un demi cercle, afin de pouvoir le viser à l'épaule, et, arrêtant mon cheval, je tirai du haut de ma selle. Il reçut la balle dans l'omoplate, et, lorsque je continuai silencieusement mon chemin, il me regarda avec le plus profond étonnement.

A ce moment les indigènes lâchèrent deux de mes chiens, qui, un instant après, aboyèrent autour de lui de toutes leurs forces. Je criai pour les encourager et embarrasser l'éléphant, qui paraissait ne pas savoir ce qu'il devait penser de nous. Enfin il courut tête baissée après Bill et Flam, en faisant entendre des cris perçants; puis il rentra à reculons dans un fourré, se rejeta encore une fois sur les chiens, et se sauva ensuite à toutes jambes dans la direction que je désirais lui faire prendre.

Je l'atteignis bientôt et je lui envoyai deux balles au défaut de l'épaule. Les chiens se firent bientôt entendre et il se jeta avec furie sur ses persécuteurs, qui se sauvèrent immédiatement vers leur maître. Je me trouvai ainsi face à face avec un éléphant courroucé.

Je n'avais pas le temps de me remettre en selle, et ma vie ne dépendait plus que de mes jambes. Les chiens, heureusement, ne me suivirent pas, mais ils coururent après Dimanche qui, effrayé par ces sons de trompe, se sauva comme un fou; et je ne pus m'empêcher de rire, quoique je me trouvasse engagé dans un combat des plus dangereux.

Après avoir rattrapé mon cheval, je retournai à l'éléphant blessé et je compris qu'il se mourait; mais je continuai à faire feu sur lui pour hâter sa mort. Aussitôt qu'elle eut lieu, j'eus le profond chagrin de découvrir qu'une de ses défenses sans pareilles s'était cassée près de la lèvre. La chasse avait été magnifique; j'avais abattu, dans une seule après-midi, deux éléphants, probablement les plus gros de Bamangwato, et, n'eût été la perte des deux plus belles paires de défenses que j'eusse obtenues cette saison, mon triomphe eût été complet et sans mélange.

Le lendemain, de bonne heure, laissant à Kleinboy et aux indigènes le soin de veiller à l'ivoire, je partis accompagné de deux hommes à qui je voulais montrer l'endroit avant de retourner au camp, où j'avais laissé l'autre éléphant.

Jusqu'ici le temps nous avait été favorable : très-peu d'eau était tombée depuis mon arrivée dans le pays; mais, à la fin, la saison pluvieuse arriva; des pluies torrentielles nous surprirent souvent à la chasse, accompagnées d'éclairs et de tonnerre.

Bientôt les mares et les lits sablonneux des rivières, jusqu'ici secs, se remplirent d'eau; les arbres desséchés des forêts se couvrirent d'un feuillage verdoyant; les pleines arides se changèrent comme par enchantement en prés fleuris. Lorsque la pluie venait ainsi nous suprendre à la chasse, je forçais les indigènes à ériger une chaumière pour nous abriter. C'était là un ouvrage qu'ils ne faisaient pas trop volontiers, mais j'arrivais toujours à mes fins en leur expliquant que, si mes fusils et ma poudre étaient mouillés, ils mourraient infailliblement de faim, parce que je ne pourrais plus leur tuer d'éléphants.

Lorsqu'une bande nombreuse m'accompagnait, il était très-facile d'élever une bonne chaumière, et l'on s'y prenait de la manière suivante. Quelques hommes, armés de haches, allaient à la recherche de longues perches fourchues qu'ils coupaient d'une longueur de dix pieds; d'autres ramassaient des broussailles vertes, et faisaient une bonne provision d'herbe longue et desséchée qu'ils arrachaient avec les racines. On fichait les perches en terre dans un rond, de façon à ce que les bouts fourchus se rencontrassent en dessus de nos têtes. Alors on les entrelaçait fortement avec les broussailles, en laissant une ouverture basse pour servir d'entrée : enfin on couvrait le toît avec l'herbe desséchée, et le sommet était ordinairement couronné d'une énorme oreille d'éléphant ou bien encore d'une partie de sa peau.

Telle fut mon habitation pendant le reste de cette saison comme aussi durant tout le temps que je chassai parmi les Béchuanas. Mais il m'arrivait souvent de n'avoir pour m'abriter que la voûte du ciel, et alors mon sommeil paisible était souvent brusquement interrompu par la pluie qui tombait par torrents sur ma figure. C'était extrêmement désagréable, sur tout lorsque l'orage avait une force qui nous empêchait de tenir nos feux allumés. Par un temps pareil, le roi des forêts rôde partout à la recherche de sa proie, et, de temps en temps, nous entendions les voix formidables d'une troupe de lions, que le succès de notre chasse attirait près du lieu de notre campement.

Dans la latitude où j'étais parvenu je trouvai pour la première fois cet arbre admirable que l'on nomme le « Nwana » dont le tronc, une vraie tour fortifiée, avec crénaux et Machecoulis, a quelquefois soixante et cent mètres de circonférence, particulièrement vers le Limpopo. Le feuillage du Nwana ressemble à celui du figuier et ses fruits sont des noix de la grosseur d'un œuf de cygne. Quant au bois il est mou et impropre à aucun usage.

Un fait remarquable, par rapport à ces arbres, est la manière dont ils sont disposés dans la forêt. On les trouve ou seuls ou alignés, mais toujours à une grande distance l'un de l'autre, comme s'ils avaient été plantés par la main de l'homme, et leur taille vraiment extraordinaire leur donne toujours l'apparence d'êtres étrangers à la terre qu'ils occupent.

Mes bœufs n'avaient fait que paître et se reposer depuis plusieurs mois; ils étaient maintenant pleins de vigueur, et traînaient d'un pas rapide mes chariots, tout lourdement chargés qu'ils étaient, par-dessus des collines escarpées et à travers les routes impraticables de la forêt, de sorte que le soir du 4 octobre je campai encore une fois dans les montagnes de Bamangwato.

Sicomy arriva bientôt pour me souhaiter la bienvenue. Il me rendit visite accompagné de beaucoup d'hommes de sa tribu, se disant fort heureux de me voir revenir sain et sauf de mes excursions périlleuses. Sa majesté me fit l'honneur de me *complimenter sur mon succès et mon habileté extraordinaires à la chasse.* Il observa que la *médecine* des blancs devait en effet être fort puissante.

Pendant toute la soirée, la bizarrerie de ses questions m'amusa beaucoup. Il me demanda si mon père et ma mère vivaient encore; combien j'avais de frères et de sœurs; si mon roi avait des troupeaux abondants, et si ses sujets étaient plus nombreux que les siens. Quand je lui dis que notre chef était une femme, cette nouvelle parut l'amuser infiniment, mais lorsque j'ajoutai que ses sujets étaient aussi nombreux que les sauterelles, il regarda ses sujets avec un sourire d'incrédulité, et me demanda alors si tous mes compatriotes pouvaient abattre des éléphants aussi facilement que moi.

La question était embarrassante, aussi je lui répondis que je n'en étais pas sûr, mais que je savais que les cœurs de tous mes compatriotes étaient faits comme le cœur du lion lorsqu'il a des petits à défendre. Cette remarque spirituelle émut profondément l'assemblée, et un murmure de surprise et d'admiration se manifesta parmi ces hommes à peau noire, lorsque chacun d'eux la répéta à son voisin.

Le vieux Mutchuisho comprenait mon baragouin mieux que les autres, et il me servait d'interprète auprès du roi, puisque je n'étais pas encore assez bien versé dans la langue pour soutenir seul une conversation. Mutchuisho me dit ensuite que deux amis de Sicomy, avec leurs deux domestiques, désiraient m'accompagner à la colonie pour soigner mon bétail : ils promettaient de se rendre utiles en allant à la recherche de bois à brûler et en portant la venaison aux chariots.

Par bonheur j'acceptai cette proposition, et les quatre aspirants sortant de la foule, me furent dûment présentés. Les noms de ces quatre Béchuanas étaient : Mollyee, Mollyeon, Kapain et Kuruman ; les deux premiers appartenaient à l'aristocratie ; ils m'avaient souvent aidé à la chasse, de sorte que nous étions d'anciens amis. Ces hommes promirent de m'accompagner jusqu'à la mer et de retourner avec moi au pays de leur chef, en me servant fidèlement : de mon côté, je consentis à leur donner une vache et un fusil, en récompense de leurs services.

Mollyee et Mollyeon étaient frères. Ils étaient grands et actifs et possédaient tous les deux de grands yeux étincelants et des traits agréables. Kapain était

gros et bruyant, d'une laideur remarquable, et le plus amusant de tous les habitants de Bamangwato. Kuruman, garçon fort complaisant, âgé de seize ans, avait une assez jolie figure, mais qui lui donnait plutôt l'aspect d'une fille que d'un homme. J'offris de la viande cuite et du café à Sicomy, qui passa la nuit au camp avec sa suite.

Le lendemain, de bonne heure, j'échangeai des perles, des munitions et d'autres articles contre de belles défenses d'éléphant et de forts jolis échantillons d'armes et de costumes d'indigènes. En m'informant auprès du roi de ce qu'était devenu Isaac, j'appris qu'il était retourné à Kuruman depuis longtemps en compagnie d'un fils du vieux Seret, Béchuana de distinction, qui demeurait dans ces parages.

Cet individu, dont le nom signifie *bosse*, était surtout renommé par l'opiniâtreté avec laquelle il s'opposait aux progrès de la religion chrétienne, Sa nombreuse progéniture était aussi fort nombreuse.

Après avoir dit adieu à Sicomy, le 5 à midi, je me remis en marche pour Corriebely, où j'arrivai dans l'après-midi du lendemain ; un grand nombre d'indigènes m'accompagnèrent, comme à l'ordinaire, dans l'espoir d'obtenir une provision de chair fraîche, car on disait que des éléphants avaient reparu à Massouey. Je déterrai dans cet endroit une grande quantité de plomb, que j'avais enfoui dans un trou, sous les cendres de mon feu, avant de traverser les montagnes de Bamangwato.

Le 16, de grand matin, je me mis en route pour Bootlonamy, où j'arrivai le soir : je rangeai mes chariots à l'ombre d'un bosquet de beaux mimosas ornés d'une profusion de fleurs jaunes qui embaumaient l'air et dont la couleur contrastait avec le vert tendre du feuillage. Je continuai à y chasser pendant plusieurs jours.

Le 19 après midi, un violent orage éclata sur ma tête ; le tonnerre grondait avec une force telle que je me pris à trembler. A vrai dire je craignais pour mes barils de poudre qui contenaient trois cent livres de ce dangereux ingrédien. Par bonheur l'orage se dissipa au coucher du soleil, l'air s'était purifié et un parfum d'une douceur sans égale s'élevait de la terre reconnaissante et de la forêt fleurie.

L'orage recommença vers dix heures du soir, accompagné d'éclairs et de tonnerre, et dura la plus grande partie de la nuit.

XVIII

Fuite de mes domestiques. — Tristes prévisions. — Arrivée chez le docteur Livingstone.

J'étais parvenu dans une zône éloignée et le moment

était critique pour mon expédition, lorsqu'un événement arriva qui me sauva des ennuis et des inquiétudes sans nombre. J'appris cependant bien
des choses qui me servirent plus tard, car je découvris d'abord combien de difficultés un homme peut
surmonter lorsqu'il a à luttter contre l'adversité :
je devins en même temps un conducteur de chariots
fort habile.

Je raconterai ici la désertion de tous mes domestiques hottentots, à l'exception de Ruyter, le petit
Bushman. Je crois qu'ils furent poussés à cet acte de
lâcheté par la crainte de ne pas pouvoir conduire les
chariots en sûreté à travers les déserts sablonneux
qui nous séparaient du poste lointain des Missionnaires, à Bakatla, à cause du mauvais état d'un essieu
de mon chariot de voyage. Un jour, Kleinboy étant
ivre, l'avait heurté contre un arbre avec tant de
force qu'une des jantes de l'essieu de devant se fendit
en travers, de sorte que la roue n'était plus tenue
que par la clavette et le moyeu.

Le 22 octobre je remarquai sur la figure de mes
domestiques une expression extraordinaire, et aucun
d'eux n'osait me regarder en face. Le 23, un peu
avant le jour, comme je dormais dans mon chariot,
Ruyter vint me réveiller pour m'annoncer que mes
quatre Hottentots avaient déserté pendant la nuit ; il
m'apprit que chacun avait emporté un grand paquet de
biltongue, viande séchée au soleil, et qu'ils avaient
fait tout leur possible pour lui persuader de les accompagner.

C'était là une nouvelle désolante, car, quand ces
gens là étaient avec moi j'avais à peine assez de monde
pour faire mon ouvrage, et les quatre sauvages de
Bamangwato, pas plus que moi, ne connaissaient
l'art fatiguant et difficile de construire des chariots.
Je m'imaginai que les Hottentots ne persévére-
raient pas dans une démarche aussi téméraire, qu'ils
changeraient d'idées et retourneraient à leur maître
lorsqu'ils réfléchiraient à la faute qu'ils avaient com-
mise ; aussi je n'essayai même pas de les rattraper, mais
je passai la matinée à charger les chariots, à arrimer
fortement à leur place les pots, les pelles, les
haches, etc., et à préparer les harnais avant de nous
mettre en route.

Après avoir déjeuné, aidé du petit Bushman et
des sauvages, je rattrapai, réparai et accouplai vingt-
quatre bœufs, douze devant chaque chariot ; puis
nous fîmes claquer nos fouets et nous nous mîmes en
route pour Bootlonamy. Mollyee et Mollyeon menaient
l'attelage, tandis que Kapain et Bureman suivaient
en conduisant les chevaux et les bœufs de réserve.
Dans mon jeune temps je guidais assez habilement un tandem et un attelage de quatre chevaux,
mais j'avais cette fois une tout autre affaire. Je devins cependant bientôt complétement au fait des
mystères de l'art des automédons anglais, et j'appris à
conduire mes chariots presque aussi vite que les Hottentots.

Le vley de Bootlonamy était ferme et uni, et nous
avançâmes à bon pas : mais le soir, lorsque nous le
quittâmes pour entrer dans les terrains sablonneux, les
bœufs ayant découvert que leurs nouveaux conducteurs ne savaient pas se servir de leurs fouets avec la
rapidité et la sûreté des anciens, refusèrent de marcher autrement qu'au pas allongé, et ils s'arrêtèrent souvent de leur propre volonté. Enfin, à la montée d'une colline de sable, le chariot de Bushman
s'enfonça dans le sable, et, en essayant de l'en dégager, les bœufs cassèrent le timon.

En découvrant que les labeurs que nous venions
d'entreprendre était plus grands que nous ne nous l'é-
tions imaginé, je me décidai le lendemain à poursuivre les fugitifs ; en conséquence, à la pointe du jour,
laissant les chariots et tout ce qu'ils contenaient à la
merci des sauvages, je partis avec le Bushman et un
cheval de réserve pour essayer de les atteindre ; mais,
après des recherches infructueuses de plusieurs
heures, nous perdîmes notre chemin dans le dédale
de la forêt. Nous fûmes obligés d'y passer la nuit.
Pour comble de malheur j'avais perdu mes allumettes,
de sorte que nous ne pûmes pas faire de feu, et je
craignis fortement de nous voir dévorer, nous et nos
chevaux, par les bêtes féroces de la forêt.

Nous étions à peine descendus de cheval, que
deux énormes rhinocéros vinrent se poster à moins
de vingt mètres de nous, et pendant longtemps il nous
fut impossible de leur persuader de partir. Peu après
une hyène s'approcha aussi ; mais je lui jetai des pierres,
et elle se retira, comprenant que sa compagnie ne nous
faisait pas plaisir. Les chevaux étaient éreintés et
ne voulurent pas manger, quelque excellent que fût
le pâturage.

Dans la matinée du 27, après avoir donné la liberté à mes chevaux et à mes bœufs, je déballai mes
outils, et au bout de deux heures j'eus fabriqué un nouveau timon au chariot, avec la tige dure d'un mimosa.
Après être venu à bout de cette entreprise, j'accouplai douze bœufs au chariot qui était enfoncé dans
le sable ; mais ces bêtes rusées, comprenant qu'il était
entravé, ne voulurent pas faire un effort pour l'en retirer. Après une peine inconcevable, et en changeant
constamment la position des bœufs, j'obtins enfin un
heureux arrangement ; les bêtes tirèrent toutes ensemble, et le chariot se remit en mouvement.

J'attelai ensuite l'autre chariot, et en me rendant à
la source la plus proche j'eus le plaisir de tuer une
jeune girafe mâle à l'aide de trois balles. J'obtins
alors une provision de viande et d'eau ; ce qu'il y
avait de plus pressé était de songer aux moyens à
prendre pour traverser le désert sablonneux qui nous
séparait du kraal de Booby. Il était évident que je ne
pouvais pas retourner par le chemin que j'avais suivi

pour venir, puisque j'avais appris qu'à cause du manque d'eau cette partie du pays était impraticable pour les chariots traînés par des bœufs.

Tandis que j'expliquais cela à ma suite, Mollyeon me dit qu'il avait une fois traversé ce pays, longtemps auparavant, pendant la saison des sécheresses, et que lui et ses compagnons avaient obtenu de l'eau dans des puits profonds creusés par des Bakalaharis, dans une partie rocheuse du désert, fort loin à l'est de ma première route. Il assurait qu'il nous faudrait près de deux jours pour arriver à cette eau, puisque nous aurions à traverser tantôt un terrain mou et sablonneux, tantôt des forêts impraticables ; mais il ne paraissait pas très-sûr de pouvoir trouver cet endroit et craignait que, dans tous les cas, les puits ne fussent à sec.

C'était là une perspective peu agréable, surtout puisque l'eau la plus proche, qu'il me disait être une fontaine intarissable, était située à deux jours de marche au delà des puits.

Le 29 j'attendis que le soleil fût levé afin de faire boire les bœufs à leur soif ; puis j'attelai sans perdre de temps et je commençai mon pénible voyage.

Le 30 j'attelai avant le jour, et je poursuivis ma route à travers un sable profond et une forêt où il fallait constamment se servir des haches. Dans l'après-midi nous arrivâmes aux puits indiqués, mais nous eûmes le chagrin de découvrir qu'ils ne contenaient guère qu'un peu de boue. Les Béchuanas, cependant, détachèrent les bêches dont il se servirent vigoureusement, et l'eau commença, mais comme à regret, à tomber goutte à goutte de tous côtés ; au bout de deux heures j'en obtins une petite quantité pour les bœufs ; mes pauvres chevaux n'en eurent pas même une seule lampée, et nous nous remîmes en route sous un ciel extraordinairement brûlant. Le sable devenait, en quelque sorte pire que jamais, et les chariots s'y enfonçaient continuellement, tandis que les toiles de mes chariots étaient mises en loques par les épines du wait-a-bit. Au coucher du soleil je m'arrêtai pour la halte de nuit, et je dételai mes malheureux bœufs.

Le 31, vers quatre heures de l'après-midi, et à ma grande joie, nous arrivâmes à une fontaine abondante.

Pendant la nuit je fus réveillé par un mouvement inusité dans le camp : en levant la tête, je vis tous les Béchuanas debout, le dos au feu, tandis qu'ils parlaient avec une volubilité extraordinaire. Les chiens aussi aboyaient avec fureur et se réfugiaient de temps en temps auprès du feu, comme si quelque bête les poursuivait. Une obscurité complète régnait partout, de sorte qu'il me fut impossible de rien voir ; mais Mollyeon m'affirma qu'un lion et un léopard rôdaient autour de nous et essayaient de s'emparer de la chair des zèbres que nous avions pendue en feston

dans les arbres qui nous entouraient. Un instant après j'entendis les voix des deux animaux, car le lion rugissait et le léopard jetait des cris perçants en poursuivant les chiens.

Bientôt leur audace augmenta ; le lion courut sus aux chiens en grognant et arriva ainsi à une vingtaine de mètres de l'endroit où nous étions, tandis que le léopard sauta d'un bond au milieu de mon garde-manger, à côté du feu ; il emportait un grand morceau de viande, lorsque les chiens se jetèrent bravement sur lui, mais il les lacéra si cruellement que deux d'entre eux moururent bientôt après de leurs blessures.

Nous nous armâmes alors de tisons enflammés et, allant à la rencontre du lion, nous les jetâmes contre lui, ce qui le fit sauver. Je n'osais pas me servir de mon fusil de peur de tuer les chiens. Les chevaux et les bœufs n'étaient pas encore remis de leur fatigue, mais, quoique extrêmement effrayés, ils n'essayèrent pas de rompre leurs liens.

Dans la matinée du 2 je tuai un koodoo ; cette espèce d'antilope paraissait fort abondante ici. Ce jour-là mon pauvre cheval gris fut atteint de la maladie africaine. Je l'amenai au camp avec beaucoup de peine et je le saignai tout de suite, mais tout fut inutile, et une heure après il se coucha par terre pour ne plus se relever ; le soir le lion fit un festin de son cadavre, et, lorsqu'il se fut bien repu, le léopard et les hyènes achevèrent ses restes.

Dans la matinée du 3 je me remis en marche pour Booby, et j'y arrivai le 5 vers midi. Baachy, maintenant chef de Booby, ayant été dépossédé, le premier comme je l'ai déjà raconté, me fit très-bon accueil. Il m'apprit que mes Hottentots fugitifs s'étaient arrêtés à son kraal, extrêmement épuisés par la marche, qu'il leur avait donné du blé et les avait fait passer à Bakatla. Ils avaient déclaré au chef que je les avais renvoyés après avoir pris d'autres domestiques à Bamangwato.

Je quittai Booby le 7, à midi, accompagné d'une grande suite d'indigènes, dont quelques-uns menaient des bœufs appartenant à Baachy, pour les charger de la chair d'un certain nombre de rhinocéros que j'avais promis de lui abattre. Ces hommes me menèrent à Bakatla par une route autre que celle que j'avais déjà prise.

De bonne heure, le 13, je rencontrai une bande d'hommes de Bakatla, que le docteur Livingstone, le missionnaire de l'endroit, avait eu la bonté de m'envoyer, en apprenant que mes domestiques coloniaux m'avaient abandonné. Ce renfort consistait en un Béchuana nommé Mabal, appartenant à Kurummie, qui aidait M. Livingstone à instruire les enfants des Bakatlas, et en trois hommes de la tribu des Bakatlas. Ces gens m'arrivèrent juste au bon moment, car à peine avions-nous parcouru une trentaine de kilomètres que l'essieu fendu se brisa en deux, et, la roue se détachant, le chariot tomba sur le côté. C'était là une catastrophe que je prévoyais depuis longtemps, et je fus heureux de songer qu'elle n'était pas arrivée plus tôt. Nous dételâmes les bœufs, et, après avoir déchargé le chariot, nous le soulevâmes et nous construisîmes un faux essieu de bois d'épines.

Le 15 nous attelâmes, et, après avoir traversé la gorge pittoresque des montagnes de Sésolabie, nous campâmes sur les bords d'une rivière périodique, dont les rives escarpées et le lit de sable mou et profond me causèrent de graves appréhensions pour notre route du lendemain.

Le 16 je déballai mes bêches et ma pioche, et je travaillai pendant plusieurs heures à niveler le bord de la rivière et à frayer une route pour mes chariots; après quoi nous attelâmes et nous nous préparâmes à traverser la rivière.

Je me chargeai du chariot aux bagages, qui s'enfonça deux fois dans le sable pendant le passage de la rivière, mais les bœufs l'en retirèrent, et ils l'avaient à peu près amené à la moitié de la côte, presque perpendiculaire, lorsque l'indigène qui conduisait l'attelage, sans songer qu'un chariot y était attaché, fit tourner tout à coup les premiers bœufs le long des rives, et il devint ainsi impossible au conducteur de diriger les autres bœufs. Le chariot sortit donc de la belle route que je lui avais tracée, et, après avoir tremblé un moment, comme s'il ne succombait qu'à regret, tomba lourdement et roula dans la rivière avec un bruit affreux, en brisant ma tente et en jetant mon ivoire et tous mes précieux trophées pêlemêle dans le courant.

Il y avait là de quoi désespérer l'homme le moins nerveux, mais j'avais tellement l'habitude de l'adversité, que je ne fis que rire de ce malheur, et, après avoir dételé les bœufs, nous commençâmes à transporter l'ivoire et les autres articles sur le terrain uni, au haut des bords escarpés; puis nous redressâmes le chariot, et tout un attelage de bœufs le traîna au sommet de la berge. Je m'occupai alors de raccommoder la tente avec des branches vertes, et avant le coucher du soleil nous avions remis en place la plus grande partie de ma cargaison. Le même soir ma vache mourut.

Dans la soirée du 20 nous arrivâmes au poste des missions à Bakatla, où madame Livingstone me reçut avec beaucoup de bonté : son mari et elle avaient éprouvé de grandes inquiétudes sur mon compte ; et tous deux avaient craint qu'il ne me fût arrivé quelque malheur. M. Livingstone était parti pour Sichely, où il surveillait la construction d'une vaste église et d'une mission au kraal d'un chef nommé Chouaney, où il avait l'intention d'aller demeurer sous peu. Il y avait déjà un autre missionnaire nommé M. Edwards, établi à Bakatla, mais qui dans ce moment était absent. Mistress Livingstone m'apprit que la guerre était déclarée entre les Béquainas, dont Sichely est le chef, et les Bakatlas, et que ces derniers s'attendaient journellement à se voir attaqués.

En causant avec mon hôte, je découvris que j'avais perdu un jour pendant mon séjour dans l'intérieur. Le 23 était un dimanche ; j'assistai au service divin dans l'église des missions, et j'eus toutes les peines du monde à garder mon sérieux lorsque divers membres de la congrégation vinrent y prendre place. Quelques-uns portaient de vieux chapeaux fantastiques, ornés de chiffons et de plumes d'autruche, qu'ils ne quittaient qu'à regret, et l'un de ces individus garda le sien jusqu'à ce que le sacristain lui eût commandé de l'ôter.

Je désirais rendre visite à Sichely et à sa tribu, et je partis le 24 avec M. Livingstone pour Chouaney. Nous traversâmes un pays magnifique en quittant la vallée, à travers laquelle serpentait la rivière limpide de la Ngotwani, qui, après avoir coulé vers le nord-est, tombe dans le Limpopo à une soixantaine de milles au-dessous de sa jonction avec la Marigua. La Ngotwani contient différentes variétés de poissons bonnes à manger, qui offrent aux pêcheurs de grandes ressources. On pêche généralement avec des mouches ou des vers.

Tandis que nous cheminions lentement nous apperçûmes tout d'un coup une nombreuse troupe de buffles occupée à paître dans la plaine qui nous séparait du vley ; leurs escadrons sombres et imposants couvraient un grand espace de terrain. D'après nos calculs, il devait y avoir là de six à huit cents bêtes. Lorsque je m'en approchai ils me regardèrent pendant un moment avec étonnement ; puis toute la troupe, saisie d'une terreur panique, s'élança en même temps en une masse compacte sur les roseaux.

Leur nombre extraordinaire retarda leur fuite, de sorte que je n'eus aucune difficulté à galoper auprès d'eux ; je désirais tuer le plus beau, mais dans un aussi grand nombre il n'était pas possible de choisir, car, aussitôt que j'en avais remarqué un, il disparaissait parmi ses compagnons. Enfin je fis feu à droite et à gauche sur les buffles, qui, un instant après, gagnèrent le bord des roseaux ; là toute la troupe s'arrêta avec la régularité et la précision d'un régiment de cavalerie, et après m'avoir regardé pendant une demi-minute, ils descendirent tous tête baissée dans la vallée boueuse; et un instant après ils avaient complétement disparu. Je vis les roseaux se pencher devant eux sur ma droite et sur ma gauche, lorsqu'ils s'efforcèrent de traverser la marne ; bientôt ils atteignirent l'autre côté et franchirent la plaine pour rejoindre leurs places fortes dans la forêt. Lorsque les nuages de poussière qu'ils avaient élevés se dissipèrent, je regardai en arrière, et je vis une belle vache tomber morte : un veau blessé se tenait près d'elle, avec sa mère, qui n'avait pas voulu quitter son petit.

Je retournai alors auprès de M. Liwingstone, et nous fîmes avancer le chariot pour y charger les buffles. Nous venions de dételer lorsque, abrité derrière un des bœufs, je tuai un wild-beast bleu d'un coup de fusil. Le lendemain, de bonne heure, les hommes qui devaient couper les roseaux arrivèrent, et grande fut leur surprise de voir qu'une aussi bonne provision de *moma* (de chair), leur nourriture favorite, les attendait. Nous ne dételâmes que fort tard à Chouanney : un messager vint nous souhaiter immédiatement la bienvenue de la part de Sichely, qui se disait très-content de notre arrivée et promettait de venir le lendemain matin déjeuner avec nous.

XIX

Arrivée au kraal de Sichely. — Faiseurs de pluie. — La médecine des fusils. — Bakatlas. — Campbellsdorfs. — Colesberg et Grahamsville.

Le 26 novembre Sichely arriva de grand matin avec une suite nombreuse. L'extérieur de ce chef prévenait en sa faveur ; il avait des manières polies, une taille de cinq pieds six pouces anglais, et manifestait des propensions à l'embonpoint. Il était habillé d'un beau kaross en peau de léopard, et ses bras et ses jambes étaient ornés d'une profusion d'ornements de cuivre fabriqués par des tribus qui demeuraient fort loin vers l'est.

Dans la matinée j'accompagnai Sichely à son kraal, qui était situé au milieu de la ville : ses femmes, au nombre de cinq, avaient dressés leurs kraals près du sien. Ils étaient de forme circulaire et bien bâtis ; les murs et les planches étaient enduits d'un mélange d'argile et de fumier, et les toits étaient couverts de longues herbes solidement entrelacées. Chaque kraal était entouré d'une clôture impénétrable de six pieds de haut. La ville était bâtie sur une pente douce, située au bord d'un vallon large et étendu qui était couvert de champs et de jardins entourés de haies de wait-a-bit.

Peu de temps avant mon arrivée, Sichely, ayant appris qu'il se verrait peut-être attaqué par les Boers émigrés, avait songé tout d'un coup à entourer sa ville d'un mur de pierre qui était maintenant terminé. Il était construit avec des meurtrières à de certains intervalles, pour faire feu sur l'ennemi avec les fusils qu'il comptait acheter des chasseurs et des marchands ambulants.

Je fus dûment présenté aux cinq reines, à qui je rendis visite l'une après l'autre. Ces dames étaient toutes grandes et belles ; elles possédaient un grand assortiment de beaux kaross de différentes espèces, et elles portaient toutes une profusion d'ornements de perles et de fil de cuivre. Sichely prétendait être un habile « faiseur de pluie » et toute sa tribu le regardait comme tel, c'est-à-dire qu'il disait avoir le pouvoir de faire tomber de la pluie quand les champs et les jardins en avaient besoin.

C'est là un métier reconnu parmi les Béchuanas ; les gens qui en font profession sont vénérés de tous et on leur assigne un pouvoir surnaturel. Comme ils reconnaissent pour vrai le principe que personne n'est prophète dans son propre pays, ils exercent toujours leur art parmi des tribus éloignées de la leur.

Le lieu de naissance et les premières années de ces faiseurs de pluie sont toujours enveloppés d'un grand mystère, et ils prétendent avoir été subitement créés hommes faits, dans quelque caverne éloignée ou sur le sommet d'une montagne, sans avoir eu à passer par une naissance et une enfance ordinaires. Il y a certains de ces nécromanciens qui se font une bien plus grande réputation que leurs confrères ; les plus célèbres sont fort recherchés, et les chefs sur le territoire desquels les orages périodiques n'ont point éclaté les envoient chercher aussitôt.

Ces charmeurs ont diverses manières de se rendre les nuages propices. Celle dont ils se servent le plus souvent est de cueillir quelques feuilles de toutes les différentes espèces d'arbres de la forêt, qu'ils font bouillir dans de grands pots, à petit feu, et, pendant qu'on tue un mouton en lui enfonçant une *lemue* ou longue aiguille dans le cœur, le faiseur de pluie met en pratique diverses cérémonies absurdes.

Ces gens là s'imaginent que la vapeur qui s'élève des feuilles monte aux nuages et les rend propices : toute la tribu emploie le reste de la journée en danses qu'on fait durer jusqu'à minuit et qui sont accompagnées de chants dont les refrains célèbrent toujours les louanges de la puissance du faiseur de pluie, et se chantent tous en chœur. Mais il arrive souvent que les nuages ne veulent pas se rendre aux prières des sorciers et que le blé en herbe périt faute d'eau. Dans ce cas ils ont recours à d'autres manœuvres.

Un grand nombre de jeunes gens sortent dans la campagne et forment un grand cercle, de façon à entourer quelque montagne rocheuse, afin d'avoir la chance de trouver quelque klipspringer. En resserrant alors leur cercle petit à petit comme les highlanders d'Écosse, ils parviennent ordinairement à s'emparer de quelques animaux vivants et leurs cris passent pour attirer la pluie.

Les malheureuses petites antilopes ainsi faites prisonnières sont promenées autour du kraal, tandis que le faiseur de pluie les fait crier en les pinçant. Mais, comme il arrive souvent que toutes ces manœuvres sont inutiles, le faiseur de pluie est quelquefois obligé de se soustraire pendant la nuit à la colère de ses patrons, et alors la tribu envoie à la recherche d'un plus habile.

Lorsque ces sorciers ne peuvent remplir leurs promesses, ils attribuent toujours leur insuccès à la présence de quelque agent mystérieux qui a détruit l'effet de leurs remèdes infaillibles ; ils croient encore que l'ivoire a le pouvoir de chasser la pluie ; aussi pendant l'été ils ne le découvrent qu'au coucher du soleil, et même alors l'apportent-ils soigneusement enveloppé dans un kaross quand ils veulent le montrer aux marchands.

Je me rappelle m'être attiré le blâme de toute une tribu en étalant une quantité d'ivoire à midi, et l'on crut fermement que j'avais voulu chasser la pluie. Une autrefois un chef commanda à un missionnaire de retirer tous les soliveaux du toit de sa maison parce que le faiseur de pluie prétendait qu'ils l'empêchaient de réussir dans ses enchantements.

Les Griquas, profitant de l'esprit superstitieux des Béchuanas, les trompent souvent. Peu de temps avant mon arrivée, des hommes de cette tribu, qui chassaient dans le territoire de Sichely, se firent donner plusieurs kaross de prix en échange d'une petite quantité de soufre qu'ils assuraient être une médecine très-efficace pour les fusils. Ils firent croire à Sichely qu'il n'avait qu'à s'en frotter un peu les mains avant d'aller à la chasse pour abattre sans peine l'animal qu'il désirerait.

Un jour, en causant avec le chef, la conversation tomba sur l'habileté au tir, et le roi, se fiant probablement au pouvoir de sa « médecine », offrit de parier deux beaux kaross contre une grande mesure remplie de ma poudre ; mais il stipula que ses deux frères seraient de la partie.

Tandis que Sichely chargeait son fusil, je me dirigeai vers la caisse de devant mon chariot, et voyant que plusieurs des indigènes m'observaient, je me mis à frotter du soufre sur mes mains, la nouvelle en fut immédiatement transmise au chef, qui courut vers moi sans tarder et me tapant sur l'épaule me pria de lui donner un peu de ma médecine pour son fusil.

Notre cible consistait en un petit morceau de bois de six pouces de long sur quatre de large, et était placée sur un tronc d'arbre à une distance de cent pas. Sichely fit feu le premier, et naturellement manqua le but ; puis je visai et fendis le bois en deux : on en remit un autre en place, et Sichely et ses frères continuèrent à tirer jusqu'à la nuit, sans réussir à le toucher une seule fois.

Tous ceux qui étaient présents attribuèrent mon succès uniquement à la médecine dont je m'étais servi.

Lorsque M. Livingstone apprit ce qui s'était passé, il en fut fort contrarié, car il craignait qu'à l'avenir les indigènes ne le crussent plus lorsqu'il dénoncerait tous les agents surnaturels, du moment qu'ils avaient vu un de ses compatriotes faire usage du soufre.

Je parvins à obtenir plusieurs beaux kaross, de l'ivoire, des plumes d'autruche et différentes choses curieuses et intéressantes, de Sichely et de sa tribu, en échange d'autres objets, et, dans l'après-midi du 24, nous partîmes pour Bakatla.

Le lendemain, dans la soirée, *Immense Brute* (on se rappelle que c'est le nom d'un de mes chevaux) mourut, et, dans la matinée du 26, nous perdîmes aussi le poney bai.

Le 29, dans l'après-midi, nous dételâmes à Bakatla. Une bande de Baralongs rendait alors visite à Mosielely pour acheter des peaux. Ces hommes avaient établi leur quartier général à l'ouest de Motis, sur les bords du grand désert de Kalahari. La nuit, un orage épouvantable éclata et la foudre tomba sur le kraal occupé par les étrangers ; l'un d'eux fut tué immédiatement et trois autres souffrirent plus ou moins.

M. Livingstone m'affirma que cet événement causerait de grandes craintes et des inquiétudes sans fin à Mosielely, parce que toutes les tribus le regarderaient comme étant la cause de cet accident. Le lendemain les indigènes accomplirent les cérémonies les plus absurdes afin de purifier le kraal et ceux qui vivaient encore des effets de l'électricité.

Pendant mon séjour à Bakatla je trafiquai beaucoup avec les indigènes, et j'obtins ainsi des kaross et divers articles curieux.

Nous étions au milieu de l'été, et vers midi la chaleur était accablante. De temps en temps des orages accompagnés de pluies abondantes venaient rafraîchir l'air ; on les attribuait toujours au pouvoir du faiseur de pluie. Tous les soirs, la vallée retentissait de chants joyeux, et un chant prolongé célébrait les louanges du sorcier.

Avant de quitter Bakatla, Sunday mourut, et, de mes dix chevaux, il ne m'en restait plus que deux.

Afin de ne plus revenir sur ce sujet je dois dire que je parvins à sauver ces deux bêtes de la maladie en les empêchant de manger de l'herbe et en les enveloppant la nuit dans des couvertures de laine.

Le 11 je fis mes adieux au bon M. Livingstone, et, après une course de plusieurs jours, j'arrivai le 2 janvier à Kuruman, où M. Moffat me reçut avec sa bonté ordinaire.

Le lendemain était un dimanche, et j'assistai le matin et le soir au service divin dans la grande église, où l'on baptisa seize hommes et femmes qui venaient d'embrasser la religion chrétienne.

C'était la saison des fruits, et les arbres plantés dans les jardins des missionnaires, pliaient sous le poids de pêches, de figues et de pommes délicieuses ; les vignes aussi portaient de grosses grappes de raisin noir qui n'était pas encore mûr. Je laissai à Kuruman un des chariots avec son contenu, ainsi que tous mes bœufs, à l'exception de deux avec lesquels je partis pour Honing, dans la soirée du 7, et j'y arrivai de bonne heure le lendemain au matin.

Je quittai Honing le 8, dans l'après-midi, et me remis en marche pour Daniels-Kuil. Deux cavernes remarquables se trouvent entre Honing et Daniels-Kuil ; elles servirent longtemps d'abri à une horde de Bushmans voleurs qui, de leur retraite, enlevaient le bétail de leurs voisins plus laborieux, les Griquas et les Béchuanas ; mais ces pillards reçurent leur récompense, car, à la fin, leurs ennemis se servirent du feu pour les déloger, et tous ceux qui ne furent pas asphyxiés par la fumée périrent à coups de haches et d'assagais en cherchant à s'échapper.

Lorsque les Bushmans sont poussés à bout, ils déployent un grand courage et se battent jusqu'à la fin. Dans le courant de l'année 1847, un chef béchuana, nommé Assyabona, envoya un détachement nombreux de sa tribu contre une horde de Bushmans sauvages, dont les vols étaient si audacieux et si considérables qu'ils étaient devenus des objets de terreur pour tous ceux qui demeuraient dans un rayon de cent milles. À cette occasion beaucoup d'entre eux furent atteints dans une plaine et massacrés.

Un homme déterminé ramassa à la hâte plusieurs carquois remplis de flèches empoisonnées qui avaient appartenu à ses compagnons morts, puis il se réfugia près d'un groupe de rochers ; de cette position il tint tête pendant longtemps à toute l'armée hostile des Béchuanas, dont il tua deux hommes sur place et en blessa un grand nombre. Tout en se défendant bravement, il paraissait sentir qu'il ne lui était pas possible d'échapper. En effet, tandis qu'il lançait une de ses flèches contre les Béchuanas et qu'il leur reprochait leur lâcheté, un fils de Mahura, chef des Batlapis, le tua d'un coup de fusil dont la balle l'atteignit au front.

Le 10 je quittai Daniels-Kuil, et le 12, de bonne heure, je campai à Campbellsdorp, où je trouvai M. Bartlett et le capitaine Cornélius Kok avec une suite nombreuse ; j'y découvris aussi mes Hottentots fugitifs, et, eu égard à leur malheureuse condition, je leur payai le montant de leurs gages pour le temps qu'ils avaient été à mon service.

Assez tard dans la soirée du 13, au clair de la lune, je dételai bœufs et chevaux sur les rives embaumées de la rivière la Vaal, et le lendemain, comme heureusement les eaux étaient basses, je traversai le courant sans difficulté. Le 20 je me préparai à traverser la grande branche, mais sans espérer que mes bœufs éreintés pussent me traîner à travers les sables, car je savais que deux Boers, qui avaient fait le même chemin une heure avant, avaient cru nécessaire d'atteler seize bêtes très-bien portantes à leurs légers chariots.

J'avais deviné juste, car, après avoir excité mes bœufs du fouet et de la voix, ils ne traînèrent le cha-riot qu'à mi-chemin et là il s'enfonça dans le sable : rien ne put forcer ces animaux à faire un pas de plus. Un Griqua offrit de me louer deux fortes bêtes, et, avec leur aide et celle des miennes, j'atteignis enfin l'autre côté : je campai encore une fois sur les domaines de Sa Majesté. Je me remis en marche pour Colesberg, et j'avançai jusqu'à près de minuit : le pays était desséché et aride ; il ne s'y trouvait pas un seul brin d'herbe pour la nourriture de mes bœufs.

Le 24 je laissai le Bushman conduire le chariot, et je pris les devants sous un ciel torréfiant pour aller à la ferme où j'avais autrefois acheté Prime et Bouteberg. Mon costume consistait en un chapeau de feutre délabré qui avait soutenu l'attaque des épines des bois de wait-a bit, en une chemise déchirée et fort poussiéreuse, un pantalon, ou plutôt une culotte, car j'en avais coupé les jambes au-dessus du genou ; ma figure était orné d'une barbe rousse inculte ; en somme, mon aspect ressemblait à celui d'un échappé de Bedlam.

Les habitants de la maison furent effrayés de mon air sauvage, et deux des Boers sortant timidement la tête par la porte entr'ouverte, me crièrent de poser mon fusil. La ferme appartenait à l'un d'eux, et c'était lui qui m'avait vendu les chiens ; mais il ne me reconnut pas, et, prenant pitié de mes jambes, il m'offrit de me prêter des culottes de cuir.

Je refusai le vêtement et j'entrai dans la maison sans cérémonie : là les enfants me reconnurent à l'instant même comme étant le « Carle-wha-heb-vor-Bowteberg-ha-quoch, » c'est-à-dire l'homme qui avait acheté Bouteberg.

Le 26 j'entrai dans le village de Bolesberg, où j'appris que mes vieux amis avaient été remplacés par un détachement du 45e. Je me rendis tout d'abord à la poste, mais à mon grand désappointément je n'y trouvai point de lettre. Après avoir déchargé mon chariot je le donnai au forgeron pour qu'il y fît les réparations nécessaires.

La grandeur et la beauté de Bolesberg étonnèrent fortement mes serviteurs béchuanas, et les évolutions des soldats les jetèrent dans des transports de joie et d'admiration.

Le 1er janvier, après avoir repris M. Kleinboy à mon service, je quittai Colesberg, et le 22 j'arrivai à Grahamstown, où je fus reçu par le capitaine Hogg, du 7e dragon. Les officiers de ce régiment avaient emmené avec eux d'Angleterre une meute de chiens pour chasser les renards, et tant qu'ils vécurent ils leur furent fort utiles ; mais malheureusement le climat de l'Afrique méridionale, surtout vers les côtes, convient si peu aux chiens de chasse anglais que, quoiqu'on n'épargnât ni peines, ni dépenses, qu'on en importât constamment d'autres et qu'on élevât soigneusement les petits nés dans la colonie, la meute avait diminué de beaucoup et finit par s'éteindre tout à fait.

XX

Je séjournai à Grahams-Town jusqu'au 7 mars, et,
ce jour-là, je me mis en route encore une fois pour les
forêts éloignées de l'intérieur. Avant de partir, je pris
à mon service, en qualité de domestique en chef, un
ancien soldat du 91ᵉ, nommé Georges Martin, bel
homme, qui venait de Haddington ; il avait été fort
bien vu dans son régiment, aimait beaucoup les
chevaux, et était habitué à les soigner.

Mes emplettes les plus importantes consistaient en
un fusil à deux coups, de Wrally Richards, et en deux
fort beaux chevaux. L'un d'eux était un magnifique
hongre noir, que j'achetai du capitaine Walpole, du
génie, pour 20 livres sterling, somme qui ne repré-
sentait pas à beaucoup près sa valeur.

Je nommai ce cheval « Black-Jack » ; pour le caractère
et la démarche, il ressemblait à mon regretté Colesberg, et, tout bien considéré, je n'avais jamais monté
une plus belle bête. L'autre cheval était gris, et
comme probablement je parlerai de lui à l'avenir sous le
nom du « Vieux-Gris, » j'espère que le lecteur ne le con-
fondra pas avec mon premier cheval de ce nom.

Le 9, dans la matinée, j'arrivai à la citadelle Beaufort,
et le 15 je me remis en marche pour l'intérieur, après
avoir acheté quatre chevaux excellents des officiers
de la garnison. L'un d'eux était un cheval d'un noir
de jais, nommé Schwartland ; c'était un des plus
beaux chevaux de chasse de toute l'Afrique méridionale, et il comprenait si bien mon désir qu'il s'arrêtait tout court au grand galop quand je désirais
faire feu ; je n'avais pour qu'à poser la main sur son
cou.

A la ferme de MM. Nilson et Blanc j'achetai encore
deux autres chevaux, que j'appelai Brown-Jack et
Mazeppa, ainsi que deux bœufs et quelques vaches
laitières.

J'arrivai à Bolesberg le 2 et j'y restai jusqu'au 9.
Je pris là à mon service deux domestiques hottentots
nommés Booi et Kleinfeld ; ce dernier était un de ceux
qui m'avaient abandonné à Bootlonamy, et j'ajoutai
deux chevaux aux huit que j'avais déjà. Je me vis
ainsi à la tête de dix bonnes bêtes jeunes et vigou-
reuses.

J'achetai aussi un grand nombre de chiens à poil
rude et à longues pattes, qui, avec plusieurs lévriers
décharnés que les Boers me cédèrent sur ma route,

composèrent une meute de vingt chiens connaissant
bien leur affaire.

Nous quittâmes le village, et nous ne nous arrêtâmes que lorsque nous arrivâmes à la rivière Orange,
à Roalas-Deift, où nous dételâmes à l'ombre d'un
bois de saules. Je traversai la rivière à cheval et
je m'aperçus qu'elle était trop profonde pour les chariots ; mais je remarquai que les eaux baissaient, et
dans la matinée du lendemain elles furent assez
basses pour permettre aux chariots de traverser sans
mouiller la cargaison.

Je me mis en route alors pour la fontaine des Éléphants, à Massouey, où je désirais arriver au plus tôt.
Le 15, lorsque je venais d'atteindre le kraal Bastard
de Kohama, je rencontrai mon ancien domestique Carollus, qui m'avait abandonné à Bootlonamy ; il avait
vu ses anciens camarades Kleinfeildt et Kleinboy, et
il avait résolu de retourner sur ses pas et de rentrer
à mon service ; je n'en fus pas fâché, car je manquais
d'hommes pour l'expédition lointaine que je venais
d'entreprendre. Je rencontrai aussi le capitaine Ark-
wright et M. Christie, qui faisaient une excursion pareille à la mienne vers l'intérieur.

Le 15 mai je m'arrêtai à Thouaney, et le 20 je
trouvai sur ma route une troupe de neuf éléphants
mâles, dont je tuai le plus beau. Ensuite nous avan-
câmes rapidement vers ma fontaine favorite, à Mas-
saney, et nous y arrivâmes le 29.

Je ressentis un plaisir véritable à revoir cet endroit remarquable que les éléphants fréquentent toujours ; deux troupes de femelles et deux vieux mâles
s'y étaient abreuvés la veille.

Dans la matinée du 1ᵉʳ juin je partis sur les traces
d'une grande troupe qui était venue à la fontaine
la veille. Je montai le cheval blond, mon meilleur
cheval de chasse, et j'étais accompagné de Kleinsfeld
sur Dreadnougth. Nous fûmes obligés de parcourir plusieurs milles avant d'apercevoir l'imposant escadron.

La troupe était composée de dix éléphants mâles,
dont huit n'avaient atteint que les trois quarts de leur
croissance ; mais les deux autres éléphants étaient de
vieux mâles énormes et de toute beauté. Nous nous arrêtâmes pour laisser boire les chiens, et pendant ce temps-
là je fis lentement le tour de la bande pour découvrir
lequel était le meilleur. Après avoir passé deux fois
devant eux ; tous, comme d'un commun accord, tournèrent la tête vers moi, et s'avancèrent lentement à
une quarantaine de mètres de l'endroit où je me tenais ; ils m'offrirent ainsi une très-bonne occasion
de faire mon choix. A la fin pourtant ils m'aperçurent,
et, après avoir donné l'alarme, ils se sauvèrent dans
la plus grande terreur.

Je galopai à côté d'eux pour prendre une décision
définitive ; et mon choix tomba sur le plus gros : mais
j'eus une peine extrême à le séparer de ses cama-

rades, dont quelques-uns étaient très-fermes et couraient la queue et la trompe en l'air, en jetant des cris effrayants. Tous mes chiens étaient partis à droite et à gauche à la poursuite d'autres éléphants, et Dreadnought arriva près de moi après avoir jeté bas son cavalier qui n'était pas parvenu à le rattraper.

Mon éléphant, en entendant les aboiements des chiens et les sons de trompe de tous côtés, s'arrêta près d'un arbre touffu, la tête haute et tournée vers moi ; mais bientôt il me présenta le côté, et je visai alors au défaut de l'épaule. Les chiens, en entendant les coups de fusil, accoururent à mon secours.

Le conflit devint furieux, et le plus bel éléphant me donna une rude besogne : sa fureur se tourna principalement contre les chiens, qui ne lui laissèrent pas de repos. De tous les éléphants à qui j'avais eu affaire, c'était celui qui avait la vie la plus dure ; je lui envoyai trente-cinq balles dans la région de l'épaule, à une distance de quinze à trente mètres, avant de réussir à l'abattre.

Depuis plusieurs jours les éléphants n'étaient pas venus boire à la fontaine, de sorte que le 5 je me décidai à quitter mon séjour favori de Massouey, et nous nous mîmes en marche à une heure de l'après-midi.

À Bolesberg il y avait de l'eau en quantité suffisante pour les chevaux, et j'y rencontrai Mutchuisho, avec une bande nombreuse de Béchuanas que Sicomy m'avait envoyés pour me persuader d'aller trafiquer avec lui. Je fis une halte d'une heure après le coucher du soleil, puis je continuai ma route tant que la lune se montra. Je m'arrêtai à l'endroit où j'avais autrefois établi mes quartiers généraux, après avoir fait une marche longue et fort pénible.

Le 6 nous arrivâmes à Lesausau, et le soir même je tuai deux vieux rhinocéros noirs, le mâle et la femelle, près de la fontaine, avec celui de mes fusils qui portait six à la livre. Il y avait encore là deux autres vieux mâles avec la femelle *borelé* qui se blottirent pendant trois heures près de moi.

Le 7, Sicomy, que j'avais vu la veille, arriva de bonne heure, et vers le soir il m'acheta de la poudre et du plomb moyennant sept dents d'éléphants. Dès que nous eûmes terminé le marché, il commanda à ses hommes de reprendre les dents et il rejeta la poudre à mes pieds ; mais je la lui rendis de la même façon, en jurant que je tirerais sur le premier homme qui oserait toucher à l'ivoire. Dès ce moment il renonça à ses intentions premières.

Le 8 Sicomy rôda autour de mes chariots toute la journée. Tout à coup je vis arriver Arkwrigth et Christie, qui avaient perdu un bœuf et deux chevaux dans des piéges. En courant au secours de leurs coursiers, ils étaient aussi tombés dans un autre trou, qui heureusement n'était point garni du pieu pointu qu'on y plaçait ordinairement pour y empaler le gibier.

Le 9 Sicomy m'apporta de l'ivoire et me demanda d'aller à l'endroit où j'avais l'habitude de chasser, en me disant que là il trafiquerait avec moi ; il était évident qu'il désirait ardemment me séparer des miens. Aussi, j'attelai le plus tôt possible et je descendis le large vallon, en me dirigeant sur le sud, quoique les indigènes déclarassent que je n'y trouverais point d'eau et qu'ils voulussent me faire aller vers le nord. Après avoir parcouru un espace de huit milles, je découvris la demeure des Bakaas, au grand chagrin des Bamangwatos. Je m'y arrêtai pendant la nuit, après avoir envoyé un messager à Sichely, le vieux chef, pour lui dire que j'étais prêt à trafiquer avec lui. Il arriva le lendemain de bonne heure, accompagné de ses femmes et des chefs : avant midi, j'avais acheté plusieurs défenses d'éléphants, ainsi que deux forts beaux kaross en peau de léopard, etc. J'attelai ensuite, et, en deux heures, je sortis des montagnes de Bamangwato. Je me dirigeai alors vers l'est, à travers une forêt épaisse, et je passai la nuit auprès d'une petite fontaine où les chevaux ne purent point s'abreuver. Sur notre chemin, nous rencontrâmes en abondance des pallahs qui étaient fort apprivoisés.

Le 18, après le déjeuner, je menai mes chevaux boire à Mammaluki. Dans la nuit, une panthère vint se placer à dix mètres de mon feu, et elle tua Braddoch et blessa Wolf, mes deux meilleurs chiens de chasse.

Le 21 je me dirigeai vers le sud et j'atteignis une belle vallée fort large, remplie d'arbres de différentes espèces ; c'était là sans doute une retraite favorite des éléphants, car chaque arbre portait leurs traces.

La fontaine du sud de cette vallée était la plus remarquable que j'eusse encore vue ; l'eau jaillissait des ouvertures les plus agrestes, formées par des masses de rochers de toutes formes et de toutes les grandeurs. Dans certains endroits ces roches semblaient jetées au hasard ; dans d'autres elles étaient entassées à une hauteur prodigieuse comme par la main d'un géant. Tout le sol près de l'eau était couvert d'une couche de fumier d'éléphant d'un pied de profondeur.

Le 29 j'arrivai à une fontaine appelée Lotlokane ; je chassai dans le voisinage et j'abattis de forts beaux éléphants.

Le 13 juillet je me dirigeai vers l'ouest, avec Mollyeon et une vingtaine d'indigènes, sur les traces d'éléphants mâles qui dataient déjà de deux jours ; mais, à la tombée de la nuit, nous nous arrêtâmes sous un arbre touffu pour y souper d'un élan que je tuai et que nous fîmes rotir.

Le lendemain au matin les traces nous menèrent tout droit vers l'ouest, et nous suivîmes sans nous arrêter les limites du désert jusqu'au coucher du soleil.

Le lendemain dès l'aube, nous nous remîmes sur les traces de nos éléphants, et, après les avoir suivis pendant l'espace de dix milles, nous nous aperçûmes qu'ils s'étaient réfugiés dans le désert où les hommes ne pouvaient les atteindre ; aussi abandonnâmes-nous la partie et nous rendîmes-nous à la fontaine où les femmes avaient puisé de l'eau la veille. Là nous vîmes imprimé, dans le sol mou et sablonneux, les traces de quatre éléphants mâles ; ils avaient quitté la fontaine fort lentement, et nous les suivîmes dans l'espoir de les atteindre le jour même.

Au bout de quelque temps nous atteignîmes un pays boisé et nous apperçûmes les éléphants dans la forêt à cent mètres de nous. Deux d'entre eux n'étaient pas encore parvenus à leur croissance, mais les deux autres étaient très-grands ; l'un même était immense. Cet éléphant, le plus gros que j'eusse jamais vu, avait malheureusement ses défenses cassées près de la lèvre, aussi je donnai la chasse à son camarade qui portait une paire magnifique au coin de ses lèvres.

Au sixième coup de feu, l'animal s'arrêta et tomba ; je descendis de cheval et courus vers lui : il se releva. alors s'avança à quelques pas, puis retomba et mourut. Les dents de cet éléphant étaient les plus belles que j'eusse jamais encore obtenues ; elles pesaient certainement cent livres chacune. C'était un très-vieux mâle qui avait souvent été blessé avec des assagais. Nous trouvâmes dans son dos les pointes de deux de ces armes.

Le lendemain au point du jour, de l'endroit où j'avais couché, je tuai avec une balle à travers le cœur, un spring-book, lancé à la course, à une distance de cent mètres.

Après avoir coupé les cornes d'un rhinocéros noir que je tuai, je me mis en route pour Letlochee et je couchai à Lotlokane, fontaine perpétuelle et abondante.

Le 19, au lever du soleil, je continuai ma route ; en gagnant les bords du vaste bassin où se trouve Letlochee, je tuai un koodoo mâle et une girafe que j'abattis d'un seul coup.

Le 24 je quittai Letlochee et m'acheminai vers Lotlokane.

Un des Hottentots m'annonça en chemin qu'il avait trouvé un buffle qu'un lion venait de tuer, et que le roi de la forêt était couché dans les broussailles, à peu de distance, occupé à guetter sa proie. Après avoir sellé trois chevaux, je galopai vers le lion, accompagné de Booi et de Kleinboy, de mon Moore, de Wissley Richard et de tous mes chiens.

En approchant du cadavre du buffle, qui était étendu dans un bois d'épines wait-a-bit, les chiens s'élancèrent à gauche en aboyant, et, immédiatement après, nous entendîmes les rugissements prolongés du lion qui semblait s'avancer précisément vers l'endroit où nous nous tenions. Je tournai la tête pour demander mon cheval de chasse à Kleinboy, mais mes braves serviteurs avaient pris la fuite en entendant les rugissemens. La branche d'un arbre avait fait tomber Booi de

cheval avec mon meilleur fusil, tandis que Kleinboy, également effrayé, se sauvait avec mon second fusil dans une autre direction.

Au bout de quelques instants je rejoignis Kleinboy à qui je donnai ma malédiction ; et, après avoir changé de cheval et puis avoir pris possession de mon fusil, je m'avançai à la rencontre de mon terrible adversaire.

Je dirai pour lui rendre cette justice, que son aspect était terrible ; toute sa crinière était teinte du sang du buffle, et les rayons du soleil couchant y ajoutaient un éclat qui donnait à l'animal exaspéré un air de férocité extraordinaire. Il s'acheminait vers les montagnes adjacentes et marchait devant les chiens, la queue droite et roide, d'un air de fierté et d'indépendance dont rien ne peut donner une idée. Il n'y avait pas un moment à perdre ; aussi je galopai vers lui, et, lorsque je fus arrivé à une trentaine de mètres, j'arrêtai mon cheval, et, du haut de la selle, je visai au cœur. En se sentant atteint il se retourna, et je lui envoyai une seconde balle un peu au-dessous de la première, qui le blessa mortellement. Il fit quelques pas en avant, puis il tomba mort. C'était un vieux lion fort beau, qui avait très-bien nettoyé son buffle, et avait mis la chair à part en tas à quelque distance du cadavre. Chose étonnante, il avait fait le guet toute la journée pour chasser les vautours.

Après déjeuner je fis un tour dans la vallée avec l'intention de chercher des gems-boks-bastards de l'autre côté des montagnes, et je n'avais encore fait que la moitié du chemin lorsque j'apperçus à une distance d'environ deux cents mètres, une antilope noire tant désirée, les yeux fixé sur moi. C'était un vieux mâle magnifique : comme j'avais entendu dire que les chiens attrapaient facilement ces animaux, j'envoyai les miens, qui m'accompagnaient tous, à l'attaque, et je fis feu pour les encourager. Une demi-minute après ils atteignaient la bête et la forçaient à descendre la côte. Le gems-bok traversa la vallée devant moi et monta un petit sentier rude et escarpé dans les rochers à ma droite, où les chiens ne le suivirent qu'avec peine.

J'espérais entendre les aboiements, mais j'écoutai inutilement. Il m'était impossible de suivre la chasse à cheval ; aussi je galopai vers un point opposé, et j'écoutai avec une anxiété croissante, en m'élevant sur mes étriers pour saisir le moindre cri de mes chiens fidèles. Je n'attendis pas longtemps ; je les entendis bientôt dans un vallon éloigné des rochers.

Les battements de mon cœur redoublèrent : ce ne pouvait être que l'antilope noire, et je savais que les chiens ne la quitteraient jamais ; je compris qu'elle m'appartenait. Je fis passer Mazeppa sur d'affreuses masses de rochers adamantins, et j'arrivai enfin à l'endroit où se tenaient mes chiens.

D'épais buissons dérobaient le gibier à ma vue ; je jetai un coup d'œil par-dessus, et, à mon grand désappointement, je vis en place de l'antilope un grand koodoo noir qui défendait bravement sa vie; je l'abattis à l'aide d'une balle dans le cœur En me retournant j'apperçus une autre antilope noire : dès que j'eus attaché les chevaux, je me mis en chemin et je grimpai sur les rochers pour la surprendre.

Je pris un peu plus sous le vent; le Bushman me suivait en tenant Boxer attaché, et je vis enfin la bête sous les arbres à cent mètres de moi. Après m'en être approché d'une dixaine de mètres, je m'étendis par terre pour attendre le moment où elle se déciderait à changer de place, ce qu'elle fit bientôt. Elle eut l'obligeance de s'avancer de quelques pas et de présenter de profil sa tête orné de cornes magnifiquement courbées, qui touchaient presque à ses hanches. Je fis feu.

La balle lui brisa une des pattes de devant à l'épaule et la fit tomber, mais l'antilope se remit bientôt sur ses jambes et traversa la côte en boitant. Boxer arriva aussitôt, et, en le voyant, l'animal se retourna et je lui envoyai une seconde balle dans les côtes. Aussitôt elle disparut suivie des chiens. Je courus après elle aussi vite que possible et je la trouvai assise sur la montagne, après avoir fait la moitié de la descente : je l'achevai au moyen d'une balle dans le cœur. C'était une magnifique antilope noire, fort jeune, très-grasse et dont la chair était excellente.

Le 28 je traversai à pied un terrain rocailleux, et le soir je préparai un bivouac dans la vallée pour y passer la nuit.

Dans la matinée du 4 août je me décidai à quitter le pays de Bamangwato pour retourner à Sichely par Mauchily, et j'y arrivai le 15; mais cet endroit était rempli d'indigènes et tout le gibier avait disparu. Je me mis aussitôt en route pour le Lesseby. Là aussi les indigènes s'étaient assemblés, et je m'acheminai vers Loobie, où je trouvai le crâne d'un très-grand lion, que les indigènes disaient avoir été tué par un autre lion.

Le soir je couchai près d'une source avec Kleinboy. De nombreux animaux vinrent y boire, mais il faisait trop noir pour que je pusse tirer avec certitude. A minuit, un lion et une lionne s'avancèrent à dix mètres de nous avant que nous les eussions aperçus. J'étais à moitié endormi, mais Kleinboy prit à côté de moi le grand fusil et, par un heureux hasard, blessa le lion au cœur. Aussitôt celui-ci bondit en avant à une distance de cinquante mètres, en faisant entendre d'affreux gémissements, puis il expira. Bientôt après nous entendîmes les hyènes et les chacals dévorer son corps; et, avant le jour, il n'en restait plus de traces. Au bout de quelque temps, la lionne vint à la recherche du mâle et nous approcha de fort près en faisant entendre d'horribles rugissements. Il y avait de quoi effrayer l'homme le plus brave; Kleinboy perdit complétement courage. J'entendais d'autres

lions arriver du côté opposé, et comprenant alors que nous étions en grand danger, je lui permis de faire du feu.

Je continuai à demeurer dans cet endroit jusqu'au 1er septembre. Je fis une chasse magnifique, et j'abattis de fort beaux échantillons de toutes les diverses espèces de gibier qui fréquentaient le pays.

XXI

Je tire, à minuit, sur un lion, du trou où j'étais placé. — Mort de mon cinquième éléphant.—Les serpents des rochers.—Fin prématurée de cinq rhinocéros. — Je rencontre un terrible lion. — Colesberg. — Graham's-Town.

Dans l'après-midi du 3 septembre je restai encore près la fontaine, et, vers le coucher du soleil, j'envoyai une balle à travers le corps d'un pallah dont la tête était magnifique. J'ordonnai qu'on le plaçât à l'entrée de mon affût, à côté de l'eau, afin d'attirer les lions, et, après souper, je revins près de la fontaine avec Kleinboy et Mollyen. La lune était dans son plein, et nous étions à peine étendus sur la terre depuis quelques instants quand j'entendis vers l'est la terrible voix d'un lion. Je distinguais aussi les cris des chacals qui faisaient un festin avec les restes du rhinocéros que j'avais tué. Bientôt un troupeau de zèbres, accompagnés d'élans, s'approcha de l'eau; ces animaux étaient trop timides pour venir boire; ils étaient suivis d'un grand nombre de chiens sauvages. Quand je tirai sur eux, ils s'éloignèrent avec le pallah. Ils essayèrent de revenir une seconde fois; je fis encore feu et j'en blessai un.

Quelques minutes après, le bruit des pas d'un grand nombre d'animaux se fit entendre; c'étaient ceux des wild-beasts bleus. Ils avaient très-soif. La femelle qui les conduisait s'avança et se plaça hardiment en face de moi.

Je lui envoyai une balle; elle courut à soixante mètres sur le talus qui se trouvait derrière nous, et tomba morte. Les autres animaux traversèrent la vallée, et se placèrent sur le terrain élevé qui se trouvait vis-à-vis, abandonnant le corps de leur conductrice aux hyènes et aux chacals.

Quelque temps après, un lion poussa un rugissement; il se tenait sur un monticule ombragé, à cinquante pas de nous. Ce rugissement fut suivi d'un silence mortel qui dura presque une minute, et, sans même oser respirer, je le surveillai très-attentivement, m'attendant à chaque instant à voir s'approcher le terrible roi des animaux; mais il était trop rusé pour cela. Ayant vu les animaux s'enfuir timidement du voisinage de la futaie; il fit un circuit pour éviter la source. Quelques minutes après il rugit de nouveau; puis j'entendis les cris de nombreux chacals qui paraissaient l'inviter à traverser la vallée pour venir près du cadavre du wild-beast; le lion semblait leur répondre, et tout demeura tranquille.

Après avoir prêté attentivement l'oreille pendant un quart d'heure, j'entendis des hyènes et des chacals qui abandonnaient derrière moi les restes du wild-beast. Je tournai la tête et j'aperçus un lion fort et majestueux. Sa crinière touchait presque à terre; il était près du cadavre. Il paraissait savoir que je n'étais pas loin de lui. Il baissa la tête, saisit le wild-beast, et l'emporta un peu plus haut sur la colline. Il s'arrêta alors pour reprendre haleine, sans exposer ses côtés. Avant qu'une minute fut écoulée, il reprit le wild-beast, le traîna à douze mètres plus loin environ, puis releva sa noble tête.

Je n'avais pas de temps à perdre. Il me présentait le flanc droit et se tentait dans une position oblique. Je fis feu. Ma balle atteignit le lion : il tomba. Pendant quelques secondes aucun bruit ne se fit entendre. Tout à coup il poussa un profond gémissement, se releva doucement, rampa lentement jusque sous les arbres, s'y arrêta, et rugit d'une manière plaintive, comme s'il allait expirer. J'avais tout lieu de croire qu'il était mort ou qu'il était près de mourir. Si je n'avais été à sa recherche que le lendemain, je devais m'attendre à ce que les hyènes et les chacals l'eussent dévoré.

Pour éviter cette perte, je me rendis au camp j'y sellai deux chevaux et j'allai avec Martin, suivi de tous les chiens que les naturels tenaient à la main. En arrivant près du wild-beast, ils voulurent s'échapper pour courir après les hyènes et les chacals Nous écoutâmes en vain pour entendre les rugissements du lion. J'étais persuadé qu'il était mort aussi; j'avançai sans peur vers l'endroit d'où était parti son gémissement. Là, j'eus la satisfaction de voir le magnifique quadrupède étendu au pied d'un arbre.

La balle avait pénétré dans son ventre, un peu en avant du flanc, avait traversé la longueur et la largeur du corps et lui avait fait une large blessure à l'épaule. Rien ne peut donner une idée de la beauté de ce majestueux animal, couché encore chaud à mes pieds. Je fis du feu et je pus contempler avec délices sa belle crinière noire, ses jambes énormes, ses griffes glauques et aiguës, sa parfaite beauté. Je compris alors que j'avais conquis le plus beau prix que ce vaste monde pût accorder à un chasseur.

J'envoyai chercher des chevaux et un chariot, et nous portâmes le lion au camp, sur le chemin qui conduisait à la source. Ce soir là, avec une seule balle, je tuai encore un vieux rhinocéros noir.

Le 4, dans l'après-midi, je creusai davantage mon trou et j'abattis trois rhinocéros, puis enfin un pallah, roi d'un troupeau qui vint se désaltérer.

Le lendemain soir, il ne restait presque plus de viande des deux rhinocéros étendus sur le chemin que le gibier suivait pour se rendre à la fontaine. Cependant je voulus qu'on laissât le troisième rhinocéros presque en face du lieu où je me tenais caché, dans l'espoir d'attirer un lion, et, après le coucher du soleil, je descendis avec Kleinboy et deux naturels qui se cachèrent dans un autre trou avec Wolff et Boxer, près à s'élancer si je blessais un lion.

En arrivant près de la fontaine je dirigeai mes yeux sur les restes du rhinocéros, et, à mon grand étonnement, j'aperçus le terrain environnant couvert d'énormes animaux. Kleinboy prétendait que c'étaient des zèbres; je ne le contredis point; mais je ne comprenais pas que des zèbres vinssent cabrioler près d'un rhinocéros mort. J'arrangeai donc rapidement mes couvertures, mon oreiller et mes fusils dans le trou, et m'étendis à terre pour jouir du spectacle intéressant que j'avais devant moi.

Il faisait clair de lune, et je pus apercevoir six lions vigoureux, douze ou quinze hyènes et de vingt à trente chacals entourant et dévorant la carcasse du rhinocéros.

Ces lions étaient très-paisibles, mais les hyènes et les chacals se battaient après chaque bouchée, se chassant les uns les autres, et poussant des cris non interrompus. Les hyènes ne semblaient pas avoir peur des lions, quoiqu'elles fuient ordinairement devant eux.

J'observai qu'elles les suivaient d'une manière peu respectueuse, et paraissaient se réjouir quand un lion s'avançait près de ses camarades pour examiner les morceaux de chair ou les os qu'il traînait plus loin. J'étudiai ce banquet pendant près de trois heures. J'espérais que les lions, après avoir mangé, viendraient boire. Bientôt deux grands rhinocéros blancs et deux noirs parurent devant moi : l'odeur du sang les fit reculer.

A la fin les lions, apparemment satisfaits, s'éloignèrent la tête haute; ils semblaient vouloir se diriger vers la source. Au bout de deux minutes l'un d'eux tourna la tête vers moi : il s'avança, et fut suivi immédiatement par un de ses compagnons, puis quelques secondes après, par les quatre autres. C'était une marche générale; il était évident que tous voulaient apaiser leur soif à une distance de quinze mètres de l'endroit où je me trouvais.

Je saisis mes armes et j'obligeai Kleinboy à rester immobile; il voulait s'élancer; je savais par expérience où les lions désiraient boire. Je tins mon fusil à la main et pris la position que je jugeai la meilleure. Les six lions s'avancèrent tranquillement le long de l'élévation rocailleuse; ils étaient à soixante mètres de moi et s'arrêtèrent quelques instants pour se reconnaître. L'un d'eux allongea ses lourdes pattes sur le roc et se coucha; les autres se rapprochèrent de moi. Comme je l'avais pensé, ils venaient boire à leur ancienne place ; trois lapèrent bruyamment l'eau. Kleinboy leva sa vilaine tête ; je me tournai doucement pour le faire tenir tranquille. J'examinai alors encore les lions, et j'acquis la certitude que j'étais découvert.

Une vieille lionne, qui semblait servir de *guide*, m'avait aperçu la tête levée : les yeux fixés sur moi, elle marchait lentement autour des lèvres de la petite source ; dans le désir de cultiver ma connaissance. Je l'empêchai de me contempler davantage, et je pensai aussitôt qu'il était plus prudent de tirer sur elle, surtout avant qu'aucun autre lion m'eût aperçu.

Je la visai donc : elle vit ce mouvement, s'arrêta et me présenta le flanc. Je fis feu ; la balle entra par une épaule et sortit par l'autre. La lionne fit encore quelques pas et poussa plusieurs rugissements ; ses compagnons la suivirent. Ils étaient enveloppés dans un nuage de poussière ; ceux-ci ne s'arrêtèrent que sous les arbres placés derrière moi, à l'exception d'un seul qui regarda en arrière pendant quelques secondes. J'écoutais attentivement pour entendre le cri plaintif qui m'annoncerait la mort de la lionne ; ce ne fut pas en vain : elle poussa bientôt son dernier rugissement. Alors je lâchai Wolf et Boxer et je les suivis pour chercher la victime. Je la trouvai étendue, morte, à vingt mètres du lieu où était tombé le vieux lion deux nuits auparavant. C'était une vieille lionne dont les dents étaient encore parfaites.

La nuit du 8 nous portâmes nos regards du côté de la fontaine ; sans avoir reçu d'ordre Kleinboy tira sur un rhinoceros noir et la balle lui traversa l'épaule. Le *borelé* s'emporta follement et furieusement à travers les arbres et buissons, marchant droit sur le camp et faisant le bruit le plus affreux ; puis enfin il s'arrêta près des wagons, chancela et tomba mort. Je l'aperçus en revenant ; c'était un magnifique spécimen qui portait trois cornes bien distinctes.

Le 40 nous nous dirigeâmes vers Bootlonamy. Nous y arrivâmes au coucher du soleil ; et le lendemain nous nous mîmes en marche. Nous errâmes pendant trois jours ; les bestiaux et les chevaux mouraient presque de soif. Nous atteignîmes Moselakose, une fontaine éloignée dans la première chaîne de montagnes qui se présenta à nous, et y restâmes jusqu'au 20.

La matinée du 24 était froide. Un grand vent soufflait du sud-ouest. Je me mis en route pour marcher à la frontière bien avant que l'étoile du matin ne fût visible ; il me tardait de me reposer. Je sortis de mon trou pour voir quelle espèce de gibier était venue se désaltérer pendant la nuit. A mon grand étonnement je remarquai les traces d'un énorme éléphant qui devait être venu là quelques heures auparavant. Je revins au camp en toute hâte, où je fis tous les préparatifs nécessaires pour une excursion de trois jours et je suivis les traces avec deux cavaliers et six naturels. Nous

parcourûmes cinq milles vers l'est. L'éléphant avait songé à sa nourriture le long de son chemin. Tout à coup nous aperçûmes l'animal à la distance de vingt mètres : un arbre touffu nous cachait presque entièrement à sa vue. Les chiens s'élancèrent sur lui : je l'atteignis d'un coup mortel avant qu'il soupçonnât *notre présence* ; puis je le poursuivis sur un terrain plus difficile et je l'achevai d'un second coup de fusil.

C'était le cinquième éléphant que je tuais depuis *mon séjour en Afrique ; je ne parle pas de ceux que j'avais blessés et perdus.*

Dans la même journée je vis un magnifique buffle étendu à terre qui avait *pris cette position*, espérant que nous passerions sans l'apercevoir. En Écosse les cerfs et les chevreuils se couchent ainsi.

La quantité de buffles dont je découvris les empreintes de ce côté de la chaîne de montagnes me fit penser qu'il devait y avoir une vaste source sur ce versant ; car seulement un ou deux buffles étaient venus par hasard boire à la fontaine où j'étais campé. Les natifs m'assurèrent que j'étais dans l'erreur. Malgré leurs assertions je partis avec Kleinboy et le Bushman. Nous avançâmes d'abord du côté de l'ouest et traversâmes les montagnes en suivant une multitude de vallées rocailleuses et de ravins, au-delà desquels nous prîmes un sentier foulé par le gibier. Il circulait sur une étendue de deux ou trois milles et aboutissait à une belle fontaine qui sortait d'une gorge profonde. La terre était encore fraîchement remuée en cet endroit par des rhinocéros blancs et noirs, par des buffles, par des vaches sauvages, par des sassaybies, par des koodoos et par des klipspringers, etc. Les cavaliers qui venaient après moi découvrirent aussi, dans la direction de l'est, un ravin qui contenait de l'eau.

Devant l'ouverture d'un autre ravin nous traversâmes des chemins étroits bien battus, ce qui me fit soupçonner que ce ravin contenait aussi une fontaine. Quand nous fûmes arrivé à peu près à la moitié de la route du camp, je tuai un élan ; qui avait une belle tête, et était, malgré la saison avancée, dans un très-bon état.

Sur notre route je tuai encore un *bouc koodoo* à une distance de deux cents mètres, près de la fontaine ; je lui décochai deux balles simultanément. En examinant les empreintes laissées par le gibier, j'aperçus tout à coup un serpent qui se glissait dans une crevasse du roc placé près de moi. C'était un énorme reptile ; et comme je n'avais jamais eu affaire à ses pareils, j'ignorais les moyens à prendre pour m'en emparer. Je désirais conserver sa peau intacte et ne voulais pas faire usage de ma carabine. Je coupai donc un fort bâton à peu près d'une longueur de huit pieds et je commençai l'attaque. Je le saisis par la queue en essayant de lui faire abandonner le lieu où il s'était réfugié : mes efforts furent vains ; loin de là, il se raidissait davantage. A la fin je lui lançai une courroie qui le saisit par le milieu du corps, puis Kleinboy et moi nous tirâmes énergiquement. Le serpent comprenant qu'il y allait de sa vie desserra ses replis, montra tout à coup sa tête et se jeta sur nous la gueule béante. Avant que j'eusse pu m'éloigner il était sorti de son trou.

Il s'élança de nouveau, s'avança à environ huit ou dix pieds, et fit claquer ses horribles mâchoires à un pied de mes jambes nues. Je me hâtai de sauter pour éviter sa rencontre, et reprenant la branche verte que j'avais coupée, je revins à la charge. Dans ce moment le reptile se glissait sur le sol cherchant à atteindre le sommet des rocs brisés, où il aurait été à l'abri de mes attaques; mais, avant qu'il y fût parvenu, je lui appliquai deux terribles coups sur la tête.

Il se dirigeait cependant vers un marais d'eau bourbeuse qu'il traversa rapidement : je l'attaquai de nouveau, à la fin pourtant il parut rester immobile. Alors nous le pendîmes par le cou aux branches d'un arbre ; il semblait mort, et pourtant il s'agitait encore ; lorsque nous le dépouillâmes, il se repliait de tous côtés. Ce serpent avait quatorze pieds.

Dans le voisinage de ces fontaines, je fis une excellente chasse pendant quinze jours. Je veillai la nuit dans différents trous qui me servaient de retraite. Je tuai des buffles, des rhinocéros blancs et noirs, des koodoos, des zèbres et d'autres espèces d'animaux. Une nuit, un horrible serpent, que Kleinboy essaya de tuer avec un bâton, se précipita vers moi et me lança son venin dans l'œil ; je m'approchai immédiatement de la fontaine et m'y lavai. Je souffrais beaucoup ; mais quand le matin fut venu j'étais guéri.

Le 16 octobre nous partîmes pour Sichely. Le soleil était brûlant et nous fîmes une halte. Vers la fin de la journée nous n'avions pas d'eau, et pourtant le pays était couvert de traces de toute espèce de gros gibier, en y comprenant même des éléphants.

Le 17, après une traite de plusieurs milles, je me retrouvai encore sur les bords du Ngotwani, qui, excepté à sa source, était cette année généralement à sec. Heureusement nous pûmes, en creusant, nous procurer assez d'eau pour nous tous, hommes et animaux. Les natifs, chargés du soin des bestiaux, étaient abondamment pourvus de viandes, ils demeurèrent en arrière. Les six chevaux et les douze bœufs qui me restaient furent absents toute la nuit ; mais je n'étais pas inquiet de cela, car j'avais confiance en l'intelligence des naturels. Ces gens-là nous rejoignirent après déjeuner ; mais ils n'accompagnaient pas les bœufs, dont ils ne purent nous donner aucune nouvelle ; ils les croyaient avec nous. A l'instant même je pris le parti d'expédier deux cavaliers pour retrouver leurs traces.

Le 19 Kleinboy revint sans les bœufs ; les naturels croyaient que les Bakalaharis les avaient capturés et envoyés à Sichely. Le lendemain le chef nous en renvoya six en nous faisant dire que les autres n'avaient pas été trouvés, mais qu'on avait aperçu les empreintes de leurs pas.

Le 22 au matin je revins au camp après avoir suivi inutilement vers l'ouest les traces d'un troupeau d'éléphants. Je pris quelques rafraîchissements, sellai deux chevaux ; puis avec le Bushman nous allâmes sur les bords du Ngotwani pour tuer du gibier quel qu'il fût. Après avoir fait un mille, j'aperçus un vieux léopard couché à l'ombre d'un bosquet d'arbres épineux et paraissant souffrir de l'extrême chaleur. Quoique je ne fusse plus qu'à soixante mètres de lui, il n'avait pas entendu le bruit des pas de mon cheval ; je pensais d'abord que c'était une lionne. Je mis pied à terre et m'appuyant sur la selle du Vieux-Gris je lui lançai une balle. Il se releva, courut ; puis s'arrêta sur le chemin qui descendait à la rivière, pour regarder autour de lui. Je lui décochai une seconde balle, qui lui traversa la poitrine et il disparut sur la rive. Le terrain était trop dangereux ; je ne le suivis pas. J'expédiai Ruyter au camp afin qu'il ramenât les chiens. Il revint avec Wolf et Boxer, très-abattus par l'ardeur du soleil. Aussi vainement voulus-je avancer et les encourager en tirant quelques coups de feu : ils ne paraissaient pas disposés à me seconder.

A la fin j'abandonnai la partie et crus le léopard perdu pour moi. Je me retirais, quand j'entendis derrière moi l'aboiement de Wolf. Je revins sur mes pas, et le trouvai aux abois avec le léopard, au-dessous de l'endroit où j'avais fait feu. Ce dernier, gravement blessé, avait glissé dans la rivière. Au moment où j'approchais, il sortit de l'eau, se rua sur Wolf, l'abattit, regagna le courant et alla s'abriter sous un épais buisson. Wolf le suivit. Mes autres chiens revinrent après avoir entendu une décharge, et le chassèrent hardiment.

Le léopard se précipita sur eux, et, comme il traversait la rivière pour aller sur l'autre rive se cacher sous quelque épais ombrage, je lui envoyai une troisième balle du haut de mon cheval. Aussitôt que le léopard eut gagné la terre je lui en envoyai une quatrième qui l'acheva. Dans ce conflit, comme toujours, le malheureux Alert avait été blessé. Sa tête ensanglantée et sa poitrine, qui portaient encore les marques que la bête féroce lui avait faites, étaient horribles à voir. Le léopard était un vieux mâle très-beau.

Dans la soirée, j'ordonnai à mes Hottentots d'aller veiller près d'un bel étang, près de la rivière ; mais, craignant qu'ils ne désobéissent, je descendis le long de l'eau et je rencontrai un vieux buffle accompagné d'une troupe de vaches. Je l'étendis à terre après avoir tiré deux fois sur lui. Ce buffle portait les traces des blessures que lui avaient faites les lions.

Lorsque j'eus atteint le bord de l'eau je fis une halte ; la place me parut favorable. J'attachai mes deux chevaux à un arbre près de la rivière. Sur les bords se dressaient plusieurs bosquets formés d'arbres touffus qui portaient des épines. Je me préparai une cachette près de là et me couchai pour passer la nuit. Lorsque je me fus reposé quelques instants, j'entendis venir un escadron de buffles : ils avancèrent jusqu'aux bosquets situés sur la rive orientale, et se trouvèrent bientôt au-dessous de moi.

Quelques minutes s'écoulèrent, puis les conducteurs s'aventurèrent à aller boire ; ce fut le signal d'un mouvement général dans le vaste étang. Les buffles avancèrent au galop comme un régiment de cavalerie ; ils faisaient beaucoup de bruit et obscurcissaient l'air d'épais nuages de poussière. Je me décidai à envoyer une balle à l'un d'eux ; tous tressaillirent à ce bruit, et, suivant le bord de l'eau, ils s'arrêtèrent, en écoutant attentivement. Je savais que le buffle était dangereusement blessé, mais il n'était pas abattu. Quelque temps après je tirai sur un second. Cet animal fut alors grièvement blessé ; mais néanmoins il ne tomba pas non plus immédiatement.

Un peu après j'en visai un troisième. Il put courir à quarante mètres, et alors il tomba et poussa un gémissement, ce qui engagea un grand nombre de ses camarades à se jeter sur lui dans l'intention de l'achever, car telles sont leurs habitudes brutales. Je me glissai près d'eux et tirai un quatrième coup : un autre buffle sauta à quelques mètres, s'abattit, gémit comme le premier, et les siens le traitèrent de la même manière.

Je rampai de nouveau et fis une cinquième décharge ; un troisième buffle alla expirer près des autres. Quelques moments après, ceux que j'avais épargnés s'éloignèrent. A l'instant j'entendis un bruit de dents qui déchiraient de la chair. Je pensai que c'était une hyène, et je fis feu pour qu'elle s'éloignât, puis impatient d'examiner les têtes des buffles, j'avançai avec les naturels qui m'avaient accompagné.

Nous étions à peine éloignés de cinq mètres du premier buffle quand je distinguai une masse jaune étendue près de lui. Nous ne tardâmes pas à entendre la terrible voix d'un lion. Je crus que c'en était fait de moi, quand mon compagnon s'écria « Tao ! » et à l'instant il recula, et commença à souffler dans une relique faite en os, qu'il portait à son collier.

Je me retirai aussitôt dans mon trou ; mais une fois là la fatigue se fit tellement sentir que je m'endormis ; les naturels veillaient dehors à ma sûreté et à la leur. Un peu après minuit on entendit plusieurs autres lions ; ils venaient de différents côtés. Celui que nous avions aperçu commença à rugir si fort que les naturels pensèrent qu'il aurait dû m'éveiller. Le lion avait soif et suivait la route où se trouvaient les deux chevaux. Je craignis pour eux, quoique cependant j'eusses l'espoir qu'ils avaient mangé assez de chair pour une nuit. Je me recouchai, en prêtant attentivement l'oreille. Bientôt j'entendis le « Tao » pousser un rugissement et se précipiter sur un des coursiers qu'il renversa.

Le pauvre animal hennit doucement, et tout retomba dans un profond silence qui ne dura pas longtemps, car nous perçûmes encore le bruit que faisait le lion en dévorant le buffle. Il vint ensuite près de moi, rugissant d'une manière encore plus effrayante, marchant çà et là et paraissant méditer quelque projet sinistre. Je crus que nous devions prudemment faire du feu.

Nous rassemblâmes promptement quelques roseaux desséchés et quelques broussailles, et nous obtînmes bientôt une flamme brillante. Le lion n'était pas encore instruit de notre voisinage. Il s'avança pour s'assurer d'où provenait la clarté. Comme il n'y voyait pas assez distinctement du haut de la rive, il descendit dans le lit de la rivière par un sentier foulé par le gibier. Ce sentier était situé à quelques pas de nous ; il arriva à l'instant où je me rendais en cet endroit pour chercher plus de bois. Jusque-là de grands roseaux m'avaient derobé à la vue du lion ; mais tout d'un coup nous nous trouvâmes face à face.

Ce que je remarquai en premier lieu ce fut le mouvement qu'il fit de côté en s'accompagnant de rugissements répétés. Involontairement je reculai tout en tremblant, puis je poussai un cri craintif, tel que je ne me rappelle pas en avoir poussé auparavant. Je m'imaginai que le lion venait sur moi. Je me trompais ; il avait eu probablement aussi peur que moi et me laissa me retirer.

Nous augmentâmes le tas de bois et entretînmes un très-grand feu. Jusqu'au jour les lions ne cessèrent de se régaler près de nous, malgré les récriminations des naturels qui, animés du véritable esprit des Béchuanas, se lamentaient qu'on laissât perdre tant de chair. Ils ne cessaient de crier et de lancer des brandons allumés aux lions, qui semblaient ne pas s'inquiéter de ce bruit et continuaient leur repas.

Dès qu'il fit jour je me levai et visitai les buffles. Les trois qui étaient tombés étaient des vaches belles et vieilles. Deux avaient été en partie dévorées par les lions. Je me rendis ensuite à l'endroit où se trouvaient les chevaux ; le sable qui les entourait portait l'empreinte des pas du lion. Il s'était précipité sur mon Vieux-Gris, mais il s'était contenté de lui écorcher le dos à travers le cuir de la selle ; les rênes l'avaient peut-être préservé, ou bien encore le féroce animal en découvrant la maigreur de la bête avait préféré le buffle.

Le 24 nous remontâmes le Ngotwani ; nous nous arrêtâmes près du vaste étang où deux nuits auparavant j'avais tué trois buffles.

Ruyter et quelques naturels, que j'avais laissés pour surveiller les restes des buffles, racontèrent que toute la nuit ils avaient vu des lions dans le voisinage ; qu'ils s'avançaient hardiment à quelques mètres d'eux, et ne se retiraient que lorsqu'ils leur jetaient à la tête des brandons enflammés.

Le 27 au matin, la chaleur était étouffante ; néanmoins je résolus de plier bagage et de partir pour

Chouancy. En chemin, la roue de derrière de mon waggon se détacha, mais heureusement l'axe ne fut pas brisé. Nous atteignîmes Sichely un peu après le coucher du soleil.

Le lendemain le temps était un peu couvert et quelques averses tombèrent. Dans la soirée le chef vint me voir; il ramenait les quatre bœufs que je croyais perdus, ou pour dire vrai, s'était enfin décidé à me les rendre.

Je continuai lentement mon voyage en passant par Lotlokane, Mattito et Campbellsdorp, et j'atteignis la rivière de Vaal le 11 novembre. La hauteur des eaux m'obligea de rester là quelques jours.

Le 16 nous essayâmes, à différentes reprises, de traverser la rivière, mais nous fûmes obligés d'y renoncer, car nous laissâmes notre waggon le plus lourd au milieu des eaux. Je dormis peu la nuit; j'avais de graves sujets d'inquiétude, car, si le courant se fût élevé, mon waggon aurait été emporté, et il contenait presque tout ce que je possédais; j'aurais donc été complétement ruiné.

A la pointe du jour j'eus la satisfaction de voir que les eaux avaient un peu baissé. Après des efforts incroyables et avec l'aide des Griquas et de plusieurs bœufs qui n'étaient pas fatigués, nous retirâmes le lourd waggon hors de l'eau sans qu'il eut éprouvé aucun dommage, et nous le conduisîmes sur le sommet de la côte élevée.

Je voulais faire traverser le courant aux autres waggons, mais les Griquas firent quelques objections en disant que c'était dimanche. Je les levai bientôt en leur promettant de leur préparer quelques aliments et du café. Ils se mirent donc à l'ouvrage, remplis de la meilleure volonté, et deux heures après les waggons étaient sur l'autre rive.

Le 8 nous entrâmes dans le village de Colesberg, et j'employai toute l'après-midi à décharger deux de mes véhicules. Nous étalâmes toutes nos curiosités sur la place du marché, dans le but de faire parade. La vue en était vraiment remarquable et frappait d'admiration tous ceux qui examinaient ces trophées.

Le 13 je partis pour Grahams'-Town, et le 17 je traversai la plaine de Chebus. Le 25 nous arrivâmes à Beaufort, où je dînai avec quelques bons amis que j'eus grand plaisir à revoir.

Le 29 nous nous dirigeâmes vers la rivière Fish. Là, je trouvai environ soixante waggons qui attendaient la baisse des eaux pour la traverser. Quelques-uns de nous se mirent à l'ouvrage pour nettoyer sur l'autre rive un endroit boueux; après quoi plusieurs waggons légèrement chargés purent passer; mais, quand nous essayâmes de transporter mon grand waggon, il enfonça, et nous ne pûmes le retirer qu'à grand'peine. Il était temps, car les eaux montaient; une demi heure après elles formaient un torrent rapide qui avait au moins dix pieds de profondeur.

Le 1er février la rivière était beaucoup plus basse : après avoir enlevé la boue qui se trouvait des deux côtés du courant, je fis passer mon second waggon, et me mis en route. J'atteignis Graham's-Town le 2. Là je vendis mon ivoire et mes plumes d'autruche, et je réalisai à peu près mille livres.

XXII

Départ pour une autre chasse aux éléphants. — Les crocodiles. — Les hippopotames. — L'antilope sérolomootlooque.

Je n'avais pas encore pris de résolution, et je restai quelques semaines à Graham's-Town. A la fin, je me décidai à entreprendre un autre voyage, et le 11 mars je partis pour le centre. Je voulus essayer de suivre un chemin plus court sur le territoire du chef Mahura.

Je pris cette route, traversai la rivière de Vaal, et le 8 mai je m'acheminai vers l'ést, en m'écartant de ma première direction.

Le 7 nous entrâmes sur le vaste territoire arrosé par le Hart, et de bonne heure, dans la journée, nous prîmes une direction parallèle à celle de la rivière. Ce même jour nous rencontrâmes la plus grande quantité de chiens sauvages que j'eusses jamais vue; ils étaient environ quarante. Quand mes chiens les chassèrent, au lieu de fuir ils se retournèrent contre eux et leur livrèrent bataille.

Le 12 nous marchâmes dans l'intérieur. Avant déjeuner nous n'étions plus qu'à trois milles de Mahura; après avoir pris notre repas du matin, nous allâmes présenter nos hommages à M. Ross, le missionnaire résident.

Nous entrâmes ensemble dans la ville, et visitâmes Mahura et son frère : la physionomie de ces deux hommes prévenait en leur faveur. M. Ross m'apprit que le premier avait l'intention de faire la guerre à une tribu qui habite le nord-est, puis que Mochuarra, le chef de Motito, avait l'intention d'attaquer Sichely.

J'obtins de Mahura six kaross en échange de munitions; je lui présentai un fouet et deux livres de poudre et le marché fut conclu.

Vers midi je me mis en route, en suivant les anciennes traces de trois waggons. On m'assura qu'elles me conduiraient dans mon premier chemin à Groat-Choi. Le 20 nous atteignîmes la rive du Meritsane, deux milles plus bas que nous ne l'avions déjà fait. Ce jour-là nous n'avions pas encore aperçu de vestiges de gibier. Nous commençâmes pourtant bientôt à distinguer l'empreinte des pas de rhinocéros noirs, de pallahs, de koodoos et de hartle-beasts.

Le 23 j'arrivai près de Molopo, charmante petite rivière. A l'endroit où je l'atteignis elle est entièrement cachée par de grands roseaux et de longues herbes qui occupent sur ses rives un espace d'au moins cent mètres ; de chaque côté les reitbucks sont très-abondants. En remontant à cheval le cours de l'eau, je vis sortir de dessous un ombrage voisin deux lions qui se dirigeaient vers les roseaux.

Je galopai en avant pour essayer de me placer entre eux et la rivière. Ces animaux s'imaginèrent alors que nous étions nous-mêmes des animaux ; ils n'essayèrent pas de reculer, s'arrêtèrent, et regardèrent jusqu'à ce que je fusse à cinquante mètres d'eux, juste entre le dernier et les roseaux. Je fus frappé de surprise et d'admiration ; ces deux nobles quadrupèdes étaient vraiment majestueux et terribles.

Tous les deux étaient énormes. Le premier était un lion à crinière noire ; le second, qui était le plus vieux et le plus beau, un lion à crinière jaune.

Le lion à la crinière noire, après m'avoir examiné pendant quelques minutes, marcha doucement en avant et s'élança dans les roseaux ; son camarade voulait l'imiter, mais j'étais maintenant entre lui et la rivière. Il ne semblait pas être enchanté de ma présence, et ne pas savoir non plus qui j'étais ; croyant que je ne l'avais pas aperçu, il se coucha dans les hautes herbes. Je chargeai et attendis un instant afin que tous mes chiens fussent venus ; puis j'avançai lentement vers le lion, comme si je voulais passer à quelques mètres de lui.

Ce mouvement me fut fatal, car j'avais découvert un passage de retraite dans la direction des roseaux. Lorsque je fus à une courte distance de lui, je maintins mon cheval de manière à pouvoir faire feu. Le lion portant ses regards d'un autre côté, examina le terrain entre lui et les roseaux, et, voyant un chemin libre, il s'élança en avant. Je n'avais pas eu le temps de descendre de mon cheval, frappé de terreur, que déjà il était près des roseaux. Il y entra. Plusieurs chiens le suivirent, mais ils revinrent immédiatement en aboyant. Il était évident qu'ils étaient très-effrayés et reculaient devant le lion.

Il eût été par trop dangereux d'aller attaquer ces deux animaux dans leur fort et je les y laissai tranquilles.

Le 27 nous arrivâmes à Thouaney et nous y restâmes le lendemain pour faire du commerce. J'obtins de Sichely deux naturels pour m'accompagner au Limpopo ; leur salaire devait être un fusil pour chacun d'eux.

Vers midi, nous nous mîmes en route et nous arrêtâmes près du Ngotwani, dont je devais suivre le bord. Le pays que parcourt cette rivière est sablonneux et généralement couvert d'épais fourrés remplis d'épines, ce qui retarda beaucoup notre marche, car nous étions obligés de couper un passage avant que les waggons pussent avancer. Après le coucher du soleil plusieurs lions rugirent autour de nous. Dans la soirée du lendemain, je tuai un magnifique buffle dont la tête était ornée de cornes fort régulières.

Le 8 juin nous découvrîmes le Limpopo ; c'était là ce que nous désirions depuis fort longtemps. Je fus frappé d'admiration à la vue de cette splendide rivière. Les arbres qui croissent sur ses bords sont d'une grandeur prodigieuse et d'une surprenante beauté.

Le jour suivant je montai à cheval et me plaçai avec Ruyter en avant des waggons. Je tuai un daim près d'une source où les pallahs étaient très-nombreux. A midi je chassai un troupeau de ces mêmes daims, dont je voulais éprouver la vitesse ; ils me conduisirent dans un labyrinthe de vallées marécageuses, et je fus obligé d'abandonner la partie. Ensuite je rencontrai un énorme crocodile se réchauffant sur le sable, mais il se jeta immédiatement dans l'eau.

J'observai une nombreuse quantité de plusieurs espèces de canards sauvages et de poules d'eau. Ces oiseaux n'étaient nullement effrayés. Il y avait aussi des poules de Guinée, trois espèces de grosses perdrix et deux de cailles. Je tuai, ce même jour, un vieux pallah et un daim de forte taille, mais je n'emportai pas ce dernier.

Le 10, dès que le jour parut, nous nous remîmes en route, toujours à cheval. Je précédai les waggons. J'aperçus, pour la première fois, des empreintes nombreuses de pas d'hippopotames. Ces pas étaient semblables à ceux du Borélé, le rhinocéros noir, mais plus larges, car leurs pieds portaient quatre membranes au lieu de trois.

Dans l'après-midi je repartis avec le Bushman et de nouveaux chevaux. J'ordonnai que les waggons suivissent la ligne droite ; mais je suivis les méandres de la rivière.

Là j'aperçus, sur le sable de la rive opposée, trois énormes crocodiles se chauffant au soleil. Je fus étonné de leur taille. L'un d'eux semblait avoir seize ou dix-huit pieds de longueur ; son corps était aussi gros que celui d'un bœuf.

Lorsqu'ils nous virent, ils plongèrent dans l'eau. Une minute après, l'un d'eux sortit la tête au milieu du courant ; je visai juste, et lui envoyai une balle dans la cervelle. Les convulsions d'agonie qui suivirent furent vraiment effrayantes D'abord il s'enfonça sous le coup ; mais, immmédiatement après, frappant le fond avec sa queue, il revint à la surface, et se débattant avec violence, se plaçant quelquefois sur le dos, quelquefois sur le flanc. Une fois il nous montra sa tête et ses deux pieds de devant ; puis, après, sa queue et ses jambes de derrière dont il frappait l'eau avec une force étonnante.

Des nuages de sable accompagnaient tous ces mouvements, et le rapide courant l'entraînait. Bientôt l'agonie cessa, et il tomba pour ne plus se relever.

Un instant après je vis sur le bord un petit crocodile. Je tirai, et tout à coup le saurien s'élança dans l'eau. Un peu plus loin j'en blessai un troisième et enfin un quatrième.

Nous arrivâmes à un tournant de la rivière, couvert de verdure, et rencontrâmes nez à nez une troupe de cinq ou six beaux léopards.

A la première courbure du courant nous distinguâmes, sur la rive opposée, trois monstrueux crocodiles rampant sur un chemin facile. Je fis feu sur l'un d'eux et l'atteignis à la tête et au côté. Atteint par la balle, le crocodile fit mille circuits et porta son horrible gueule vers sa blessure comme pour se lécher.

Je lançai mon cheval au galop pour rejoindre mes waggons, et je rencontrai tout à coup un lion et une lionne étendus à l'ombre d'un antique et gigantesque mimosa. Je fis une première décharge sur le lion. Au premier coup je le manquai; mais je le blessai la seconde fois. Il se leva furieux, poussa plusieurs rugissements, et s'éloigna.

Lorsque je parvins au camp, mes hommes m'apprirent qu'ils venaient d'apercevoir deux énormes hippopotames au bas de la rivière. Je me dirigeai vers l'endroit indiqué; j'en visai un, lui envoyai trois balles dans la tête et il tomba. La nuit était trop obscure, aussi le perdîmes-nous.

Le 12, vers la pointe du jour, nous entendîmes pendant environ vingt minutes, un bruit qui provenait de la rivière. Ce bruit était semblable à celui de la mer et provenait des cris de buffles; c'était un troupeau de ces animaux qui traversait l'eau.

Je pris mon cheval et me rendis à l'endroit d'où partait le bruit pour examiner les buffles. C'était dans une lagune éloignée du courant; les bords, pendant plusieurs acres, étaient très-ombragés de grands roseaux et d'herbes qui s'élevaient au-dessus de ma tête, lorsque j'étais en selle. Au delà des roseaux et de l'herbe se trouvaient des arbres de toutes tailles, formant un ombrage épais. C'était, au reste, l'aspect qu'offraient les bords du Limpopo, dans la partie que j'avais déjà visitée.

Je m'en retournais doucement au camp lorsque j'aperçus une antilope de la plus exquise beauté, espèce entièrement inconnue aux chasseurs et aux naturalistes. L'animal s'arrêta au milieu de mon chemin et me regarda en face. C'était un vieux bouc de l'espèce « scrolomootlooque » des Bakalaharis, le bushbuck du Limpopo, et il avait une très-belle paire de cornes. En l'apercevant, je fus frappé de surprise et de joie; mon cœur palpitait d'un indicible plaisir.

Je descendis de cheval; mais, avant que je pusse tirer, ce bel animal s'était élancé dans les roseaux, et je l'avais perdu de vue. Dans ce moment j'aurais donné tout ce que je possédais pour tuer cette charmante antilope. Je résolus de ne pas pousser plus loin mon expédition jusqu'à ce que je l'eusse ajoutée à ma collection, dût cette chasse me coûter un mois de peines.

Immédiatement je donnai mon cheval à garder au cavalier qui m'accompagnait. Avec ma carabine bien chargée, je m'avançai vers le fourré; je le parcourus en long et en large : ce fut en vain; l'antilope s'était enfuie, et je ne savais plus où la trouver. Je retournai donc lentement vers le bord de l'eau, afin de me rendre au camp. Je n'étais plus qu'à cent mètres des waggons, méditant comment je pourrais m'emparer du scrolomootlooque, quand pour la seconde fois l'antilope se trouva sur mon passage. Je l'avais chassée devant moi le long de la mer. Elle trottait comme un chevreuil sous l'épais ombrage, et s'arrêta enfin au milieu de taillis épineux; je tirai alors et la manquai. Elle m'offrit une autre chance de tirer, mais avant que ma carabine fût mise à l'épaule, le scrolomootlooque se coucha et resta immobile sur le sable.

La balle avait percé la peau le long de côtes; elle était entrée dans le corps, avait passé le long du cou, et s'était logée dans la cervelle, où nous la trouvâmes en préparant sa tête pour la conserver. J'étais enfin sûr de ma bonne fortune. Je possédais un nouveau trophée d'une grande valeur.

Je fis immédiatement transporter l'animal au camp et je pris toutes les mesures nécessaires pour en faire une description exacte qui pût servir aux naturalistes. Je baptisai ma victime du nom d'*Antilopus Roualeynei* ou bush-bock du Limpopo.

Le lendemain matin je trouvai de fraîches empreintes d'hippopotame : c'étaient celles des deux bêtes de la nuit précédente; je les suivis à une grande distance, sur les bords de la rivière. Enfin j'en aperçus un troupeau couché à l'ombre d'arbres de taille gigantesque. Les eaux, au moment des inondations, avaient déposé en cet endroit de larges bancs de sable dans lesquels les hippopotames avaient creusé leurs lits.

D'épais taillis et des roseaux entouraient leur retraite située près d'un ruisseau large et profond, dans le voisinage duquel ils avaient tracé des sentiers qui y conduisaient dans toutes les directions.

Ce qui m'apprit que j'étais près d'eux, ce fut le cri d'un vieux taureau qui prit l'alarme à la fuite soudaine d'une espèce de héron; ce cri ressemblait un peu à celui d'un éléphant. Il était dans l'eau, qui lui montait presque jusqu'au cou, et agitait au soleil ses courtes oreilles; chaque demi-minute il disparaissait dans le courant, puis se remontrait et poussait des mugissements terribles.

Tout en l'observant je mis pied à terre chaque fois qu'il n'était plus visible; j'avançai ainsi jusqu'à ce que je fusse arrivé derrière les grands roseaux, environ à vingt mètres de lui; de là j'aurai pu le frapper mortellement avec une seule balle, mais malheureusement je résolus de laisser en repos lui et les siens jusqu'au lendemain, quand j'aurais mes hommes qui m'aideraient à les transporter sur le rivage.

Bientôt il me vit, plongea entièrement, et nagea autour d'un promontoire ombragé qui se trouvait au milieu du courant. Là, ses camarades et lui ne cessèrent point de souffler très fort. Je retournai au camp et

j'ordonnai à mes hommes de se mettre en marche.
J'allai en avant et je traversai le Limpopo ; l'eau montait jusqu'à la selle de mon cheval. Je n'essayai pas
de faire passer mes waggons en cet endroit. Nous nous
dirigeâmes sur la rive nord ouest, et traversâmes la
rivière environ à un mille de l'endroit où j'avais vu
les hippopotames.

Au coucher du soleil le vaches marines recommencèrent leur course sur l'eau, en passant en face
de notre camp ; elles faisait un bruit très-extraordinaire, soufflant, reniflant et mugissant. Quelquefois
elles se hasardaient en jouant jusque dans les roseaux ; d'autres fois elles nageaient tranquillement.
Un faible clair de lune éclairait cette scene. Je descendis avec un de mes hommes, nommé Carey, et m'assis
quelque temps au bord de l'eau, pour y contempler ces
monstres extraordinaires. C'était vraiment un grand
et surprenant spectacle ; la rive opposée était couverte d'arbres gigantesques et magnifiques, ce qui
ajoutait encore à la beauté de la scène.

Le 14 je partis avec trois cavaliers après nous être munis de deux carabines à double canon et d'une quantité
de munitions ; je me rendis à l'endroit où la veille
j'avais trouvé les hippopotames, mais tous avaient
eu peur et s'étaient enfuis. Leurs traces indiquaient
qu'ils avaient remonté la rivière. Je suivis le long
des rives, j'examinai tous les etangs, jusqu'à ce que
mon cheval fût épuisé de fatigue ; mais je ne trouvai
pas une seule vache marine.

Je compris qu'il faudrait m'arrêter pour dormir sur
la route que je parcourais, aussi j'expédiai Ruyter au
camp pour qu'il me rapportât mes couvertures, ma
cafetière, du biscuit, etc., et amenât de nouveaux
chevaux ; puis j'examinai tous les coins de l'épais
fourré qui ombrageait la rivière. Je commençais à
avoir très-faim quand j'eus l'heureuse chance de tuer
une jeune femelle de l'espèce « antilopus rouan »
bleue ; une demi heure après elle était rôtie.

Mon repas achevé je fis de nouvelles recherches pour
découvrir des hippopotames, et juste au coucher du
soleil j'en aperçus un vieux, qui reposait au milieu des
grands roseaux qui ombrageaient un étang large et
profond. En m'entendant approcher il plongea en
faisant jaillir l'eau, mais immédiatement il reparut
un peu plus haut, soufflant bruyamment et se tenant à
vingt mètres du bord. Après avoir regardé autour de
lui il plongea de nouveau et continua à remonter le
courant ; on pouvait suivre le sillon qu'il formait.

Je courus en avant et lui décochai une balle qui l'atteignit à la tête. Il se débattit un moment et coula au
fond. Il n'y resta probablement qu'une demi-heure ;
mais, quelques minutes après, l'obscurité étant devenue complète, j'eus la mortification de perdre mon
hippopotame, le second que j'avais tué en Afrique.

XXIII

Le 17 juin, ayant trouvé un endroit favorable, je
traversai le Limpopo avec mes waggons, et les conduisis en un lieu ombragé et couvert de verdure.

Le 18 un épais brouillard s'étendit sur la rivière.
Nous espérions, avec raison, rencontrer des vaches
marines, car à tous les détours nous remarquions des
étangs profonds et tranquilles ; puis, de temps en
temps, des îles couvertes de sable, mouchetées de
grands roseaux au-dessus et au delà desquels on
apercevait des arbres gigantesques et séculaires. A
leur ombre poussait une herbe longue et abondante
dont les hippopotames aiment à se nourrir.

Je trouvai bientôt de nouvelles traces, et, après
avoir parcouru plusieurs milles, je découvris, au coucher du soleil, la retraite de quatre hippopotames
qui s'étaient endormis sur le rivage. En m'entendant
venir au milieu des roseaux ils se précipitèrent dans
la rivière

Je vis bien qu'ils ne s'étaient pas reposés longtemps,
car l'écume qu'ils avaient apportée s'y trouvait encore. Bientôt je les entendis souffler un peu plus bas
dans le courant. Je marchai en avant avec de grandes
difficultés, à cause des arbres et des roseaux, et j'arrivai
enfin à la place où ils s'étaient arrêtés. C'était vers la
large partie de la rivière dont le lit était rempli de
sable. L'eau leur montait jusqu'aux côtes. Il y avait
trois femelles et un mâle, et quoiqu'ils fussent fort
effrayés, ils ne paraissaient pas comprendre encore
toute l'imminence du danger.

Je visai la vache la plus proche de moi, et avec
ma première balle la blessai mortellement à la tête ;
elle commença à plonger en formant mille détours,
puis resta immobile pendant quelques minutes. En
entendant le bruit de ma carabine deux hippopotames
remontèrent le courant ; le quatrième s'élança dans
l'eau et s'avança péniblement tant que la rivière fut
peu profonde.

J'étais très-inquiet au sujet de l'animal que j'avais
blessé ; je craignais de le voir s'enfoncer dans l'eau et de
le perdre de vue comme les deux que j'avais déjà tués.
Pour éviter ce désappointement je tirai de la rive un
second coup, qui blessa l'animal à la tête ; la balle lui
traversa l'œil. A partir de ce moment il ne cessa d'agiter
l'eau en formant un cercle au milieu du courant. J'avais
peur des crocodiles et ne savais si l'hippopotame ne

voudrait pas m'attaquer ; mon désir de m'en emparer l'emporta pourtant sur toute autre considération : j'ôtai mes vêtements de cuir, et, armé d'un couteau bien aiguisé, je m'élançai dans l'eau, qui d'abord ne me montait que jusqu'à l'aisselle vers le milieu elle était plus profonde.

Comme j'approchais de ce Béhémoth, je m'arrêtai un instant, prêt à me plonger sous l'eau, s'il se précipitait sur moi. Son regard était terrible, mais il était si étourdi qu'il ne savait ce qu'il faisait. Je courus sur lui, le saisis par sa courte queue et essayai de l'entraîner vers la terre.

La force qu'avait encore l'hippopotame au milieu de l'eau, était extraordinaire ; je ne pouvais parvenir à le guider. Il continuait à faire jaillir l'onde, à plonger, à souffler, m'emportant avec lui comme si j'étais une mouche sur sa queue. Je vis bien que je n'avais qu'une faible prise ; je sortis donc mon couteau, à l'aide duquel j'espérais m'en rendre maître ; je lui fis deux profondes incisions parallèles à travers la peau de derrière.

Je séparai cette peau de la chair, de manière à pouvoir passer mes deux mains et j'en fis usage comme d'un manche. Puis après des efforts désespérés, quelquefois en poussant, quelquefois en tirant, comme la vache continuait toujours de son côté sa course circulaire, quoique je ne lâchasses pas prise, je réussis enfin à amener sur le rivage ce gigantesque et puissant animal.

Mon Bushman m'apporta une forte courroie faite de peau de buffle qu'il avait prise au harnais de mon cheval ; je la passai à travers l'ouverture que j'avais pratiquée dans la peau de l'hippopotame que j'attachai à un arbre : je lui envoyai une balle au milieu de la tête, et tout fut fini.

Par bonheur mes waggons arrivèrent en ce moment ; nous prîmes alors une paire de mes meilleurs bœufs, des chaînes, et nous parvînmes à tirer à nous l'hippopotame et à le sécher. Nous étions tout étonnés de son énorme taille. Il paraissait avoir environ cinq pieds de large au travers du ventre. Je pus enfin admirer la beauté de cet animal, si bien conformé pour la vie amphibie à laquelle l'a destiné la nature.

Pendant la matinée du 19 nous coupâmes et salâmes les morceaux choisis de l'hippopotame qui était extrêmement gras ; sa chair ressemblait plus à celle du porc qu'à celle de la vache ou du cheval. Je pris un soin particulier du crâne.

Le lendemain je tuai un charmant serolomootlooque. Malheureusement je coupai ses cornes à la base. Sa tête, avant cet accident, était peut-être la plus belle qu'on pût rencontrer sur les bords du Limpopo ; les cornes étaient d'une grandeur extraordinaire et parfaitement tournées.

Après avoir déposé cette antilope en sûreté, je fis encore plusieurs milles sur les rives du Limpopo. En arrivant dans un espace ouvert parallèle au courant,

j'aperçus une grande quantité de pallahs, de wildbeasts bleus, de zèbres, et, à mon grand étonnement, des superbes élans ; je ne savais pas en trouver en cet endroit. Enchanté de la rencontre, je choisis le meilleur, un animal gras, et dodu et après une course de quelques milles, je l'amenai au bord de l'eau. Je visai à l'épaule, en tenant ma carabine d'une main comme un pistolet. Il tomba mort incontinent. J'allumai du feu, et en fis rôtir une partie. Je dépouillai l'autre afin d'avoir quelque chose pour me couvrir, car je n'avais ni habit ni gilet, et la nuit venait ; au coucher du soleil plusieurs décharges d'armes à feu m'apprirent la position des waggons.

Tout en m'éloignant je vis six crocodiles et un grand nombre de singes de deux espèces, puis plusieurs serpents morts ; l'un d'eux, un cobra, était semblable à celui de l'Inde. Les abeilles bourdonnent en abondance au bord du Limpopo, où d'énormes troncs d'arbres leur offrent des abris. Mes gens m'apportèrent d'excellent miel, qu'ils avaient trouvé au milieu d'une vieille fourmillère.

Les fourmillères sur le Limpopo et dans cette partie de l'Afrique sont vraiment surprenantes ; il n'est pas extraordinaire d'en voir qui ont plus de vingt pieds de haut et de cent pieds de circonférence. Elles sont faites d'argile qui, séchée au soleil, devient aussi dure que de la brique. Ces nids sont généralement terminés par une haute pointe qui se trouve au milieu ; la base est formée de petites saillies qui sont moins élevées.

Les naturels m'apprirent que nous étions en face de la tribu des Sélékas ; ils essayèrent de m'engager à les visiter, mais je résolus de suivre le Limpopo.

Le 22 nous arrivâmes près du Macoolwey, rivière limpide et fort large, un affluent du Limpopo, vers le sud-est. Là je tuai un magnifique daim.

Le lendemain, après avoir éprouvé de grandes difficultés pour trouver un lieu convenable, je traversai le Limpopo ; mais bientôt je revins sur mes pas et redescendis la rivière dans un endroit où des buffles avaient bu la veille dans la soirée. Ce fut là que je passai la nuit.

Le lendemain avec un de mes cavaliers, et suivi de Ruyter, je descendis vers les bords du Limpopo pour les explorer. Je trouvai qu'ils présentaient un aspect tout différent depuis la jonction du fleuve avec le Macoolwey : il était beaucoup plus profond et presque aussi large que la rivière Orange. Partout, sur les rives ou sur ses îles on rencontrait d'énormes crocodiles, et j'en tuai quatre. Nous vîmes un gros serpent de roches ou « metsapallah qui avait environ vingt pieds de long ; je lui lançai une balle à travers la tête et l'emportai au camp suspendu à mon cou.

Je pris la résolution, vers la nuit, de recueillir un essaim d'abeilles pour ma provision : j'allai près de la ruche qui se trouvait dans le creux d'un arbre trèsvieux après m'être muni d'un seau d'étain ; nous allumâmes un grand feu en face du trou et nous enfumâmes les abeilles avec des herbes desséchées ; puis nous sortîmes le miel qui était excellent. A vrai dire ce ne fut pas sans lutte, et, pour ma part, j'attrapai près de cinquante piqûres sur les bras et sur les mains. Dans l'après-midi nous pliâmes bagage et traversâmes le Macoolwey, a quelques milles au-dessus de sa jonction avec le Limpopo, nous arrivâmes près de cette rivière au clair de la lune. Toute la nuit nous entendîmes près de nous des hippopotames et des lions. Le lendemain j'eus l'heureuse chance de tuer deux très-beaux serolomootlooques mâles.

Le 27, pendant que nous nous promenions à cheval sur le bord de la rivière, à une plus grande distance que la veille, je distinguai un bruit occasionné par un animal qui se précipitait dans le courant ; ce bruit fut immédiatement suivi par le soufflement de plusieurs hippopotames qui témoignaient leur joie en voyant une compagne. J'ôtai aussitôt mon pantalon de cuir et marchai dans les roseaux. Je rencontrai un crocodile de moyenne grosseur ; il était couché dans un ruisseau profond ; lorsqu'il essaya de gagner la rivière je fis feu et l'étendis mort sur la place. C'était le premier crocodile duquel je m'emparais, quoique j'en eusse tué plusieurs La détonation de ma carabine effraya les hippopotames ; quelques-uns redescendirent la rivière, d'autres la remontèrent. De suite après le déjeuner, le chef des Sélékas vint me faire visite : il était accompagné de quelques grands personnages de sa tribu.

Le 28, avant qu'il fît jour, ce chef envoya des hommes à la recherche des hippopotames ; ils revinrent peu de temps après, coururent à moi afin de m'annoncer qu'ils en avaient trouvé quelques-uns et je les suivis aussitôt.

Dans un bras de la rivière, long et profond, j'en aperçus quatre, deux vaches, une génisse et un veau. Au bout de l'étang coulait un très rapide ruisseau, qui s'avançait sur de hautes terres couvertes de masses de roches noirâtres. En arrivant sur le bord ombragé je ne vis d'abord qu'un seul vieil hippopotame et un veau. Lorsqu'ils plongèrent, je me dirigeai à grands pas vers les roseaux, et, au moment où le premier se montra, je le visai à la tête et le blessai. Il regagna la rivière, et je le perdis. Les trois autres remontèrent le courant, mais, devenus très-prudents, ils restaient sous l'eau pendant cinq minutes, puis sortaient la tête pendant quelques secondes ; je jugeai convenable de me placer derrière les roseaux afin de ne pas les effrayer.

Bientôt les deux plus petits, n'éprouvant probablement plus de crainte, laissèrent voir toute leur tête, en restant sur l'eau pendant une minute. Quand au troisième qui était beaucoup plus gros, et que je pensais être un taureau, il était toujours aussi prudent : il plongeait pendant dix minutes, et ne se laissait aper-

cevoir qu'une seconde ; il soufflait alors comme une baleine, en retournant vers le fond.

Je demeurai là, ma carabine à l'épaule, l'œil fixe, jusqu'à ce que je fusse trop fatigué. Je craignais de ne pouvoir l'atteindre et j'avais pris la résolution de laisser échapper un des petits quand il me présenta la moitié de sa tête ; je le visai et fis feu. La balle alla se loger au-dessous de son oreille, et le corps monstrueux de l'hippopotame revint à la surface. Quoiqu'il respirât encore, il était mortellement atteint : il continuait à nager en rond, quelquefois dessus, quelquefois sous l'eau. Je l'achevai en lui envoyant une autre balle dans le cou. Il tomba au fond et disparut dans le courant rapide qui se trouvait au coude de la rivière.

Là il resta longtemps ; je croyais l'avoir perdu, mais les indigènes m'assurèrent qu'il finirait par reparaître. Tandis que je déjeunais j'entendis des cris ; on m'avertissait que l'hippopotame était remonté à la surface et descendait en flottant le long de la rivière. Mes Hottentots se jetèrent à l'eau, nagèrent et l'amenèrent sur la rive. La chair en était excellente. Dans l'après-midi je tuai un magnifique daim mâle dont la tête était superbe.

Le 1er juillet je me dirigeai vers la ville de Basélékas ; j'y arrivai après quatre heures de marche. Pendant ma route j'avais traversé la Lepalaba. La ville de Seléka est construite sur le sommet et sur les flancs d'un rocher escarpé de quartz blanc qui s'élève à pic et offre une vue charmante, car il est entouré d'une forêt verte. Dans la soirée le chef m'apporta quatre magnifiques défenses d'éléphants, et je les achetai pour autant de fusils.

Le lendemain nous nous mîmes en route vers l'est avec Séléka et à peu près cent cinquante de ses hommes. Nous désirions fort rencontrer des éléphants. Séléka avait entendu dire par les Bakalaharis qu'il y en avait un troupeau dans cette direction. Comme le pays me paraissait propice pour la chasse et que je trouvais inutile que mes hommes et mes chevaux restassent inactifs près des waggons, tandis qu'ils pouvaient me gagner cinquante ou soixante livres sterling une fois ou deux par semaine, je donnai des armes à John Stofulus et à Carey.

Je connaissais leur habileté et leur courage, et, dans le cas où nous trouverions des éléphants, je leur donnai des instructions pour qu'ils en choisissent un bon, en leur disant que, s'ils ne pouvaient pas le tuer il fallait au moins qu'ils ne le perdissent pas de vue jusqu'à ce que j'eusse achevé le mien, ce que je promis de faire le plus promptement possible. Tout aussitôt je viendrais à leur aide.

Nous n'étions pas éloigné du rocher blanc quand nous pénétrâmes dans une forêt fréquentée par des éléphants. Nous ne fûmes pas longtemps sans apercevoir les traces d'un troupeau de dix de ces énormes quadrupèdes, dont les traces furent admirablement suivies. Le vieux chef observait avec grande attention de quelle direction venait le vent; il maintenait ses hommes derrière lui à une certaine distance, leur recommandant le plus profond silence. Il ordonna à plusieurs de ses hommes de monter dans les arbres les plus élevés pour bien voir ce qui se passait dans la forêt. Nous trouvâmes enfin le gibier désiré.

Le vieux Schwartland, et mes chiens accouplés au nombre de huit, se tenaient à mes côtés. Quand j'eus bien examiné un des éléphants, je m'élançai en avant et tirai sur lui au moment où je le dépassai; puis je m'agitai comme un diable pour le séparer de ses camarades et pour amener mes chiens à mon aide.

Comme je m'y attendais, ils accoururent près de l'éléphant. Je le tuai en demeurant en selle, chargeant et déchargeant mon fusil avec un grande prestesse; mais, avant qu'il ne tombât il fallut que je lui décochasses près de vingt balles.

Pendant tout ce temps-là j'écoutai en vain pour distinguer le bruit des armes de John ou de Carey. Le premier ne s'était pas même cru en sûreté dans la forêt et il s'était éloigné de Carey à la vue d'un magnifique éléphant; je ne l'aperçus plus de la journée.

Le dernier ne fit pas beaucoup mieux; il perdit immédiatement son éléphant et s'enfuit.

Les naturels combattaient pourtant un des énormes quadrupèdes; je me dirigeai vers eux et sur l'éléphant, qui, bien que couvert de sang, n'était pas blessé très-dangereusement. Je l'attaquai alors et l'achevai en lui tirant huit ou dix balles.

Le lendemain au matin les Bakalaharis m'annoncèrent avoir entendu des éléphants pendant la nuit, et nous trouvâmes l'empreinte des pas de l'un de ces animaux. En suivant cette piste, nous arrivâmes dans une forêt entièrement labourée et ravagée par les éléphants. Nous en découvrîmes bientôt un escadron de vingt à trente; j'appelai mes chiens et me précipitai au milieu d'eux. Il s'ensuivit une scène étonnante : les éléphants, frappés d'une terreur panique, se précipitèrent en avant, écrasant la forêt devant eux, poussant des cris, et relevant leurs trompes et leurs queues.

Je regardai par-dessus mon épaule et je les aperçus qui s'avançaient derrière moi, faisant un grand bruit. Je pressai donc mon cheval et arrivai non loin de dix éléphants. En les suivant, je choisis le meilleur, et, criant de toutes mes forces. je le séparai de ses congénères; mes chiens vinrent à mon aide. Au bout de quelques minutes, l'animal avait reçu quelques blessures mortelles : enfin il tomba frappé par tout le corps de vingt-neuf balles. C'était un énorme mâle dont les défenses, quoique énormes, auraient pu être plus belles; en somme je n'étais pas très content.

Dans l'après-midi du 5 je fis quelques trocs avec Séléka, pour des peaux de pallah et pour de l'ivoire, et dans la soirée je montai au sommet du rocher de quartz sur lequel est située la citadelle de Séléka. De là je découvris parfaitement la campagne environnante; des chaînes de montagnes de moyenne grandeur entourent la forêt dans toutes les directions, mais particulièrement vers l'est et vers le sud.

Le lendemain je me remis en route pour chasser les éléphants; j'étais accompagné d'une grande partie de la tribu de Séléka. Je suivis le bord de la rivière de Lepolala, que nous finîmes par traverser. Après avoir franchi quelques milles dans une région peu fréquentée par les animaux que nous cherchions, nous découvrîmes un énorme lion d'une hardiesse incroyable qui protégeait une lionne et une troupe de petits lionceaux. Je l'avais déjà dépassé d'environ soixante mètres, et me trouvais un peu au dessus de lui sur la colline avant d'avoir deviné sa présence : mais il se trahit en poussant d'affreux rugissements.

Il s'avança hardiment, la gueule ouverte, vers les indigènes qui prirent la fuite devant lui : la lionne s'échappa alors avec ses petits. Quelques-uns de mes chiens ayant attaqué le lion, il se retourna alors sur eux, puis suivit doucement sa compagne, en rugissant d'une manière effrayante.

Nous craignîmes que tout ce bruit n'eût donné l'alarme aux éléphants et qu'ils ne se fussent éloignés; mais, quand nous eûmes atteint le versant de la colline, à un endroit d'où l'on voyait au loin, nous pûmes apercevoir une troupe d'éléphants femelles avec leurs petits qui étaient de différentes grosseurs; puis, à environ un demi-mille vers le nord, une autre troupe des mêmes quadrupèdes. Je désirais attaquer les derniers, et pourtant je cédai aux instances des indigènes qui m'engagèrent à m'en tenir à ceux qui étaient plus près de moi. Les chiens ayant séparé de ses compagnons un bel éléphant qui portait de longues défenses d'une blancheur éblouissante, je me lançai au galop sur lui, et tirant sans mettre pied à terre, je l'abattis en lui envoyant une seule balle au défaut de l'épaule.

Le 17 nous marchâmes vers le nord-est et nous nous arrêtâmes sur le Limpopo. Je tuai ce jour-là deux magnifiques éléphants et un hippopotame et je combattis presque seul depuis onze heures et demie jusqu'au coucher du soleil. Avant d'expirer ces trois bêtes avaient reçu cinquante-sept balles. Le 17 je parcourus environ cinq milles. et le jour suivant je montai à cheval, en descendant la rivière. J'aperçus bientôt un spectacle des plus surprenants et des plus intéressants pour un chasseur.

Sur le promontoire sablonneux d'une île se trouvaient environ trente hippopotames et leurs veaux, tandis que dans l'étang opposé, et un peu plus bas que les premières, étaient aussi vingt autres femelles. dont les têtes et les dos paraissaient à la surface de l'eau. A peu près cinquante mètres plus loin étaient huit ou dix immenses hippopotames ; je pensai que c'étaient des mâles. A cent mètres plus bas vers le milieu du courant, je vis un autre troupeau composé de huit à dix femelles avec leurs veaux et deux gros taureaux.

Les femelles se tenaient très-rapprochées les unes des autres. Leur posture favorite était d'appuyer leur tête sur leur camarade. Ces troupeaux étaient suivis d'une multitude de rhinocéros qui, en m'apercevant, firent tous leurs efforts pour répandre l'alarme parmi les hippopotames. J'étais décidé, si c'était possible, à choisir un beau mâle au milieu de tous ces animaux. Avant de faire feu je restai là deux heures, durant lesquelles j'examinai attentivement leurs têtes, derrière l'épais buisson qui me cachait.

Après avoir fait mon choix, je tirai sur un superbe taureau ; qui fut tout de suite étourdi, plongea, et nagea en rond, en se dirigeant vers l'étang jusqu'à ce que je l'eusse achevé en tirant encore deux fois sur lui. Tous ces animaux étaient maintenant fort effrayés. Les hippopotames les plus hardis étaient devenus prudents, et ne montraient plus que le bout de leur museau, et quelquefois seulement leurs narines. Quant aux plus jeunes ils n'étaient pas aussi timides, et se hasardaient davantage ; si j'avais voulu, j'aurais tué une grande quantité des derniers, mais ce n'était pas ce que je désirais. Il y avait encore une autre difficulté, qui était de m'emparer de mes victimes.

Je me décidai donc à tirer seulement sur les gros animaux. Quand le soleil se coucha, je n'avais abattu que cinq magnifiques hippopotames, quatre femelles et un mâle. Quatre ou cinq grièvement blessés se débattaient et perdaient leur sang dans l'eau.

Le lendemain j'allai sur le bord de la rivière avec une paire de bœufs ; je tirai de l'eau une des femelles, et la plaçai de manière à ce qu'elle séchât. Dans cette journée j'en tuai deux autres, mais elles étaient devenues très-prudentes et très-rusées. J'en aperçus au moins trente qui se chauffaient au soleil.

Le 20 je descendis à cheval le bord de la rivière jusqu'à l'étang, et je tuai deux magnifiques hippopotames. Je découvris aussi un piége tendu par les Bakalaharis pour tuer ces animaux. Il consistait en une pointe aiguë qui était empoisonnée ; elle était attachée solidement au bout d'un épais bloc de bois couvert d'épines ; ce bloc avait à peu près quatre pieds de longueur et cinq pouces de diamètre. Ce formidable engin était suspendu au milieu d'un sentier que suivaient les hippopotames, à une hauteur de trente pieds au-dessus de la terre ; il était retenu par une corde faite d'écorce d'arbres qui passait sur une branche très-élevée, et tenait par une cheville. Une autre cheville se trouvait en face de l'autre côté du sentier, et la corde y était également attachée.

A la corde étaient fixées deux enrayures construites de telle manière que, lorsque les hippopotames venaient frapper contre la corde placée à travers le sen-

tier, le pesant bloc était mis en liberté et tombait avec force ; ses dards empoisonnés causaient des blessures mortelles et certaines. Les os et les dents qui jonchaient la rive attestaient le succès de cette dangereuse invention. Je restai dans le voisinage de cet étang pendant plusieurs jours, durant lesquels je ne tuai pas moins de quinze superbes hippopotames. La plus grande partie étaient des mâles.

Le 28, à la pointe du jour, nous remontâmes le courant. Le 29 seulement, après des efforts incroyables, je pus parvenir à faire passer mes waggons sur l'autre rive.

Le 30 je me mis en route de grand matin. Séléka, ses hommes et les Baquainas que j'avais pris à mes gages restèrent près de moi jusqu'au moment où je passai le Limpopo, puis tous s'en retournèrent dans leurs foyers ; aucun des indigènes ne voulut demeurer. Je descendis la rive nord-ouest, et bientôt nous fûmes rejoints par des Bakalaharis, dont le nombre augmenta à mesure que nous avancions. Ce jour-là j'eus l'heureuse chance de tuer cinq superbes hippopotames.

Dans toutes mes expéditions de chasse, mes chevaux et mes bœufs ayant été épargnés, aussi j'étais devenu insoucieux, et j'avais pris la mauvaise habitude, après le coucher du soleil, de les laisser paître autour des waggons. Je me vantais souvent de ma bonne fortune, et j'avais coutume de dire que les lions sachant que le bétail m'appartenait, s'empressaient de le respecter. Je reçus cette nuit là une cruelle leçon ; on chercha inutilement les chevaux.

Le jour suivant, deux heures après le lever du soleil, mes chevaux n'avaient pas été aperçus. J'ordonnai donc à John Strofulus et à Hendrick de prendre des brides, une provision de viande, et de suivre les traces. Je voulus connaître le chemin qu'ils suivraient, et m'armant de ma carabine je les accompagnai. Vers l'ouest je remarquai quelques vautours, puis j'entendis la voix des indigènes : je me dirigeai promptement de ce côté, et j'aperçus avec horreur les restes de mes chevaux préférés et les plus précieux, Block Jock et Schwartland ; ils avaient été horriblement déchirés et à moitié dévorés par un troupeau de lions. Le premier était un magnifique cheval de chasse qui valait 24 livres.

Le second, quoique plus âgé, n'était pas moins précieux ; c'était peut être le meilleur cheval du sud de l'Afrique. Il ne connaissait point la peur et s'approchait à ma volonté d'un lion, d'un éléphant ou de tout autre gibier. Monté sur lui, l'année précédente, j'avais tué presque tous mes éléphants. J'en prenais tant de soin que je ne m'en servais que lorsque nous avions trouvé des éléphants ; puis immédiatement après le combat je mettais pied à terre afin de ne pas le fatiguer.

Le cœur serré, je détournai les yeux de cette pénible scène. Je revins au camp très-abattu. Dans l'après-midi je découplai tous mes chiens, et me mis à la recherche des lions : mais je ne les trouvai pas.

Une quantité considérable d'indigènes du sud-ouest, les Bamalettes, me visitèrent dans l'après-midi ; ils désiraient obtenir de la chair et cherchaient à m'engager à faire du commerce avec eux. Ils avaient aperçu trois de mes chevaux : les autres furent découverts par mes hommes à l'endroit où la veille nous avions traversé la rivière. Au coucher du soleil je construisis un kraal très-solide pour mes bestiaux et les y enfermai.

Bientôt après une troupe de lions arriva sur les traces de mes chevaux; ces voleurs s'imaginaient pouvoir recommencer la tragédie de la nuit précédente, et ils se battirent avec mes chiens de la manière la plus hardie jusqu'à la pointe du jour. Les bestiaux étaient très-rétifs ; ils firent tous leurs efforts pour s'échapper, mais le kraal était solide et c'est ce qui les préserva.

La matin je descendis le courant, suivi par au moins deux cents naturels. A mesure que les waggons avançaient je trouvais moi-même un autre cheval ; c'était une belle et jeune jument, qui était tombée dans un piége tendu par les Bakalaharis. Elle était suffoquée.

Le 5 j'aperçus un grand troupeau de trente hippopotames ; j'en blessai sept ou huit à la tête, et j'en tuai deux, un mâle et une femelle; nous les retrouvâmes tous les deux le lendemain. Pendant la nuit les lions se battirent avec mes chiens jusqu'au matin, et s'avancèrent hardiment jusqu'auprès du feu des naturels qui étaient couchés autour de mon camp.

Le jour suivant, je montai à cheval, et me dirigeai vers l'étang où j'avais trouvé mon dernier gibier. Quand les waggons se furent mis en marche, je vis le chef des Bakalaharis du kraal près duquel ma jument avait péri causer avec le conducteur de mon bétail en des termes qui me parurent fort intimes. La mort de mon cheval pouvait être attribuée à la malveillance ou à la négligence, car les piéges étaient restés couverts, et le bétail avait été attiré à paître au milieu d'eux.

Je jugeai convenable de faire un exemple avec cet homme : j'appelai Dove mon domestique anglais pour qu'il m'aidât. Chacun de nous prit un bras du coupable, puis j'ordonnai à Hendrick de le flageller avec un fouet fait avec du cuir d'hippopotame; après cela je le sermonnai, et le prévins que, si, à l'avenir, les trous n'étaient pas ouverts, je le traiterais encore plus sévèrement.

Cette punition eut un effet salutaire; tous les piéges qui se trouvaient sur le bord de l'eau furent ouverts sur mon passage, chose que je n'avais jamais remarquée chez les tribus des Béchuanas. Dans l'après-midi je descendis encore le long du fleuve et je visitai quelques étangs. Je blessai trois ou quatre hippopotames et j'en tuai un, mais nous en aperçumes au moins une trentaine.

XXIV

Je pris la résolution de ne plus chasser d'hippopotames pendant quelque temps et de hâter mon voyage Dans cette intention je suivis le bord du Limpopo jusqu'au coucher du soleil, et fus très-étonné en voyant le nombre d'hippopotames qui semblait augmenter tandis que je descendais le courant. Chaque étang avait son troupeau; ils n'étaient pas effrayés, et me permettaient d'approcher jusqu'à quinze mètres. Dans la matinée je reconnus l'absence d'une certaine quantité des naturels que j'avais pris à mes gages; ils craignaient de recevoir un châtiment semblable à celui que j'avais infligé au chef des Bakalaharis, et avaient pensé convenable de s'éloigner.

Le 8 nous nous mîmes en route dès la pointe du jour. Après avoir franchi quelques milles, nous arrivâmes près du Lotsane, rivière dont le lit est plein de gravier; on n'y trouve d'eau que dans quelques endroits. C'est l'état de presque toutes les rivières du pays des Bamangwatos.

Il y avait là, beaucoup d'empreintes d'éléphants; les naturels me prièrent de m'arrêter et de chasser : je fis donc une halte. Le lendemain au matin je revins sans avoir trouvé une seule trace fraîche.

Je rencontrai en ce lieu, mes amis de Bamangwato, Mollyeon et Kapain, qui avaient des hommes avec eux. J'étais bien aise de les voir, car je savais qu'ils pourraient m'être utiles dans ma chasse et me servir de compagnie.

Le 10 je montai à cheval, descendis la rivière et trouvai les hippopotames de plus en plus abondants. Les deux rives étaient aussi foulées par les pas d'éléphants, de rhinocéros, de bufiles. Après avoir parcouru à peu près six milles. je découvris des traces fraîches d'un troupeau d'éléphants; après les avoir suivies quelque temps les naturels les perdirent de vue. A une courte distance devant nous s'élevait une colline rocailleuse du sommet de laquelle je découvris un immense troupeau d'éléphants qui se dé-altéraient, dans un large espace ouvert, à l'eau d'une rivière qui a son confluent dans le Limpopo. Les naturels l'appellent le Suking.

Nous fîmes un détour et arrivâmes près de ce beau troupeau, le plus grand que j'eusse jamais vu;

j'avais plus de cent éléphants devant moi. C'étaient principalement des femelles et leurs petits ; cependant je découvris un mâle magnifique, porteur de très-belles défenses. Nous n'étions plus qu'à vingt mètres des énormes quadrupèdes, et, quoique aucun arbre ne nous séparât d'eux, ils ne faisaient pas attention à nous.

A la fin je visai l'éléphant à l'épaule ; puis, comme il fuyait en mugissant, je m'élançai sur sa trace. Il trébucha, tomba sur le granit glissant du rocher, puis marcha d'un pas que je pouvais à peine suivre sur ce terrain dangereux. Par bonheur mes chiens vinrent à mon aide, et je le tuai au bout de quelques minutes, après avoir tiré huit ou dix coups de fusil sur lui.

Le lendemain j'abattis un autre éléphant mâle et un rhinocéros blanc. Le 12, dans l'après-midi, je tombai à l'improviste près d'un éléphant d'une grosseur extraordinaire qui alla se réfugier dans un long fourré impraticable, où il était impossible de pénétrer à cheval. Je fus obligé de le chasser à pied, et il reçut trente balles avant d'expirer. Ce combat fut acharné et dangereux ; il dura près de deux heures.

Le 15, j'étais très-malade ; cependant vers l'après-midi je descendis le long du courant ; je tirai sur deux hippopotames. Dans la soirée j'étais plus mal encore : aussi je me saignai moi-même. Toute la nuit je souffris d'une forte fièvre.

Le 18, après avoir pris congé à Bamangwato de Mollycon et de Kapain, qui ne voulurent pas m'accompagner plus loin, nous partîmes et nous descendîmes le Limpopo.

Le 22, de bonne heure dans la matinée, je parcourus à cheval quelques milles en descendant le courant. Un indigène me suivait dans un sentier très rocailleux, battu par les éléphants. Tout à coup je me trouvai à dix mètres d'un vieux buffle, qui s'élança sur moi : sans la vitesse de mon cheval je n'eusse pas échappé. Dans son acharnement il perdit pied, tomba avec une grande violence, se releva, puis se retira en boitant.

La fièvre ne me quittait pas. Les indigènes avaient déserté ; je me déterminai à retourner au logis. Le 24 j'ordonnai à mes hommes de tout préparer pour notre départ et de retourner sur leurs pas. Une troupe de lions qui faisait curée à peu de distance de notre camp nous souhaita un bon voyage. Leurs rugissements me parurent un mauvais présage, peut-être à cause de l'état de mes nerfs. Il me semblait les entendre me dire : « Oui, vous faites bien de vous en aller ; vous êtes venu à une assez grande distance. »

J'avoue que j'aurais été inquiet sous plusieurs rapports de continuer ma route. En premier lieu, les naturels m'avaient parlé des Masolékatses, qui résidaient près de l'endroit où nous étions ; on m'avait dit qu'ils m'assassineraient probablement pour s'emparer de ce que je possédais. On m'avait aussi effrayé au sujet des bestiaux, en m'entretenant de la mouche appelée « tsetsé » ; puis j'avais aussi certaines raisons de croire que le pays, si nous avancions, serait très-malsain pour les hommes.

Mes compagnons reçurent avec plaisir l'ordre de retourner en arrière ; nous marchâmes jusqu'au coucher du soleil et nous campâmes près du Mokojay, à l'endroit où les Bamangwatos nous avaient quittés.

Le 27 nous arrivâmes à un petit village des Bakalaharis. On m'apprit que les éléphants étaient nombreux sur l'autre rive. En conséquence je plaçai mes waggons sur le bord, à trente mètres de la rivière, et à environ cent mètres du village. Lorsque nous fûmes arrêtés, nous construisîmes un kraal avec des arbres entremêlés d'épines, précaution que j'avais grand soin de prendre depuis que le 1er du mois, les lions m'avaient emporté mes chevaux.

Je mettais là mes bestiaux en sûreté, j'y enfermais mes deux waggons, et mes chevaux étaient attachés entre les roues de derrière des lourds véhicules. Moi qui, pendant longtemps, n'avais eu aucune peur des lions, je devais encore recevoir une terrible leçon, et cette nuit même il se passa dans mon camp une horrible tragédie, capable de glacer le sang dans les veines.

Je travaillai jusqu'à la chute du jour avec Hendrick, le conducteur de mon premier waggon. Je coupai des arbres, les apportai au kraal, et quand tout fut préparé pour le bétail, je m'occupai à me faire de la tisane d'orge ; puis je fis du feu entre les waggons et la rivière, près du bord de l'eau, sous un ombrage épais, ne construisant aucune espèce de kraal autour de la place où nous devions nous reposer.

Les Hottentots, suivant leur coutume, se contentaient d'un abri sous des arbres touffus et ils allumèrent leur feu à environ cinquante mètres du mien. La soirée se passa gaiement.

Dès que l'obscurité fut venue nous entendîmes des éléphants briser les arbres de la forêt voisine. Une fois ou deux j'allai dans les ténèbres, à quelque distance du brasier, pour les écouter. Je me doutais peu du péril imminent auquel je m'exposais ; je ne pensais pas qu'un lion était là, guettant l'occasion de s'élancer au milieu de nous.

Trois heures après le coucher du soleil j'appelai mes hommes pour qu'ils vinssent prendre leur café ; après souper, trois d'entre eux, John Stofulus, Hendrick et Ruyter, retournèrent avant leurs camarades près du feu et se couchèrent. Les deux premiers étaient étendus dans une couverture d'un côté du brasier, le dernier de l'autre côté. En ce moment je prenais un peu d'orge tout en me chauffant ; mon feu n'était pas très-ardent. Vu la proximité du village le bois était rare. La nuit était froide, sombre ; le vent soufflait.

Tout à coup le rugissement d'un lion en colère parvint à mon oreille ; il n'était qu'à quelque distance. Ce rugissement fut suivi des cris des Hottentots, puis le rugissement meurtrier d'attaque se répéta. Nous distinguâmes les cris de John et de Ruyter. Pendant quelques instants nous pensâmes que le lion chassait un des chiens autour du kraal, mais quelques minutes après Stofulus s'élança au milieu de nous, sans pouvoir prononcer une parole, tant était grande sa terreur ; ses yeux sortaient de leur orbite. Enfin il s'écria :

« Le lion ! le lion ! Il a emporté Hendrick ; il l'a enlevé près du feu à côté de moi. J'ai frappé à la tête le terrible animal avec des brandons allumés, mais il n'a pas voulu lâcher sa proie. Hendrick est mort ! Oh ! mon Dieu ! Hendrick est mort ! Prenons du feu, allons à sa recherche ! »

En entendant ce récit tous mes hommes se précipitèrent de côté et d'autre, poussant des cris comme s'ils étaient fous.

Je devins furieux en les voyant agir ainsi, et je leur dis que, s'ils ne se tenaient pas tranquilles, le lion emporterait probablement un autre de nous, car il était vraisemblable qu'il y avait une troupe de ces animaux féroces aux environs. J'ordonnai alors qu'on lâchât les chiens, et que le feu fût attisé autant que possible. J'appelai ensuite très-fort Hendrick, mais l'infortuné ne répondit pas.

Je chassai les chiens devant moi ; puis je fis tout apporter dans le kraal où étaient les bestiaux, et j'en fermai l'entrée aussi bien que je pus : aller au secours du mourant était une tentative inutile.

Pendant toute la nuit mes gens terrifiés s'assirent autour du feu, avec des fusils à la main, se figurant à chaque instant que le lion allait de nouveau s'élancer sur nous. Quand les chiens furent en liberté, au lieu d'avancer sur le lion assassin, ils en attaquèrent courageusement un autre, et combattirent en désespérés pendant quelque temps. Ils le suivirent ensuite, allèrent à lui, nous indiquèrent sa position, et aboyèrent jusqu'au jour.

Le lion, de temps à autre, s'élançait contre eux et les reconduisait vers le kraal. L'horrible monstre avait emporté Hendrick dans un petit creux derrière l'épais buisson près duquel le feu était allumé, et séparé seulement de quarante mètres de nous, il l'avait dévoré sans s'inquiéter de notre voisinage.

J'appris que le malheureux s'était levé pour aller enfermer un bœuf ; le lion, qui le guettait, le laissa se recoucher, puis se précipita sur lui et sur Ruyter, tout en rugissant : il l'avait saisi dans ses griffes, le mordant à la poitrine et à l'épaule et en cherchant son cou : lorsqu'il l'eut trouvé, il l'entraîna en arrière, près d'un buisson, sous l'ombrage.

Quand le monstre se fut étendu sur sa victime, Hendrick nous cria d'une voix faible : « Au secours ! au se-

cours ! Mon Dieu ! mes amis, à mon aide ! » Puis tout redevint silencieux ; seulement ses camarades entendirent les os de son cou qui craquèrent entre les dents du lion. John Stofulus était couché, le dos au feu, du côté opposé. Dès qu'il eut perçu le rugissement du lion, il saisit un brandon enflammé et frappa le terrible animal à la tête ; mais celui-ci n'y fit aucune attention.

Le Bushman lui échappa, par bonheur, car le lion lui avait fait déjà deux blessures avec ses griffes.

Lorsque le jour parut, nous entendîmes le lion qui traînait quelque chose dans le fourré sur le bord de l'eau ; nous fîmes sortir les bestiaux du kraal et nous avançâmes pour visiter l'endroit où s'était passé l'horrible drame.

Dans le ravin où le monstre avait dévoré sa proie, nous trouvâmes une jambe d'Hendrick, coupée au dessus du genou ; le soulier était encore au pied, l'herbe et les buissons étaient couverts de sang, et des fragments d'habits se voyaient çà et là. Pauvre Hendrick ! je connaissais bien cet habit ; j'en avais souvent vu des morceaux dans les broussailles, quand les éléphants le poursuivaient ! Hendrick était mon meilleur serviteur.

C'était un homme d'un caractère gai, un cocher sans égal, courageux à la chasse, très-actif, bon, obligeant. Nous déplorâmes tous vivement sa perte. Mon cœur était oppressé ; je ne pouvais rester près des waggons ; je résolus d'aller à la recherche des éléphants pour chasser mes idées noires. Je les avais entendus dans la matinée briser les arbres sur la rive opposée. Après avoir ordonné à mes gens de consacrer la journée à fortifier le kraal, je partis avec Piet et Ruyter qui devaient me suivre. Après avoir traversé la rivière, nous aperçûmes les traces encore fraîches d'une troupe d'éléphants mâles ; malheureusement ils se joignirent à une troupe de femelles, et quand nous approchâmes, les chiens attaquèrent ces dernières ; les autres s'éloignèrent avant que nous eussions pu les apercevoir. Les chiens s'attachèrent à un très-bel éléphant ; je l'abattis en tirant deux fois du haut de ma selle.

Comme je désirais retourner près de mes hommes avant la nuit, je ne suivis pas plus loin les énormes quadrupèdes. Mes gens furent enchantés de me revoir ; la peur s'était emparée d'eux : ils craignaient qu'enhardi par son succès le lion ne vînt les attaquer la nuit suivante : mais le sort en avait décidé autrement.

Il y avait encore deux heures avant la fin du jour. Me sentant ragaillardi, après m'être un peu reposé, je ne voulus pas rester inactif ; j'ordonnai qu'on sellât les chevaux et qu'on allât à la recherche du monstre qui avait dévoré Hendrick.

John et Carey, bien armés, m'accompagnaient. Une partie des naturels suivaient avec les chiens. Le lion avait traîné les restes d'Hendrick le long d'un sentier qui conduit au bord de l'eau ; nous trouvâmes des fragments d'habit, et enfin l'habit déchiré. A environ six cents mètres de notre camp le lit desséché d'un ruisseau joint le Limpopo ; dans cet endroit il y a beaucoup d'ombrage, de taillis, des roseaux et des arbres morts que la rivière y a déposés pendant quelque grande inondation.

Le lion avait quitté ce sentier et était entré dans ce lieu abrité ; j'étais convaincu que nous n'étions pas loin de lui. Je commandai aux naturels de lâcher les chiens ; ceux-ci avancèrent avec précaution en suivant les traces ; une minute après ils s'élancèrent en aboyant avec furie ; leurs poils se hérissaient sur leur dos ; un craquement des roseaux secs suivit immédiatement cette attaque. C'était le lion qui se sauvait.

Plusieurs chiens, très-effrayés, revenaient continuellement en arrière, mais moi je les poussais en avant et les renvoyais sur le lion. Le vieil Argyll et Blès se mirent à la tête de leurs camarades, et alors commença une chasse des plus animées, dont la conclusion fut la seule vengeance que je pouvais désirer. Le lion suivit la rivière pendant quelque temps.

Il se détourna pour traverser des buissons épineux les plus couverts qu'il pût rencontrer mais ils étaient cependant assez ouverts. En deux minutes les chiens le rejoignirent ; il se retourna alors aux abois, et comme j'approchais, sa tête se dirigea de mon côté : il tenait la gueule ouverte et rugissait fièrement, tandis que sa queue s'agitait de côté et d'autre.

En apercevant l'animal féroce mon sang bouillonnait de rage, mes dents claquaient ; je lançai mon cheval en avant. Quand je fus à trente mètres de lui, je m'écriai : « Tu vas mourir, mon vieux lion ! » et plaçant ma carabine sur mon épaule, j'attendis qu'il se retournât. Une seconde après il se plaça dans une position convenable et je lui envoyai une balle à travers l'épaule. Il tomba sous le coup, puis se releva ; je l'achevai en lui lançant une autre balle dans la poitrine. Les naturels avancèrent alors joyeux et émerveillés. J'ordonnai à John de lui couper la tête et les pattes de devant et de les porter aux waggons. Je montai à cheval, galopant vers le camp dont j'avais été absent pendant un quart d'heure. Quand les femmes des Bakalaharis surent que le lion qui avait dévoré un homme, était mort, elles dansèrent de plaisir en m'appelant leur père.

Le 6 septembre nous n'avions plus de viande ; je me rendis près de la rivière pour tuer un hippopotame. Bientôt j'en entendis derrière moi un troupeau qui mugissait en s'ébattant dans l'eau : j'avais passé près d'eux sans y faire attention.

Je ne fus pas heureux, car j'en blessai six ou sept et n'en tuai pas un seul. A midi je me rendis près d'un étang que les hippopotames fréquentaient souvent ; il était à un mille plus bas que mes waggons. J'en trouvai là un troupeau d'au moins une trentaine couchés sur les rochers au milieu de la rivière : je tirai sur le plus beau mâle et sur deux magnifiques fe-

melles et les tuai. Je fus occupé à les préparer une partie de la journée du lendemain, et nous les pendîmes sur des rênes de bœuf attachées entre les arbres. Dans la soirée, beaucoup de Béchuanas de Séleka vinrent au camp.

Le 8, en revenant près de mes hommes, j'appris que Lion, mon meilleur chien, avait été dévoré par un crocodile qui fréquentait l'endroit où nous allions chercher de l'eau. Ce même jour un de mes chevaux était mort de maladie. Le chasseur africain doit s'attendre à ces accidents, qui arrivent continuellement.

Je montai à cheval de bonne heure, et, avec les hommes de Séleka, nous allâmes à la recherche des éléphants. Nous traversâmes le Limpopo et suivîmes la direction de l'est, à travers la forêt. Là j'eus le malheur de rencontrer dans les montagnes la fameuse mouche « tsetse, » dont la morsure cause une mort certaine aux bœufs et aux chevaux. C'est le fléau du chasseur ; elle ressemble au taon d'Ecosse, quoique un peu plus petite. Les tsetsés sont très-vives et très-actives ; elles fondent sur les chevaux par essaims comme les abeilles, elles volent par centaines, et sucent leur sang. L'animal ainsi mordu dépérit et meurt dans une période qui varie d'une semaine à trois mois.

Le 10 le chef des Boolway, petit homme, quoique très-fort, et d'une physionomie agréable, arriva avec une suite nombreuse.

Après avoir chassé trois ou quatre jours sans succès, je résolus, le 14, par un magnifique clair de lune, de tenter ma bonne chance avec les éléphants près des fontaines. J'emmenai avec moi Carey qui portait sa grosse carabine et je ne pris qu'une arme à cylindre.

Nous traversâmes le Limpopo : je m'aventurai seul en avant pour explorer et me trouvai tout à coup près de deux magnifiques éléphants mâles. Je n'avais ni chiens ni fusils. Je me décidai pourtant à ne pas en perdre un de vue, quoique je fusse monté sur un cheval harassé de fatigue.

Il serait trop long de décrire tous les tours et détours que je fis pour suivre l'animal dans les charges qu'il faisait. Certes je remplis mon devoir et je m'attachai à lui comme un chien à un cerf. J'entrepris ce jour-là ce qu'aucun de mes hommes n'eût osé faire à ma place. A la fin je me sentis tellement épuisé, et je vis mon cheval tellement fatigué, que je compris que ce jeu ne pouvait pas durer plus longtemps.

Cependant on venait à mon aide Carey et Matchuisho, avec un grand nombre de naturels, suivaient soigneusement l'empreinte des pas de ma monture. Le son de ma voix enrouée parvint aux oreilles de Carey et tout de suite il recommanda à ses compagnons d'observer le plus profond silence. Il écouta très-attentivement. Mon second hallali fut entendu ; Cooley et Affriar, deux bons chiens, quittèrent immédiatement la meute pour accourir près de moi.

Ma joie fut extrême quand j'aperçus Cooley. Deux minutes après Carey me présentait son arme et du haut de ma selle je tirai sur l'éléphant. Je lui envoyai jusqu'à sept balles dans le cœur; en recevant la dernière il fit une courte charge, demeura tremblant pendant quelques secondes, puis tomba en avant sur la poitrine et expira. Les défenses de cet animal répondaient à l'idée que je m'étais faite de leur valeur; l'une, comme d'habitude, était plus belle que l'autre; et je n'avais jamais vu les pareilles qu'une seule fois. Je me couchai pour me reposer, et cette nuit-là je fus le plus heureux des mortels.

Le lendemain un de mes chevaux mourut; il avait été mordu par les tsetsés, dans la chaîne de montagnes qui conduit au sud de la fontaine. La tête et le corps du pauvre animal enflèrent d'une manière horrible avant qu'il ne mourût; ses yeux étaient tellement gonflés qu'il n'y voyait plus et il hennissait pour appeler ses camarades qui étaient près de lui.

Le 17 septembre je me décidai à quitter Séboono et à avancer avec quelques Bakalaharis pour me rendre près d'une source qui, quoique petite, était très-renommée. Elle était située à environ six milles vers le sud-est; les naturels l'appellent la fontaine de « Paapa ». Je trouvai de nombreux sentiers couverts qui y conduisaient, et en avançant je remarquai des traces fraîches d'éléphants et de rhinocéros. Je continuai ma route afin de choisir le meilleur endroit pour creuser un trou afin de nous mettre à l'affût pendant la nuit. Il eut été impossible d'empêcher quelques animaux de nous découvrir, car les sentiers aboutissaient tous en cet endroit.

Le vent soufflait de l'est; je me plaçai donc au sud-ouest de la fontaine, qui n'a pas plus de vingt mètres de longueur et de dix de largeur. Le côté ouest est bordé de rochers qui s'élèvent à environ cinq pieds de hauteur; le sommet de ces rochers est de niveau avec la vallée voisine. Là tous les éléphants viennent boire, comme s'ils craignaient de marcher sur les bords boueux qui se trouvent sur les autres côtés de la fontaine.

Notre affût était à six ou huit mètres des rochers; il était construit dans un cercle de buissons si rapprochés les uns des autres qu'ils formaient presque une haie d'environ trois pieds de haut; sur le faîte étaient placées de lourdes branches mortes auxquelles nous suspendîmes nos carabines. Le tout était retenu par de petites bandes d'écorce couvertes d'épines.

La journée était favorable pour amener le gibier près de nous, le soleil était brûlant, et toute l'après-midi il souffla un vent sec et chaud. Je dis à Carey que nous étions sûrs de faire une bonne chasse pendant la nuit. J'avais raison, car, sans aucun doute, nous eûmes la plus belle et la plus étonnante chance dont un homme puisse jamais se réjouir.

Comme nous nous dirigions vers notre cachette, nous vîmes une magnifique girafe mâle, deux jackals, des poules de Guinée, des perdrix, deux ou trois sortes de pigeons, des tourterelles, et une quantité innombrable de petits oiseaux. Ils venaient boire de tous côtés. Quelques minutes après le soleil se coucha, la lune se montra; elle était dans son plein : le ciel était clair, on n'apercevait pas un nuage à l'horizon.

Quelques instants après notre installation, nous entendîmes les pas d'un animal qui venait du côté de l'est; c'était probablement un rhinocéros noir. Il approcha de notre affût jusqu'à près de dix mètres, et nous observa avec ses yeux fins : il avança enfin doucement pour mieux nous voir. Je m'élançai et agitai un long bâton tout en criant, ce qui sembla seulement amuser le « boselé » car il s'arrêta à quatre mètres de nous, en nous menaçant de ses cornes. Il resta ensuite à la même place jusqu'à ce que je lui eusse jeté un morceau de bois. Les rhinocéros sont difficiles à mettre en fuite : la meilleure manière c'est de leur lancer une pierre. Les chasseurs emploient ce moyen quand ils ne veulent pas décharger leurs armes.

Dès que le rhinocéros se fut éloigné quatre éléphants mâles s'avancèrent du côté du sud; ils marchaient doucement jusqu'à ce qu'ils ne fussent plus qu'à vingt mètres de nous. Le premier fut plus hardi, car il vint à portée de nos lourdes carabines. Il leva sa trompe et nous tirâmes sur lui, en l'atteignant près du cœur. Ma grosse carabine éclata dans les mains de Carey; elle faillit nous tuer tous les deux; l'éléphant parvint à s'échapper, et se retira en toute hâte vers la forêt.

Nous nous recouchâmes dans notre trou et n'attendîmes pas longtemps avant d'apercevoir trois magnifiques éléphants mâles qui étaient exactement à la même place où nous avions vu le premier; ils suivaient le même chemin. Nous fîmes feu ensemble et envoyâmes nos balles au cœur de celui qui nous semblait être le conducteur. Il courut à deux cents mètres, poussa un cri d'agonie et tomba. Un de ses camarades, grand et vieux, avança doucement, avec prudence, et nous pûmes l'observer s'approcher de la fontaine. Il paraissait se méfier même de la terre qui le portait, car, avec sa trompe il sentait et examinait le terrain avant de s'aventurer. Il restait quelquefois cinq minutes au même endroit sans oser bouger.

Enfin, après être allé aux trois côtés de la fontaine et étant apparemment satisfait de l'état dans lequel il trouvait toute chose, il s'avança hardiment sur le rocher situé à l'ouest, vint à six ou sept mètres du canon de nos carabines, se retourna, baissa sa trompe, prit une grande quantité d'eau qu'il jeta sur son dos et sur ses épaules pour se rafraîchir, puis il commença à boire; il aspirait de l'eau avec sa trompe, et se la versait dans la bouche.

Je me déterminai à lui casser la jambe si c'était possible; je visai sur ce membre environ au niveau de la partie la plus basse de son corps et je fis feu. Carey tira dans la région du cœur. Je réussis : et au moment où l'animal se retourna sa jambe se rompit en craquant avec bruit. Il était hors d'état de s'échapper. Il resta ainsi immobile près de la fontaine, et ne fit qu'un vain effort pour se mouvoir.

Lorsque je tirai sur un des autres éléphants, une étincelle tomba sur un amas de vieux fumier desséché qui se trouvait près de notre kraal et attisée par le vent, elle forma aussitôt un brasier ardent dont les étincelles volaient dans l'air. Bientôt deux éléphants s'avancèrent par le sentier que les autres avaient suivi ; le premier était un jeune mâle qui n'avait pas encore atteint toute sa grosseur, le second un vieux étalon qui portait d'énormes défenses. Ils prirent le même chemin que les précédents, mais semblaient disposés à passer plus loin de nous ; cependant le jeune, en voyant le feu, s'avança jusque là et se mit à le sentir avec sa trompe, se jetant autour, et semblant enchanté de ce spectacle, dont il ne savait que penser.

Son camarade approchait aussi ; il se plaça d'une manière qui me parut avantageuse ; nous le prîmes par l'épaule et déchargeâmes ensemble nos armes. Il décrivit plusieurs circuits, les oreilles basses : évidemment il était mortellement blessé. Après cela nous tirâmes encore sur six autres énormes éléphants mâles qui se heurtèrent avec violence en fuyant. Un d'eux, lorsqu'il reçut la décharge, laissa échapper de sa trompe une grande quantité d'eau, puis il releva cet apendice en l'air, poussa un cri et disparut.

Quand le soleil se leva j'allai chez les Bakalaharis pour examiner les traces des éléphants que j'avais blessés. Quand je m'aperçus que la chasse de la nuit était finie je fus très-ennuyé. Neuf fois encore de magnifiques éléphants mâles vinrent boire ; nous tirâmes huit fois à une distance de six à dix mètres ; deux tombèrent morts près de la fontaine, un autre eut la jambe cassée et ne put se sauver ; le seul que je pensais avoir pu s'échapper était le mâle qui avait les larges défenses.

Mes conjectures étaient fausses ; dans l'après-midi nous trouvâmes ce superbe éléphant étendu sans vie près de notre kraal ; nos coups avaient porté très-loin, nous l'avions blessé aux rognons. Nous ne retrouvâmes pas les quatre autres éléphants sur lesquels nous avions tiré. Celui qui avait la jambe cassée avait encore pu faire un mille en quittant la fontaine. Quand nous arrivâmes près de lui il fit d'abord de vains efforts pour se sauver, et pour nous attaquer ; mais voyant que tout était inutile, il resta acculé contre un arbre, où l'un de mes hommes commença à l'assaillir.

Rien n'était plus curieux que d'observer ses mouvements quand mes hommes placés à vingt mètres de distance lui lancèrent des bâtons : il ramassait tout ce qu'on lui jetait et le renvoyait. Cependant, lorsqu'on en vint à lui jeter du fumier desséché d'éléphant, il se contenta de le sentir avec sa trompe. A la fin je lui tirai quatre coups derrière l'épaule ; son corps gigantesque trembla, il tomba et expira à l'instant.

Depuis longtemps je pensais qu'au clair de lune, aussi bien que dans la journée, on pouvait chasser les éléphants à cheval et avec des chiens ; mais je craignais qu'on ne risquât d'avoir les yeux arrachés par les wait-a-bit, et puis les éléphants pouvaient se montrer plus actifs ou plus vicieux.

Cependant la nuit suivante j'en fis l'essai et je menai mes chiens dans la forêt sur les traces d'un éléphant qui, après avoir bu à la fontaine, y était entré. Ils se précipitèrent en avant ; quelques minutes après nous les entendîmes aboyer, puis le bruit que faisait l'éléphant arriva jusqu'à nous ; les chiens le suivaient en se dirigeant vers les montagnes du sud-ouest.

Quand l'énorme quadrupède trouva qu'il ne marchait pas assez vite pour se débarrasser des chiens qui le poursuivaient, il commença à tourner, et chercha à s'esquiver dans le fourré. Par moment, il chargeait les chiens. Je le suivis d'aussi près que je pus, criant de toutes mes forces pour exciter mes levriers, et ceux-ci, au son de la voix de leur maître, s'acharnèrent davantage sur l'animal et le combattirent mieux qu'ils ne l'eussent fait dans le jour. Du haut de mon cheval je tirai mes deux premiers coups ; puis allai près de l'éléphant, et, courant à pied, je lui envoyai, d'une distance de quinze à vingt mètres, deux balles qui le blessèrent mortellement : j'étais couvert par la poussière rouge qu'il prenait avec sa trompe et qu'il faisait voler autour de lui. Enfin il tomba violemment, leva sa tête et ses défenses à une hauteur prodigieuse, se mit sur le côté et expira.

Le lendemain au matin, mes munitions étant épuisées ou près de l'être, j'envoyai Carey au camp afin d'en rapporter de nouvelles. Je vis mon chien Franchinez qui revenait suivi par deux chacals. J'étais sûr qu'en avançant je trouverais du gibier mort. Quand j'eus marché à quelque distance, les chiens accoururent ; un moment après j'entendis le bruit d'un grand nombre de pas qui se dirigeaient vers l'endroit où je me trouvais. C'était une troupe de lionceaux accompagnés d'une lionne et ils passèrent près de moi, en précédant les chiens. Ils avaient dévoré un rhinocéros blanc que j'avais tué deux nuits auparavant. A côté des restes de la victime se trouvait un jeune rhinocéros très-gras.

Le pauvre animal s'imaginait sans doute que sa mère dormait, et ne s'inquiétait pas des lions et des autres animaux féroces restés près du cadavre pendant un jour et deux nuits. Les jeunes rhinocéros demeurent ainsi près de leurs mères longtemps après qu'elles sont mortes.

En réfléchissant à la bonne fortune extraordinaire que j'avais eue la semaine précédente, je ne pouvais m'empêcher de regretter de n'avoir pas pensé plus tôt à poursuivre avec mes chiens les éléphants à cheval pendant la nuit. Si j'avais commencé seulement une semaine plus tôt je me serais emparé de huit ou dix beaux mâles que je savais avoir blessés mortellement.

L'ivoire de ces éléphants m'aurait rapporté plus de deux mille livres. Il m'était pénible de penser que plusieurs, si ce n'était tous, iraient crever et pourrir dans la forêt voisine. La seule chance qui me restât pour les retrouver était de guetter les vautours ; mais ces oiseaux, savent très-bien qu'ils ne peuvent percer la peau du plus fort de tous les quadrupèdes, et ils préfèrent rester près des Béchuanas, qui, chaque jour, tuent beaucoup de gibier.

Tout en me désolant de la perte des éléphants blessés, je reconnus que, pendant la dernière semaine, j'avais été plusieurs fois favorisé par le sort. J'avais un grand nombre de dépouilles à ajouter à ma précieuse collection africaine. J'y attachais une si grande importance que quelquefois je négligeais mes intérêts pour cela. Ainsi, quand je tuais un éléphant ordinaire, j'avais l'habitude de me dire : « Ah ! c'est un beau mâle ; ses défenses valent au moins cinquante guinées chacune (4 schellings 6 deniers la livre). C'est une bonne journée ; ce gain m'aidera à payer les deux chevaux qui sont morts il y a peu de jours, ou les quatre qui ont été mordus par les tsetsés et que je perdrai dans une semaine ou deux. » Mais, si j'avais tué un éléphant pourvu de défenses d'une taille ou d'une beauté extraordinaire, je conservais ces objets pour ajouter à mes trophées de chasse et les estimais bien davantage.

C'est ce qui fait que je me trouvais fort heureux, car j'avais en ma possession les plus belles défenses qu'on pût trouver dans tous ces troupeaux de vieux éléphants qui peut être avaient erré pendant un siècle dans ces forêts immenses.

Les chasses de nuit étant finies le 22, je revins sur mes pas pour me rendre à l'endroit où se trouvaient les éléphants morts, afin d'aider Carey à surveiller ceux qui détachaient l'ivoire et pour les escorter jusqu'aux waggons lorsqu'on y transporterait la chair et la graisse.

De bonne heure dans l'après-midi nous étions tous prêts à partir. Les chefs des Béchuanas, qui avaient préparé les éléphants et les rhinocéros avec l'aide de cinquante hommes, placèrent sur leurs épaules tout ce que nous avions à emporter et nous nous dirigeâmes vers le camp. Carey marchait en tête ; monté sur mon cheval, j'étais au milieu, et mes cavaliers formaient l'arrière-garde.

Cette longue ligne de sauvages n'ayant aucun vêtement, qui traversaient les labyrintes de la forêt, portant au logis le produit d'une chasse de plusieurs jours, formait vraiment un coup d'œil intéressant et peu commun. Tous les hommes étaient chargés de quelque chose qui m'appartenait ; quelques-uns menaient les chiens, d'autres portaient les fusils et les

munitions qui nous étaient restées, plusieurs transportaient des ustensiles de cuisine, des haches, des faux, des seaux, des provisions, des cornes de rhinocéros, des dents d'éléphant et une grande quantité de chair et de graisse.

Nous atteignîmes le Limpopo au coucher du soleil et nous le traversâmes immédiatement : tout arriva en bon état. Les jours suivants je fis quelques autres excursions pour me mettre à la recherche des éléphants : et je réussis ; mais ces chasses sont trop semblables aux précédentes que j'ai déjà décrites pour que je les raconte. Je ne veux pas courir le risque de fatiguer mes lecteurs.

Le 30 il m'arriva un de ces petits accidents auxquels le chasseur doit s'attendre dans ces régions. En m'éveillant le matin j'entendis un cri qui m'annonçait que Prince, un excellent chien, avait été dévoré par un crocodile. Les sauriens guettaient si bien la moindre proie que je n'eus pas de doute de les voir saisir un des noirs, si nous nous aventurions trop imprudemment.

Le 5 octobre, comme la saison des pluies était finie, je commençais à ne plus penser à chasser le long du Limpopo ; un jour ou l'autre quelque grand fleuve pouvait m'empêcher de regagner le camp et m'obliger à rester inactif pendant plusieurs mois. Je désirais aussi, si toutefois cela était possible, préserver un ou deux de mes chevaux de l'attaque des mouches ; le nombre de ceux qui me restaient était maintenant réduit à cinq. Je me décidai donc à retourner au camp.

Sur ma route je trouvai les restes d'un énorme éléphant mâle que j'avais tué dans la nuit du 16 du mois précédent ; j'avais suivi ses traces à un demi-mille de cette place ; ses défenses n'avaient pas été coupées, mais arrachées et probablement volées ; le crâne était parfait, il avait été parfaitement nettoyé par les hyènes, les vautours et les insectes.

Je soupçonnai qu'une tribu de Bakalaharis, qui habitait non loin de là, sur le Limpopo, savait où étaient les défenses ; d'ailleurs il n'y avait pas d'autres naturels dans ce district ; je résolus donc de me rendre dans le village le lendemain au matin de très-bonne heure et de menacer de tuer le chef si les dents ne reparaissaient pas promptement.

Le 6, avant qu'il fît jour, j'ordonnai qu'on sellât quatre chevaux, et, après avoir déjeuné, je traversai le Limpopo en compagnie de Carey, de John et de Piet ; nous portions tous des fusils à double canon. Pour nous rendre au village des Bakalaharis nous descendîmes le courant pendant environ une heure.

Lorsque je découvris les premières huttes, je m'élançai au galop à travers les champs de blé et me trouvai au milieu d'eux avant qu'ils ne soupçonnassent mon approche.

Le chef dont j'avais besoin était sur la place avec

la plupart de ses hommes. Je descendis de cheval, je marchai vers l'endroit où ils étaient rassemblés, et m'assis sur la terre selon leur coutume; puis, prenant du tabac, je leur en offris à tous. Pendant que j'agissais ainsi John et Carey tout armés se tenaient tous les deux près de la sortie du forum.

Je restai silencieux pendant quelques minutes, puis je leur parlai en ces termes :

« Je suis très-mécontent du chef de ce village. Vous aviez faim, j'ai tué beaucoup de gibier, je vous ai donné de la chair et de la graisse. Je vous ai prévenus que plusieurs de mes éléphants étaient étendus morts et que leurs dents m'étaient précieuses. Vous m'aviez promis de chasser les vautours et de me les rapporter. Je sais que vous êtes allés près d'un de ces animaux. Pourquoi les défenses n'ont-elles pas été apportées à mon camp? Je ne veux pas répandre de sang, mais j'exige que les dents me soient rendues immédiatement. »

Tous se récrièrent à l'instant :

« Les dents sont ici; attendez un peu, chef des hommes blancs. Nous avons vu les vautours, nous les avons cachées pour vous. »

J'étais enchanté de ce que j'entendais, mais je désirais paraître toujours très-en colère.

« Je n'en suis pas moins offensé, répondis-je; car vous deviez me rapporter ces dents, et ne pas me forcer à venir les reprendre avec des menaces. »

Le chef envoya cinq ou six hommes actifs pour chercher l'ivoire.

On me servit la bière et la soupe des Béchuanas et, une heure après, les naturels revinrent chargés des défenses de l'éléphant que j'avais perdu : elles étaient immenses, très-bien arquées et presque parfaites. Les Bakalaharis les avaient enterrées non loin de la carcasse de l'éléphant; ils les auraient sans doute laissées là tant que je n'aurais pas quitté le pays, puis les auraient présentées à leur chef.

Dans l'après-midi nous empaquetâmes l'ivoire dans le waggon des bagages. Il y avait cinquante-trois défenses de mâles et dix-sept de femelles.

XXV

Le 8 octobre, dans la matinée, nous nous mîmes en route et nous quittâmes le village des Bakalaharis, où nous avions campé pendant près de six semaines. Le vieux chef de cette peuplade nous vit partir avec chagrin; il eut grand'peine à retenir ses larmes.

Lorsque j'étais venu, j'avais trouvé ses hommes mourant presque de faim, et, depuis mon arrivée, ils avaient toujours eu plus de bonne viande et de graisse qu'ils n'en pouvaient manger.

J'avais aussi employé les femmes pour écraser mon orge et mon blé, je les avais généreusement récompensées en leur donnant des perles dont elles se paraient. Le vieux chef avait lui-même reçu une peau de serpent qui entourait sa tête. En lui disant adieu je ne pus m'empêcher de lui offrir encore des présents.

Nous remontâmes le Limpopo, après avoir parcouru une distance assez grande, et nous trouvâmes ce fleuve très-large. Dans la soirée nous fûmes obligés de faire halte à notre ancien kraal. Je me décidai à quitter le Limpopo et à explorer, si c'était possible, le pays dans la direction du nord-ouest. La plupart des hommes de Sicomy qui m'accompagnaient ne voulurent me donner aucun renseignement au sujet de l'eau et des éléphants; ils répondaient tous à mes questions que je n'en trouverais pas de ce côté. Ainsi j'étais obligé pour avancer d'obéir à ma propre impulsion.

Ces misérables Béchuanas affirmaient que nous ne trouverions de l'eau que le lendemain au coucher du soleil. La contrée que nous traversâmes était douce et sablonneuse, et en forêt souvent si épaisse que nous étions forcés de nous arrêter et d'employer la hache. Dans la soirée nous fîmes halte au milieu d'une petite vallée que je découvris en suivant un sentier frayé par les éléphants.

Le 13 nous arrivâmes dans un endroit où il y avait grand nombre de fontaines; elles formaient un ruisseau courant dont l'eau était très pure. La nature, dans ces parages, devint extrêmement belle; une vallée très-large, très-boisée, s'étendait au loin au milieu des montagnes et allait finir dans un ravin. Ce district était habité par une grande tribu nommée Moroking. De chaque côté de la fontaine on apercevait leurs champs de blé parfaitement cultivés.

Nous nous arrêtâmes donc, et bientôt après le chef et son peuple vinrent m'exprimer la joie qu'ils éprouvaient à me recevoir. Ils dépendaient de Sicomy, et, pour des raisons que je ne pus connaître, les naturels de Bamangwato les avaient priés de ne me donner aucune information au sujet des éléphants et de l'eau. Dans la nuit nous fûmes visités par un violent orage, et la pluie tomba en abondance.

Le lendemain au matin je tuai une énorme oie sauvage, au plumage magnifique dont la couleur dominante était le vert foncé, avec des taches blanches sur les côtés et derrière les ailes.

Tandis que je cherchais des oiseaux sur le bord du ruisseau, je faillis mettre le pied sur la queue d'un terrible cobra. Ruyter et moi le tuâmes à coups de bâtons et de pierres.

Comme les naturels persistaient à dire que si nous

avancions nous ne trouverions ni eau, ni éléphants, et qu'à cette époque, à cause de la pluie, on ne pouvait plus voyager dans la campagne, je me décidai à retourner sur mes pas. Pendant la nuit nous fîmes halte près de la fontaine que nous avions quittée la veille. Sur la route je tuai dans les bois un très-beau pigeon dont le dos et la queue étaient d'un vert tendre, les cuisses oranges, le bec et les pattes d'un rouge éclatant.

Le 15 nous partîmes en nous dirigeant vers les montagnes Guapa, où j'avais vu déjà des antilopes noires.

Le jour suivant nous parcourûmes une vallée bornée par des montagnes grises, et nous rencontrâmes des autruches, des spring-bocks, des zèbres, des gnoos bleus, des girafes, des sangliers, et enfin un vieux « kookama » ou oryx mâle qui avait une superbe paire de cornes ; je lui donnai la chasse, mais le perdis bientôt de vue.

La vallée dans laquelle nous avions campé était sèche ; nous fîmes donc à la hâte nos préparatifs pour la quitter, ce qui dura une heure ; puis nous tournâmes l'extrémité orientale de cette belle chaîne de montagnes, et nous nous arrêtâmes au coucher du soleil près d'une grande fontaine. Tout en cheminant je blessai un rhinocéros noir, mais je ne le tuai pas. Je fis feu sur un autre et le frappai mortellement de deux balles ; il chargea furieusement en avant et tomba bientôt mort dans la poussière.

Le 17 nous suivîmes la direction nord-est très-près du pied des montagnes, en cherchant des éléphants. Nous aperçûmes une grande quantité de zèbres, de buffles, qui allaient par troupeaux ; chacun d'eux se composait de trois cents ou cinq cents animaux. Vers le soir nous rencontrâmes une troupe d'éléphants, et, sans beaucoup de peine, je tuai l'un des plus beaux.

En cet endroit je rencontrai aussi la belle antilope noire ; après quelques tentatives infructueuses j'obtins le succès que méritait ma persévérance.

Dans l'après-midi, lorsque j'allai rejoindre mes hommes, j'aperçus sur le versant de la montagne huit ou dix antilopes ; après une marche difficile et pénible je parvins à en abattre deux sur une masse de fragments de roc adamantin. J'étais enchanté de mon triomphe, et je considérais maintenant comme complète ma collection de trophées africains. Il ne me manquait plus que des têtes de blue-boks « (kleen bok), » de reeboks, de vaals, d'ourebis et de reitboks, mais ces animaux étaient nombreux dans la colonie et il n'était pas difficile de s'en procurer.

La matinée du 23 était fraîche et brumeuse ; le temps était à la pluie, et pourtant, de bonne heure, je quittai les waggons, en emportant quelques provisions avec moi. Je montai sur le penchant de la montagne, dans l'intention de trouver des antilopes.

Bientôt, après avoir atteint une assez grande hauteur, j'eus la satisfaction d'en rencontrer un beau troupeau qui paissait auprès des arbres sur un plateau, vers l'est. Pendant quelque temps je marchai comme un vrai montagnard et j'arrivai en rampant près des antilopes. Je déchargeai mon arme sur un énorme mâle, au moment où, dans sa course rapide, il passait près de moi. Il fut atteint par la balle et tomba ; mais il se releva aussitôt, et, après une chasse fort longue et très-fatigante avec mes chiens, j'eus le regret de le perdre.

Je me décidai à faire une expédition dans les montagnes et à chasser vers le nord pendant quelques jours. Je partis donc avec Ruyter et quatre Béchuanas, emportant ce qui m'était nécessaire pour passer la nuit : des pots, de l'eau, d'autres ustensiles. Au coucher du soleil nous nous étendîmes sous un arbre et je dormis pendant une heure.

A mon réveil je fis mon café au clair de lune, et le lendemain matin, dès que le jour parut, je me dirigai vers le sommet de la montagne, où je tuai un koodoo qui devait nous servir de nourriture.

Tout à fait à la base de la montagne se trouvait un kraal isolé. Quand les Bakalaharis entendirent la détonation de ma carabine, portée par l'écho dans leur vallée, ils quittèrent leurs marmites qui étaient sur le feu et accoururent près de mes hommes. Mes Béchuanas les engagèrent à retourner sur leurs pas et à aller dépecer mon koodoo, dont ils apporteraient la chair sous l'ombrage d'un arbre qui se trouvait au sommet de la montagne.

Ces indigènes avaient choisi pour demeure un ravin tout à fait romantique, situé à environ un mille et formant un golfe presque impénétrable, au bout duquel coulait une délicieuse fontaine d'où partait un grand ruisseau d'eau courante. Ce ruisseau serpentait le long des profondeurs ombragées de cet endroit sauvage et caché à tous les yeux. Je demeurai là pendant quelque temps et j'y passai d'heureux jours, me nourrissant de bon gibier, d'os à moelle, de blé béchuana, de bière, de thé, de café, de biscuit, etc. Je me procurais aussi un excellent dessert qui consistait en un délicieux fruit africain nommé « moopooroo ; » ce fruit était à maturité et extrêmement abondant dans ce district ; il a presque la forme et la grosseur d'une olive ; quand il est à point il est d'un beau jaune orange. L'arbre qui le porte a des feuilles d'un vert très-foncé.

Le lendemain au matin, de très-bonne heure, je partis avec Ruyter et je trouvai les traces fraîches d'un troupeau d'antilopes noires. Bientôt après je les aperçus près des arbres, à trois cents mètres de nous. Une vieille femelle nous aperçut au moment où nous nous asseyons sur l'herbe. Je rampai en arrière, puis je m'avançai en marchant vers le troupeau. Le terrain était difficile ; je fus donc obligé de parcourir cent cinquante mètres en me traînant sur le ventre. Une

prudente antilope, qui remplissait l'office de senti
nelle, m'empêcha d'approcher autant que je l'aurais
désiré. Je la tuai avec une balle qui l'atteignit à l'é
paule, et j'envoyai aussitôt sa tête au camp pour
qu'on la préparât.

Dans la soirée je me trouvai encore près du même
troupeau, sur le versant nord de la montagne; mais
ces charmants animaux m'entendirent venir avant
que je fusse instruit de leur présence; ils se sauvè
rent sur un terrain rocailleux, à travers l'épais fourré.
Je les suivis de très-près, en m'arrêtant toujours
quand ils s'arrêtaient; aussi ne me découvrirent-ils
pas. A la fin pourtant je me trouvai au milieu d'eux.
Je pouvais alors tirer sur plusieurs femelles, mais il
me fallait le vieux mâle; et cependant, malgré mon
adresse, je ne parvins pas à le toucher. Il y avait
entre lui et moi une branche qui fit dévier la direc
tion que suivit ma balle et je perdis de vue ce noble
animal. Je n'avais donc plus rien à faire qu'à retour
ner à mon campement et à me reposer de mes fati
gues infructueuses.

Le 13 au matin je m'acheminai dans la direction
du sud-ouest avec Ruyter et un jeune Béchuana. Je
fus amplement récompensé du fruit de mes fatigues
et de mes travaux à travers ces montagnes agrestes
et pierreuses; car, après avoir marché environ un
demi-mille et avoir examiné le pays boisé placé au-
dessus de moi, j'eus le plaisir d'apercevoir un magnifique troupeau d'antilopes noires qui paissaient
tranquillement à un quart de mille.

Il y avait là sept femelles et un magnifique mâle.
De l'endroit même où j'étais placé je pouvais parfaitement distinguer ce superbe spécimen de l'espèce;
ses cornes paraissaient trop grosses pour sa taille;
elles retombaient gracieusement sur ses épaules, et
leur courbe était parfaite.

Je m'assis pendant quelques minutes pour surveiller leurs mouvements et je les examinai avec
joie. Le terrain sur lequel elles paissaient était uni.
Les femelles avancèrent; il me sembla qu'elles se
dirigeaient vers l'endroit où j'étais couché, et j'attendis que l'une d'elles fût à portée de ma carabine. Quand
elles eurent fait quelques pas, elles parurent changer
d'idée, et, après avoir brouté pendant plusieurs minutes, elles changèrent de chemin et prirent leur
course de l'est au nord. Dès que je vis que je n'a-
vais rien à faire pour le moment, je battis en retraite
et retournai à la place où je les avais d'abord aper-
çues.

Là je m'assis encore, et, plein d'impatience, je
guettai les mouvements de ces charmantes antilopes
africaines. J'étais rempli d'admiration à la vue du
magnifique mâle, et je me promis de le tuer alors
même qu'il faudrait le poursuivre pendant une année.
Les mouvements de l'animal paraissaient très-in-
quiets; tandis que ses compagnes paissaient tran-

quillement il restait en arrière, mordait dans une
touffe d'herbe, puis demeurait un peu sous les arbres,
en frottant ses cornes aux branches.

A la fin, les femelles se trouvèrent à cent cinquante mètres de lui, mais il se tenait toujours derrière. Le moment était favorable pour m'élancer sur
lui, alors que ses vigilantes sentinelles étaient
absentes.

Je saisis l'occasion, et, descendant rapidement le
côté de la colline rocheuse, je gagnai le terrain uni
sur lequel se trouvait le troupeau. L'animal convoité
m'était caché par les buissons; je tâchai cependant
de le découvrir avant qu'il pût m'apercevoir.

J'avançai d'un pas ferme; il était encore éloigné
des autres antilopes et ne paraissait plus inquiet.
Alors j'ôtai mes souliers, ma ceinture de chasse. j'attendis qu'il baissât la tête, et je tins mes regards fixés
sur lui. Je me précipitai promptement en avant;
mon cœur palpitait, et il était presque à la portée de
mon arme. Encore vingt mètres et je pourrais tirer;
il pencha la tête pour brouter de l'herbe; je profitai
du moment; l'espace fut franchi.

Je trouvai un jeune arbre qui m'offrit un excellent
abri. L'antilope était devant moi; je fis feu; la balle
entra très-près de la queue, traversa tout le corps et
s'arrêta dans la poitrine. Il chancela environ une
seconde, alla à soixante mètres plus loin, s'arrêta, et
regarda en arrière pour voir celui qui avait si cruellement troublé son repas du matin. Ma carabine était
encore fixée sur lui; je lui envoyai une seconde balle,
et il fut atteint au milieu de l'épaule.

En recevant ce second coup l'animal fit quelques
détours et essaya de rejoindre ses compagnes, mais
je compris, d'après ses mouvements, que, bien que
son pas fût ferme, il ne pouvait aller loin. J'avançai
donc tranquillement à la recherche de mes souliers
et de ma ceinture de chasse. Après les avoir retrouvés
je chargeai de nouveau ma carabine. Le Bushman
qui m'avait examiné d'un endroit situé au-dessus de
celui où j'étais, vint me rejoindre et me dit que l'antilope mâle n'avait pu courir loin et qu'elle était
étendue sous un arbre. Immédiatement après je me
rendis au lieu qu'il m'indiqua et je vis l'animal couché à terre; sa noble tête était toujours levée. Je
m'imaginai qu'il était encore vivant, et, comme j'a-
vais vu trop souvent mes espérances déçues avec les
antilopes blessées, je le visai une troisième fois. Cette
charmante bête ne tressaillit pas, car avant que
j'eusse tiré elle n'existait déjà plus.

Je fus transporté de plaisir quand je me trouvai
près de l'animal et que je pus contempler sa beauté
sans pareille : ses cornes étaient énormes, bien placées et d'une grande régularité. Je lui coupai la tête
et laissai les hommes porter sa chair au camp. Je
marchais en avant, escortant ce trophée obtenu avec
tant de peine. Sur mon chemin, en descendant le

sentier qui conduit à la fontaine, je trouvai étendu sur la terre mon indomptable Mazeppa, qui ne devait plus se relever ; il était à moitié dévoré par les hyènes et les vautours ; la pauvre bête était morte de maladie.

Les pertes que j'éprouvai durant cette semaine ne se bornèrent malheureusement pas à celle-là : le poney que j'avais acheté à mon cousin le colonel Campbell périt, victime des tsetsés ; un vigoureux bœuf succomba à la maladie ; Fox, un bon chien, mourut aussi ; trois de ses meilleurs camarades avaient déjà mystérieusement disparu le jour où j'avais chassé l'antilope.

Le 15 novembre nous quittâmes les montagnes de Linguapa. Kapain et ses Béchuanas partirent pour Bamangwato ; ceux de Séleka allèrent retrouver leur chef, et nous nous dirigeâmes vers le sud-ouest afin de gagner le Limpopo, que nous atteignîmes en moins de trois heures.

Le lendemain, près de la rivière, je tuai un daim. Dans la soirée, en me promenant sur le bord du Limpopo, je fis feu sur un charmant faon de l'espèce des serolomootlooques, puis sur un pallah mâle qui avait une très-belle tête.

Le 17 je blessai un rhinocéros blanc, mais je ne le suivis pas. En retournant au camp j'abattis une autruche sur son nid, où se trouvaient vingt œufs ; j'envoyai les Béchuanas les chercher et les porter aux waggons.

En parcourant la rive je tuai un superbe rhinocéros noir dont je coupai les cornes, et je retournai à ma tente. Un de mes hommes me suivait à pied, car de mes quinze chevaux il ne m'en restait plus qu'un.

Dans le courant de la journée je remarquai des traces fraîches d'environ vingt espèces différentes de gros gibier : j'aperçus aussi des animaux, tels que éléphants, rhinocéros à longues cornes, blancs et noirs, des hippopotames, des girafes, des buffles, des wild-beasts, des zèbres, des daims, des sassaybys, des koodoos, des pallahs, des springsboks, des serolomootlooques, des sangliers sauvages, des duikers, des steinboks, des lions et des léopards.

Cette contrée de l'Afrique nourrit une plus grande variété de gibier que toute autre de cette vaste partie du monde et peut-être plus qu'aucune autre dans le monde entier ; car, outre les espèces que je viens de nommer, on cite, parmi les plus communes : le kcelton ou rhinocéros à deux cornes, les élans, les oryx, l'antilope rouane, l'antilope noire, les hartle-beasts, les klipspringers, et les steinboks gris. On y trouve aussi le reishock, mais pas en abondance.

Le 18, avant qu'il fît jour, nous nous mîmes en route en suivant le cours du Limpopo pendant près de trois heures. Dans l'après-midi, Matsaca m'apporta une très-belle peau de léopard et une dent d'é-

léphant pour me remercier de lui avoir enseigné à bien se servir des armes à feu. Je lui en avais expliqué l'emploi de la manière suivante : j'avais ouvert un livre d'histoire naturelle qui contenait des gravures représentant les principaux quadrupèdes, et placé successivement son doigt sur ceux qu'on trouve le plus communément dans le sud de l'Afrique. Tout en agissant ainsi je répétai quelques phrases absurdes et le frottai avec de la térébenthine. Quand ce manége fut fini je pratiquais quatre petites coupures sur son bras avec une lancette, puis j'y mis de la poudre mêlée de térébenthine. Je lui dis alors que son fusil avait un pouvoir mortel s'il le tenait droit sur chacun des animaux qu'il avait touchés. Le chef et sa suite parurent enchantés et partirent bientôt après, en me remerciant.

Le lendemain nous remontâmes la rivière et nous trouvâmes du gibier en abondance ; je ne comptai pas moins de vingt-deux rhinocéros, dont neuf dans un troupeau ; ils paissaient tous dans une plaine ouverte.

Dans l'après-midi du même jour, en appuyant ma grosse carabine sur le tronc d'un arbre qu'un éléphant avait renversé, je visai un rhinocéros à l'épaule et lui cassai la jambe de devant.

Le 12 il tomba beaucoup de pluie pendant toute la journée, et il fut impossible de marcher dans la campagne. Dans l'après-midi nous entendîmes un grand bruit causé par un grand troupeau de pallahs que poursuivaient au moins vingt chiens sauvages. Ils passèrent devant notre camp à environ cent mètres ; au bout de quelques minutes les chiens s'étaient attachés à deux de ces animaux, mais les Béchuanas accoururent et les mirent en fuite. Un de ces animaux franchit en deux bonds successifs une distance de cinquante pieds, quoique le terrain ne fût pas propice, car il était mou et glissant.

Je quittai la montagne des antilopes noires, principalement à cause de l'état maladif d'une grande partie de mon bétail. Je ne savais à quoi attribuer cela, et ce triste changement avait pour moi une grande importance. Hélas ! il n'était que trop évident que les pauvres animaux se mouraient pour avoir été mordus par les tsetsés. La pluie qui était tombée pendant les trois jours précédents m'en donna la triste certitude ; les bestiaux avaient la plus mauvaise apparence ; ils étaient sans force, sans énergie, et ne songeaient plus à prendre leur nourriture. Bien que la campagne fût couverte de riches pâturages, chaque jour ils dépérissaient ; les yeux de plusieurs étaient fermés et très-gonflés.

L'aurore du jour suivant se leva radieuse ; nous partîmes donc, quoique le terrain fût mauvais pour voyager. Comme je m'y attendais, mes pauvres bœufs tombèrent avant d'avoir fait trois milles. Plusieurs refusèrent d'avancer et même de se relever.

Je fus donc obligé de détacher un waggon, de le

laisser en arrière et de ramener l'autre waggon auquel étaient attelés les bœufs qui pouvaient marcher. Je les envoyai en aide à leurs camarades mourants, afin qu'ils pussent traîner le véhicule. Bientôt après nous être remis en route, une grande pluie tomba qui continua par intervalles pendant toute la journée.

Le 24 l'averse dura tout le jour. Je fis cependant une courte marche et amenai mes waggons à quelques milles plus loin, sur la douce et riche terre qui borde le Limpopo.

Le lendemain nous fûmes visités par l'orage. Romberg, un bœuf indigène, mourut dans la nuit; il était évident que d'autres succomberaient dans peu de jours. Déjà la moitié des animaux qui me restaient étaient incapables de rendre le plus léger service. Les grandes pluies qui ne cessaient pas me firent sentir l'importance de mon malheur, car on aurait à peine pu voyager, avec une charge comme la mienne, même si l'on avait eu des bœufs dans de bonnes conditions.

Je jugeai donc nécessaire en cette occasion d'écrire une lettre à M. Livingstone, le missionnaire résidant à Sichely, pour lui demander de me prêter deux paires de bœufs. J'enfermai ma lettre dans une bouteille que je cachetai, et je l'envoyai par deux naturels, en leur recommandant d'user de toute la vitesse possible. L'un d'eux était attaché à mon service et se nommait Ramachumey; l'autre, un sujet de Sichely, Séléka. Ils espéraient arriver à Sichely dans l'espace de sept jours.

Pendant quelque temps la pluie continua à tomber en abondance : il était impossible de voyager. Mes bœufs moururent les uns après les autres de la morsure de la tsetsés, aussi n'avançais-je que péniblement et fort lentement. J'attendais avec impatience le secours si désiré. A la fin je fus obligé de m'arrêter, car je n'avais plus assez de bœufs pour conduire un seul waggon. Je fis halte sur une rive très ombragée du Limpopo, où je fortifiai notre camp au moyen d'une haute haie d'arbres épineux. Au bout de quelques jours tous mes bestiaux avaient péri, à l'exception de deux jeunes bœufs, et j'étais disposé à croire qu'ils survivraient à la fatale morsure des tsetsés.

Le 7 décembre je voulus me procurer du poisson; je pris donc les hameçons qui m'avaient servi autrefois pour pêcher du saumon, et je partis avec un des waggons. Mes fouets me servaient de cannes à pêche et quelques cordons de ligne. Mon amorce était un morceau de wild-beast, et je la jetai dans un endroit tranquille de la rivière. Je surveillai attentivement le bouchon, qui bientôt commença à remuer. Je ne demeurai pas longtemps à savoir quelle espèce de poisson j'attraperais. Quelques minutes après j'aperçus suspendu à ma ligne un beau poisson, pesant à peu près une livre et qui ressemblait à une carpe. Il avait une large bouche et huit ou dix antennes. Mon Bushman me dit que les Boers qui habitent sur les bords

du fleuve Orange mangeaient beaucoup de ces poissons. J'en pris un second que je perdis, et je compris qu'on pouvait faire une bonne pêche dans le Limpopo.

Dans la soirée, Carey et moi nous coupâmes un arbre à épines, afin d'examiner de près le nid d'un secrétaire.

La cime de cet arbre était large, épaisse et aplatie, et, à cause des terribles épines qui garnissaient le tronc, il était inaccessible sans l'aide de la hache. Quand l'arbre fut abattu, je vis tomber hors du nid un jeune secrétaire qui, tout de suite, vomit son dernier repas, qui consistait en quatre lézards de différentes espèces (l'un d'eux était un caméléon), une souris, une cigale et une caille.

Il y avait déjà vingt jours que j'avais envoyé les naturels près du docteur Livingstone pour l'informer de ma détresse et pour lui demander des secours ; ils auraient déjà dû être de retour, et ce retard me causait les doutes les plus affreux, les plus pénibles appréhensions. Le temps se passait, ma situation devenait de plus en plus mauvaise, mes provisions étaient presque épuisées. Enfin ce secours si impatiemment attendu arriva.

Dans la matinée du 46 j'aperçois tout à coup un naturel à l'air civilisé qui s'approchait de notre camp. Il portait une chemise, des pantalons de peau, un bonnet rouge comme celui des matelots, un fusil et une ceinture de chasse.

Dès que je l'aperçus je m'écriai : « Ce sont des naturels de Sichely ! »

Je ne m'étais pas trompé : M. Livingstone m'envoyait de la manière la plus obligeante des hommes avec tous ses bœufs d'attelage. J'eus la satisfaction de les voir arriver en bonne santé.

Nous partîmes et voyageâmes heureusement pendant plusieurs jours. Le 26 nous atteignîmes Kolubeng, la nouvelle résidence de Sichely. Le lendemain matin de bonne heure ce chef m'amena deux jeunes bœufs que j'achetai pour une vieille selle et deux livres de poudre.

En arrivant dans le « kraal » de Sichely, j'expédiai des naturels à Bakatla pour chercher les deux paires de bœufs que j'avais laissées à M. Edwards lorsque je me rendais dans l'intérieur. Avec eux nous repartîmes le 3 janvier. Notre route pour Bakatla se dirigeait vers le sud-ouest ; mais, par rapport à la position des montagnes, nous fûmes obligés de faire certains détours.

En cet endroit la campagne est la plus belle que j'aie jamais vu en Afrique ; elle est magnifique, boisée, remplie de plaines, de vallées, de montagnes de la plus charmante apparence; toutes sont couronnées sur le faîte de bois qui s'étendent au loin des deux côtés.

Le 7 nous arrivâmes à Bakatla; cette ville paraît

charmante ; elle est entourée de champs bien verts semés de blés. J'y restai quelques jours, c'est-à-dire le temps nécessaire pour me procurer de nouveaux bœufs, puis je marchai en avant. De grand matin, le 14, j'atteignis la rivière Molopo. De là je partis pour chercher des reitboks le long des bords couverts de roseaux. J'aperçus tout à coup deux énormes lionnes jaunes, à environ cinquante mètres de moi, sur ma gauche ; elles suivaient une ligne parallèle à la mienne. Je m'élançai aussitôt vers elles, et je tirai sur celle qui se trouvait le plus près : je n'avais qu'une balle dans ma carabine. La lionne sur laquelle j'avais fait feu agita la queue, montra les dents et fit entendre l'horrible rugissement que ces animaux féroces poussent lorsqu'ils sont en colère.

L'autre animal, qui semblait mieux instruit qu'elle de la présence d'un homme, se retira dans les roseaux. Au moment où la lionne avança, je me levai de toute la hauteur de ma taille, je tins ma carabine et mes bras étendus, je redressai hardiment la tête. Cela l'arrêta ; elle regarda autour d'elle, remarqua Ruyter qui venait lentement et fit un mouvement en avant en rugissant avec fureur.

Je me voyais exposé à un grand danger ; je sentais que je n'avais qu'une seule chance de salut, qui était de montrer de la fermeté. Je demeurai donc immobile, les yeux fixés sur elle, et lui dis d'un ton décidé et impérieux : « Holloa ! vieille fille, pourquoi vous pressez-vous ? Allez donc plus tranquillement. Holloa ! Holloa ! » La lionne s'arrêta immédiatement et parut embarrassée ; elle cherchait de tous côtés sa camarade : je pensai donc qu'il était prudent de battre en retraite, ce que je fis doucement en lui parlant toujours. Elle sembla indécise et regardait de mon côté, humant la terre, quand je l'aperçus pour la dernière fois. Je tuai un instant après un reitbok et le portai au camp.

Dans la journée nous fûmes assaillis par un violent orage, je pourrais même dire un ouragan, pendant lequel mes bœufs s'éloignèrent ; nous restâmes longtemps sans avoir de leurs nouvelles. Vers midi quelques Béchuanas de Bakatla nous en ramenèrent un : c'était Youngman, « le dernier des Mohicans ». A sa vue mon cœur se serra ; il paraissait épuisé, et il était évident que bientôt les vautours et les hyènes ne laisseraient que ses os dans la plaine.

Quel était ce Youngman, quelle était la cause de son affaiblissement ? C'était le seul qui restât de trente bœufs, les meilleurs de ceux que j'avais choisis pour parcourir l'intérieur de l'Afrique. Je les avais tous vus dépérir et mourir ; tous me manquèrent lorsque j'eus besoin de leur aide. Deux heures après, j'eus la satisfaction d'apercevoir ceux que je croyais perdus ; ils avaient été entraînés au loin par de jeunes bœufs que j'avais achetés à Bakalta et qui voulaient rejoindre leurs premiers maîtres.

Nous nous dirigeâmes vers le Meritsane — lieu rendu célèbre par la description qu'en a donnée Harris — et nous le trouvâmes rempli d'eau. Avant d'y arriver je quittai la route tracée par les Kurumans pour les waggons. Je désirais visiter Mahura, chef de Ballapis, qui résidait près des sources de la rivière Hart. Le chemin que nous prîmes est plus court que l'autre, il a l'avantage d'être pratiqué au milieu d'un terrain ferme et couvert d'herbes.

Nous voyageâmes pendant plusieurs jours dans un pays où le gibier abonde. Le 25, nous arrivâmes à Mahura.

Le lendemain Sa Hautesse vint me voir, suivie d'une douzaine de bœufs, et il me dit qu'il avait l'intention de vendre ces animaux pour de la poudre. Après avoir pris le café, j'offris six livres de poudre pour l'un d'eux, ce qu'il refusa d'un air de dédain. Je désirais ardemment me procurer quelques beaux spécimens des bœufs à longues cornes des Kaliharis, et je savais que Mahura en possédait quelques-uns qu'il avait enlevés aux Bawangketses. Je lui proposai donc un bon prix s'il voulait me les amener. Il me répondit qu'il avait en effet du bétail à grandes cornes, qu'il enverrait chercher deux de ces bœufs à l'un de ses avant-postes, et que je serais effrayé en les regardant.

Le soir même on m'amena ces animaux, qui étaient d'une grandeur démesurée, extraordinaire, et portaient des cornes énormes. La tête de l'un d'eux était magnifique ; les cornes, larges et bien placées, s'élevaient horizontalement à quelque distance en s'éloignant de la tête ; leur largeur d'un point à l'autre pouvait être d'environ huit pieds. La tête de ce bœuf était de couleur fauve ainsi que son dos. L'autre animal était rouge, ses cornes étaient plus épaisses que celles de son camarade, elles étaient d'une bonne longueur, mais leur courbure n'était pas aussi gracieuse.

Mais ni les unes ni les autres n'étaient aussi épaisses ni aussi belles que celles de mon bœuf rouge Wangketse et que celles de Rob-Roy, que j'avais laissés avec Fossey : et cependant ces animaux avaient des têtes superbes. Je ne fis pas d'affaires avec Mahura ; il aurait voulu avoir une de mes meilleures carabines, et c'était trop.

Le 27 nous partîmes pour la rivière de Vaal ; nous en étions à un jour et demi de marche. Nous ne nous reposâmes qu'au coucher du soleil.

Le 28, dès l'aurore, nous nous remîmes en route et nous traversâmes de larges plaines. La campagne était couverte de gibier, de zèbres, de wild-beasts, de blesboks et de springboks. Je pus compter cinq ou six mille têtes en m'asseyant pour déjeuner. Bientôt ces animaux prirent l'alarme, les troupeaux se rapprochèrent et s'enfuirent ; quelques minutes après d'autres parurent ; toute la plaine fut couverte de quadrupèdes.

Nous aperçûmes aussi, par intervalles, des Bakala-haris ; ils traversaient la plaine, et portaient des para-sols de plumes noires d'autruche qu'ils brandissaient en l air pour presser les animaux effrayés. Ces hommes devaient avoir de bonnes montures, car ils allaient d'un pas ferme au trot, exactement comme des chiens sauvages, avec cette différence seulement que les chiens sauvages galopent. Ces indigènes ne permi-rent pas au gibier d'avancer beaucoup de mon côté.

Il était évident qu'ils le poussaient vers des piéges. Comme j'étais sans chevaux et que je souffrais beau-coup, eu égard à l'enflure de l'une de mes chevilles, je ne pouvais les suivre et être témoin de leurs suc-cès. Mon mal augmentait tous les jours. Chez Mahura, j'avais appliqué des sangsues et j'avais obtenu quel-que soulagement, mais la quantité que j'avais posée était trop petite pour que j'obtinsse une parfaite gué-rison. Il me fut bientôt impossible de poser mon pied sur la terre.

Le 29 nous repartîmes ; au bout de trois heures nous atteignîmes la belle rivière tant désirée de Vaal ; et cependant elle était à redouter. Je dis à redouter, en raison des pluies continuelles qui étaient tombées, et je savais qu'il n'était pas improbable que je fusse obligé de rester plusieurs mois sur ses rives, sans pouvoir la traverser, ce qui arrive souvent.

En cette occasion je me trompai heureusement ; je trouvai les eaux très-basses, lorsque j'aperçus son lit que je n'avais jamais vu ; il était calme, libre de rochers et de larges pierres ; la descente de mon côté était aisée, mais la montée sur l'autre rive était ra-pide et boueuse. Quelques ondées qui étaient tom-bées pendant les deux heures précédentes l'avaient rendue si glissante, que je jugeai convenable de re-tarder le passage jusque dans l'après-midi, lorsque la terre se serait un peu séchée.

En effet, sur le soir, mes waggons traversèrent sans accidents ; je n'en prenais qu'un à la fois et je le fai-sais traîner par vingt bœufs.

Nous côtoyâmes ensuite la rivière de Vet, qui a son confluent dans le Vaal, et nous la suivîmes jus-qu'à Colesberg. Nous rencontrâmes de nombreux troupeaux du même gibier dont j'ai déjà parlé, et qui fréquentent les confins septentrionaux de la colonie.

Le 20 février je traversai le grand fleuve Orange, et le lendemain nous entrâmes à Colesberg. La plu-part de mes amis y étaient encore, et se montrèrent fort joyeux de mon retour.

Je louai quelques vieilles baraques pendant mon séjour à Colesberg, et j'arrangeai mes trophées par ordre. Ce travail me prit quatorze jours ; je demeurai encore deux semaines pour me préparer à une autre expédition de chasse.

J'achetai, pour cent livres, un nouveau waggon à M. Emslie, un autre troupeau de seize chevaux, une mule, une meute de vingt chiens, près des bœufs, dans les différentes parties de la ville, et j'engageai aussi un cavalier bushman, nommé Bovi.

XXVI

Le 19 mars 1848 je quittai Colesberg avec trois waggons « bien garnis d'hommes et bien approvision-nés ». Je partais pour une cinquième et dernière ex-pédition dans l'intérieur. Je fus accompagné par M. Orpen, très-habile chasseur ; je lui représentai vainement, sous les couleurs les plus noires, les fa-tigues et les dangers auxquels on s'expose lorsqu'on chasse les éléphants ; il n'en persista pas moins dans son dessein de m'accompagner. Nous laissâmes la ville vers neuf heures du matin, et nous commen-çâmes notre voyage dans un pays que mes lecteurs doivent maintenant connaître.

Dix jours après avoir quitté Colesberg le gibier devint très-abondant ; quand nous arrivâmes près de la rivière de Vet, j'aperçus, avec étonnement et plai-sir, un des spectacles les plus extraordinaires que j'eusse jamais observés durant mes différentes chasses dans le sud de l'Afrique. A ma droite et à ma gauche, la plaine était couverte par un troupeau de cou-leur violette de gracieux bles-boks, qui s'étendait sans interruption aussi loin que ma vue pouvait at-teindre.

Cette vaste légion couvrait un espace d'environ six cents mètres. Je me dirigeai au galop vers ces ani-maux, après avoir chargé mes armes, et je parcourus une distance de cent mètres. Je ne réussis pas à les surprendre. Excité par mon peu de succès, je résolus de les suivre tant qu'il me resterait une balle ; je fis huit ou neuf milles, mes munitions s'épuisèrent, mais je n'avais pas tué un seul bles-bok, quoique j'en eusse blessé au moins une douzaine.

Il était temps de retourner sur mes pas. Je rejoignis les waggons juste au moment où ils s'arrêtaient sur les bords de la rivière Vet. J'aurais volontiers consa-cré un mois à la chasse des bles boks en cet endroit si giboyeux, mais j'avais entendu dire par plusieurs Bastards que les eaux du Vaal étaient très-basses. Je continuai donc ma route au clair de lune Nous entendîmes les lions rugir pour la première fois pen-dant cette nuit.

Le 22 avril nous traversâmes le Vaal avec de nombreuses difficultés. Le 25 nous étions arrivés près de Mahura. Il fut étonné de nous revoir si tôt, et m'en exprima sa satisfaction.

Depuis plusieurs jours mes bœufs n'étaient pas en bon état; ils allaient de pis en pis, et nous eûmes l'excessive contrariété de voir que presque tous avaient la langue ou le sabot malade.

Cette découverte dérangeait fort mes projets; je ne connaissais rien à ces deux maladies, et les Hottentots m'assurèrent qu'un bœuf ainsi attaqué avait besoin de plusieurs mois pour se remettre de ces maladies, qui quelquefois étaient mortelles. Dans ces circonstances je jugeai donc convenable de commencer à acheter des jeunes bœufs à Mahura et aux gens de sa tribu, et je lui fis comprendre mes intentions. Ce chef me répondit que ses sujets ne voudraient pas m'amener de bœufs, parce que, à mon dernier passage, ils avaient désiré en échanger et que je ne les avais pas écoutés. Il me promit cependant de leur transmettre mes propositions.

Le lendemain, le chef, au lieu de venir nous trouver, partit pour une partie de chasse avec un grand nombre de Béchuanas. Tous chassaient à la manière écossaise, en se réunissant en rond, moyen qui réussit aux tribus du sud de l'Afrique. En cette occasion le cercle fut mal formé, et le gibier passa au travers.

Nos bœufs allaient de plus mal en plus mal; la plupart étaient boiteux, et tous plus ou moins souffrants. Comme les Béchuanas ne semblaient pas disposés à faire la moindre transaction commerciale avec moi, j'étais menacé de ne pouvoir ni reculer ni avancer.

Le jour suivant, deux heures après notre déjeuner, le chef n'avait pas encore paru, ainsi qu'il l'avait promis. Mon compagnon de voyage et moi nous nous rendîmes donc au palais, pour lui demander ce qu'il avait décidé; il nous répondit qu'il ne pouvait pas forcer son peuple à m'amener des bœufs, qu'il lui avait fait connaître mon désir, et que maintenant c'était à ses hommes de décider.

Le lendemain, de bonne heure, Mahura vint nous trouver, accompagné de son interprète et de plusieurs de ses sujets. Ils avaient du jeune bétail, et ils voulaient avoir en échange des fusils et des munitions. Après avoir pris le café le chef me parla à part, et, me montrant deux beaux bœufs, il m'annonça que ces animaux étaient à lui, et que si je voulais remplir de poudre la mesure qu'il avait apportée ils seraient à moi.

Quand j'aperçus la mesure de bois, je pensai tout d'abord que le chef voulait exiger un prix exorbitant, mais en la remplissant de poudre je vis qu'elle n'en contenait que dix-huit livres. Ce n'était pas trop pour deux bons bœufs, aussi fus-je très-content de me les procurer. Mahura parut convaincu d'avoir fait un marché magnifique, aussi son exemple fut-il vite suivi par tous ceux qui l'accompagnaient.

Au coucher du soleil j'avais acheté vingt-deux bœufs, dont vingt étaient en état de travailler. Dans l'après-midi M Orpem et moi nous allâmes visiter le bétail, que nous laissions nuit et jour dans le Veld. Nous eûmes la satisfaction de trouver les animaux beaucoup mieux portants.

Nous restâmes encore plusieurs jours pour acheter des bœufs ; leur nombre, avec nos chevaux, s'élevait maintenant à cent onze, sans compter les bœufs boiteux, que nous nous déterminâmes à laisser à Mahura.

Le 3 mai, nous nous remîmes en route pour l'intérieur, et nous traversâmes d'immenses plaines ouvertes qui aboutissent au nord de la rivière Hart. Le 5, après avoir beaucoup marché, nous nous arrêtâmes près d'une petite rivière sur un terrain légèrement élevé; l'herbe y était de différentes espèces et très abondante.

En observant plusieurs vautours qui dirigeaient leur vol vers un fourré à un quart de mille des waggons, je pensai qu'ils y étaient attirés par quelque lion qui dévorait sa proie. J'ordonnai donc qu'on sellât une couple de chevaux, et je me rendis en cet endroit avec un cavalier et environ une douzaine de chiens.

Mes conjectures étaient vraies : en passant près d'un fourré au galop, j'eus le plaisir d'apercevoir un lion majestueux, à la crinière noire, qui suivait une ligne parallèle à la mienne ; il était à cent mètres de moi. L'animal était d'une couleur si foncée qu'à première vue, au milieu des grandes herbes, je le pris pour un wild-beast; l'instant d'après il se tourna vers moi, et je vis sur-le-champ qui il était. J'appelai mes chiens de toutes mes forces et je m'élançai vers lui.

Comme je m'y attendais le lion se réfugia dans l'herbe en hâtant sa marche ; les chiens le poursuivirent courageusement. Du reste, je n'étais pas loin derrière eux et je les excitais par mes cris. Le lion, voyant que nous allions aussi vite que lui, ralentit le pas; les chiens aboyaient et n'étaient plus qu'à quelques mètres de lui, le pressant des deux côtés. Enfin, quand je l'eus dépassé, j'arrêtai mon cheval pour tirer: je cherchai mon cavalier, qui portait ma carabine, et je l'aperçus qui s'approchait doucement: il était pâle et suivait de très-loin.

Le lion regardait de tous côtés ; il se précipita sur Shepherd, l'un de mes chiens favoris, le coucha sous lui pendant plusieurs secondes, et le mordit à un tel point que le pauvre animal ne put se relever.

Quelques instants après il abattit Vexen ; puis, ayant gagné la lisière d'un petit fourré, il s'arrêta sous un épais buisson et s'étendit sur la terre pour attendre notre attaque. Je lançai alors mon cheval au galop, et je n'étais plus qu'à douze mètres de lui quand je lui lançai une seule balle qui l'atteignit à l'épaule et coupa les principales artères qui sont près du cœur. Il était mort.

Lorsque cet animal féroce reçut le coup, sa tête se

pencha vers la terre ; il respira convulsivement pendant un moment et expira.

Je mis sur-le-champ pied à terre, lui arrachai quelques crins que je cachai sur ma poitrine, et je revins au camp : j'avais à peine été absent pendant dix minutes.

Nous avançâmes encore au lever soleil, mais, vers dix heures, j'arrêtai mes waggons vers l'endroit où, l'année précédente, j'avais essuyé tant d'orages pendant une semaine. Sur notre route je tuai un springbok. Quelques secondes après, Booi s'approcha de moi et me dit que, lorsque j'avais fait feu, il avait remarqué un lion qui levait la tête dans un herbage de la vallée qui se trouvait en face ; je ne le crus pas d'abord, néanmoins je l'envoyai chercher huit chiens. Il pensa que la meute entière vaudrait mieux, il en ramena trente.

Je me dirigeai immédiatement vers l'endroit où l'on supposait que le lion devait être, et, en nous avançant, nous vîmes deux lionnes assises sur l'herbe ; elles rugirent furieusement après nous. Une malencontreuse rangée de roseaux d'environ soixante mètres de longueur et de vingt mètres de largeur se trouvait entre elles et moi ; devinant le péril auquel elles étaient exposées, elles allèrent se réfugier dans le fourré. Un instant après le plus horrible combat qui se put voir eut lieu, et un affreux massacre de mes meilleurs chiens se fit là sans que je pusse l'empêcher.

Vainement je tournai autour du fourré en essayant d'apercevoir leurs adversaires, ce qui m'aurait mis à même de finir ce carnage ; les roseaux étaient si élevés et si épais que je ne pus y parvenir. Quoique les lionnes ne fussent pas très-loin de moi, il m'était impossible de les voir. Enfin l'une sortit du fourré du côté opposé ; je tirai du haut de ma selle, et, malgré les mouvements de mon cheval, je la blessai ; elle rentra dans les roseaux en poussant des rugissements de fureur.

Un certain nombre de chiens qui avaient poursuivi un troupeau de wild-beasts revint au milieu de l'herbe ; ils suivaient la trace d'une troisième lionne qui se dirigeait en rugissant sous l'ombrage, dans l'intention de rejoindre ses camarades. Ce fut là pour ma meute le signal d'un coup hardi : elle s'élança à la fois.

Les trois lionnes rencontrèrent mes chiens et les abattirent avec la même facilité que des chats eussent abattu des souris. Pendant quelques minutes nous n'entendîmes que le craquement des roseaux, la voix des lionnes, les aboiements et les gémissements des chiens.

La nuit mit fin à cette boucherie, et je retournai au camp navré de remords et de regrets de n'avoir pas rappelé mes pauvres lévriers. Trois des meilleurs avaient perdu la vie dans ce combat inégal ; sept ou huit étaient grièvement blessés, et ils exhibaient d'horribles morsures, qui, pour plusieurs, ne se guérirent jamais.

Le lendemain, avant que le jour parût, nous entendîmes le rugissement des lions ; il partait de l'est, et, en suivant des traces fraîches, nous remarquâmes bientôt dans un endroit stérile, à deux cents mètres de nous, une forme jaune, que nous comprîmes être celle du lion. Nous nous y élarçâmes au galop. En nous apercevant l'animal féroce leva la tête, puis la rabaissa aussitôt dans l'espoir que nous passerions sans faire attention à lui. A vingt mètres plus loin se tenait une magnifique lionne avec deux lionceaux. Lorsque nous arrivâmes ils s'élancèrent tous trois dans le fourré placé à notre droite. Le vieux lion se montra plus poltron que sa compagne et ses petits, et il s'enfuit en toute hâte.

Le gibier ayant ainsi disparu dans ce refuge, je plaçai Booi à l'une des extrémités du fourré pour qu'il le surveillât pendant que j'y pénétrerais par l'autre et que je le parcourrais avec les chiens. Deux fois mes efforts furent inutiles ; une troisième fois les chiens découvrirent la lionne couchée sous un buisson ; je lui tirai deux balles au défaut de l'épaule et il lui fut impossible de se relever. Un autre coup l'atteignit à l'œil et lui fit sauter la moitié de la cervelle. Booi et moi la dépouillâmes, puis nous lui coupâmes la tête avant de retourner au camp.

Avant l'aube nous distinguâmes la terrible voix des animaux ; elle venait encore de l'est. Je me rendis près du fourré où, la veille, j'avais trouvé les lions ; là je découvris les jeunes, dont l'un était disposé à nous livrer bataille. Je le tuai en tirant deux fois sur lui ; son camarade s'esquiva ; mais les chiens le découvrirent. Quand je fus à proximité, je mis pied à terre, j'écartai les chiens et terminai ses jours en lui logeant une seule balle dans le crâne.

Nos chiens ne cessèrent point d'aboyer pendant la nuit ; nous pensions que des lions rôdaient autour du camp, et, au jour, nous découvrîmes que nous avions été favorisés par la présence de moins illustres, mais non moins présomptueux visiteurs. Une bande d'audacieuses hyènes était venue près de nos feux ; non contentes de dévorer les os qu'elles avaient trouvés, elles avaient mangé la nappe, emporté le couvercle de la cantine et deux larges coussins ; nous eûmes la chance d'en retrouver un en très-mauvais état. Dans quelques années d'ici l'autre sera probablement conservé comme une relique chez les Béchuanas.

Le 12 je conduisis mes waggons sur la rive septentrionale du fameux Meritsane. J'eus la satisfaction de voir qu'une partie de la campagne avait été brûlée par les Bakalaharis quelques mois auparavant. La pluie qui était tombée pendant la saison avait fait pousser une herbe abondante qui donnait aux plaines ondulantes une charmante apparence de fraîcheur.

Ce qui me plaisait le plus, c'est que je savais que le gibier du voisinage devait avoir été attiré en cet endroit : j'espérais que je rencontrerais, près du Meritsane, des élans et autres animaux, comme cela arrive à tous les chasseurs.

Les traces des buffles, des zèbres, des wild-beasts, des hart-beasts et des sassasybys étaient très-nombreuses, et j'aperçus des troupeaux considérables de ces différentes espèces. Je pris cependant la résolution de ne pas troubler la campagne, dans la crainte d'effrayer les élans qui pouvaient s'y trouver; aussi passai-je près de ces animaux sans leur faire aucun mal. Après avoir parcouru plusieurs milles, j'eus le désappointement de m'apercevoir que très-peu d'élans fréquentaient ces parages. Je revins au camp après en avoir cherché inutilement.

Je partis le lendemain avec un cavalier, et, après nous être éloignés un peu, j'eus le plaisir d'apercevoir un magnifique troupeau de buffles qui paissaient tranquillement sur la rive opposée du Meritsane. Ce gibier était celui dont j'avais le plus besoin, car nous commencions à manquer de viande. Accompagné de M. Orpen, de deux cavaliers et d'un grand nombre de chiens, nous résolûmes d'attaquer ces animaux, et nos projets furent heureusement mis à exécution. Je tuai cinq buffles et M. Orpen deux, ce qui fit en tout sept têtes.

Après déjeuner deux paires de bœufs rapportèrent aux waggons quatre des buffles les plus gras, et, jusqu'au coucher du soleil, mes hommes furent très-occupés à les couper et à les saler. Dans la soirée je sortis avec ma carabine, avec le désir de trouver un veau que le troupeau avait abandonné dans la matinée. A ma grande surprise, lorsque l'animal m'aperçut, il me chargea hardiment; mais je tins ma carabine ferme à l'épaule, et, quand il fut à quatre mètres de moi, je l'arrêtai dans sa course en lui envoyant une balle au milieu du front.

Trois des buffles que nous avions tués avaient été laissés sur place; je pensais que nous pourrions trouver un lion faisant son repas de l'un d'eux, si nous nous y rendions dès l'aube. Je partis donc avec un cavalier et une meute de chiens. En approchant du troisième, les vautours que j'aperçus au-dessus de ma tête m'avertirent que je ne trouverais pas le buffle seul; lorsque j'arrivai près de ma victime, je vis à deux cents mètres de moi un énorme lion, rentrant lentement dans le fourré sur le bord de la rivière.

Aussitôt je pressai mon cheval, afin d'éloigner mes chiens de la charogne, et, s'il était possible, de mettre le lion en défense avant qu'il pût gagner un fourré. Nous arrivâmes près de lui juste au moment où il atteignait un petit massif de roseaux, du milieu duquel il se précipita dans le lit de la rivière, où il se reposa. J'avançai jusqu'à quinze mètres et lui rendis tout mouvement impossible en lui envoyant une balle

dans l'épaule. Je descendis ensuite de cheval, jusqu'à douze mètres de lui, et je l'achevai en lui lançant une seconde balle à l'épaule.

Cet animal était un vieux lion noir d'une taille superbe; ses dents étaient parfaites et son poil magnifique. J'ordonnai à mes hommes de l'écorcher avec le plus grand soin.

Le lendemain nous gagnâmes le Lotlokane.

Dans l'après-midi, animé du désir de tuer un gems-bock, je fis seller mes trois meilleurs chevaux, et je pris la direction du nord, accompagné de deux cavaliers; je n'emportai qu'un fusil à un coup.

Après avoir parcouru quelques milles, j'entrai dans un magnifique parc dont le terrain était uni et orné de bosquets épineux, dont se nourrissaient de nombreux troupeaux de wild-beasts, de zèbres, d'hartebeasts et de springs-boks. Je savais que les élans et les gems-bocks se tiennent ordinairement dans le voisinage de troupeaux d'autres espèces de gibier. Je résolus donc de m'avancer en demi-cercle près de ces derniers. J'examinai soigneusement le sol pour découvrir des traces des animaux que je désirais trouver. Après avoir fait une course rapide dans cette intention, nous revenions, mes gens et moi, tranquillement, lorsque quatre élans se présentèrent devant nous.

Immédiatement nous nous mîmes en chasse. Booi, qui était en avant, sépara le plus beau mâle de ses compagnons et l'attira vers le camp. J'étais près des trois autres et je choisis la meilleure tête; puis, après une chasse pénible, je l'étendis à terre avec une seule balle qui l'atteignit à l'épaule.

J'allai aider Booi, qui se trouvait à un quart de mille dans la plaine au-dessous de moi. Je me dirigeai vers l'animal avec précaution, et nous réussîmes à l'amener droit aux waggons. Je le tuai de deux coups qui le frappèrent à l'épaule. Je n'avais pas encore de tête d'élan mâle, et c'était là un beau spécimen que je destinais à ma collection.

Nous partîmes pour nous rendre près de Molopo, sur les bords duquel je tuai des antilopes rouanes et des reitboks.

Le 27 mai nous atteignîmes le kraal de Sichely, situé sur le Coulonbeng.

Le 31 nous nous remîmes en route, et nous portâmes nos pas vers le Limpopo, où nous parvînmes le 15 juin.

Le 18 la lune était dans son plein; je traversai la rivière avec MM. Orpen, Carey et plusieurs de mes gens, et nous nous rendîmes à la fontaine de Charibe, où nous espérions faire la chasse aux éléphants pendant la nuit; mais nous avions eu le malheur d'effrayer ceux qui fréquentaient cette fontaine; ils avaient tous fui ce district. Le 23, en venant de Guapa au camp, j'entendis les cris des éléphants dans plusieurs directions; je compris qu'il devait y avoir non loin de là un nombreux troupeau. Je montai sur un grand arbre qui portait des épines, et du faîte j'aperçus les dos gris de quelques-uns de ces animaux; ils dépassaient en hauteur les taillis de la forêt. J'envoyai Bamachumie chercher les chiens; quand ils arrivèrent, je m'avançai pour faire une plus minutieuse inspection.

Le troupeau contenait plus de cent éléphants et était entièrement composé de femelles et de jeunes mâles. Pendant une demi-heure j'essayai d'en choisir un bon. Je rampai jusqu'à quinze mètres d'un beau mâle, à qui j'envoyai une balle au défaut de l'épaule. Mes gens ne lançaient pas mes chiens et ne m'amenaient pas mon cheval; j'allai donc à leur rencontre, et, pendant ce temps, l'éléphant rejoignit ses camarades. Les chiens en attaquèrent un autre et je mis fin à ses jours après une longue chasse. L'animal était à peine tombé que le vieux Mutchuisho vint, avec une trentaine de Bamangwatos, m'en demander la chair. Le lendemain je tuai un autre éléphant de fort belle taille.

Le 29 je traversai le Macoolwey, et, pendant la route, je chassai à la tête des waggons; je tuai un daim mâle et sa femelle, et je mis en fuite une bande de sept ou huit lions qui avaient pour guide un vieux lion d'une grosseur extraordinaire. Le jour suivant je menai les waggons près de la Basilika. Là je tuai deux pallahs et une girafe femelle. Nous remisâmes les waggons dans mon ancien camp, mais, comme je remarquai des tsetsés sur mes chevaux, je me déterminai à quitter Séléka le lendemain.

Vers minuit un énorme lion attaqua hardiment le kraal où était le bétail. Il cherchait à passer à travers la haie épaisse et épineuse, et il répandit la terreur parmi les bestiaux, qui fuyaient pêle-mêle. D'un coup de griffe il étendit un excellent bœuf et le tint sous lui. Je fus éveillé par le bruit, et à l'instant j'ordonnai qu'on lâchât les chiens; l'horrible quadrupède fut mis en fuite. Quant au pauvre bœuf, ses jambes de devant et de derrière avaient été si horriblement lacérées que je fus obligé de le tuer dès le lendemain.

Vers neuf heures du matin je quittai Séléka. Au coucher du soleil je m'arrêtai sur les bords du Limpopo, en face de Guapa.

Je demeurai là plusieurs jours, en faisant d'heureuses excursions avec M. Orpen; nous traversions souvent la rivière pour chercher des éléphants.

En revenant de l'une de ces expéditions nous fûmes témoin d'un spectacle qui nous remplit d'horreur. La tribu des Bamalettes, sur le territoire de laquelle nous chassions, avait été quelques mois auparavant attaquée et mise en fuite par Sicomy; un grand nombre d'indigènes avaient été massacrés, et ceux qui avaient pu échapper s'étaient réfugiés dans un ravin élevé dans les montagnes,

Nous visitâmes leur ville déserte et la terre sur laquelle ils avaient été poursuivis et tués. Rien n'était plus horrible que d'apercevoir les os blanchis et les crânes de ceux qui avaient péri; les loups et les chacals s'étaient régalés de leurs cadavres. L'herbe était encore foulée autour de leurs squelettes; des cheveux, des débris de chair se voyaient çà et là, et le sang était resté visible sur toutes les pierres.

Le 13 je pris la direction du sud en avançant vers Charibe. Dans la soirée les naturels se mirent à assaisonner la chair d'une lionne que j'avais tuée la veille et qui était très-grasse; ils considéraient ce mets comme un excellent manger. Quant à moi, malgré mon appétit et ma faiblesse, car je pouvais à peine marcher, je ne pus me décider à partager leur repas. Je laissai ma cafetière et autres ustensiles nécessaires à M. Orpen; puis après avoir recouvré un peu de force, je me dirigeai vers la fontaine, où j'eus l'heureuse chance de tuer un pallah.

Le 25 juillet, au lever du soleil, nous descendîmes la rivière en laissant derrière nous trois de mes chevaux; deux étaient morts, le troisième se mourait des morsures des tsetsés. Le lendemain, sur le bord de l'eau, nous découvrîmes les traces de trois vieux éléphants mâles. Nous les suivîmes pendant cinq milles, et, à la fin, nous arrivâmes dans une campagne tellement ombragée d'acacias qu'il nous fut impossible de les voir davantage.

Après nous être un peu avancés, nous retrouvâmes les traces des éléphants, et, environ une heure avant le coucher du soleil, nous rencontrâmes enfin près de quinze de ces animaux.

Le vent était favorable; ils ne se doutèrent pas de notre approche. Tout en tournant lentement autour d'eux j'essayai de choisir le meilleur; il se tenait à ma droite, et ses défenses surpassaient en beauté celles de ses camarades. Je le choisis donc et parvins à l'abattre après un combat très-court, car je ne tirai que cinq fois.

Les défenses de cet énorme animal étaient d'une perfection peu commune; je résolus de conserver tout son crâne, et, dans cette intention, j'envoyai un messager au camp pour qu'il ramenât un waggon. Trois jours s'écoulèrent avant qu'il arrivât; il lui fallait traverser le Limpopo à plusieurs milles audessus de mon camp. Pendant ce temps je m'occupai à faire cuire les pieds de l'éléphant pour les conserver.

En revenant au camp je tuai une très-belle girafe mâle dont je preparai la tête. Pendant plusieurs jours je fis avec succès la chasse aux éléphants dans les forêts qui couvrent le sol à l'est du Limpopo.

Le 7 nous atteignîmes le village des Bakalaharis, où le pauvre Hendrick avait été entraîné et dévoré par un lion. Je trouvai le village abandonné; il y avait des traces et du fumier d'éléphants à l'endroit où, la saison précédente, les chefs des naturels tenaient conseil.

Le 8 je me dirigeai vers la belle fontaine appelée *Seboono*, pour surprendre les éléphants au clair de lune.

Dans la soirée une troupe de vingt-deux girafes visita la fontaine ; puis vinrent des koodoos, des zèbres et un superbe élan mâle. Je fus surpris de voir ce dernier, car je m'étais toujours figuré que les animaux de son espèce ne buvaient jamais.

Une heure après la chute du jour, plusieurs rhinocéros parurent, et bientôt après un bruit sourd m'annonça l'approche d'un éléphant. Il s'avança ; c'était un énorme mâle, qui n'avait qu'une seule défense.

J'eus beaucoup de peine à l'abattre : la forêt était très-ombragée, et il y avait surtout beaucoup d'arbres à épines ; le ciel était chargé de nuages. A la fin cependant l'animal tomba ; il avait eu le corps criblé de vingt-cinq balles.

Le 22 août j'éprouvai le plaisir de compter ma provision d'ivoires, et je m'aperçus que j'avais tué, dans le sud de l'Afrique, cent cinq éléphants de choix. Comme ces animaux avaient déserté ces parages, nous partîmes le 3 septembre, et nous descendîmes le Limpopo pour nous rendre dans les contrées fréquentées par les hippopotames.

Dans la soirée, en retournant aux waggons, j'entendis M. Orpen engagé dans un combat avec un énorme hippopotame ; il avait épuisé ses munitions. J'attaquai l'animal à mon tour, et je finis par l'abattre, après lui avoir envoyé sept à huit balles.

Le 5, en descendant la rivière, nous tuâmes sept hippopotames superbes, dont deux étaient des mâles. L'un de ces monstres reçut seize balles dans la tête avant d'expirer. Dans le plus fort du combat, un crocodile d'une grosseur prodigieuse, attiré par le sang, parut tout à coup devant nous et nagea autour de l'hippopotame avec une rage sans pareille : les mouvements réunis des deux amphibies agitaient à un tel point le large courant, que les vagues couvrirent les deux rives. Je tuai le crocodile en lui décochant une seule balle qui l'atteignit au milieu de la tête.

En recevant le coup, le saurien se retourna sur le côté pendant quelques minutes et resta sans mouvement dans cette position à la surface de l'eau, une jambe de devant et une de derrière étendues et tremblant dans l'air comme une grenouille qui se meurt ; il exhala ensuite une forte odeur de musc et expira.

Le 17 je fus pris d'une fièvre rhumatismale aiguë qui m'obligea de garder mon lit et qui me fit beaucoup souffrir. Tandis que j'étais dans ce triste état, M. Orpen, suivi de Présent, rencontra un énorme léopard et lui fit une large blessure. Les naturels accoururent bientôt au camp et annoncèrent que M. Orpen avait été tué par le léopard.

En prenant de plus amples informations, j'appris que mon camarade n'était pas mort, mais qu'il était horriblement mutilé et mordu à la tête et aux bras. Ils avaient hardiment suivi à pied les traces du carnassier, les chiens étant derrière au lieu d'aller en avant. Ils s'approchèrent de l'animal sans connaître sa position, et, tout à coup, Orpen l'ayant aperçu le tira et le manqua. Le léopard s'élança alors sur lui, le prit par les épaules, l'étendit à terre, se coucha sur lui en rugissant, et lacéra affreusement ses mains, ses bras et sa tête.

Au bout de quelques minutes, le sang que perdait l'animal épuisa ses forces ; il roula à quelques pas plus loin, ce qui permit à Orpen de se relever et de s'enfuir. Où étaient le courageux Présent et les autres naturels ? on n'en savait rien, mais ce que l'on n'ignora pas, c'est que pas un d'eux ne vint au secours de l'infortuné Orpen.

J'appris plus tard que, suivant la coutume établie parmi tous les domestiques des colonies, au moment où le léopard s'était élancé, Présent fit une décharge en l'air, puis se jeta à terre en rampant sur la rive, et, sautant dans le courant, avait nagé assez loin avant d'oser s'aventurer de nouveau sur la terre ferme. Les naturels, quoique nombreux et tous armés, avaient fui d'un autre côté.

XXVII

Voyage du Limpopo au Ngotwani et retour. — Le kraal de Sichely. — Fin de la cinquième expédition. — Noyade de plusieurs hommes — Conclusion.

M. Orpen et moi nous étions désormais condamnés au repos, lui par suite de ses blessures qui étaient nombreuses et dangereuses, et moi par la fièvre : je ne me rétablissais, en effet, que très-lentement. Il était donc inutile de songer à rester plus longtemps dans les basses terres qui avoisinent le Limpopo ; aussi je résolus de partir pour le pays de Sichely.

Nous nous mîmes en route le 27 septembre, et, le 2 octobre, nous campâmes sur le bord du Limpopo, un peu au-dessus de sa jonction avec la Lepalala. Les hommes de Sichely me prièrent de m'y arrêter un jour ; leur chef désirait faire du commerce avec moi ; j'y consentis.

Le lendemain au matin Seleka vint me voir avec une suite nombreuse ; il m'apporta de fort beaux modèles d'armes béchuanas qu'il désirait échanger contre des mousquets et des munitions. Il m'offrit de la bière béchuana et un potage fermenté qu'il considérait comme un véritable cadeau. Du reste, il espérait que je lui donnerais de la poudre en échange. Telle est la manière de faire des présents dans le sud de l'Afrique.

Dans l'après-midi, je donnai un fusil à Sichely pour neuf assagais très-beaux, pour une ha he de bataille et pour deux armures de peau de bufile. J'obtins aussi différents objets des manufactures du pays en récompense de mon bon vouloir à consacrer les armes de deux ou trois nobles. et de mon présent d'onguent destiné à des frictions propres à les rendre bons tireurs.

En accomplissant cette absurde cérémonie, je regardai sérieusement l'initié en face et lui dis dans son langage : « *Regarde le gibier en face; dirige ta balle vers le cœur des bêtes sauvages ; que ta main et ton cœur soient forts contre le lion, contre le grand éléphant, contre le rhinocéros et le buffle* » Et je ne mentais pas.

Le 5, nous nous mîmes en route au lever du soleil, et nous arrivâmes le 8 près du Limpopo, à un endroit où je l'avais déjà traversé. Le 13, nous parcourûmes les bords du Ngotwani, mais, comme les eaux étaient basses. et qu'il semblait impossible d'arriver au pays de Sichely par cette route, je me déterminai à revenir sur mes pas, en me dirigeant de nouveau vers le Limpopo, que nous atteignîmes le 23.

En chemin je tuai un vieux lion.

En suivant les bords du Limpopo on gagne la Mariqua. Un peu avant le coucher de soleil, deux grands troupeaux de buffles se montrèrent devant nous. Je tuai une femelle, et. après avoir remisé huit ou neuf mâles dans les roseaux élevés qui se trouvaient sur le bord du courant, tout à fait vis-à-vis de mon camp, je visai les deux plus belles têtes du troupeau et parvins à en tuer un à l'aide de cinq coups de carabine. L'autre s'enfuit, quoique grièvement blessé, tandis que j'étais engagé avec son camarade.

Le lendemain matin, lorsque nous traversâmes la rivière pour aller à la recherche des buffles. nous découvrîmes un lion qui marchait majestueusement devant nous : après une chasse très-animée, dans laquelle je perdis trois de mes chiens, nous l'attirâmes dans des roseaux près du fleuve, et, pour la première fois, je pus tirer sur lui. Ma balle lui entra un peu derrière l'épaule En se sentant atteint, l'animal rugit et chargea les chiens, mais seulement jusqu'au bord des roseaux, hors desquels il avait beaucoup de peine à se mouvoir. Je fis une seconde décharge, en le visant à la tête, et la balle, pénétrant près de l'œil, lui traversa la mâchoire.

Au même instant le lion s'élança, sauta par-dessus les roseaux, plongea dans la rivière, au milieu de laquelle il nagea, et la teignit de son sang; un chien noir, nommé Schwart, osa seul le poursuivre. Un énorme crocodile, attiré par le sang, suivit les combattants dans leur course; par bonheur il ne toucha pas à mon chien, et c'était là ce que je redoutais. Présent tira

sur le lion pendant qu'il nageait, mais il le manqua; deux de mes armes étaient déchargées.

Cependant, avant que le lion n'eût gagné le rivage opposé, j'eus le temps de glisser de la poudre et un lingot dans ma carabine, et, juste au moment où il mettait le pied à terre, je l'atteignis au cou; il tomba mort sur la place.

Nous parvînmes jusqu'à lui en suivant un sentier tracé par les hippopotames; le temps était humide et froid, et, pour dépouiller le lion, il nous fallut allumer du feu.

Cet animal était jeune et avait un très-beau manteau; *sa crinière n'était pas très-épaisse; mais ses dents étaient parfaites*, ce qui n'est pas commun chez les lions de cet âge, et il avait une très-belle touffe de poils au bout de la queue, ornement que je n'avais jamais vu jusqu'alors chez aucun de ses congénères.

Le 27, nous arrivâmes à la jonction de la Mariqua avec le Limpopo, puis nous quittâmes encore une fois ce fleuve et suivîmes le bord septentrional de la Mariqua. Ce charmant courant d'eau a cinq ou six mètres de largeur, en cet endroit, et coule en serpentant dans une grande vallée ouverte. Par intervalles, il n'y a pas un arbre, mais seulement des roseaux, *bordés par des bosquets formés par des arbres hérissés d'épines et par des saules*.

Je trouvai là des reitboks, qui ne fréquentent pas le Limpopo dans les parties que j'avais visitées. La campagne est fertile et verdoyante, et toutes les espèces ordinaires de gibier y abondent. A peu près à quinze milles, au sud et à l'est, se trouve une chaîne de montagnes qui occupe une étendue d'environ cent milles, et, qui, vers le nord-est, semble s'élever davantage et devenir plus escarpée à son extrémité.

Je suppose que le Limpopo prend sa source à l'est de cette chaîne, mais il est impossible de le remonter jusque là, et par conséquent de vérifier cette supposition.

Le lendemain nous parcourûmes près de huit milles en remontant le courant. Sur notre route je blessai deux rhinocéros noirs, et je tuai ensuite un sassayby et un énorme crocodile. Quand nous aperçûmes ce dernier, il était endormi sur l'herbe au bord de l'eau. Il fut atteint par deux balles, l'une dans la tête, l'autre au défaut de l'épaule. Dans les convulsions de l'agonie, il parvint à se replonger dans la rivière et disparut. J'étais vraiment fort surpris d'apercevoir un monstre pareil dans une si petite rivière. La longueur du saurien dépassait sa largeur à l'endroit où je tirai sur lui.

Le 31, en chevauchant au bord de l'eau. je vis un autre de ces reptiles; il dormait sur la rive opposée, et ma balle, en lui fracassant l'épine dorsale, le tua roide sur place. Je traversai la rivière un mille plus bas, afin d'examiner ma victime. C'était un vieux, mais un beau spécimen de l'espèce, qui avait plus de douze pieds de longueur. En retournant au camp pour le dépouiller, je trouvai la vallée envahie par un immense troupeau de buffles.

Quelques jours après, quatre lions traversèrent la vallée à une centaine de mètres au-dessous de mon camp. Nous les poursuivîmes aussitôt; leur vue me frappa d'étonnement et je fus comme saisi de la majesté de leur allure et de leur contenance : c'étaient d'énormes mâles. L'avouerai-je? Je commençai à douter de l'issue du combat qui s'offrait à nous.

Les chiens s'élancèrent, et les lions, prenant leur course, suivirent doucement le rivage et disparurent dans une presqu'île formée par la rivière, très-ombragée en cet endroit par de grands arbres et par des roseaux. Les chiens y pénétrèrent hardiment en aboyant, et les lions commencèrent aussitôt à hurler. Quelques minutes après je les entendis se jeter dans le courant; je sautai à bas de mon cheval et je courus sur la rive d'où j'en vis trois qui remontaient de l'autre côté.

L'un d'eux se dirigea en toute hâte vers la plaine ouverte, mais les deux autres, se voyant pressés par les chiens, retournèrent tout de suite à l'eau. C'était maintenant à mon tour, et, ce jour-là, j'eus le plaisir de faire le double coup le plus glorieux que puisse rêver un chasseur : j'atteignis les deux lions à l'épaule avant qu'ils pussent même se douter de la position que j'occupais.

Je pris mon fusil des mains de Carey qui était venu à mon aide, et j'achevai le premier lion en lui envoyant une balle près du cœur. J'arrêtai ensuite le second en le frappant à la cuisse; il parvint néanmoins, en rampant, jusque sous un buisson d'un vert très-foncé, où, pendant quelque temps, il se déroba entièrement à mes regards; mais à la fin une motte de terre qui tomba sur sa cachette lui fit faire un mouvement et trahit sa position. Je l'achevai avec trois balles qu'il reçut dans le milieu du dos. Le quatrième lion s'échappa.

Nous traversâmes la rivière un peu plus haut pour examiner les victimes que j'avais faites. Je gardai le crâne et la peau du plus beau de ces animaux, et seulement les griffes et la queue de celui qui avait les dents cariées.

Le 19, pendant notre voyage, nous eûmes à traverser une rangée de collines rocailleuses. Nous étions arrivés alors à l'endroit où nous devions dire adieu à la Mariqua et suivre la direction orientale au milieu de la campagne pour nous rendre à Sichely. Au coucher du soleil nous fîmes une halte sous une haute montagne, la plus élevée du pays, que l'on appelle « Lynché-à-Cheny », ou la montagne du Singe.

Dans la soirée nous parcourûmes la plus délicieuse contrée que j'aie jamais vue en Afrique. A notre gauche nous longions une rangée de montagnes pierreuses,

bien boisées et qui paraissait n'avoir pas de fin; à notre droite le terrain était doucement incliné et allait rejoindre une forêt verdoyante entrecoupée de clairières. Comme l'Océan, cette forêt était sans bornes, quoiqu'elle fût cependant interrompue d'un côté par une chaîne de montagnes rocailleuses couvertes de bois qui s'élevaient en pyramides.

L'horizon était bordé de forêts et de montagnes; l'une de ces dernières dominait toutes les autres et semblait former un dôme. La soirée était fort belle, quoique le ciel fût un peu couvert, ce qui répandait sur le paysage un certain charme mystérieux et lui donnait un aspect sauvage. Je contemplai avec émotion la scène étrange qui se développait devant moi et j'étais triste de ne pouvoir m'arrêter en ce lieu; aussi ne pus-je m'empêcher de m'écrier : « Je donnerais ma vie pour pouvoir vivre ici quelques années et jouir de la possession d'une pareille terre. »

Nous atteignîmes dans la matinée une fontaine située à quelques milles dans une gorge des montagnes, et j'y trouvai trois lionnes dont je tuai une en lui tirant quatre coups de fusil.

Le 24 des averses tombèrent à toute heure et mes hommes s'occupèrent à me faire des brogues. Ces souliers étaient vraiment dignes d'un chasseur; quoique légers, ils étaient très-forts et fabriqués entièrement de la peau des animaux que j'avais tués.

Les semelles étaient en cuir de buffle ou de girafe; le dessus en koodoo, en hartlebeast ou en bushbok; le derrière était en peau de lion, de hyène ou d'antilope noire. Ces chaussures étaient cousues avec une lanière très-fine coupée dans le cuir du steinbok.

Dans l'après-midi nous nous dirigeâmes vers l'ouest en côtoyant les montagnes boisées et pierreuses. Les naturels avaient en cet endroit, plusieurs années auparavant, fait avec succès la guerre aux éléphants, car je trouvai là quatre crânes de ces animaux. Dans la journée nous rencontrâmes six buffles et nous blessâmes un magnifique mâle à l'épaule, ce qui ne l'empêcha pas de s'enfuir avec ses camarades, car le terrain était très-mauvais et ne permettait pas qu'on le poursuivît.

Nous eûmes encore au retour une aventure de chasse avec un autre vieux buffle mâle, et nous fûmes bientôt convaincus de l'extrême danger qu'il y a à attaquer ces animaux lorsqu'on n'a pas de chiens. Nous lançâmes l'animal dans un vallon couvert de verdure au milieu des collines, et nous l'y suivîmes quelque temps, tantôt l'apercevant, tantôt ne distinguant que l'empreinte de ses pas. Je marchais d'une vitesse qui le mettait hors d'haleine. Lorsqu'il se vit dans un grand danger, il eut recours à un singulier stratagème : il tourna tout autour de quelques épais buissons qui le dérobèrent à notre vue, puis se trouva près d'un étang assez profond pour y dissimuler son corps; il s'y jeta, regarda de tous côtés, se coucha eufin, et attendit notre arrivée. Par malheur sa tête grise et ses énormes cornes paraissaient à la surface, quoiqu'elles nous fussent cachées par des rangées de grandes herbes.

Du reste nous ne nous attachions qu'aux traces, et nous avançâmes hardiment à quelques pieds de l'animal sans l'apercevoir. Il se releva alors, chargea Ruyter d'une manière désespéré en poussant un cri particulier aux animaux de son espèce, cri ressemblant un peu au hurlement du lion, et jeta par terre la monture et le cavalier; sa corne acérée perça la hanche du pauvre coursier et le blessa horriblement. En un instant Ruyter se remit sur pieds et parvint à se sauver; le buffle l'observa du coin des yeux et le poursuivit; mais son pied glissa et il tomba dans une mare boueuse. Le bushman put ainsi échapper à une mort certaine. L'animal se releva tout étourdi. À ce moment je lui lançai une balle dans l'épaule, et immédiatement il quitta le lieu du combat pour chercher un abri dans l'épais fourré sur le versant de la montagne où je jugeai imprudent de le relancer.

Le 28 un de mes conducteurs de waggons n'ayant pas obéi à mes ordres, le waggon qu'il conduisait fut presque renversé; je lui fis donner une correction pour laquelle on employa le fouet.

Le 4 décembre nous nous dirigeâmes vers le Ngotwani et le traversâmes après avoir péniblement travaillé pendant une heure; il nous fallut tracer une route sur les bords. Dans l'après-midi nous continuâmes notre route et nous fîmes halte au coucher du soleil en un lieu où nous nous étions déjà reposés près de *Poozt*, autrement dit « la Passe-de-Dieu ».

Ce jour-là je suivis les traces d'un rhinocéros blessé le long d'une rangée de montagnes qui était à ma droite, puis dans un bassin très-boisé au milieu des montagnes. Je remarquai bientôt que deux lions avaient découvert la piste comme moi et qu'ils guettait le boscló; ils étaient en effet couchés dans le voisinage.

J'étais à trente pas d'eux avant de soupçonner leur présence. Ils se relevèrent, rugirent, et remontèrent le long des flancs de la colline. Tout d'abord je n'en aperçus qu'un qui n'était pas très-éloigné de moi et je m'arrêtai pour le regarder. Il se plaça dans une position favorable et je tirai sur lui; il fut atteint au cœur. Quand la balle pénétra il bondit en avant et fut à l'instant caché par les arbres. J'approchai alors avec précaution. L'instant d'après, l'autre lion se leva, fit entendre un rugissement terrible et marcha très-tranquillement sur le côté de la montagne. Je supposai que c'était l'animal que j'avais blessé et fis encore deux décharges sur lui, mais il disparut sans ralentir le pas. En avançant pour visiter l'endroit où le lion s'était couché, je trouvai deux gîtes : par conséquent il y avait eu là deux lions. Je pouvais donc bien en avoir tué un.

Dans le cas où l'animal n'aurait été que blessé, je jugeai prudent de rejoindre les waggons, qui passaient au-dessous de nous, afin de me faire suivre par quelques chiens. Lorsque j'eus ramené ces derniers, Ruyter et moi nous retournâmes à l'endroit que je venais de quitter; nous trouvâmes le lion étendu sans vie sur le côté de la montagne, et nous nous hâtâmes de le dépouiller pour emporter sa peau sur nos waggons.

Dans l'après-midi j'allai à cheval au camp de Sichely, sur le Kouloubeng; j'appris, en y arrivant, que M. *Livingstone était parti dans la matinée pour visiter une tribu qui habite à l'est du Limpopo. Mistress Livingstone me reçut très-bien; elle m'offrit du thé, du pain et du beurre que je trouvai excellents,* et me raconta toutes les nouvelles de la colonie

Le 14 je partis à pied, accompagné de Ruyter; je marchai fièrement à la rencontre d'une belle antilope noire que je tuai avec cinq balles. C'était un superbe spécimen de cette espèce rare et charmante; ses cornes étaient énormes, très-longues, rugueuses et très-régulières. Je lui coupai la tête, et, après avoir couvert la chair de rameaux verts, nous retournâmes au camp d'où j'envoyai des hommes chercher la venaison et la peau.

Toute la matinée du 15 je fus occupé à préparer la tête de cette antilope noire.

Je me mis ensuite en route avec deux cavaliers et me dirigeai vers le nord. En longeant les collines sous lesquelles nous étions campés, j'aperçus un *gems-bok à deux cents mètres de moi; j'épaulai à l'instant ma carabine à six pouces d'élévation et fis feu : la balle atteignit la bête à l'épaule et passa de l'autre côté des parties inférieures.*

Le gems-bok plia le dos et s'enfuit, se dérobant à mes regards derrière un bloc de rochers. Après avoir chargé mes armes, j'aperçus du sang sur le sol; je suivis ces taches et j'eus le plaisir de trouver l'antilope étendue ne pouvant plus se relever. Cette antilope avait la plus belle tête que j'eusse jamais vue; ses cornes étaient très-longues, bien placées, larges et très-rugueuses.

Le 18 nous reprîmes notre chemin, et, après quatre heures de marche, nous campâmes sur les bords du Kouloubeng; là, des antilopes, des zèbres, des buffles éprouvèrent le pouvoir de ma carabine.

Le lendemain, pendant que nous explorions une partie très-montagueuse et très-belle du pays au sud-est, je retrouvai les ornières de mes waggons, pendant mon voyage de 1843, à une courte distance de la gorge dans les montagnes; c'est là que mes bœufs avaient été chassés par les lions.

En cet endroit deux ruisseaux se rencontrent. On trouve là beaucoup de gibier quand la campagne n'a pas été ravagée par les chasseurs griquas. J'aperçus les traces d'un troupeau de buffles, et, après les avoir suivies, je me trouvai en face d'un autre troupeau. Ces animaux se reposaient sous d'épais ombrages dans la même vallée ; j'approchai d'eux en rampant, et, lorsque je ne fus plus qu'à trente mètres, je restai immobile pendant une heure pour choisir la plus belle tête.

Le buffle que je désirais tuer était étendu sur la terre ; son corps était abrité par de fortes branches couvertes d'épines. Les animaux se levèrent les uns après les autres, s'allongèrent, frottèrent leurs cornes contre les arbres, et bientôt se recouchèrent. Enfin quelque chose les effraya. Le buffle que je convoitais se dressa sur ses pieds et s'offrit à moi dans une position favorable. Mon premier coup de fusil ne voulut pas partir, mais le second éclata à travers le fourré et la balle atteignit l'animal au cœur.

En revenant au camp je trouvai une tribu de Baquainas et parmi eux un frère de Sichely. Ces hommes m'avertirent que les Boers avaient pris beaucoup d'informations à mon sujet, et qu'ils avaient déclaré leur intention de venir en force, montés sur des chevaux, pour me faire prisonnier. Les Baquainas ajoutèrent cependant que tous les chevaux des Boers étaient morts d'une épizootie.

Une attaque n'était pas improbable ; je jugeai donc prudent de m'y préparer. Je résolus, en cas d'événement, de me rendre près de M. Edwards, le missionnaire, à Bakatla. Dans la pensée d'un danger sur les bord du Manouri, je me dirigeai vers l'ouest, et je traversai le pays des Bawangketses. Ce même jour je perdis une autre jument noire qui mourut de maladie.

Cette année mes pertes de bétail avaient été considérables. J'avais déjà vu mourir quatorze chevaux et quinze autres animaux. Pendant les quatre expéditions que j'avais faites dans l'intérieur de l'Afrique, quarante-sept chevaux et soixante-dix bestiaux avaient péri. C'était une valeur d'au moins six cent livres. J'avais aussi perdu sept de mes chiens.

Nous voyageâmes pendant plusieurs jours au milieu d'une campagne où les différentes espèces de gibier étaient fort abondantes et notre chasse y fut bonne.

Le 1er janvier 1849 j'entrai à Bakatla, où je trouvai M. Edwards et sa famille en très-bonne santé. Il m'apprit que les Boers avaient rencontré le gouverneur et les troupes en un lieu appelé Bloom Plaato, sur la rive septentrionale du fleuve Orange, et qu'après un combat de trois heures les sauvages avaient été défaits.

M. Edwards me conta que depuis ce temps les Boers s'étaient enfuis en grand nombre vers Moscega et s'étaient embusqués en cet endroit pour s'emparer de mes waggons. Il me conseilla donc de ne pas suivre mon ancienne route, et de quitter promptement le pays, en suivant une ligne directe à travers

les montagnes, derrière Bakatla. Je fus contrarié dans mes projets par une attaque de fièvre qui me prit le lendemain, et j'avoue que j'étais très-agité et très-inquiet.

Le 3 nous partîmes dès l'aurore, et, après avoir parcouru plusieurs milles sans trouver d'eau, j'eus la triste conviction de n'en avoir que le lendemain, lorsque nous serions près de Malopo. Le soleil était brûlant ; mes pauvres chiens étaient sur le point de devenir fous ; la plupart de mes bestiaux boitaient, leurs sabots étaient attaqués, et moi-même j'avais une forte fièvre.

A ma grande satisfaction la pluie me fournit de l'eau pour tout le bétail.

Dans la crainte d'une attaque des Boers je donnai des ordres pour que tous les fusils et toutes les carabines fussent mis en bon état et chargés. On me prépara aussi quatre bons mousquets, grâce auxquels, dans une plaine ouverte, on pouvait faire reculer un grand nombre de Boers.

Dans l'après-midi du 15 nous arrivâmes près de la rivière Hart, où nous nous arrêtâmes à un quart de mille de la ville, autrement dit du kraal de Batlapis. Les eaux étaient très-élevées, et il était impossible de les traverser à cause des grandes pluies qui étaient tombées dans certaines parties du district.

Le lendemain matin, cédant aux prières de Mahura, je passai le Hart et campai sur la rive méridionale. Dans la journée j'obtins par échanges dix kaross et un très-beau chat bien moucheté ; c'était un présent du chef.

Le 16 je pensai qu'il était temps de me remettre en route. Mahura et sa suite ne m'apportaient que des objets de peu de valeur, et dont ils demandaient des prix très-élevés. De très-bonne heure j'ordonnai à mes hommes de compter le bétail et de se mettre en route. Dans l'après-midi nous franchîmes six ou sept milles qui nous rapprochèrent du Vaal.

Le jour suivant nous éprouvâmes beaucoup de retard eu égard à l'entêtement des jeunes bœufs qui ne voulaient pas tirer, et cela malgré les coups de fouet que nous leur administrions. A la tombée de la nuit nous fîmes halte près de la charmante rivière Vaal, qui était très-haute, par suite des pluies abondantes tombées tout récemment. Lorsque je fus parvenu sur le bord, je jugeai qu'il était prudent de ne la traverser que le lendemain ; aussi, ce jour-là, après avoir fait nos préparatifs, nous commençâmes à conduire un waggon à la fois avec vingt bœufs ; deux heures plus tard mes trois lourds véhicules étaient en sûreté sur l'autre rive. Après deux ou trois jours de marche, nous aperçûmes plusieurs Boers qui stationnaient des deux côtés de la rivière Vet.

Le 24 notre course du matin nous amena dans le district où l'hiver précédent j'avais rencontré tant de bless-boks. Les Boers campaient en face de nous. Je m'arrêtai à l'ombre de quelques arbres épineux, et nous vîmes sur notre route de nombreuses traces de lions.

Nous avions maintenant atteint le lieu où nous devions quitter la rivière Vet. Quand nous eûmes encore marché pendant un mille, nous entrâmes dans d'immenses plaines où l'on ne voyait de loin en loin que de maigres pâturages. Là résidaient, sans être inquiétés, d'innombrables troupeaux de wild-beats, de bless-boks et de springs-boks.

Depuis fort longtemps je n'avais point vu de ces animaux. Je les contemplai donc avec un grand plaisir et un intérêt profond qu'aucune parole ne pourrait exprimer; des milliers de quadrupèdes peuplaient le paysage; on en voyait de tous côtés.

Le 28 je montai à cheval et me dirigeai vers le nord-ouest. Je donnai la chasse à un troupeau d'environ deux cents wild-beats noirs, que j'attaquai d'après le principe des Boers, en tirant plusieurs fois, après m'être placé à une distance de trois cents mètres.

Un fort beau mâle fut le seul qui mordit la poussière. J'étais près du camp, et j'envoyai Ruyter chercher des hommes pour rapporter le gibier vers les waggons.

Dans l'après-midi nous continuâmes notre route. Il y avait très-peu d'herbe, et dès lors le danger pour les bœufs d'attraper une horrible maladie, désignée par les Boers sous le nom de « suot sickness, » n'existait plus : les bestiaux sont sujets à cette maladie lorsqu'ils paissent sur des terres fréquentées par les wild-beats noirs.

Le lendemain, le terrain était très-mauvais pour les bœufs à cause des pluies; plusieurs troupeaux de bless-boks passèrent près de nous. Dans l'après-midi, nous découvrîmes un nid d'autruches, de sept pieds de diamètre, qui contenait vingt-quatre œufs nouvellement pondus. Je les confiai à Ruyter, afin qu'il les défendît des chacals, des vautours et de l'autruche elle-même, qui pouvait revenir pendant notre absence et briser les œufs. Lorsque j'arrivai au camp, je dépêchai deux hommes avec des sacs de cuir pour aller chercher mon butin.

Le lendemain au matin je fis une chasse très-animée, car plusieurs fois les wild beasts chargèrent follement à l'endroit où je m'étais caché, et, pendant la journée, je tuai quatre vieux mâles.

Le 3 février nous nous arrêtâmes à Bloem-Vonteyn, où je fus très-bien reçu par les officiers du 45e et par ceux du régiment du Cap qui s'y trouvaient.

Nous restâmes là un jour ou deux, puis nous nous engageâmes à travers une campagne désolée, dans laquelle nous trouvâmes des troupeaux de wild-beasts, de bless-boks, de springs-boks, et un grand nombre de squelettes répandus de tous côtés dans la plaine. Cette grande mortalité avait été causée ou par la famine, ou par une maladie galeuse, appelée par les Hollandais *brunt sickta*, laquelle, bien souvent, détruit tous les animaux dans les plaines fréquentées par le gibier.

Le 17 nous fîmes reposer les waggons à la ferme de M. Fossey, à deux milles du grand fleuve Orange. M. Fossey nous informa que les eaux étaient très-élevées, et qu'il ne croyait pas que nous pussions traverser le fleuve avant plusieurs mois. Le pont de Nerval avait été brisé quand les troupes passèrent pour aller combattre les Boers à Boom-Plaats, peu de mois auparavant, et le nouveau qu'on construisait n'était pas encore arrivé. Je fus retenu sur les bords du fleuve pendant plusieurs semaines, et ce retard me parut beaucoup plus long que je ne l'aurais voulu.

Le 8 mars j'appris que les Boers avaient construit un radeau au dessus d'Alleman's Drift.

Je me mis en route et descendis la rivière pour examiner ce radeau; il était plus dangereux qu'utile, car il ne pouvait supporter que de légers waggons, et ceux qui étaient trop pesants devaient être tout d'abord déchargés. Au coucher du soleil je parvins à conduire un waggon et douze bœufs sur la rive opposée, mais je ne pris que six animaux à la fois. Le courant était rapide et profond.

Le lendemain au matin je m'aperçus que le fleuve avait beaucoup augmenté pendant la nuit et qu'il grossissait encore. Je déchargeai la plus grande partie de la cargaison du waggon du vieux Adonis, afin de lui faire passer l'eau; mais je manquai de tout perdre lorsque je fus arrivé au milieu du fleuve. A ce moment l'inondation avait tellement augmenté que nous pensâmes qu'il serait dangereux de nous aventurer davantage; nous prîmes donc la prudente résolution d'attendre la décroisssance des eaux de l'Orange, qui ne continua pas moins à grossir toute la journée et la matinée suivante. Dans l'après-midi il semblait avoir atteint son maximum, et, vers le soir, il était évidemment en baisse.

Tout le jour, comme cela était arrivé la veille, le fleuve présenta un imposant spectacle, d'énormes morceaux de bois, des troncs d'arbres roulaient devant nous sur les eaux agitées, qui les conduisaient à la mer. Dans l'après-midi le fort câble qui retenait le radeau dont j'ai déjà parlé se brisa; il ne put résister à la rapidité du courant et fut emporté.

Nous le retrouvâmes le 14 avec beaucoup de difficultés, les Boers s'en étaient emparés; et, avec plusieurs Béchuanas caffres, avaient essayé de traverser le fleuve.

Lorsqu'ils furent à moitié chemin, l'eau s'éleva peu à peu sur le radeau; une terreur panique les saisit et ils s'élancèrent dans le petit bateau attaché au radeau, qui chavira. Au même instant la corde qui retenait ce léger esquif s'étant rompue, ces infortunés furent entraînés par la violence du courant. Sur vingt-sept quatre seulement échappèrent à la mort.

Après cet accident j'envoyai mes hommes sur l'autre bord pour qu'ils se rendissent à Norval's boat, au-dessous d'Alleman's Drifft, où j'allai les rejoindre avec mon waggon tendu. Le jour suivant, au coucher du soleil, nous fîmes traverser heureusement les deux autres waggons, et nous campâmes encore une fois sur le territoire britannique.

Le passage fut pénible; il nous fallut vider chaque véhicule, le démonter et porter tout pièce à pièce. De cette façon seulement nous pûmes traverser. Les bœufs et les chevaux nagèrent.

On rechargea aussitôt, et, le 18, à la tombée de la nuit, nous entrâmes à Colesberg, où nous nous rendîmes aux vieilles casernes. Nous avions été absents juste une année.

Quand mes waggons entrèrent dans la ville, la nouvelle de notre arrivée se répandit promptement. Un grand nombre de gentlemen et de jeunes et jolies femmes accoururent pour voir le vieux chasseur d'éléphants, qui avait été pleuré comme s'il eût été mort. Nous fûmes bientôt entourés de la moitié de la population, qui ne nous quitta que lorsque la nuit força chacun à regagner ses pénates.

Mon ami, M. Orpen, qui était d'une très-bonne constitution, s'était bien remis des terribles blessures que lui avait faites le léopard sur les bords du Limpopo, mais il était encore obligé de porter ses bras en écharpe.

Pendant mon séjour à Colesberg j'eus beaucoup de plaisir à retrouver mon ami, M. Oswell, de l'honorable compagnie du service des Indes orientales. Il avait alors le projet de se mettre en route pour se rendre dans l'intérieur des terres et désirait pénétrer chez les Kabharis en suivant la direction nord-ouest et visiter le lac avec des bateaux.

C'était là une expédition que j'avais eu plusieurs fois l'intention d'entreprendre, mais mes ressources pécuniaires, mon désir de faire une collection d'objets appartenant à l'histoire naturelle m'avaient entraîné du côté des vertes forêts de l'est, où j'étais plus à même de trouver des éléphants et de m'enrichir de leurs dépouilles.

M. Oswell ayant besoin de bœufs, je lui offris d'en choisir autant qu'il voudrait parmi les miens. Il partit peu de temps après, accompagné de M. Murray. Je restai à Colesberg jusqu'au 12 avril; puis je me rendis à Cuil-Vonteyn, ferme appartenant à mistress Van Blerk.

J'y arrivai après trois heures de marche.

Là, je trouvai neuf waggons que j'avais loués; je les chargeai pour transporter ma collection de trophées de chasse au port où je devais les embarquer pour l'Europe.

Quand je revins à Colesberg j'avais presque l'intention d'entreprendre une autre expédition dans l'intérieur, mais un concours de circonstances imprévues me força à regagner ma terre natale.

Je fus très-chagrin d'être obligé de prendre cette détermination; car j'avais passé cinq années dans l'intérieur de l'Afrique à chasser différentes espèces de gibier, et cependant je sentais qu'il me restait beaucoup à faire.

La vie sauvage, indépendante, du chasseur n'avait rien qui me déplût, bien au contraire; chaque jour elle me séduisait davantage; je ne peux cependant pas me dissimuler que, lorsque je chassais péniblement les éléphants, je m'épuisais et j'altérais ma santé. Outre cela, le temps requis pour atteindre les terres éloignées où vivaient ces pachidermes était presque de six mois pour l'aller et le retour, et je compris que mes chiens et mes chevaux auraient perdu leurs forces avant d'arriver au terme du voyage.

Bien plus, mes nerfs étaient malades; j'étais très-faible, et le brûlant soleil d'Afrique avait exercé une fâcheuse influence sur moi.

Je pensai donc qu'un voyage en Angleterre me ferait grand bien et qu'à mon retour j'aurais retrouvé l'énergie nécessaire pour recommencer de nouvelles expéditions.

Une fois cette résolution prise, je quittai la colonie, et me dirigeai vers Élisabeth-Port en suivant le chemin de Graff-Reinett et en traversant la chaîne de montagnes de Snewberg. Le 10 mai j'atteignis les côtes de l'Océan, que Ruyter et plusieurs autres de mes gens n'avaient jamais vu, ils contemplèrent ce spectacle avec une surprise mêlée de crainte.

Le 19 février 1849 je retins mon passage sur *l'Augusta* pour retourner dans la vieille Angleterre. Ma précieuse collection de trophées et mes waggons du Cap pesaient tout ensemble plus de trente tonneaux, que l'on embarqua soigneusement. Le 7 juin nous mîmes à la voile, et j'emmenai avec moi mon petit Bushman.

Je regagnais donc ma patrie après un séjour de près de cinq années dans le sud de l'Afrique, où presque tout mon temps avait été consacré à la chasse, la plus noble de toutes les occupations de l'homme!

FIN DE LA VIE AU DÉSERT

Paris. — Imp. de Édouard Blot, rue Saint-Louis, 46

9 782013 667494